永遠の隣人

人民日報に見る日本人

主編：孫東民　副主編：于青
監訳：段躍中
翻訳：横堀幸絵　鄭萍　芦澤礼子　高橋庸子

日本僑報社

書名題字　日本前総理大臣村山富市先生

謹以此書献給中日邦交正常化三十周年

日中国交正常化三十周年を記念して

タイトル揮毫　日本国元総理大臣村山富市先生

上：1972年9月27日　毛沢東主席中南海にて田中角栄首相と会見
下：1972年9月27日　毛沢東主席中南海にて田中角栄首相、大平正芳外相と会見

上：1972年9月29日　「日中共同声明」北京にて調印　周恩来総理と田中角栄首相が文書を交換　下：1978年10月23日　裕仁天皇及び皇后が鄧小平副総理及び令夫人卓琳さんと接見

上：1978年10月23日　福田赳夫首相東京で鄧小平副総理の正式訪日を歓迎　下：1992年10月23日　明仁天皇と皇后が訪中　楊尚昆国家主席が歓迎式典を行う

上：1998年11月25日　江沢民主席と小渕恵三首相が東京で会談
下：1998年11月26日　江沢民主席及び令夫人が日本の皇居で明仁天皇と皇后に会見

推薦の言葉

中国駐日特命全権大使　武大偉

中日国交正常化三十周年に際し、三十年間・数万ページにわたる「人民日報」紙上に掲載された記事の中から、中日交流に関するもの、とりわけ中日友好に尽力した日本人に着目して精選し、一冊にまとめた、『永遠の隣人——人民日報に見る日本人』の出版、心からお祝い申し上げる。

本書に登場した日本人は、総理大臣から一般国民まで、また、すでに歴史上の人物となった人から現代人まで、合わせて四百人を超え、中日友好に尽力した、また現在も尽力し続ける人物を大勢取り上げている。文章中、取り上げられた「場所」も北は北海道から南は沖縄まで日本全国をめぐり、「分野」は政治経済のみならず、文化、農業、工業、化学と、多岐にわたる。

「人民日報」は、中国のもっとも代表的なメディアである。その紙面に登場するということは中日交流における貢献が非常に高く評価されたのであると理解してよいだろう。そのため、この一冊を通して、特に日本の方々が如何に中日交流に貢献してきたかということが強く感じられる。本書は中日国交正常化以来の三十年間の中日友好交流史を振り返るに最も優れた一冊であると思う。

本書は、中日国交三十周年を記念するにふさわしいものであり、中日友好推進の一助となるものであると思う。中日友好事業に携わっている方々のみならず、中日関係を研究している方、中国に進出している企業の方、中国語を勉強している方、中国旅行や太極拳など少しでも中国文化に興味のある方、そして、特にこれから中日交流事業に身を投じようとしている若い方々にとって大変価値ある一冊である。私は広く日本の方々にご一読をお勧めする。

最後に、編著者、翻訳者、編集者、その他本書出版に関わった皆さんの労をねぎらうとともに、中日両国の交流と相互理解を深めるために今後もいっそう尽力されることを願って筆をおきたい。

二〇〇二年九月二十九日

刊行によせて

中日友好協会会長　宋　健

中日両国国民の祝福の中、我々は中日国交正常化三十周年を迎えることになりました。

一九七二年、中日は国交正常化を実現し、善隣友好関係の新しいページを開きました。孔子は「三十にして立つ」と言いましたが、一九七二年の中日国交正常化からの三十年間、両国政府や民間の心ある方々が共に努力して、中日友好関係は全面的な発展を遂げ、中日交流史上かつてないほど広く深いものとなりました。中日善隣友好は、当代に利をもたらし、恩恵は千秋にまでも及ぶものであり、その功徳ははかりしれません。このことは歴史と実践が証明しています。

中日両国は歴史の事情が違い、体制も異なりますが、重要なのは、我々が友好の大局を重んじ、コミュニケーションをはかり、交流を深め、相互理解をすることです。「中日関係は長期的な視点で考えて発展させなくてはならない。このことは我々の間のすべての問題を超越して重要」とは鄧小平氏の名言ですが、この言葉は、両国民の心からの支持を得られています。我々は、両国先賢たちの数多くの偉業功績を思い、彼らの切り拓いてきた中日友好の道を大切にしなくてはなりません。我々はなお努力し、先人の数々の偉業を受け継いで将来の発展に道を拓き、この道をより広く長くし、中日友好を人々の心に深く浸透させなくてはなりません。これは両国民の子孫に幸福をもたらす事業なのです。

人民日報の方々が、過去三十年間の日本についての報道の中からすぐれた文章を精選し、『永遠の隣人』にまとめて出版することとなりました。この三十年間の歴史を証言し、後世の人々の鑑とすることは大変意義のあることです。両国民、各界諸賢の平和・友好・善隣・協力へのたゆまぬ追求を、また、三十年間の中日友好協力関係発展の軌跡を、本書からうかがい知ることができると思われます。この記念文集が、中日両国民の相互理解を深め、中日関係の健やかで安定した発展を促すものと信じております。

『永遠の隣人』発刊に寄せて

二〇〇二年「日本年」「中国年」日本側実行委員会委員長　出井伸之

一九七二年に、日本と中国が歴史的な国交正常化を宣言し、三十年が経過しました。この間、日中両国は過去のいきさつを乗り越えるため、様々な努力を行い、友好と理解を深めてきました。両国相互理解増進のために払った両国の先人たちの努力に思いをはせるとき、この節目の年に、改めて日中両国民は感謝の気持ちを表すことでしょう。

このたび、人民日報社が国交正常化して以来の三十年、日本に関する報道から、多くの記事を選び出し、「日中国交正常化三十年記念」として本書を刊行する運びとなりました。中国を代表する新聞が、三十年間、日本をどのように報道したのか、本書は日本人に、あるなつかしさを覚えさせるものがあります。本書の日本語版刊行によって、日中両国民の相互理解と友好がさらに拡大することを願ってやみません。

はじめに

人民日報社社長　許中田

中日国交正常化三十周年に際し、『永遠の隣人』と題した、日本に関する記事を集めた一冊を、中国語版と日本語版で皆さんにお読みいただきたいと思います。

本書は、一九七二年から二〇〇二年四月までの三十年間に人民日報に掲載された文章から精選して編集したものです。書名からも明らかなように、その報道内容・対象は、日本および日本人です。

中日両国は隣同士、「山川雖異域　風月亦同天〔山川は異なる地にあっても、同じ空の下にいる／長屋王が唐に贈った袈裟に刺繍され、鑑真和尚渡日のきっかけとなったといわれる言葉〕」です。深く長い文化交流や、近接した地理的位置は、中日両民族に一種尋常ならざる関係をもたらし、「中日友好」という言葉に特別な意味をもたせています。一八九四年以来の半世紀、日本軍国主義者の中国侵略により、中国人民はひどい被害を受け、中日関係には大きな波乱がもたらされました。しかし、たとえ最も暗い年代にあっても、中日両国民には友好関係がありました。「度尽劫波兄弟在　相逢一笑泯恩仇〔荒波を渡り尽くせば兄弟あり、相逢うて一笑恩讐ほろぶ〕」、魯迅先生の詩は実に生き生きとその関係を表現しています。新中国成立後、中国人民は毛沢東主席の指導のもと、一部の軍国主義者と多くの日本人を厳格に区別し、「多くの日本人民は中国人民の友人である」という認識を、日本人に対する基本的認識としました。中日国交正常化以後は、中国政府、国民ともに、積極的に友好協力関係の発展を促進し、「平和友好　平等互恵　相互信頼　長期安定」を中日関係に対する四原則としてきました。一九九八年十一月、江沢民主席が中国国家主席として訪日し、中日双方は「平和と発展のための友好協力パートナーシップの構築に関する中日共同宣言」を発表しました。新世紀の中日関係に新しい位置付けを行なったのです。

人民日報は中国を代表する総合紙として、その国際報道は、中国人の視点から世界を観察し報道し解釈した世界の「編年史」と言われ、また、忠実に中日関係の発展と変化を記録しています。中日友好協力関係を発展させるという大局に目を向け、中日友好を促進することを日本に関する報道の基本方針とし、「平和　友好　近代化」の報道方針を打ち出しています。客観・真実・正確、の原則のもと、平和と両国の友好のためになるような事や、日本経済発展の過程の中から見習うべき事を、数多く報道してきました。人民日報の記者はプラス思考の報道が大切と考え、相互理解を促進し中日関係の健全な発展を推し進めるような事柄を積極的に取材してきました。また、人民日報は一貫して読者とのコミュニケーションを重視し、社会各層からの声をタイムリーに反映し、社会諸賢にたたき台を提供するため、国家指導者・政治家から、企業家、芸術家、一般市民まで、様々な人々からなる執筆陣をそろえました。本書に編入した文章の執筆者には、巴金氏、謝氷心氏、趙朴初氏など中国文壇の大家や、中国人民もよく知っている井上靖氏、平山郁夫氏など日本文化界の著名人もいます。

ページ数の都合上、本書は人物を選出のポイントとしました。本書の中に登場する人々のような、中日友好協力事業のために貢献した多くの人々の事跡に、私たちは深い感動を覚えました。水稲増産に貢献した農業専門家の原正市氏、九十歳の高齢でもなお中国の砂漠緑化事業に打ち込んでいる遠山正瑛氏、過去の侵略行為を真摯に反省し謝罪する旧日本軍人、ノーベル文学賞を受賞した大江健三郎氏……。これらの報道によって、日本人は勤勉で誠実で善良な人々であるというイメージが、中国人の記憶に残りました。そして読者は本書を通じて、中国人民の、社会制度や文化制度の違いを越え、歴史の恩讐を越えた、広い胸襟を、深く感じることでありましょう。

中日国交正常化三十周年を迎え、中日関係は「三十而立〔三十にして立つ〕」という年に際し、成熟へ向かって邁進しています。三十年間の中日関係の発展と変遷を振り返ると、幾多の風雨に見舞われても、やはり晴天の方が多かったと思いますし、またたくさんの谷がありましたが、美しい峰の方がより多かったのではなかったでしょうか。中日両国は、協力すれば共に成功し、戦えば共に傷つくのであるということは、歴史の記録によっても実際の経験によっても証明されています。「徳不孤　必有隣〔徳は弧ならず、必ず隣有り〕」。中日両国が「永遠の隣人」として協力しあうことは、中日両国のためばかりではありません、アジアそして世界のあらゆるところに恩恵が及ぶのです。三十年の風雨を経て、今、両国の首脳たちは互いに頻繁に往来し、各層の交流や対話も活発です。両国は互いに最も重要な貿易パートナーです。また、両国関係は、その広範さも深さもこれまでになかったほどとなりました。協力しあうことは中日両国に大きな利益をもたらします。そして鄧小平氏がかつて指摘したように、「どのようなことが起ころうとも、中日友好を変えることはできない、変わることはありえない」のです。

新聞記者は時代の証人であり、参加者です。そして新聞記者は第一線で忠実に歴史を記録する、歴史という舞台の最前列の観衆です。情報のグローバル化の進展により、マスコミが社会に及ぼす大きな影響や、マスコミが中日間の相互理解を図り、さらに善隣友好関係を促すなどの面において、極めて大きな活躍の場を持ち、独特の役割を果たしている、といったことが、人々の間でますます認識されるようになってきました。「平和と発展のための友好協力パートナーシップの構築」を推し進めるために、新聞記者は自らの報道によって両国の相互理解を深め、疑問を解決し信頼を高め、しっかりと友好交流のかけ橋を築く、という責任と自覚を持つべきと考えます。

目次

●文化时空——文化の世界

●友好情怀——友好への思い

●诚信相交——誠意と信頼の交流

●情忆当年——往時に思いを馳せて

●历史沧桑——歴史の変遷

●人生物語──人生物語

●心香一瓣——先賢の冥福を祈る

本書をお読みになるにあたって

・記事原文にない注釈（翻訳者による注）については、〔　〕内に記しました。
・詩詞（漢詩）については、解釈の定まっていない新しいものなどは、読み下し文も大意もつけませんでした。
・著書引用、発言引用部分について、資料としてお使いになろうとする場合、必ず原典及びその他一次資料を改めてあたってください。
・日本人の執筆した記事については、ことわりのあるもの以外は中国語からの翻訳であって、原文ではありません。
・訳文について、「日本語らしくない」と思われる部分があるかもしれませんが、編著者の意向により、あえて「中国人が書いた」という雰囲気を残すためにそうした部分がありますのでご了承ください。
・中国語原書の内容が実際と極端に異なる場合、「実際」を優先した部分があります。

倚

东瀛之旅

日本の旅

友情の里

新華社記者

中国青年卓球代表団は、日本の長野県松本市に滞在中、日中友好協会（正統）楢川地区本部の招待で、松本市から七十キロ離れた木曽郡楢川村を訪れ、忘れることのできない一日を過ごした。

日本の子どもたちの歓迎

楢川は風景の美しい山村で、両側に高い山がそそり立ち、谷底には奈良井川という川が村に沿って流れていた。初冬の山は依然として、松の緑と紅葉の赤が美しさを競っていた。

十一月十二日午前、中国の卓球選手たちが車で到着した。村に一歩足を踏み入れるなり、村立贄川小学校のこどもたちの熱烈な歓迎を受けた。彼らは紅葉が敷きつめられた坂の途中で、日中両国の国旗を振り、嬉しそうに飛び跳ねながら、中国からの来訪者に歓呼の声をあげた。麓で迎えた田中清校長は、彼らを山村の小学校に案内した。

田中校長が、今日は日曜だけれども、全校の教師、児童、父兄が、皆歓迎に来ている、と言った。「日中両国人民友好万歳」という大きな文字が書かれた横断幕のかかった講堂では、小学生の音楽隊が歓迎の演奏をした。そして選手たちは、卓球を実演して見せた。

「ここの子どもたちは初めて中国の方にお目にかかるのですが、中国に関してまったく何も知らないというわけでもないんです。去年村長が中国を訪れた時、たくさんの写真を撮ってきましてね、これをスライドで子どもたちに見せました。それから今年一月、子どもたちは自分たちの書いた絵や作文を日中友好協会の訪中団にお願いして中国の子どもたちに贈り届けてもらったんです」と、田中校長が話してくれた。また、「私たちは中国の人々との友好を、我々一代だけでなく、次の代にも、と願っています」と語った。

中国青年卓球代表団は楢川村の小学校と中学校をほかにも一ヶ所ずつ訪問したが、どこでも熱烈な歓迎を受けたのだった。

日中友好のためにがんばる

楢川村平沢地区の女性たちは、中国青年卓球代表団が来ると聞いて、どんな料理で彼らをもてなすか、すぐに相談し合ったが、結局、日本の普通の家庭で食べるみそ汁とご飯にすることにした。食事の時、彼女たちは、選手たちがおいしそうに彼女たちの作ったみそ汁を味わっているのを見てとても喜んだ。

六十五歳の田中多都さんが、十八才の女性選手、王世慧さんに、両親のもとを離れて日本に来て寂しくないか、と心配して尋ねると、王世慧さんは、「あなたのような日本のやさしいおばあさんがお世話をしてくれるので、私たちはだれもホームシックになんてなりません」と答えた。多都おばあさんは王世慧選手を抱き寄せ、目に涙を浮かべながら言った。「あなた方のお母さんに伝えてちょうだい、日本のお母さんたちは日中友好のために一生懸命やってるよって。日本と中国、両方の国のお母さんたちみんなで、日中友好のためにがんばりましょうねって」。

奈良井地区の女性が、地元で有名な踊り——「木曽節」を踊って中国からの客人を歓迎した。そして、「木曽節」を踊る時に着る日本の着物を一着、彼らのために縫うことになった。選手たちも覚えたばかりの民謡を歌い、奈良井の人々の大歓迎に応えたのだった。

漆器の街で

日中友好協会（正統）楢川地区本部の人々の案内で、選手たちは平沢の漆器の街を歩いた。たくさんの漆器の店や工房があり、店主が店先に出てきて彼らを手招きした。店の入り口に中国語で「你好」「歓迎」などと書いている店もあった。

この木曽山地は、木肌のきめの細かい檜や桂を産出するので、楢川村の平沢と奈良井の両地区は、三百年前から、日本で有名な木曽漆器の産地となっていた。ここの漆器工芸従事者は、ずっと以前から中国より生漆を輸入し、日本人の好きな漆塗りの食器や家具を作ってきた。彼らは中国人にとても親しみを感じている。

選手たちはここで漆器博物館と漆器工房を見学した。地元で有名な漆器職人、斎藤松月さんは、彼らに堆朱《ついしゅ》の製作工程を実演した。この六十歳のベテラン職人は、中国から人が来ると聞いて、彼の作品の説明書十数枚に大きな文字で「日中友好」と書き、自分の篆刻の印を押して、選手一人一人に配った。彼は、「両国の国交は回復したし、中国は漆器の故郷。機会があれば、ぜひ中国へ行ってみたいですね」と言っていた。

日中人民子々孫々の友好

日中友好協会（正統）楢川地区本部長、瀧澤重人楢川村村長が当地の日中友好活動の情況について話した時、「戦後、日中両国関係は紆余曲折を辿ってきたが、それが楢川村の人々に日中友好と両国関係正常化の重要性をさらに意識させることになった」と言った。

楢川村の人々は一九五八年から日中友好活動を行い、日中友好協会の組織を作っている。昨年、村議会は、「日中国交の一日も早い回復」を決議し、今年九月二十九日、日中両国政府が共同声明を発表した時には、村を挙げてこれを祝った。瀧澤重人氏は、「我々は日中国交回復が日中友好のゴールではなく、スタートだということを知っています。日中両国の人民が子々孫々、友好関係を続けていくために、我々はさらに努力しなくては！」と語った。

空が暗くなってきた。中国からの来訪者が、別れを告げる時がやってきた。楢川村奈良井の住民たちは村民会館前に集まり、彼らを見送った。漆器工房の職人、店主、お年寄り、女性や子どもらが大勢、道端で何度も何度も選手たちに手を振った。「さようなら！」「さようなら！」選手たちは日本に来てから覚えた日本語でこれにこたえた。「アーリーガートウ！」

さようなら、楢川村の友よ！

（一九七二年十一月九日掲載）

編者注　記事の執筆者は新華社の記者劉延州氏。二〇〇〇年十月、劉氏は再訪日の際、村を訪ねるつもりだったが、後日、楢川村村長瀧澤重人氏が亡くなっていたことを知った。

中日友好の新章

——中日友好協会代表団日本訪問記

新華社記者

富士山麓の春深し——しかし中日友好の深さはこれに勝るものであった。中日友好協会代表団は中国の人々のあつい友情を胸に、四月十六日から五月十八日までの一ヶ月あまりの間、日本の四十七都道府県のうちの三十八をまわり、見学・訪問・会見・座談会・集会・パーティーなど、五百近いスケジュールをこなした。工場労働者・農民・漁師・若者・女性、そして、文化・科学・教育・芸術・新聞・スポーツ・宗教・政治など各界の人々と会い、旧交を温め、また、新たな友情を築いたのだった。

廖承志団長らは、田中首相、三木副首相、大平外相、中曽根通産相など政府要人とも会見し、親しく会談した。代表団が訪問した地区数の多さ、分野の広さは、中日友好史上空前のものだった。このことは、これまで中日友好団体に対し、これほどまでに幅広い関心や支持が寄せられたことがなかったのだ、ということをよく表している。そして今回の訪日は、中日友好の歴史に新たな一章を加えることとなったのだ。

東京といわず京都といわず、大阪、沖縄、四国、北海道など各地で、日本の人々は代表団を盛大に歓迎し、中国に対する深い友好を表そうとした。二十二の政党、団体、個人からなる中央の歓迎委員会の委員数は三千人近かった。地方の歓迎委員会はほとんど各界名士や県知事、市長、県・市議会議員らで組織されていた。まさに、天下遍く朋友有り。東方の隣邦は友情に満ち溢れていた。

福岡では、地元の人々が民族衣装を着て、大規模な集団で踊る、伝統的な、「どんたく」で代表団を迎えた。普段、御輿《みこし》は神社の形をしたもので飾られているが、今年は特別にパンダの模型にかわっていた。二千人が、手に手に「日中友好」と書いた二つの板切れを持ち、民謡を歌い、板切れを打ち合わせながら踊る。日本の友が馬純古副団長らに桜のかぶりものを載せ、桜の着物を着せ、「どんたく」の踊りの中へ連れていくと、満場に、「日中友好万歳！」の声が響いた。

長崎では、千三百人余りの各界名士が協力して盛大な宴を催し、代表団を歓迎した。病気療養中の久保勘一長崎県知事が、わざわざ代表団の訪日成功を祈る電報を送ってくれた。鳴り響く鐘や太鼓や爆竹の中、地元の労働者、若者、学生らが蛇踊りを披露した。蛇踊りは、古代、中国から長崎に伝わったものだ。主催者側はこの出し物で中国からの客人を歓迎し、長崎と中国は長い友好往来の歴史があるのだ、ということを表したのだ。

また、中国に行ったことのある日本人が集まって、中国語で『東方紅』を高らかに歌った。歓迎委員会は列席者全員に記念にと、木製の酒杯〔＝枡〕を贈ったのだが、日本の人々は、その上にサインをしてほしい、と代表団の団員を取り囲んだ。

日本海沿岸一の都市、新潟では、日本各界から千人余りの人が体育館に来て歓迎会を開いた。婦人、子ども、お年寄りが集まって作った団体が、まず会場の二階で新潟の民謡を歌い、『佐渡おけさ』を踊った。そして踊りながら一階へ降りてきて観客の中へ入り、最後は中国からの客人を引き入れて一緒に踊った。その後、代表団の文化芸術担当者が京劇の一幕を披露し、また、覚えたばかりの『ソーラン節』を歌った。会場は楽しい雰囲気に満ちていた。地元の人が、「新潟県民がこんなに大々的に外国の代表団を歓迎したというのは初めてのこと。日本人は中国人に親しみを持っているし、新潟県民は中国人びいき」と言っていた。

その他、各県でもみな特色あるやり方で盛大に代表団を歓迎した。歓迎のための仕事に関わった日本の人々の数も空前であった。皆、これが中日両国の国交正常化なのだと実感していた。多くの日本の方が、会話の中で、中日両国政府の共同声明の重要な意義について触れ、口々に、この声明を実現させなければならないと述べた。

代表団は工場や農村、漁村で、日本の労働者と会い、語り合った。たくさんの心揺さぶられる場面があった。

山形県のたばこ工場を訪れ、五百人ほどの労働者の男女と、グループに分かれて座談会を行なった。丸一日かけて秋田県の農村を訪れ、お年寄りや若者と膝を交えて語り合った。青森県の海苔《のり》の養殖場へ行き、漁船に乗りこんで、ホタテを食べながら談笑した。たった五世帯しかない集落にも行き、三人しかいない小学校で革命現代京劇を演じた。

張香山、周麗琴の両副団長と、団員の邢燕子さんらは雨の中、三重県の農村を訪れ、西田一郎さん宅にお邪魔した。春雨のそぼ降る音を聞きながら、彼らは縁側で西田さん一家と世間話をしたり、農作物の種選び、施肥、灌漑等について意見を交換したりした。奥さんが庭から採って来たばかりのいちごをごちそうしてくれた。お嫁さんは子どもを背負って傍らで静かに話を聞いていた。帰る時は、お嫁さんが傘をさして駅まで見送ってくれた。中国からの訪問者は、はるばる海を越えて日本にやって来たはずなのだが、まるで隣近所の親戚を訪ねるような親しみを感じたのだった。

趙正洪副団長らは、日本卓球界の人々と何度も行き来した。趙正洪副団長は、第三十二回卓球選手権大会で日本とルーマニアの選手が女子ダブルスで優勝したことを祝し、日本卓球チームの善戦を称え、また、世界卓球選手権の後、疲れを厭わず、世界のスポーツ界の友好を深めるため、東南アジアやヨーロッパを訪問したことに敬意を表した。城戸尚夫日本卓球協会副会長は、「日本卓球界は今後、中国の卓球界と一層友好を深め、団結を固めなくては」と語った。

代表団の人々は、日本人が中日友好をとても大切に考えているということを、至るところで身をもって体験した。代表団が佐世保から長崎、長崎から熊本へと移動する百キロの道程で、歓迎の人の群れはほとんど途切れることがなかった。大勢の農民が自然に田畑から道路わきにかけて来て、代表団に手を振った。

ある女性は大変遠い所から七時間あまり列車に乗って札幌の座談会に駆けつけた。彼女は会場で積極的に発言し、中国の女性と意見交換をした。日本の有名な走り高跳びの選手、杉岡邦由さんは、わざわざ九州から東京に来て、鄭鳳栄さんらに走り高飛びの新しいテクニックを詳しく説明した。長野県のある駅では、たった二分間の停車時間に、六十才の小山峰嘯さんと奥さんが遠くから駅のホームに駆けつけ、額に汗を一杯にかきながら、周麗琴副団長が乗っている車両にやってきた。彼は車両の外から手を伸ばして握手をし、二包みのちまきを手渡して言った。「ようやくあなた方をみつけました！」周麗琴さんは、この人とは上海で会ったことがある、と思ったが、残念なことに、言葉を交わす時間がなかった。列車が走り出してしまったのだ。

代表団は滞在中、日本各界の人々から本当にたくさんの手紙や電報を受け取った。表敬や、代表団の訪問を招請するものだったり、訪中を希望するものだったりした。代表団はこれらを大きなかばんに詰めて中国に持ち帰った。さらには、中学校教師が学生と一緒に代表団員を訪れて、中国の小中学生と文通したいと申し入れてくるということも何度もあった。

代表団中の七名の女性団員が東京の中野区のある保育園を訪れた。天真爛漫な日本の子どもたちが、自分たちで作った中国国旗と日本国旗を振って中国のお姉さんたちを歓迎した。そして輪になって元気よく歌いだした。「咲いた　咲いたチューリップの花が　並んだ　並んだ　赤白黄色　どの花見ても　きれいだな……『チューリップ』近藤宮子作詞、井上武士作曲」」。この小さな子どもたちは、自分で描いた絵や工作の時間につくった作品を中国のお友達に渡してくれるよう、中国のお姉さんたちに頼んだのだった。

代表団の青年団員が東京の港区白金小学校を訪れた時はちょうど授業中だった。子どもたちは中国からの訪問者の姿を見て、みな笑顔で歓迎の意を表した。授業の終了を告げるチャイムが鳴ると、子どもたちは蜂の巣をつついたようにわっと集まって、中国からのお客さんと握手をし、先を争って記念写真を撮った。

千有余名の児童が学ぶ白金小学校の若槻信男校長は、「日本と中国は大変近くにある。日中両国民はこれからもずっと友好関係を続けていかなくては。我々はそういう考え方で教育しなくてはなりませんね」と語った。

一ヶ月余りの訪日期間中の、代表団員のさまざまな体験談は、中日友好が確かに大勢のおもむくところであり、人心の向かうところなのだ、ということを裏づけるものだった。中日友好事業は今まさに発展し、すばらしい展望が開けている。廖承志団長が訪日期間中にしばしば言っていたように、中日両国民が子々孫々の友好関係を続けていく、これは必ず実現しなくてはならないことであり、そして、必ず実現できることなのである！

（一九七三年六月四日掲載　一部削除あり）

壮志必償

――松村謙三先生の故郷を訪ねて

回瑞岩

「渤澥汪洋　一葦可航　敦睦邦交　勸功農桑　後継有人　壮志必償　先生之風　山高水長」　これは、中日友好の先駆者、松村謙三先生が一九七一年秋にこの世を去った後、郭沫若先生が松村先生の業績を称えて詠んだ、追悼の詩である。

中日平和友好条約が締結されて間もなく、我々は松村先生の故郷――富山県福光町を訪ねた。

福光町では、いたるところで、人々の松村先生に対する尊敬の気持ちと、中日友好に対する熱意が見てとれた。福光町福祉会館内には、松村先生直筆の書がかかっており、町内の何ヶ所かに松村先生の銅像や記念碑がたてられていた。これらの銅像や記念碑に刻まれた銘文には、松村先生が中日両国民の友好のために行なった、優れた功績が記されている。中日平和友好条約が締結された今日、人々はますます松村先生への思いを強めている。

松村記念会館には、松村先生の遺品がたくさん陳列されている。四方の壁には、訪中時に周恩来総理や郭沫若全人代副委員長、その他、要人と撮った写真が何枚も飾られていた。あるガラスケースには、松村先生が一九六九年秋に書いた手紙が展示されており、手紙に書かれた内容は、今日でも人々を感動させるものであった。手紙にはこうあった。年とともに体が衰え、政界からの引退を決意し、国会議員の職務を退いたが、「けれども中国問題につきましては非常な興味と使命感をもっております。それを生涯の事案として残生を捧げたく思います」。翌年三月、松村先生は八十七歳の高齢であったにもかかわらず、反中国右翼の脅しを恐れず、中日覚書貿易を一層拡大し、最後は車椅子で中国を訪問した。先生の、この生死を度外視した勇気と行動は、まさに手紙にしたためてあったように、中国国民に対する深い思いと中日両国の子々孫々までの友好を推進しようとする使命感から来ていたのだ。

八月十五日のお盆には、日本の風習で、人々がみな墓参りに行く。この日、松村先生の墓前には人が絶えなかった。町長定村栄吉氏、松村謙三顕彰会の上田豊信会長や、松村先生の遺族、町のたくさんの人々が松村先生の墓前に集まって、松村先生に報告した。「松村先生、日中平和友好条約が締結されました。あなたの願いがとうとう実現したのです……」。

我々は、日本人に案内してもらって松村先生の遺族を訪問した。松村家に七代も受け継がれてきた古い家の、日本式の客間の横に、松村先生の像が置かれていた。像の右側に菊の花と紅葉葵が置いてあり、左側は一鉢の蘭の花だった。松村先生の娘さんである松村花子さんは、「父は生前、非常に蘭が好きでした。特に、これら中国から持ち帰った蘭は大変大事にしておりました」。そう言いながら、奥の部屋から鉄の鉢を持ってきた。中には松村先生が手ずから書いた、たくさんの蘭のラベルが入っていた。中国の蘭だけでも「雪美人」「天童素」「如意素」「宋梅」「魯山梅」などがあった。松村花子さんは、中から「解佩梅」という蘭のラベルを見つけて、「これは父が中国から持ち帰った蘭で、去年初めて花を咲かせたんです」と言った。

松村先生は一九七一年八月に亡くなったが、一九七二年九月、中日両国は国交を回復し、六年後には中日平和条約が締結されたのである。先生や中日両国の先達が心血を注いだことによって咲いた中日友好の花のように、松村先生が丹精こめて育てた蘭は、先生の死後はじめて美しい花を咲かせた。「もし、周総理や松村先生が存命であったなら、現在の日中友好のすばらしい情況をご覧になって、さぞかし喜ばれることだろうに!」と、その場にいた人々は誰もみな残念がった。

八月二十一日は松村先生の七回忌である。中日平和条約がまだ北京で交渉中であった時、松村謙三顕彰会は、八月二十一日以前に条約が締結されるようにと願っていた。そうなれば、その年の松村先生の七回忌がさらに意義深いものとなるからだった。松村謙三顕彰会は、松村先生の生前、すでに設立されていたもので、先生の精神をたたえ、意志を受け継ぎ、中日友好の偉業を成し遂げることを使命としており、これまでに三回、中国に友好代表団を派遣している。八月十二日夕刻、会の幹部が、二十一日の記念の催しをどのように行うか相談していた時に、突然、中日友好条約が北京で正式に調印されたという嬉しいニュースが飛び込んできた。彼らはわっと立ち上がってこれを祝った。言葉では言い表せないほどの喜びであった。

二十一日の晩、福光町福祉会館内は明かりが煌々《こうこう》と灯っていた。松村謙三顕彰会で訪中団に参加したことのある人々が集まって、松村先生を偲び、中日平和友好条約の締結を祝った。みな興奮して歌ったり踊ったりした。一人の青年が立ち上がって、中国語で中国映画『閃閃的紅星［きらめく赤い星］』の歌を歌いだした。彼は松村謙三先生の孫、松村明雄氏であった。

明雄氏は学生時代ずっと祖父のそばで生活し、祖父を非常に尊敬していた。祖父の一挙手一投足が彼に大きな影響を与えた。特に祖父が中日友好に熱心であったことが、深く彼の印象に残っている。現在、明雄氏は教師である。彼は祖父の意志を継いで、度々学生に中国のことを紹介し、中日友好の意義を伝えている。「日中平和友好条約が締結され、私の祖父も安らかに眠れるでしょう。これは確かに祝うべきことですが、日中友好は立ち止まることなく前進しなくてはなりません。微力ではありますが、自分の持てる力を出し切って、両国民の相互理解と交流を促進させたいと思います」と彼は語った。

我々が福光町を出たのは、ずいぶん遅くなってからだった。晴れた空には満月がかかり、清く澄んだ光を放っていた。

松村先生が二度目に訪中した時、周恩来総理が、先生を歓迎して述べた言葉の中で、「花美しく月まどか〔円満で仲むつまじい形容。新婚祝いに用いることが多い〕」という言葉で、両国民子々孫々の友好関係継続を願ったことを思い出した。中日平和友好条約が締結され、中日関係が力強く前進している今日、人々は忘れてはならない、中日友好のために心血を注ぎ、誠心誠意努力した先達たちのことを！

（一九七八年九月一日掲載）

少林拳の豪傑　日の本にあふれ

象光

日本に到着すると、出迎えの人の群れの中に、ひときわ目を引く青年たちがいた。彼らは黒い中国式の服を着て、腕には仏門の徒であることを示す卍《まんじ》の文字が入った腕章をしていた。中国から来た私を見つけると、合掌であいさつした。彼らは日本少林寺拳法連盟の拳士たちである。

日本少林寺拳法連盟は、大衆的な武術の団体である。連盟会長の宗道臣氏は、長い間中国で生活をしていたことがある。彼は幼いころからカンフーが好きで、瀋陽で弟子入りして白蓮拳を学んだ。その後、師匠の推薦で北少林義和門拳二十代目宗師である文太宗に師事し、その直弟子となった。

文太宗は宗道臣氏の武芸の才能を認め、自分の持っている少林武術の真髄をひとつひとつ伝授した。一九三六年、文太宗は自ら宗道臣氏を連れて河南の南嵩山少林寺に赴いた。少林寺発祥の地を参詣し、法脈継承の儀式を行い、彼が少林拳の正式な継承者であることを認めたのである。

戦後、宗道臣氏は日本に戻り、中国で学んだ各種武芸を系統化して科学的に整理し、三法二十五系、六百余種の技をまとめ、「少林寺拳法」と名づけた。一九四七年、日本の香川県多度津で道場を開き、日本での伝授を始めた。以来三十余年、日本少林寺拳法連盟は不断の発展を遂げ、その弟子たちは日本列島のみならず、遠くアメリカ、ブラジルなどの地にも広がり、これを学ぶ人々は七十数万人にのぼる。まさに「桃李天下に満つ〔教え子が世に多く輩出する〕」である。

日本少林寺拳法連盟の人々は、少林拳の故郷中国に親しみや好感を抱いている。彼らは積極的に中日友好活動に参加し、中日両国間の、そして、人と人との間の友好に貢献している。中日友好関係団体が重要な集会を行う時、あるいは中国の大切な代表団を迎える時など、安全と正常な活動の進行を保障するため、日本少林寺拳法連盟の人々はいつも熱心に警護を担当してくれる。彼らは中日友好のため、暑さ寒さを恐れず、風雨にも負けず、持ち場を守る。新潟に行った時のことである。その日、地元の主催者が体育館で我々のためにパーティーを催してくれた。パーティーが終わると、突然大雨が降り出した。我々が車に乗って体育館を出発しようとした時、衣服がすっかりぬれてしまった日本少林寺拳法連盟の人々が、雨の中、変わらず警護を行い、我々を合掌で見送ってくれたのだった。この感動的な場面を見て、ふと、廖承志氏が日本少林寺拳法連盟第四回訪中団のために書いた題字を思い出した。

少林豪傑横眉前領　中日友好前程似錦〔少林の豪傑は勇ましく、中日友好の前途は明るい〕

今春、宗道臣氏は団体を引率して訪中し、嵩山へ赴いた。再び少林寺を訪れて、その四十数年来の宿願を果そうとしたのである。日本の新聞は今回の訪中を「故郷訪問の旅」と呼んだ。

訪中団は少林寺で宗道臣氏と面識のある徳善法師の歓迎を受けた。少林寺の武術班は一行のために模範演技を行なった。白衣殿内には、清の康熙年間に描かれた壁画が、壁にそのまま保存されていた。この壁画は、拳譜の壁画と呼ばれ、当時の僧たちの練習風景がよく描かれている。訪中団は、ここを日本少林寺拳法の「発祥の地」と考えていた。壁画を見つめ、当時の宗道臣氏の山門での修行や少林寺拳法の日本での発展に思いを馳せ、まさに万感の思いであったろう。

少林寺拳法は我が国に源を発し、日本に伝わって以後、日本の人々によって整備され手を加えられ、再創造され、新しい、高いレベルへと押し上げられた。我が国の武術界も大変重視している。中日両国の武術界が交流し、力を合わせて向上しあうことは、互いに大きな利益があるにちがいない。少林寺拳法の伝播から、我々は、中日両国民が歴史の中で互いに学び合ってきたのだという一つの縮図を見た。

（一九七九年十二月三十日掲載）

探親記〔家族を訪ねるの記〕

方成〔漫画家〕

今回の訪問は、「友人を訪ねる」とも言えるが、我々はまるで家族や親類を訪ねるような気持ちだった。昨年、横山隆一先生を団長とする日本漫画家代表団が我が国を訪問したので、返礼として今年は中国漫画家代表団が日本に招待されることになった。出発直前に、日本の友人が「朝日新聞」を一部送ってくれた。紙面には私たちの訪日のニュース報じられていた。このことは私たちに、訪問前から友情の温かさを感じさせてくれた。

日本には十一日間滞在し、七都市を訪問したので、日程はいっぱいだった。馬を駆って花見をするような慌しさ、と言っても過言ではない。しかしこの友情の花は、何と美しかったことか！　北京に帰ったとき、私はさながら美しい夢を見たような気分だった。もちろんそれは夢ではなく、実際とても美しかった。漫画家はさすがに芸術のプロだけあって、全ての日程は内容豊富でバラエティに富んでおり、思い返してみても味わいが尽きない。

東京で私たちは著名な漫画家である石森章太郎先生の漫画家生活二十五周年パーティーに招かれ、ちょうど来日していた三名の米国人漫画家とともに、三か国の漫画家による懇談会を催した。京都では漫画学科を設けている精華大学を見学したのが、ちょうど学校の記念日に当たり、幸いにも教師・学生の美術作品を鑑賞することができた。今回の旅の見聞を回想すると、漫画に関係することだけではなく、日本の民族文化と日常生活にも接し、日本の美しい山や川の風景も鑑賞することができたし、日本の人々の我が国に対する友好の気持ちを感じることができた。

日本の漫画家の中国の同業者に対する友情は、歓迎会や座談会、パーティーなどの席上に満ちあふれていただけでなく、その他全ての場面に流れているものであった。ある夜のこと、小島功先生の家で開かれた、日本式のホームパーティーに招待された。日本人は礼儀作法を重んじるが、それは私たちに堅苦しい思いをさせるようなものではなかった。酒杯は何度も交わされた。談笑する間に、赤塚不二夫先生がこっそり奥の部屋に入り、顔に派手な隈取りを書いて、長袖（二枚の白いタオル）を振りまわし、アーアーと京劇の真似をしながら出て来た。これには、漫画家の活発さの本領発揮という以上に、中国の友人たちへの親愛の情が表れていた。このようにして、最初は遠慮がちだった客たちを、知らず知らずのうちに、兄弟や親戚のようにうちとけさせてくれたのだった。

鎌倉に行ったときには、ベテラン漫画家の横山隆一先生が私たちを自宅に招いてくださった。酒席は夕方から深夜まで続き、まるで年越しのようで、私たちが耐え切れずに眠ってしまうまで続いた。目ざめて朝食を食べた後、白髪の主人は私たちをアトリエに案内し、作品を見せてくれた。続いて、家の中にある「お宝」をすべて持ち出して見せてくれた。彼が収蔵しているおびただしい数の玩具、煙管《キセル》、変わった形のライター、各種のカメラ……漫画家の性格は子どもに一番近いと言う人がいるが、日本の漫画家にはそのような性格がとりわけ鮮明に現れているようだ。彼らの多くは子ども向けの漫画を描いているというから、これは決して偶然ではない。

中日両国人民の間には、長い間にわたって兄弟同様の特殊な感情があるが、それはちっとも不思議なことではない。美術館や博物館で日本の芸術品や古い文化財などを見たり、商店の玩具や日用品、農村の民家などを見れば、そこここに私たちには血縁関係があるように感じられる。寺院の中にある神仏像までもが、我が国の寺にある神仏像と親戚のようだ。私たちは日本の画家が描いた『水滸伝』の人物の挿し絵イラストや、佐川美代太郎教授が描いた我が国の漢代の物語を背景とする漫画や、著名な女性漫画家である上田俊子先生が描いた我が国の少女を主人公とする漫画などを拝見しただけでなく、私たちの写真を撮ってくれた漫画家の玉地俊雄先生が篆書の字体で彫った素晴らしい印章も鑑賞することができた。パーティーの席で、私たちは日本の通訳である藤井先生が日本語で朗読した、李白の『山中問答』を楽しんだ。日本人が中国文化を深く愛するように、私たちもまた日本文化を深く愛する。日本の友人が、唐代以降の中国美術が日本に深い影響を与えたことを話せば、私たちもまた、中国の画家の多くが日本の画風に薫陶を受けたことを語った。我が国の漫画は早い段階から日本の漫画の影響を受けており、「漫画」という言葉も日本から借りてきたものなのである。総じて、中日両国の多方面にわたる交流は、お互いを潤し、様々な面で私たちに親近感を感じさせてくれるのだ。

十月二十七日は、私たちが格別興奮した日であった。この日の午後、堀内光雄政務次官と日本漫画家協会理事の杉浦幸雄先生ら数人の方々に伴われて、私たちは車で首相官邸に向かった。応接室の半分はすでに記者で埋まっていた。人波をかきわけて入ると、左右に各一卓ずつ小さいテーブルがあり、その上に文房具一式が置かれているのが見えた。そう、日本の友人たちはすでに私たちに話していたのだが、鈴木首相が、中国の漫画家の来日を聞き、喜んで私たちと会見したい、自分の漫画を描いて欲しいと言ったのだ。日本の首相が外国人漫画家に自分の漫画を描かせるなんて、初めてのことだ！

私たちが着席すると、ほどなく首相がはつらつとして満面に笑みをたたえながらやって来た。彼は中日の漫画家たち一人ひとりと握手を交わし、親しく歓談し、また楽しそうに私たちにこう語った。「日本の漫画家が私を描くことは少なくないが、その中には私にとって嬉しいものもあるし、風刺的な意味のものもあるんです」。楽し気な笑い声が沸き起こる中、杉浦理事長が首相に言った「失礼をしてしまった時もありますね。御容赦ください！」。首相もすぐに「いや、かまいませんよ！」と言った。小島功先生と私はそれぞれテーブルについて首相の似顔絵を描き始めた。首相は公務で忙しい時間を割いて私たちと会見し、しかも快く似顔絵を描かせてくれた。これは私たちに格別な親しみの情をわかせ、忘れがたいひとときとなった。私たちは高揚した気持ちで筆をふるい、絵はほどなく完成した。中日の漫画家があわせて漫画を首相に贈ると、首相は非常に喜んで「これは良い記念になりました」と述べた。それから私たちと一緒に記念写真を撮った。このことはすぐに日本の新聞やテレビでニュースとして報道された。

漫画は、日本に広く影響を与えている。街中では、漫画はあちこちに見られる。広告は言うまでもなく、テレビでは毎日漫画を使ったＣＭが流れるし、商店の入口には立体の漫画の登場人物が飾ってあり、書店にはいろいろな漫画本や雑誌がいっぱい置いてある。「小学館」では更にたくさんの漫画を見た。この出版社は子どもを主な対象にした図書を多く出版しており、その中の多くは漫画である。新聞も殆ど毎日漫画を掲載している（政治風刺漫画や四コマ漫画など）。漫画家は常に各種の社会活動に参加し、大衆のことを気にかけている。東京最大の繁華街である銀座で、私たちはある書店の一階で漫画家たちが似顔絵を描きながら、交通遺児への義援金を募っているのを見た。また、社会の良くない風潮を批判するため、漫画家たちが結束してデモ行進を行い、漫画の手法を生かして簡単な芝居を上演し、人々の注意を促したこともあるそうだ。日本の漫画家はこのように意義のある活動を行なっており、私たちは深い感銘を覚えた。

日本の漫画家の話の中には、中日友好や平和を願う気持ちが常に表われていた。これは日本人の普遍的な気持ちであろう。彼らは今回の短い訪問の中で、私たちに日本の友人たちの高度な芸術を深く理解させてくれた。もし中日の友情を花束に例えるとすれば、彼らの生け花のような芸術的技法によって、この花束はより艶やかに美しくなり、燦然たる光を放ったのである。

（一九八〇年十二月八日掲載）

东瀛之旅

藤野先生の故郷にて

陳泊微

東京から特急列車で四時間余り、日本海に面した福井県の県庁所在地である福井市に到着した。福井市から北へ少し行くと、魯迅の恩師、藤野先生の故郷である芦原町がある。魯迅の書いた「藤野先生」が世に知られるようになってから、藤野先生と魯迅の特別なつながりは芦原町と福井県全体の誇りとなっている。

藤野厳九郎の生前、彼の故郷一帯はまだ貧しい農村だった。現在は、あちこちに温泉地がある芦原町を中心とする地区は、日本海沿岸では有名な観光地、療養地である。但し、私たちは観光のためにここを訪れたのではない。藤野厳九郎という平凡だが高尚な人物の遺した足跡を訪ねたいという想いでやってきたのだ。

私たちは芦原町の斉藤五郎右衛門町長に伴われ、車で「下番」というところに行った。雑木林の前で停車すると、「藤野厳九郎誕生の地」と刻まれた小さな石碑が林の脇に建てられていた。その碑から数歩ほど離れたところに、一軒の古い木造家屋があった。これが藤野先生の生家で、現在は藤野先生の親族――二人の老婦人が住んでいた。

私たちの訪問で、この小さい家はとたんに賑やかになった。奇遇なことに、訪問者の中には魯迅の孫の周令飛氏がいた。周令飛氏は昨年から日本に留学しているが、最近ある映画会社が、魯迅生誕百周年を記念する記録映画をつくるため、彼に協力を依頼し、この時撮影カメラマンは、周令飛氏が祖父の恩師の旧居を仰ぎ見るという場面を撮影しているところだった。

この古い木造家屋の中で、私たちは畳の上に座り、ここに住む二人の老婦人と語り始めた。一人は高木ひさえさんで、藤野先生の姪にあたり、今年七十一歳になる。彼女と一緒に住んでいるのは、藤野の本家出身(実家が藤野姓)の小島敏子さんで、十五、六歳の頃から藤野先生の診療所で看護婦をしていたという。元々藤野家は代々医者で、藤野先生の父、藤野升八郎も明治維新前に大阪で医学を学び、五代目の医者になった。

藤野厳九郎は魯迅と別れて九年後に仙台医専の教授の職を辞し、故郷に帰って診療所を開き、この藤野家の六代目の医者となった。小島さんは回想して言った。「その頃は今のように健康保険などなかったので、貧乏人は病気になっても診てもらうことができませんでした。ただ厳九郎先生は心が優しくて、誰が来ても、お金があってもなくても、すべての病人を治療しました」。一人の医学教授が辞職して帰郷し、医を生業として隠居のような生活をしながら黙々と医術をもって人々に尽くす。これが故郷の人々の心にある藤野厳九郎のイメージである。これは、魯迅の描いた素朴で誠実な、思いやりあふれる藤野先生のイメージにぴったりと一致するものだ。

藤野厳九郎生誕の地を訪ねてから、私たちは彼の墓参りをした。藤野家の古い家の向かいの、そう遠くない寺の敷地内に藤野厳九郎の墓がある。墓前に碑があり、その側面を見ると、厳九郎の次男龍弥が立てたものだと分かる。厳九郎の長男恒弥は既に亡くなり、次男龍弥は故郷を離れているので、藤野先生の故郷に彼の直系の子孫はいない。

周令飛氏は藤野厳九郎の墓前に花を捧げ、敬虔に頭を垂れて敬意を表した。魯迅が藤野先生と別れて七十五年後、彼の二十九歳の孫が祖父の恩師の墓参に来たのである。時代の変遷は驚くべきものである。カメラマンはこの意義深い場面をレンズにおさめた。

七、八十年前、まさに中日両国関係に暗雲がたれこめていたころ、一人の日本の知識人が、当時日本に存在していた中国人蔑視の思想傾向に反し、遠く故国を離れて来た一人の中国人留学生を心から援助し、温かい配慮をしたことに対して、魯迅は終世感謝を忘れず彼を偲び、あの感動的な「藤野先生」を著した。このため、ひっそりと隠居していた藤野厳九郎先生は、魯迅の文章によって徐々に人々の知るところとなった。今日、藤野先生は彼の故郷ひいては日本全国にとって、中日友好における崇高な先駆者であり、人々の称賛を受ける象徴的な人物となった。そして、藤野先生が世を去って数十年の後、福井県に意義深い記念碑が建てられたのである。

一九六四年に建てられたこの記念碑は、福井市の足羽山《あすわやま》の上にあり、人々はこれを「惜別の碑」と呼ぶ。碑の正面には藤野先生の顔のレリーフと、彼が当時写真の裏に書いて魯迅に贈った「惜別」の二文字が刻まれ、その他に許広平氏が揮毫した「藤野厳九郎碑」の六文字が刻まれている。背面の文はとても簡潔で、同行してくれた現在の福井テレビ社長、青園謙三郎氏の説明によれば、有名な作家の貴司《きし》山治《やまじ》氏が自ら書いたものだそうだ。碑文は、魯迅が恩師を偲んで言った言葉を要約して「先生は世に無名の人、己には極めて偉大の人」と記され、そのあとに、「大正五年、藤野先生故郷福井県に隠れ、医を営んで農夫の友となり、昭和二十年八月十一日七十二年でその生涯を了る」と記載されている。

貴司山治氏はこの優れた碑文を書くにあたって自身の名を刻むことを拒み、「藤野先生記念会」と署名したのだ、と青園謙三郎氏は言った。貴司山治氏がこの碑を建てるために費やした多大な努力は感動的である。一番最初に碑の建立を提案提したのは彼であった。青園氏の回想によれば、一九六一年九月、貴司山治氏は当時福井新聞の編集局長だった青園氏と初めて連絡を取り、まもなく彼に碑の建立を提案した。「仙台では既に魯迅の記念碑を建てている。福井に藤野先生の記念碑を建てることは何としても必要だ」。さらに彼は誓いをたてるように言った。「このことをやり遂げないうちは、死んでも手を引くわけにはいかない！」。この言葉は青園氏を感動させた。彼はすぐ貴司氏の呼びかけに呼応した。両者は手を携えて、藤野先生記念碑建立のために奔走した。二年余りの努力を経て、ついに記念碑は完成した。一九六四年四月十二日、足羽山の上で、盛大に「惜別の碑」の落成式典が行われた。

貴司山治氏に、藤野先生記念碑を建設するまでは死んでも諦めないとまで誓わせたものは一体何だったのだろうか？その理由はこうである。佐藤春夫氏と増田渉氏が共訳した初めての『魯迅選集』が一九三五年に日本で出版されたとき、貴司山治氏は魯迅が『藤野先生』を選集に収めてほしいと希望していたことを知った。それは魯迅が、これがもとで或いは恩師の消息が知れるかもしれないという切なる願いを持っていたからである。しかし願いは実現せず、翌年彼は世を去った。藤野先生はそのころまだ健在で、後日魯迅の死去を知った。このことは貴司山治氏にとって非常に悲しいことだった。「もし私がその二年前に藤野先生の健在を知っていれば、魯迅に一通手紙を書くことができたのに……そうすれば師弟を再会させることもできただろうに……二人を生きているうちに再会させられなかったのは、自分の責任のように思えるのです」。貴司山治氏は目に涙をためて青園氏にその心情を語った。このことを少しでも埋め合わせようというのだろう、貴司山治氏は自身が編集主幹を務める雑誌「文学案内」の一九三七年三月号で魯迅の特集を組み、藤野先生の談話「周樹人先生を偲ぶ」を掲載した。

貴司山治氏は惜別の碑建立の九年後に亡くなった。彼が多くの著作を残したことは人々に良く知られている。しかし、彼が魯迅と藤野先生に抱いていた深い思いや、困難な時代に「惜別の碑」を建てるため費やした並々ならぬ努力は、余り知られてはいない。

足羽山の上にある「惜別の碑」を語る時、もう一つ忘れてはならないのは一人の著名な彫刻家の貴い貢献である。彼はこの碑を設計し、碑面のレリーフを彫刻した。彼はこのために、莫大な時間と知恵と労力を注ぎ込みながら、いかなる報酬も受け取らなかった。彼とは福井県生まれの芸術家、雨田光平氏で、今年八十八歳になった。

芦原町のことに話を戻そう。福井県には藤野先生の記念碑を建てたが、出生地には記念碑がなかったので、ふるさとの人々は残念に思っていた。そこで町長と町議会議長の主導のもと、芦原町も藤野先生の記念碑を建てた。碑の題字は周海嬰氏に揮毫を依頼した。周海嬰夫妻と息子の周令飛氏は、一九八〇年五月二十八日の落成式にも招待を受けて参列した。

二つの記念碑は中日両国の代々にわたる友好の象徴である。これらが証明しているように、藤野厳九郎と魯迅のような先駆者が、苦難に満ちた時代に中日友好の種をまき、それを多くの後継者たちが懸命に育てたことによって、深く根を下ろし、芽をふき、成長し、今日このような美しい花を咲かせたのである。

魯迅生誕百周年を迎えるにあたって、藤野先生の故郷の人々はさまざまな活動のため、忙しく動いていた。ある人は藤野先生の生前の事績を収集し、一冊の本を書いた。青園謙三郎氏を団長とし、斎藤五郎右衛門氏を顧問とする三十一名の友好代表団は紹興を訪問し、その後に北京で開かれる魯迅誕生百周年記念大会に参加することになっている。友情は一日ごとに深まり、交流はますます親密になっていく。

もし藤野厳九郎と魯迅がこれを知り、今の光景を見ることができれば、どんなに喜ぶであろうか！

（一九八一年九月二十六日掲載）

札幌の夜

蒋元椿

東京から札幌に飛行機で到着したときにはもう日が暮れていた。チェックインの後、孫さんが、地元の名物料理を出す居酒屋でも探して何か食べに行こう、と言った。

外は風がとても強く、気温は摂氏零下五度だった。街灯が明るく照らす駅前通を歩くと、広い歩道に歩行者はそれほど多くなく、みな体を縮めて寒風の中を急いでいた。駅前通りは札幌で最も整備された道であり、両側は大きな商店が並んでいた。孫さんは「このあたりは小さな店はなさそうだから、もっと狭い道に入ろう」と言った。

角を曲がると、街灯のやや暗い道に入った。あまり歩かないうちに、道端に軒の低い店が現れた。店の前には大きなだ円形の赤いちょうちんが掛かっている。孫さんは「あった。これが居酒屋のしるしだよ」と言った。店の入口には何枚かに分かれた紺色ののれんが掛かっていて、そこには白い大きな漢字が二文字「鳥勝」と書かれていた。

のれんを分けてガラス戸の中を覗くと、中は煌々《こうこう》と明かりがついていた。本当に小さい店で、店の幅は三メートルほどしかなく、奥行きは七、八メートルほどだった。左側が通路で、中程の壁際に小さいテーブルが一つ置かれ、両脇に一つずつ腰掛け椅子が置かれていた。これが多分特別席だろう。中へ進むと、壁下には暖房用の電気ヒーターが置かれ、その隣には洋服ダンス式の大きな冷蔵庫があった。冷蔵庫の脇に置かれた棚の上には、二十インチのカラーテレビが置かれ、ちょうど何かの番組をやっていた。店の真中には長いカウンターがあって、西欧のバーのようだが、ただかなり低かった。その前に七、八脚の腰掛け椅子が一列に並んでいた。カウンターの中には腰に前掛けをつけた男性が立っており、この人が店の主人のようだった。彼の左側には湯気を立てた大きな桶があり、右側には細長い炭火を起こしたコンロがあった。彼の背後には壁に沿って戸棚が置いてあり、戸が閉まっているのも開いているのもあったが、中にはグラスや皿などの食器類が入っていた。店の中はがらんとして、客が一人もいなかった。ただ店の主人だけが両手を組んでカウンターの後ろに立ってぼんやりしていた。

私たちはドアをあけて中に入り、主人に声をかけると、カウンターの前の椅子に腰を下ろした。孫さんは店主にどんなメニューがあるのか聞いた。店主は私たちを見ながら、小さい丸テーブル横の壁にかけてある額縁に入った価格表を指し示して、自由に選んでくださいと言った。価格表には十種類以上のメニューが並んでいて、それぞれの品目の下に書いてある価格は、どれも数百円ほどであった。孫さんはちょっと眺めてから言った。「ここは焼き鳥を売る居酒屋だね。食べてみよう」。

私たちは店主に、何点かみつくろって出してくれるように頼んだ。店主は頷き、振り向いて戸棚をあけ、竹串二本に材料を刺したものを取り出して炭火の上に載せた。そのあと小さな盃を二つ出して私たちに手渡し、ブリキのとっくりを持って大きな桶の蓋に開いた丸い穴の中に入れた。とっくりの上には丸い大きな取っ手がついていて、それが穴の上に出るようになっている。彼は炭火の上の二本の串焼きをひっくり返しながら、私たちの話を聞いていた。しばらくして彼は焼き上がった串焼きの肉を素焼きのかけらのような小皿に盛って私たちに差し出した。鶏のレバーだという。そのあと彼は同じような小皿を出して、彼の目の前に置いた素焼きの鉢から甘味のあるたれを一さじすくって中に入れた。これは彼が自分で調合したたれだと言って、私たちに味見をするよう勧めてくれた。続いて彼は桶からとっくりを取り出して、温めた酒を盃に注ぎ、これは日本酒ですと言った。日本酒を飲みながら、竹串を手に取って、鶏レバーを食べてみた。レバーはとてもやわらかく、一本の串に四つ刺してあり、肉の間には小さく切った玉ねぎが挟まれていた。今日は何も食べていなかったので、鶏レバーはあっという間に食べてしまった。店主が味はどうかと聞いてきたので、私たちはとても美味しいと答え、他のものを焼いてくれるように頼んだ。店主はとても喜んで、また戸棚から二串取り出して炭火に載せた。今度は豚のもも肉だった。私たちは酒を飲みながら店主と話し始めた。彼の名前は伊藤晋成という。私たちは彼に「私たちがどこから来たのかわかりますか」と質問した。彼は「お客さんが入って来た時には、日本人だと思いましたが、お二人の話を聞いたら中国人だということがわかって、ちょっとびっくりしましたよ。今日は本当に珍しいお客さんが来られる日ですね。さっきちょうどテレビで胡耀邦総書記が来たことを見たばかりだったんですよ」。彼は、この店には今まで中国人のお客が食べに来たことはなく、今日我々が来て、本当に嬉しいと言った。

この店は札幌市中央区の南二条というところにある。彼は元々札幌の北西の小樽出身だが、ここに移って店を開いてから三十年以上になる。店は彼と夫人の二人でやっていて、店の二階が住まいである。三十五歳になる息子が一人いて、札幌の北にある旭川市で喫茶店を開き、結婚して二人の娘がいる。忙しいので、ふた月に一回来てちょっと会うだけだが、孫に会いたくて彼らの方が旭川に行くこともあるそうだ。

私たちは彼に、商売はどうか、今夜はどうしてお客が少ないのかと尋ねた。彼が言うには、今日は土曜日なのでみな家にいるとのことだ。普段の夕方、勤め帰りの時間には、人々は帰宅前に来て日本酒を飲み、焼き鳥を食べるのでとても忙しいという。日本酒のアルコール度数の話から紹興酒の話になった。彼は紹興酒を知っていて、日本では老酒と呼ぶと言った。私は、自分は紹興出身で、私たちも紹興酒を老酒と呼ぶと言うと、彼はうれしそうに頷きながら笑っていた。

私たちはこうして食べたり話したりしていた。伊藤さんは私たちに鶏皮、鶏の心臓、豚ばら肉などを出してくれ、二つの肉の間に玉ねぎを挟むのは火力を均等に行き渡らせるためだと説明してくれた。私が彼に年齢を聞くと、六十歳だと答えた。私が自分は彼よりも三歳年上だと言うと、彼は私を見、首を振って言った。「見えませんねえ」。軍隊に入ったことがあるかどうか聞くと、彼は「あります。予備軍に入りましたが、一年半後に戦争は終わったので、中国には行ってないんです」と言った。私が彼に運が良かったと言うと、彼は笑って頷いた。

知らず知らずのうちに、カウンターの私たちの前には、それぞれ五、六本の竹串が置かれ、酒ももう頃合いだった。私たちは立ち上がって伊藤さんに勘定を頼んだ。彼は前掛けで手を拭きながら、お辞儀をして言った。「今日は私がおごります。お代は戴きません」。

私たちは、そんなことはできない、絶対払う、と言った。伊藤さんはこれ以前には若干遠慮勝ちな様子だったが、この時の態度ははっきりとしていた。

彼は姿勢を戻して手を振りながら言った。「お代はいいです。私は年を取って頑固ですから、いらないと言ったらいりません」。

私は笑いながら言った。「私はあなたより年上ですから、もっと頑固ですよ。かならず払います」。

彼は私を見て、ちょっと考え込み、仕方なさそうに笑いながら言った。「では三千円いただきます」。私と孫さんは計算してみて、五千円を彼に支払った。

店主は感激したらしく、私たちを座らせると、振り返って大きなグラスを三つ、戸棚から取り、カウンターに置いた。そしてカウンターを出ると、我々の後ろにある冷蔵庫から瓶ビールを一本出して栓を開け、なみなみと三杯のグラスを満たした。彼はそのうちの一つを高く掲げて言った。「私たちの両国が永遠に仲良くありますように！」

私たちは立ち上がって盃を掲げ、三人は向かい合ってビールを飲み干した。私は、苦味のあるビールが甘い友情の露のように思えた。

私たちは伊藤さんに別れを告げ、お互いに深々と頭を下げた。店の入口から街に出ると、外はびゅうびゅうと冷たい風が吹いていたが、しかしなんと温かさを感じさせてくれたことか、この札幌の夜は！

（一九八四年一月十五日掲載）

長野の山にあふれる友情

黄晴

日本の長野県は昔、信州と呼ばれ、日本の本州の中部に位置する。この一帯はたくさんの山々が起伏をつくり、緑の木々が海原のように広がっている。映画『ああ野麦峠』の撮影地でもある。

今年、長野県八千穂高原のスキー場のそばに、優美な造形の赤い建物が建てられ、「日中青年の家」と名づけられた。日本の大工が、中国人留学生が間もなくやって来ると聞いて、仕事に拍車をかけ、時間外まで働いて、一年足らずで仕上げたものである。夏に入って以来、ここでは相継いで四回、計百名以上の中国人留学生を迎えた。

市川さんの話

「日中青年の家」の和式の部屋〔=和室〕で、私たちは施設の出資者、市川幸雄さんに会った。彼は、自分の集めた写真や資料を持ってきて、若い時の波乱に満ちた経験を話し始めた。

日本の中国侵略戦争中、市川さんは機械技師として中国に派遣され、北京南苑飛行場で仕事をした。戦中、戦後、彼はたくさんの事実を知り、日本が起こした戦争は正義に反するものだったことを深く認識した。彼は、戦時中に日本の当該機関が作ったポスターを見せて、当時たくさんの日本人がこのようなウソの宣伝で中国へ行ったのだと言った。

戦争の反省として、長年、常に彼の念頭にあったのは、「中国のために何かしたい」ということだった。中国から来日する留学生が増えるにつれ、その思いはますます強くなっていった。彼は東京の繁華街新宿の、「土一升、金一升」ともいわれる土地を売り、中国留学生が避暑に来て、元気に勉強できるようにと、故郷にこの「日中青年の家」を建てたのである。

彼は、自分の金でこのような有意義なことができたことを、心から喜んでいた。中国人留学生が到着する日、市川さん一家は親子三代、わざわざ東京からかけつけて、歓迎会に参加した。

佐々木さん一家

中国人留学生のサマーキャンプでは、新しい活動が用意された。それは、八千穂村の住民の家に「下宿」するというものだった。佐々木さん一家は三代七人、中国人留学生を大変よく面倒みてくれた。午後、中国人留学生が到着した時、家にはおばあさんと三人の孫娘だけだった。おばあさんは親切に茶を出し、風呂を準備した。風呂は、客が先に入ってから、家の者が入るのが日本の家庭の伝統的な習慣だそうである。

しばらくすると、家のそのほかの人たちが続々と帰宅してきた。おじいさんの佐々木良一さんはもう還暦を過ぎたが、まだまだ元気で、昼間は「農協」に勤め、夕方はよく軟式野球の試合に参加するということだった。近ごろ、残留孤児が何度も日本に親探しに来ているが、この老人はこれについて非常に感心していた。日本人には、「他人の瓦の霜は気にしない」者も多いのに、中国では敗戦国の子どもを大きくなるまで育てている、中国人は心が広い、と彼は言った。

長男の佐々木茂男さんは三十そこそこで、九月九日の中国河北省雑技団歓迎のために特別に作ったシャツを着ていた。河北省と長野県は友好都市関係を結んでいて、八千穂村のたくさんの人がこのシャツを着ている。街にも、乗り物にもポスターが貼ってあった。中国のアーティストの来訪を心から楽しみにしているのだ。

団らんは夜更けまで続き、話題は尽きない。中国の多くの家庭では夫婦で家事を分担している、という話になった時、長男のお嫁さんは驚いて目をまるくし、大声で夫に言った。「よく聞いといて、見習いなさいね！」。彼女はまた、中国人はどんな食べ物が好きか聞いた。次の中国人留学生の一団のために、彼らの口に合う料理を準備するのだという。

酒を飲んだり茶を飲んだりする合間に、一家はカラオケで、順番に日本の歌謡曲を歌った。佐々木さんの二人のわんぱくな孫たちが、時々かわいらしいじゃまをするので、場はさらに盛り上がるのだった。

（一九八六年八月二十四日掲載）

日本から戻って

高狄

日本から帰国して一ヶ月余りが経つ。日本の人々の友情は永遠に忘れられない。

私はかつて「偽満州国」建国大学で学んだ。偽建国大学は日本軍国主義の産物だが、そこで学ぶ中日の学生の間はとてもうまくいっていた。その頃、中国人学生はマルクス主義やその他の禁止された本をこっそり読んでいたが、日本人学生はそれに気付いても知らないふりをして、告げ口しなかった。これらの日本人学生たちはみな戦争に反対し、軍国主義に反対していた。中国人学生が抗日活動に参加して捕まると、日本人学生のなかには獄中に見舞いに行く者もあった。

偽建大出身の中国人と日本人の間には、いまだにつきあいがある。たくさんの日本人の同窓生が、日中人材交流協会理事長の林信太郎君たちのように、積極的に中日友好事業に従事し、両国間を奔走している。

多分そういった経歴のせいだと思うが、私は以前から訪日の機会を待っていた。何度か実現しそうになったのだが、仕事の変動などで、ずっと行けずじまいだった。今回、日本の外務省の招きで、ついに念願がかなったのである。

東京で、中山外務大臣に、日本で一番印象深いものは何か、と問われたことがあった。私は、一つは日本の経済の発展、もう一つは、日本人が中国人にとても友好的であること、と答えた。

日本の経済発展は誰もが知るところだ。日本国民が中国に友好的であることは、日本人に接するほどに、強く感じるようになる。

第二次世界大戦後四十年あまりの間、日本人の同窓生のうち、再会したことのある人もいたが、ほとんどの人にはずっと会っていなかった。にもかかわらず、東京と大阪で集まった時には、まるで共に学んだ時代に戻ったようだった。当時誰の隣で誰が寝たかなどということから始まり、今どんな仕事をしているのか、当時だれがどんな姿だったか、今誰が老けて、誰が老けて見えないか、過去のことを話したり、現在のことを話したり、中日関係の未来について話したり。そして、学生時代によく歌った『蛍の光』を皆が歌いだした。「蛍の光窓の雪、文読む月日重ねつつ……」。

旧友との再会はもちろん嬉しい。しかし、新たな友に、会ったとたんに旧知のような親しみを感じることもある。私は新聞戦線の「新兵」なので、日本新聞界の人々とはもともと面識がない。しかし今回、日本の各大手新聞社の責任者と会ったが、とてもうちとけて話すことができた。

一番感動したのは、ある日本人の家に招待されたことだった。

訪日期間の後半、日本の海部首相にお会いした。当時、日本の国会会期中で、政府予算を審議中だった。首相は議員の質疑に回答するためこれに出席しなくてはならず、本当に忙しかった。首相との会見を待つ間、私は横浜に住む米山登さんを訪ねた。

米山さんは人民日報になじみの深い方である。長年、人民日報社の編集者や記者と交流を持ち続け、わが社の東京支局に車を一台贈呈してくれたこともある。彼はかつて北京で学んだことがあり、今は車の販売会社の経営者だ。彼は、自分はただの一市民で、中国が好きで、何の打算があるわけでもない。中国が早く豊かになり、日中両国民がいつまでもうまくやっていけたらと思っているだけだ、という。

彼は北京を第二の故郷のように、中国人民を親戚のように、思っている。私が孫東民君と一緒に彼の家に行った時、彼はわざわざ、かつて同じく北京で学んだ三田満さんも呼んでくれた。米山夫人は日本料理を作り、さらに中国人に習った水餃子を出して、我々を歓待してくれた。

部屋は面白いしつらえだった。日本の祭日に飾るおめでたい「ひな壇」が置かれ、部屋の中の神聖な「床の間」には中国画がかけられていた。日本風でありながら、中国の趣も持ち合わせている。米山さんは、三回目の訪中団を引率した時作った旗まで私にくれた。雑談の中で、私は日本民謡が好きだ、という話をしたのだが、後で、米山さんと彼の息子さん、それから三田さんが、こっそりと、それぞれに日本民謡のテープを買って、夜中にわざわざ東京のホテルニューオータニまで届けてくれた。

中国と日本は一衣帯水の隣国であり、数千年に及ぶ友好の歴史がある。両国民の間には様々な糸が絡み合っている。これらの客観的に存在する事実を、誰も否定することはできないし、どんな力もこれを変えることはできない。忌憚《きたん》のないところを述べれば、中日両国は一時期、不愉快な過去があった。しかし、これは少数の日本軍国主義者が起こしたことであって、彼らは人々の願いに反し、歴史を逆流させたのだから、失敗は必然だったのだ。「前事を忘れざるは、後事の師なり」。中日両国民は今日の平和と友好を本当に大切にしなくてはならない。日本には豊かな資金と先進技術があり、中国には豊富な労働力と資源がある。両国が手を取り合って協力し、互いに補いあい助けあえば、両国民にとって有利である。中日両国民は永遠に友好関係を保っていかなくてはならない。そしてそれは必ずできることなのである。日本の人々との交流は、私のこの考えを確固たるものにした。これが今回の訪日の最大の収穫であった。

（一九九〇年五月三十一日掲載）

东瀛之旅

開けゆく友好の道

劉徳有

一九八九年三月、日本から戻って来たある友人が、福岡から十六ミリフィルムを持ち帰った。入れ物のラベルには、『開けゆく道――中国科学代表団訪日記録』とある。私はこの長い年月を経たフィルムを見ながら、郭沫若先生の偉大な姿が目に浮かぶと同時に、一人の日本人のことを思い出した。

この人は、北九州の外科医、柏木正一先生である。柏木先生は郭先生が若い時に学んだ九州帝国大学医学部の卒業生だ。『開けゆく道』を人に託して私に送ってくれたのは、柏木先生だったのである。

一九五五年十二月、郭先生を団長とし、馮乃超、翦伯賛、蘇歩青、茅以升、汪胡楨、馮徳培、薛愚、葛庭燧、尹達、熊復ら諸氏から成る中国科学代表団が訪日した。中日の学者は、歴史、考古学、数学、物理、薬学、生理学、土木工学、教育など、各領域で幅広く交流した。中日国交回復以前という情況の中、この交流活動は戦後の中日関係史に光彩を放つ一ページとなった。

しかしながら、当時のそのような情況下で、郭先生が訪日することは決してたやすいことではなかった。郭先生を招請した日本学術会議の茅誠司会長、南原繁先生などの方々が努力してくれたほか、郭先生の母校、九州大学は、西日本一帯で郭先生の訪日を要請するキャンペーンを行なった。そして、柏木正一先生こそは、郭先生の訪日を実現させるために西日本で奔走した熱意の人なのである。

柏木先生は中国に深い思い入れがあった。一九四五年八月、日本帝国主義が敗北した時、彼は妻子と中国の東北におり、当時の東北民主連合軍に参加して、軍医となった。一年間仕事をした後、彼は一家を連れて日本に戻り、北九州市に外科医院を開いたのである。

一九五四年秋、中国紅十字会代表団の訪日の際、柏木先生はわざわざ大阪に赴き、李徳全団長や廖承志副団長と会見した。その時話の中で、廖承志氏は、中国の医師を日本に招待して見学させてはどうかと提案した。柏木先生は考えた。自分の母校九州大学医学部が育てた医師で、現在中国で大物になった人がいる。中国の全国人民代表大会常務委員会副委員長であり中国科学院院長である郭沫若先生だ。彼を招いて、九州大学で講演を行えば、中日友好にとってこんなに意義のあることはない。

この後、彼は九州大学の教師、学生、ＯＢの間で招請のため積極的に活動した。彼は郭先生を訪日させるため、大変な力の注ぎようだった。彼の言葉を借りれば、「燃える太陽のような情熱」だった。彼はほとんど毎日東奔西走し、到る所で「郭沫若、郭沫若」と宣伝して歩いた。

一九五五年五月十六日、柏木先生と九州大学新聞は、郭先生から五月十日付けの返信をそれぞれ受け取った。柏木先生は、「喜び躍り、勇気百倍」だった。手紙の文面では、郭先生は翌年の桜が満開になるころ来日できそうだと思われた。しかし、春には来られず、実際の来日は十二月に実現した。いうまでもなく、その数日間、駅で、歓迎会で、代表団の宿泊先で、郭先生の恩師中山平次郎博士の家で、とにかく郭先生がいる所どこにでも、柏木先生がいた。

三十五年経った今、またこうして、柏木先生は中日関係史上を飾る一大イベントを記録したフィルムを中国に送ってくれた。中日両国の人々に、再びあの楽しく忘れ難い幸福な日々を思い出させてくれた。

『開けゆく道』、このフィルムは日本中央文化映画社が撮影したものであり、郭先生一行が十二月一日の晩に東京羽田空港に到着してから十二月二十五日午後に船で下関を離れるまでの主要な場面を、忠実かつ生き生きと記録している。フィルムを見ると、当時中日国交はまだ正常化していなかったけれども、中日友好は大きな潮流であり、人々の望んでいたことだったのだ、ということがわかる。

『開けゆく道』というタイトルも、無作為につけられたのではない。当時、日本国民は中国との国交回復を強く望んでいたが、日本の為政者はアメリカの顔色をうかがって政治を行い、あの手この手で妨害した。日本国民は、中国との友好の道は自分で開かなくては、と痛切に感じたのだ。彼らは魯迅の名言――「もともと地上には道はない。歩く人が多くなれば、それが道になるのだ」という言葉に強く共感を持った。郭先生は新中国成立後たった六年で、日本に代表団を連れて友好訪問した。日本人はこれを、中日国交回復の道を拓く重要な一歩だと考えたのだろう。『開けゆく道』というタイトルは、魯迅の名言の意味するところをくみ取ったに違いない。

郭先生の訪日は、日本の広い範囲に大きな影響を与えた。その影響の大きさは計り知れない。フィルムの中では、郭先生をこんなふうに紹介していた。「郭先生はこんなにどっさり肩書きを持っている人ですが、私たち日本人には、日本の大学を卒業し、その後日本に亡命していたこともある詩人郭沫若の方がより親しみ深い一面かもしれません」。

今日、『開けゆく道』を見る時、私たちは三十数年前に郭先生の訪日を後押ししてくれた日本の友好的な人々に、そして、このフィルムを撮影するためにがんばった日本の人々に感謝しなくてはならないと思う。そしてさらに感謝すべきは柏木正一先生。まさに、彼らを含めた何世代もの人々の努力があったからこそ、今日の中日関係があるのであり、中日友好の目覚しい進展があるのだ。

（一九九〇年六月二十三日掲載）

忘れ難い札幌

馬世琨

日本の北海道の県庁所在地である札幌は、個性がはっきりしていて来る人々の思い出に残る都市である。しばらく前、私は北海道新聞社、札幌青年会議所、北太平洋地区研究センターの要請で、札幌で行われた国際会議に出席した。短い滞在で、ざっと見てまわったくらいだったが、この都市の風景や人とのふれあいは、私にとって、とても忘れ難いものとなった。

札幌は「雪の町」として有名である。確かに、札幌といえば、一年のうち五ヶ月にもわたる長い降雪期や、一年一度の有名な雪祭り、それから、いろいろな氷上競技などを想起する。けれど、実は札幌の夏も大変魅力的である。この地は真夏もそんなに暑くない。七月末のある日、私は汗を流しながら東京で飛行機に乗ったが、一時間半後に飛行機を降りてみると、寒さに思わず身震いしてしまった。私を迎えたのは、降りしきる小雨と摂氏十九度の気温だった。現地の人が言うには、その日の気温は低い方で、普通この季節なら昼間は二十五度前後だ、ということだった。「一年中夏が無い」、とは、耳慣れたエアコンのコマーシャルのフレーズだが、ここにはまったくぴったりだ。

札幌の緑化はすばらしい。たくさんの公園や並木道があり、市街化区域の緑地率は七〇パーセントに達している。詩や絵画に出てきそうなモミ、エゾマツ、ライラック……町全体が緑にあふれ、木漏れ日がきらめき、夏特有の生い茂る草木からのぼるしっとりとした空気が満ち、幻想的な雰囲気と生命の躍動が感じられた。

日本屈指の大都市である札幌は、最も歴史が浅く比較的発展のはやい都市の一つだ。ある意味、日本の明治維新の産物である。一八六八年、すなわち、明治維新が起こった年に、日本政府は維新改革の綱領である「五箇条の御誓文」を出したが、その中の一条に、「知識を世界に求める」というものがあった。その後、アメリカ・ロシア・中国などの国々の専門家が相継いで北海道に招かれ、その発展に知恵と力を注いだ。ロシア人やアメリカ人が来て、北海道は日本における本格的な乳牛牧畜、乳製品生産の先駆けの地となった。中国の農業専門家は当時のかなり進んだ耕作技術をもたらした。札幌市の都市建設の青写真はアメリカの建築設計技師の手によるものだ。札幌市街区図は碁盤の目のように縦横まっすぐで、道路の幅が広く、合理的な配置となっており、この一六七万人の都市は、今日まで交通渋滞の苦しみを味わったことがない。

雲が雨を連れ去って晴れ間がみえた午後、主催者側が私を市内の森林公園にある北海道開拓記念館に連れていってくれた。四千平方メートル余りの記念館の中で、北海道の自然の変遷と艱難辛苦の開拓史を示すたくさんの写真、図表、展示物を前にして、北海道の人々の何ものも恐れない開拓精神と、歴史を大切にし創造を尊び奉仕を推奨する姿に、自然と尊敬の念が湧き起こるのだった。ここに、私にとって大変印象深いものが二つあった。一つは、あの心を揺さぶる馬蹄の壁だ。壁に一六〇〇の馬の蹄鉄がきれいに並べてはめ込んであった。案内してくれた人によると、馬は北海道開拓のために文字通り「汗馬の功労」を立てた。馬蹄の壁は、言ってみれば馬たちの功績を記念する碑であり、現在と後世の人々を励ますためのものでもある、ということだった。日本は、どんなに近代化しても、やはり一歩一歩足あとを残すような「馬蹄の精神」が必要なのだろう。二つ目は、八十数枚の大きな写真である。写真に写っている彼らは、北海道百余年の開拓史の中で、優れた功績を残した人々である。彼ら各々の様々な偉業功績は紹介されていないが、見学者はそこに潜むこんな言葉を心に刻むかもしれない――国と民のために働いた者は、永遠に歴史に残る。

近代の開拓者の末裔である札幌の人は人情厚く、素朴で温厚だ。中国から訪れた者には、この印象はさらに強く感じられる。私が札幌に着いたその日の午後、主催者側は何も特別な予定を組まなかったが、市内を見てまわる時、大変親切な案内役の早川淑人さんが、私の希望にそって日本団体生命保険北海道営業開発部の見学を手配してくれた。私のような急におしかけた迷惑な来訪者にも、坂上修一部長は丁寧に説明し、私を連れてビルの上から下まで案内してくれた。彼は、中国の新興の保険業に非常に興味を示していた。日本を離れる前に、坂上さんから、今年末、七、八人を連れて中国を訪問したいので招請してほしい、というファックスを受け取った。

会議が終わった後、たくさんの見送りの人々と交わした親しみのこもった言葉と心温まる祝福を胸に、私は南へ向かう列車に乗った。窓の外には緑の原野が静かに横たわっていたが、私の心はなかなか静まらなかった。私は早川さんがくれた、彼と奥さんの和装の結婚記念写真を取り出してじっと見つめた。私は、日本ではこの写真は新婚の夫婦が親しい人だけに贈る大切な物だということを知っていた。それから、中国人民の古くからの友、日中仏教文化交流センター会長、国岡茂夫さんのことを思い出していた。彼は招待者として考えうる限りのもてなしをしてくれた。パーティーを開いてくれただけでなく、北海道新聞社の編集委員、寺井敏さんや自分の息子の国岡睦史君を私に同行させて、有名な定山渓温泉に連れて行ってくれたり、北海道の有名な記者や書画家とたくさん引き合わせてくれたりした。その中には、北海道開拓記念館に写真が飾られている国松登さんもいた。彼は北海道画壇の大家で、八十五歳の老人だが、精神はかくしゃくとしており、ユーモアがあり、健啖家である。彼は私に日本画発展の歴史と現状を紹介してくれ、彼のことが書かれた伝記にサインをして私にくれた。また、席を立ち畳の上をいざって私に近寄り、手をとって手品を教えてくれた。その光景は皆を感動させた。私は彼らに言った。今まで海外出張した中で、日本が一番違和感を感じなかった、と。子々孫々まで続く友好は、中日両国民が共に願うものである。私はそういう広い意味で、日本の人々の私への友情を受けとめた。

（一九九二年八月三十日掲載）

広島を思う旅

馬世琨

広島は、今回の日本訪問で私たちが最も行きたいと思い、また感じるところの多かった都市の一つである。北京を出発する前、私たちは書面で受け入れ側に質問事項を提出していた。その中の一つは、来年は第二次世界大戦終結五十周年だが、これに対して広島は何を思い、何をしようとしているのか？　ということだった。実際これを知ることが、私たちが広島に行って取材する主な目的だった。

広島が有名なのは、人類史上初めて原子爆弾が落とされた場所であり、また、不屈の精神で短期間に廃墟から立ち上がった都市だからである。ここでは、生と死、破壊と創造、壊滅と新生とが、歴史の瞬間の中で、強烈なコントラストを作り出している。現在、日本全国では上から下まで、五十年前のあの戦争について段階的な反省、評価、総括を行なっている。各界人士から続々と見解や対案が出され、あるものは首相のデスクに送られた。この問題に対して、戦争と平和の縮図である広島から、どの程度日本の内なる動きを探ることができるであろうか？

広島に到着してすぐ、私たちは受け入れ側の人の案内で平和記念資料館を見学した。館長の原田浩氏は、資料館は東西の二つの部分に分かれていると述べた。西館は一九五五年に広島の原子爆弾被爆十年を記念して建てられたもので、毎年平均百四十万人の見学者が訪れる。館内に入ると、一人ずつテープレコーダーが配られ、悲愴な中国語の解説を聞きながら、遺物、写真、模型、資料映像などを見ていくと、既に誰もがよく知る、あの歴史的な大悲劇が眼前に浮かぶのだった。

一九四五年八月六日八時十五分、一個の原子爆弾が広島市の上空で炸裂し、その瞬間、広島市内は瓦礫と化し、約十四万人が即死した。昨年の八月六日までに、直接または間接的に原爆によって死亡した人は十八万一千人に上った。

一番注意を引かれたのは東館である。今年六月一日に正式に公開されたが、説明によると、東館を建設したのは「被害と加害」の両面からこの戦争を検証するという目的からである。すなわち、日本は戦争の被害者であるだけではなく加害者という側面がより強く、日本が引き起こした侵略戦争はアジアの人民に対して空前かつ深刻な災難をもたらしたということである。展示された大量の史料によると、広島は長期にわたって日本の軍事工業拠点であり、日本が引き起こした日清戦争から第二次世界大戦までの橋頭堡として「軍都広島」と称されていた。日本はアジアの国家を侵略し、中国や朝鮮半島からたくさんの労働者を連行し、彼らは辛酸を嘗め尽くした。その中には広島で被爆した犠牲者も少なくない。東館が「被害と加害」というテーマを強調していることは、広島の人々が五十年前の戦争について認識を深め、大きく前進したということであり、まちがいなくアジアの国と人々からの称賛を得ることだろう。

「広島の人々のこのような認識は、日本全体の考えを代表するものなのでしょうか?」という問いに、原田館長は明確に答えた。「これは広島市民が歴史をどのように見ているかを表したもので、国の立場ではありません」。こう語ったとき、彼の表情は厳粛で口調はきっぱりとしており、彼がこのような状況に対して残念に思っていることが見て取れた。

戦争の被害を深く受けた広島の人々は、とても平和を愛している。広島には平和という名前のつく場所や物が至る所に見られる。市の中心部の広場は平和広場であり、広場に灯された常夜灯は平和の灯と命名されている。戦争資料博物館は平和記念館と称されている。広島の人々は強い情熱をもって、平和と友情をテーマにした第十二回アジア競技大会を迎えようとしている。アジア大会のマスコットは一対の可愛い平和の鳩で、雄を「ポッポ」雌を「クック」という。

廃墟の上に再建したこの都市は、道幅の広い街路が整備され、新しい建築物が目を楽しませ、花や樹木が生い茂り、生活環境は快適である。広島はすでに日本の十大都市の一つに数えられ、充分な経済と科学技術力を備えている。ここには著名なマツダ自動車の本社があり、多くの高度な科学技術プロジェクトが進行中である。また、東京とともに、大きな観光都市である。広島で人々が深く感じるのは、戦争は破壊を招き、平和は発展をもたらすということだ。それは広島だけのことではない、日本全体にもいえることだ。一九四五年の日本の敗戦を区切りとすると、それ以前の五十年間、日本は正義のない戦争に狂奔し、到る所で略奪し、国民経済の発展は鈍り、人々の生活水準は低下した。戦後の五十年、日本は平和な環境の恩恵を受けて、経済は長期にわたって高速の発展を遂げ、数々の栄誉ある呼称を冠せられた。経済大国、金融大国、などなど……東京で、ある人が私たちに言った。日本は今後も歴史から教訓を汲み取り、平和と発展の道を歩む、と。

平和記念館から第十二回アジア大会会場へ行く途中、案内の人が私たちにこう言った。アメリカが広島を原子爆弾の投下目標に選んだのは、一つは広島が盆地の底に位置し、地勢が平坦で原子爆弾が充分に威力を発揮するのに有利だったから、また広島には軍需企業や軍事施設が多く、攻撃する価値のある場所だったからである。もう一つの理由は、トルーマン政府は原子爆弾の秘密研究と製造に巨額の資金を注ぎ込んでおり、これを実際に使わないことには国内の納税者に説明のしようがなかったからだ、という……。

これは当時のアメリカの心理分析として一理あるかもしれない。ただ私たちが思うには、もし、ファシスト同盟が空前の大惨禍である第二次世界大戦を引き起こすことに日本が同意しなかったら、もし日本が中立国であったら、わけもなく原子爆弾の攻撃を受けたであろうか。当然のことながら、歴史に「もし」はないのだが、歴史上の過ちは再び犯すことを避けられるものだ。もし正しく歴史と対峙し、真剣に教訓を導き出すならば。しかしながら、この点では、日本はかつての盟友ドイツに遠く及ばない。第二次世界大戦後、ドイツの歴代政府はナチス・ドイツがヨーロッパと全世界の人々に対して犯した極悪非道な犯罪をはっきりと認め、ナチスの戦犯が地の果てまで逃げようとも、最後まで追いつめている。最近、ドイツでは、ナチスがユダヤ人を虐殺したことを否定するような言論や、ナチスのシンボルマークの落書きや、ナチス式の敬礼を犯罪行為と定める法律まで通過させた。日本はどうであろう。歴史問題の対処については、日本は今まで勇気に欠けるという印象を世人に与えてきた。例えば、野蛮にアジアの国家を侵略したことは明白なのに、一部の人はどうしても非を認めない。アジアの国家の感情を無視して、ほとんど毎年何人かの閣僚が戦犯の祀られている靖国神社を参拝する。「被害と加害」の問題を挙げるときは「被害」ばかりを強調し、「加害」についてはは言おうとしない。このようなことに影響されているのだろう、去年もまだ日本の中学生の七〇パーセントが日本は第二次世界大戦の純粋な被害者だと考えていたという。ついこの間も、元大臣の一人が「南京大虐殺はねつ造だ」「日本が戦争を起こしたのはアジアの国家を解放するためだ」などと放言した。もちろん、この種の日本人はごく少数で、ある意味、戦争の亡霊が滅びる前の最後のあがきと言えるかもしれない。しかし戦争が終わって五十年たった今も、このようなおかしな現象が起こるということには、深く考えさせられる。

広島への旅は人を啓発し、忘れ難くさせる。日本で戦争と平和の問題を振り返る時、広島が一面の鏡となることをただ願うばかりである。

（一九九四年七月三十一日掲載）

东瀛之旅

震災は明け方に発生した

王健　呂岩松

一九九五年一月十七日は、「黒い火曜日」として日本の歴史に記されるだろう。明け方の五時四十六分、近畿地区の人々がまだ深い夢の中にいる時間に、恐ろしい災難が降りかかった。数回にわたる青い光と大音響を伴って、一瞬にして高層ビルは瓦礫と化し、橋は裂け、高速道路は崩れ落ち、一帯は火の海となった……。

この地震は、今世紀の二〇年代に東京で起こった大地震以降、日本で発生した最大規模の震災だった。多くの面で人々の想像を遥かに超えた、マグニチュード七・二、震度六の直下型地震であった。震源地は著名な大都市である神戸の東南六十キロメートルにある淡路島であった。

人々は突如として襲ってきた災難に驚愕し呆然とした。幸いにも無事だった人は呆然としながらも、崩れそうな部屋から逃げ出し、一部の人はさながら夢遊病者のように、薄い寝巻き姿で布団をかぶったまま、あてもなく街中をさまよった。ある人はしばらくしてから理性を取り戻し、倒壊した我が家を見て地団駄を踏み悔しがり、泣き崩れた。ある生存者はすすり泣きながらとめどもなく訴えた。「激しい勢いの中で道路も陥没してしまい、あっという間に何もなくなってしまった……」。

ヘリコプターに乗って被災地に駆けつけ、現場中継をしたTBSテレビの著名なキャスター、筑紫哲也は、被災地の惨状をこのように表現した。「一切は停止し、歩く人や車は見当たらず、都市の上空には濃い煙が充満し、一種異様な恐怖感があります」。

日本は地震活動が活発な地帯であり、建物を建設したり道路をつくるときには全て地震の要素が考慮されているし、新しく作った大きな橋はすべてマグニチュード八に耐えられるよう設計されていた。しかし近畿地区には長年にわたって大地震が起こっておらず、地下に蓄えられたエネルギーが大きく、しかも今回の地震は直下型だったので、被害は特別大きかったのである。神戸市以外でも、大阪、兵庫県内での被害は甚大であった。日本を貫く新幹線も運行を停止し、大阪と神戸をつなぐ高速道路は崩壊し、被災地の水道や電気、ガス、通信なども麻痺状態に陥った。

最大の被害は死傷者である。不完全な統計によるものだが、現在既に一二四七人が死亡、三九六五人が負傷、そのほかまだ千人以上が行方不明のままである。

人々は災難に遭ってもくじけなかった。彼らは絶えまなく続く余震をものともせず、救援作業に入り、地方公務員たちは被災者を安全な場所に集めて火を焚いて暖を取らせ、食糧を配った。しかし準備不足で、消防車や救急車などの救援機材は明らかに足りていなかった。ガス管の破裂は火災を引き起こし、救援活動はますます困難になった。その上、大きな揺れの後、六百回以上の余震があったのである。日が暮れてもなお、神戸市中心のいくつものビルが依然として燃えていた。寒風の中で震えていたある被災者は「今最も不足しているのは防寒着だ」と言った。

震災はあらゆる日本人の心に影響を及ぼした。その日は一日中、多くの人々が仕事も手につかず、テレビに全神経を集中させ、腕を組みため息をついた。村山首相は通常の政務を中断して関係者と救援問題を協議し、テレビで談話を発表して、被害を最小限にとどめるようアピールした。また、十九日に被災地に入り、救援の指揮をとることを表明した。

（一九九五年一月十八日掲載）

初冬に日本を訪れて

中日新聞事業促進会代表団

私たちの日本訪問中に深く印象付けられたことが一つあった。それは、普通の日本人が世界を理解することに非常に注意を払っており、国際的な時事問題に関心を持っていることだった。富山市では、大部分の家庭が自費で新聞をとり、多くの人が朝早くから朝食を採りながら新聞に目を通し、それから出社する。彼らと話す中で私たちは、彼らの中の少なからぬ人々が、世界の重大事をよく知っており、また自分の見解を持っていると感じた。熱心に外国語を学ぶ人もまた多かった。日本には、全国展開している「外国語ファミリークラブ」がある。日本語、英語、フランス語、中国語、ドイツ語など十一種類の言語を同時に教えていて、会員は二万五千家庭以上に達している。ちょうど富山市でそのクラブの集まりが開かれており、私たちは海外ゲストとして招かれて参加した。集会の参加者は大人と子どもを合わせて二、三十人で、和気あいあいとした雰囲気だった。まずみんなでテープに合わせて各国の歌を歌いながら、いろいろな遊びをした。そのあと車座になって座り、一人一人が順番にできる範囲の外国語を使って自分の話したいことを話した。私たちも、もちろん簡単な自己紹介をした。会員たちはとても興奮して、「本物の中国人の話す中国語を聞いたのは初めてです」と言った。知らず知らずのうちに二時間がたちまち過ぎ去り、名残りを惜しみながら別れる際に、何人もの友人たちが近いうちに中国へ行ってみたいと言ってくれた。

特に忘れ難いのは、富山市の国際交流センターが私たちのためにとても有意義な交流プログラムを用意してくれたことだ。それは、普通の家庭に一泊することだった。六人が四つの家庭に分かれて滞在した。草野伸幸さんご夫婦は仕事熱心で社交的な普通の会社員である。細川一雄さんは身障者であるがとても努力家で、家で印章店を営み、奥さんはフィリピン人である。永井夫人はすでに退職しているが、まださまざまな社会的公益活動に熱心に取り組んでいる。長谷川勝さんの家庭は伝統的な色合いが濃く、三世代同居で、奥さんが家を切り盛りしている。男の子と女の子が一人ずついて、活発で可愛らしい。これらの親切で客好きな主人たちは、私たちを賓客のようにもてなしてくれた。緑茶を入れ、日本酒を勧め、本物の日本の家庭料理で私たちを歓待してくれた。また、私たちに日本の風俗や人情を紹介し、お茶の味わい方やどうやって畳に座ったり寝たりするかなどを教えてくれた。彼らの多くは中国へ行ったことがなく、中国人と接触したこともなかったので、中国と中国人をあまり知らないことから神秘的な感じを持っており、とても興味深そうに私たちから普通の中国人の生活の様子を知ろうとした。私たちはお互いに日本語と中国語で「こんにちは」「ありがとう」を教えあい、共に両国の民間歌謡を歌った。夜中の二時三時になっても話は尽きなかった。次の日、彼らは自家用車を運転して私たちを市内や郊外の観光に連れていってくれた。細川さんは下肢に障害があるが、自ら車を運転して私たちを富山市の有名な景勝地である立山の頂上に案内し、全市の風景を一望のもとに見せてくれた。一日というとても短い時間ではあったが、私たちは家族のように親しくなり、別れる時は涙を流し、後に北京で再会することを約束した。

今回の訪問を語るにあたって、私たちに同行してくれた諏訪一幸さんと宮内和子さんには特に感謝しなければならない。宮内さんは家に小学生の子どもが二人いて、面倒を見なければならないのに、我々が東京にいた時は、毎朝早くから夜遅くまで我々に付き添ってくれて、とても大変だったろうと思う。諏訪さんは今回の訪問スケジュール全体をとても良く考えてくれた。各地を訪問する間、彼は通訳・連絡を担当し、食事や宿泊や交通の手配をしてくれた。彼の手配は周到で非常に行き届いていた。私たちは彼らから、日本人民の持つ謙虚さ、勤勉さ、時間に対する正確さ、真面目さ、何事もおろそかにしない几帳面さ、などの素晴らしい品性を見た。日本を離れて帰国する前夜、代表団のメンバーの一人が諏訪さんに記念の詩を一篇書き送り、代表団のメンバー全員の気持ちを表した。「扶桑十日短、游興意猶長。一路開懐楽、感謝『斯注桑』。明朝北京去、常憶桜花郷。富士長城近、共写新文章！〔日本での十日は短く、興趣は未だ尽きない。道中打ち解けて楽しく、諏訪さん（詩中の『斯注桑』は音訳。「すわさん」と発音）に感謝している。明日は北京へ発つが、常に桜の故郷を懐かしむだろう。富士山と長城は近い。共に新しい文章を書こう！〕」。

（一九九六年一月四日掲載）

編者注　この文章の筆者である于寧は、現在人民日報の副編集長である

「桜前線」の頃に日本を訪ねる

駱青

人民日報代表団が東京を訪ねたとき、東京はちょうど「桜前線」を迎えていた。京都を訪ねると京都もまた「桜前線」を迎えたところだった。更に南下して長崎、神戸を訪ねるとやはり到るところで桜を見ることができた。人々は花の下を歩き、道も花に覆われ、街全体が花の下にあった。国花の中で日本の桜のように、森や海にも似て波のように押し寄せるものは、天下にも少ないであろう。

日本全国には遍く桜が植えられている。気候と温度の関係で、毎年四月になると南から北へ順に開花し、開花期は一か月余りも続く。ちょうど花が満開の区域、場所は「桜前線」と呼ばれ、国内外の旅行者の注目を集めることとなる。北から南へ、花の咲く順とは逆に南下したのに、代表団が再び「桜前線」に出会えたのは、一つは京都の地勢が東京よりも高く、気温が東京よりも低かったことがある。もう一つは我が国の内陸で何日も続けて大風が吹き気温を下げたため、気流が東に流れてきて日本南部の気温を下げ、花の時期を遅らせたこともある。日本ではこれはやや異常なことであるが、私たちにとっては朝日新聞の友人たちの心づくしのもてなしの中で、深い友情を感じることができる結果になった。

訪日したのは花見のためではないが、春の花の咲く頃、「人面桃花相映じて紅なり〔人と花が引き立てあって美しい〕」というような雰囲気の中での友好国訪問、招く方も招かれる方も楽しくないはずはない！

池田外相は国花で客を上手にもてなしてくれた。代表団のメンバーが外務省の中庭で「枝幹鉄鋳の如し、花開くこと潮涌くの如し」といった様子の数十本の桜の木と記念写真を撮った後、池田外相は、私たちが満開の桜を見ることができて心から嬉しく思う、二日前に東京を離れて帰国した銭其琛外相が桜を見ることができなかったことは本当に残念だ、と言った。

あるパーティーの席上で、老いてなおかくしゃくとした松下宗之氏や朝日新聞の他の友人たちが私たちに「花事」と「国事」、「花情」と「国情」についての状況を説明し見解を披露した。日本では去年多くの不幸な出来事が起こった。一つはバブル経済崩壊による窮状であり、二つめは阪神大震災のもたらした災難、三つめはオウム真理教が毒物をまいて引き起こした騒乱である。彼らは、もし去年だったら、どんなに桜が美しくてもそれを愛でる気持ちにも、みんなで花見をする気持ちにもなれなかったと言った。私たちは本当にその通りだろうと思い、同時に日本の状況が良くなったことに安堵した。

「桜前線」から「奔流中国」の話になった。これは、代表団が東京から神戸まで移動する途中、朝日新聞の友人たちと最も頻繁に会話に上った話題である。朝日新聞社の友人たちはこう言った。彼らは「奔流中国」というタイトルで、取材団を作って中国の改革開放に関するニュースを取材し、日本人の中国理解を助けたが、記者のほうも日本国内の読者のほうも、その関心の高さは日本人が「桜前線」を追いかける熱心さに劣らなかった、と。何人もの中国を訪れた日本の友人たちは次のような感想を持っている。改革開放を始めてからの中国は、沿海から内陸へ、農村から都市へ、また都市から農村へと、改革開放の前線が即ち新しい人物や物事の続々と生まれる前線にもなっている、と。中国にいた間、彼らは興奮を抑えきれず、毎日日本に記事を送り続け、帰国してからも、もう一度中国へ行きたいと熱望している。これを聞いて私たちは考えた。西側のメディアが国際世論を牛耳っている状況の中、多くの国々で中国に関する報道は歪曲されたり断片的だったりすることが多い。こうした中、朝日新聞社の友人たちがこのように「奔流中国」を取材し、さらに「朝日新聞」という毎日一千万部近く発行されている大新聞を通じて、改革開放を進める中国を日本に向け、また世界に向けて「奔流」させてくれたのだ。このことは彼らの友好の情、また彼らの卓見を表している。

日本民族は、勤勉かつ勇敢で創造力に富む民族である。このことは、彼らの形成してきた歴史的文明的な成果や近代経済の奇跡に表れているばかりでなく、彼らが桜を栽培してきた中にも表れている。植物の本によると、桜の花の原産地はヒマラヤ山脈だそうだ。日本に伝わり、代々栽培される中で、この美しく温暖湿潤な島国で日々の精華を吸収し、山や水の自然の美しさに包まれ、百種類にも上る形や色や香りも様々な桜の木が育てられたのである。そして全国を流れ渡り、このような面白い「桜前線」を生み出したのである。

「桜前線」には多くのことを考えさせられた。一つ強く思うことは、「桜前線」では、友人たちの交流はよりスムーズで楽しいものとなり、中国と日本をより近いものにしてくれるということだ。私たちは想像する。あの華やかな「桜前線」には代表団の楽しげな笑い声とともに一路北上し、静かに北の国境の果てに消えて行ったが、また来年になれば、熱心に「桜前線」を追いかける友人たちは、その中からもう一度私たちの楽しげな笑い声を聞くことだろう。

（一九九六年六月十七日掲載）

編集後記

日本の朝日新聞の招きを受けて、人民日報代表団は日本を訪問した。文中にも登場する松下宗之氏はその後朝日新聞社社長になったが、一九九九年二月に不幸にも亡くなられた。

松下氏は長年中国の発展に関心を寄せていた。一九七二年中日国交正常化が実現したとき、朝日新聞訪中取材団の一員として中国に取材に来たが、優れた見識とニュースに対するバランス感覚とをもって、ニュースの裏側まで深く取材する方だった。一九九八年十一月、松下氏は特に北京を訪問して江沢民主席に対する取材を行なった。一人の「新聞人」として、松下氏と中国の記者、特に人民日報の記者との付き合いは多く、その温厚な人柄で中国の記者たちの尊敬を集めていた。

百世の縁
——沖縄訪問記

周瑞金

隋唐時代以前から、琉球と我が国の船は、東海の青く煙る海を切り裂き、互いに往来していた。宋の時代以後、特に一三七二年、明朝の太祖朱元璋が使者を遣わして琉球第九代国王中山王察度を冊封〔この場合は、中国からの使者が皇帝に代わって、琉球王を琉球の領主として正式に認める儀式のこと〕した後、両国の貿易文化交流は日増しに深まっていった。明の人がたくさん琉球に渡り、交易し、建築・医学・農芸・芸術などを伝えた。ある者は長期にわたって居住し、現地人と融合した。長い年月が経ち、彼らの子孫は次第に琉球に帰化していった。琉球史上たくさんの有名な人物、例えば大政治家であり大学者である蔡温などは、我が国福建からの移民の子孫である。一八六六年、清王朝が琉球王国に最後の冊封使である翰林院検討〔皇帝の文学侍従官で、歴史の編集をつかさどる役職〕の趙新を派遣した。彼は趙朴初氏の祖先だということである。

首里城の琉球王宮を見て歩いていると、中国人である私には一目でこれが典型的な華夏〔中国の美称〕古典建築と琉球文化の結晶だということがわかった。第二次世界大戦の無情な砲火のことを考えれば、当時のもともとの建築物はすでにあるはずもなく、目の前にそびえるものは改めて復元されたものであった。細かく観察すると、龍頭棟飾・鴟尾《しび》・赤瓦・朱柱・

唐破風《からはふ》・斗拱《ときょう》〔すべて建物を構成する装飾物や構造物〕はもとより、守礼門の扁額に堂々と書かれた四文字の漢字「守礼之邦」〔明の皇帝が出した勅命書の中の言葉〕からだけでも、この地への中華文化の浸透がうかがわれた。

沖縄の人々は豚足を好んで食べる。このような例は、日本のその他の地にはほとんどない。沖縄で普段よく見る食べ物に、苦瓜・糸瓜・豆腐・豆の芽・腐乳〔豆腐を醗酵させたもの〕・排骨〔スペアリブ〕、昆布などがある。つまり、我が国の福建一帯の飲食習慣に非常に近いのだ。食卓につくたびに故郷へのなつかしさがこみ上げてきた。

運転手兼ガイドの金城永佶さんは、朝日新聞社沖縄支局が私のために頼んでくれた人である。金城さんは今年六十五歳になった。五十数年前、あの沖縄防衛戦の最中、両親はそろって亡くなり、彼と彼の姉だけが運良く生き残った。生き残ったには生き残ったが、幼くして米軍の捕虜となり、強制収容所に入れられて辛い労働をさせられ、その後軍事基地修繕に連れて行かれた。彼はアメリカ占領時代の生き証人と言える。金城さんは沖縄の過去も現在もよく知っており、そしてその将来のことを非常に気にかけていた。彼は中国からの旅行者をたくさん案内しており、道中、思い入れいっぱいに名刺ファイルを私に出して見せ、一つ一つ紹介してくれた。彼はとても中国に憧れていると言う。恐らく度々新聞界や文化界の人々を案内しているためだろう、私が何を取材したいか非常によく心得ていて、彼の手配によって、スムーズに、整然と事がはこんだ。

金城さんのおかげで、私は沖縄の有名な反戦地主である知花昌一さんを取材することができた。戦後、沖縄は米軍に占領され、土地は陸海空軍基地に分割された。たくさんの農民が一夜にして土地を失い、そして生活の拠り所も失ったのである。この結果、たくさんの反戦地主が生まれた。知花さんは一九四八年、祖父・伯父・舅をみな沖縄戦でなくした。彼の家の土地は米軍楚辺通信基地に占拠された。成長し、生きるために、また自覚のもとに、彼は勇気を奮って米軍の占領と日本軍国主義復活に反対する戦いに参加し、このため監獄に入ったこともある。しかし彼は今もそれを後悔することなく、依然として反戦運動の前線に立っている。

車は今帰仁村嵐山展望台に着いた。金城さんは旧知の金城仁さんのパイナップル園に案内してくれた。親切な女主人は切ったばかりの新鮮なパイナップルと様々な地元のおいしいお菓子を出して私たちをもてなしてくれた。彼女は少しだけ簡単な中国語を話すことができた。実は金城仁さんと中国との間にはある曲折がある。彼女は六、七歳の時、農業開墾団の一員だった父親に従って我が国東北の黒龍江省に行き、そこで学校に通ったことがあったのだ。第二次世界大戦後、父親はソ連赤軍の捕虜となり、シベリアに連行された。幼い弟は現地に残され、彼女だけが一人で日本に帰った。弟はその後、心優しい中国の養父母に庇護され、結婚して五人の子どもがおり、幸せに生活していた。八〇年代初め、弟は戦後残留孤児として中日両国の援助のもと、子どもたちを連れて沖縄に帰ってきた。現在、弟の養父母は亡くなってしまったが、彼は今も養父母の恩を決して忘れていない。一九九八年の清明節〔中国で、新暦の四月四日から六日ごろ、墓参りをする習慣がある〕には一家で黒龍江省に戻って墓参りをする予定だ。金城仁さんはその時に同行し、再びその彼女を育んだ恵みの地に帰ってみようと思う、と言っていた。

二日間の沖縄行は慌しかったが、見聞きしたものは非常に豊富で、生きた情報だった。最後に、特に触れておきたいことがある。それは沖縄本島南端にあるひめゆりの塔だ。第二次世界大戦中、沖縄の女学校の教員や生徒は軍営の看護に充当された。やがて米軍に包囲され、軍国主義の教えのもとに、百人以上が集団自決したのである。この冷たい慰霊の塔の下には、日本女性の悲しい魂が埋められており、日本軍国主義の天をも恐れぬ罪悪が埋められている。塔に近付くと心が震えた。同じく日本軍国主義による大きな被害にあった中国人の一人として、私の心は痛み、悲しみ憤りを感じた。中日両国の、無念の死を遂げた無数の魂が、日光の下で叫びうめいているように思えた。長いこと死者の声に耳を傾けていたが、やがて静かに霊前に花束を供え、殉難した無辜《むこ》の日本女性たちを弔い、沖縄の人々が今日の新しい県歌で誓う、そのようであってほしいと願ったのだった。「試練の歴史　のり越えて　いま栄光の　朝に立つ　ああわれら　われらは誓う　おきなわの　永遠の平和〔『沖縄県民の歌』宮里静湖作詞、城間繁作曲〕」。

（一九九八年三月十五日掲載）

東瀛《とうえい》再訪〔日本を再び訪れて〕

劉延州

しばらく前、日本の外務省の招待で、北京中日新聞事業促進会で組織された元日本駐在中国人記者の代表団が日本を訪れた。

代表団の一行は六人。筆者を含め、ほとんどが一九六四年に両国が記者交換を実現して以来、相継いで東京に常駐してきたベテラン記者だ。最年長者は七十七歳、平均年齢は六十六歳。

今回の訪日は「旧遊の地への再訪」である。そこで会った人々の中で一番多かったのは日本新聞界の旧知の友。彼らは私たちの来日を知ると、私たちに会いに次々と宿泊先にやって来た。すでに退職したあるベテラン記者は栃木県に住んでいたが、私たちに一目会おうと、電車に乗って往復四時間を費やした。奈良に行った時には、到着した当日が日曜で、翌日は新聞休刊日だったが、奈良日日新聞の社長と編集部の責任者は休みを返上して、新聞社の入り口で私たちを迎えてくれた。彼ら新聞界の友人たちは興奮しながら、朱鎔基総理が訪日した際、テレビで市民と対話したことが「とてもよかった」、と私たちに語った。だれもが、両国のメディアは両国民が理解を深め疑問を解決し信用を深めるために積極的な役割を果すべきだ、と考えているのだ。

東京にいた間、わたしたちは日本記者クラブとフォーリンプレスセンターを訪れた。ここは私たちが日本駐在記者だった当時よく通った場所だ。私たち一行のうち五人はかつて日本記者クラブの個人会員だった。記者クラブの専務理事の那部吉正さん、総務部長の岩崎玄道さんが私たちを迎えてくれ、大変感激した。ここで紹介したいエピソードがある。一九六四年、駐日中国人記者が来日し始めたばかりのころ、東京にはもともと外国駐日記者が組織する外国記者クラブがあったが、台湾「中央社」の記者に占拠され、私たちは参加することができず、取材活動の範囲もやや狭められてしまっていた。今の全国的な日本記者クラブは一九六九年に設立され、随時外国人記者に開放されることになった。そして、日本の報道界の人々の積極的な支持で、一九七六年、中国人記者がこのクラブの個人会員になることが認められ、中国駐日記者の取材活動範囲は広がったのである。

那部専務理事は私たちをビル最上階の記者会見ホールに案内してくれた。「おととし訪日した江沢民主席と今年訪日した朱鎔基総理は二人ともここで日本人記者や外国の駐日記者に会見した」。「普段、このホールは四百人収容可能だが、中国の要人を取材した時は、五百名近くの記者が来た」と彼は話してくれた。そして二冊の芳名帳を出してきた。その中には、当時、江主席や朱総理が筆で記した署名がある。「一九七八年に鄧小平先生が訪日した際も、ここで記者会見をして、記名している。保管されているので、原本を出して見せることはできないけれど、階下の記者サロンの壁に、当時彼が記者会見した時の写真が飾ってある」ということだった。

記者サロンは記者でいっぱいだった。ある者は来客と打ち合わせをし、ある者は新聞を読み、またお茶を飲みながら雑談している人々もいた。代表団の団長である「人民日報・海外版」副編集長李徳民が、傍らの閲覧用の新聞かけに、「人民日報・海外版」があることに気付いた。彼は喜んでこれを取ってめくってみた。側にいた同行者がいそいで写真を撮った。彼は那部専務理事にこう述べた。「中国新聞界のたくさんの人間が訪日し、その際には皆、日本記者クラブを訪れます。だれもが、日本記者クラブは良いところだと言います。あなた方は昔、中国人駐日記者たちに浅からぬ援助をしてくれました。今後とも引き続きよろしくお願いします」。(初出　二〇〇〇年十一月二十一日　人民日報・海外版)

(二〇〇〇年十一月二十一日掲載)

編者注　記事を執筆した劉延洲氏は、もと新華社の駐日記者である。後に上海文匯報駐日首席記者となった。日本で十六年活動した経験豊富なベテラン記者である。文中で紹介した日本記者クラブは、たくさんの中国人記者が利用させてもらっている。

水を飲む時にその源を思い井戸を掘った人を思い起こす

――李鵬委員長、松村謙三記念館を見学

朱夢魁　管克江

李鵬委員長一行が四月五日、日本中部の沿海地区、富山県を訪問したとき、まさに日本は桜の季節であった。かなたに目を向ければ、山や野原は錦のようで、花びらが雪のように舞っていた。かつて中日友好の使者であった松村謙三先生の故郷、富山県砺波郡福光町には、松村謙三記念会館がある。ここにある貴重な文献資料には、平坦ではなかった中日国交回復への道のりが記されており、長期にわたって中日友好の大業に尽力した松村先生の往年を物語っている……。

四月六日午前十時頃、李鵬委員長と朱琳夫人一行は松村謙三記念会館を訪れた。出迎えた福光町議会、商工会などの各界人士や町民が沿道を挟んで歓迎した。現地の幼稚園の子供たちが手に持った中日両国の国旗を振り、李鵬委員長一行に向かって中国語で「歓迎！」と叫んだ。李鵬委員長と朱琳夫人は笑顔を見せて、歓迎の人々に手を振って応えた。東京から駆けつけた松村先生の子孫たちは、既に会館の前で中国の賓客を待っていた。松村先生の三人の孫娘は日本の伝統的な着物を身に着け、会館の前で琴の古曲『千鳥の曲』を演奏して、中国の賓客の来館を歓迎した。

松村先生の子孫が付き添って、李鵬委員長は見学を始め、詳しく説明を聞きながら松村家の人々と親しく言葉を交わし、共に当時を懐かしんだ。往事が昨日のようにありありと思い出され、温かく友好的な雰囲気に満ちていた。そのあと、李鵬委員長一行は会館の庭にある松村先生の銅像の傍らに中日友好を象徴する青松を植樹し、松村家の人々など日本の友人たちと一緒に銅像の前で記念撮影をした。見学が終わった時、李鵬委員長は会館に松村先生と周恩来総理が会見したときの写真を二枚贈呈し、敬慕と謝意を表した。李鵬委員長はまた、会館に書をしたためた掛け軸を贈った。掛け軸に記された言葉は「松村謙三先生是中日人民友好使者〔松村謙三先生は中日人民友好の使者である〕」というものだった。中国の友人の深い友情の心に、松村家の人々とその場にいた日本の友人たちは感動してやまなかった。

松村謙三先生は日本の著名な政治家であり、中日国交正常化のために道を開き基礎を固め、困難や危険を恐れなかった。彼は青年時代から中国に理解を示し、廖承志同志とは早稲田大学の学友であった。卒業後は報知新聞の記者になった。また、中国各地を旅行した。一九二八年、松村先生は衆議院議員に当選し、内閣で厚生大臣、文部大臣、農林大臣などの職を歴任した。一九五五年十一月には自民党の顧問に就任し、党内の三木・松村派のリーダーの一人となった。彼は中日関係の不正常な状態について常に考え、中日両国が手をとり合わなければ、アジアの平和もないと考えていた。

一九五九年十月、松村謙三先生は一団の人々を率いて訪中した。これは自民党上層部の政治家による戦後初めての訪中であった。彼は党内外の妨害や敵視を顧みず、七十六歳の高齢で毅然として訪中した。松村先生と周恩来、陳毅などの中国の指導者たちは共に中日友好の大計を話し合い、交流の中で深い友情を結んだ。松村先生は中国の蘭の花や囲碁を愛好しており、同じように囲碁を愛好する陳毅氏が、松村先生に「囲碁、卓球、書道、蘭の花などに関しては全て交流できます。政治を語らず、友好だけを語りましょう」と提案した。松村先生は即座に同意した。彼らが後押しして、中日両国の蘭花代表団、囲碁代表団などの民間団体が相互訪問した。松村謙三先生は生前に五回訪中し、毎回中日関係の発展を大いに推進した。松村謙三先生は中日友好の推進に大きな貢献をしたため、中日関係正常化の「井戸を掘った人」と称賛されている。

一九七一年八月二十一日、松村謙三先生は過労と病気とに苛まれ、中日友好への期待を抱いたままこの世に永遠の別れを告げた。享年八十八歳だった。彼の生前の親友であった三木武夫氏は弔辞の中で「松村君は倒れたが、日中の友情は長く続くだろう」と述べ、郭沫若氏は松村先生に贈る詩にこう書いた。「渤瀨汪洋　一葦可航　敦睦邦交　勸功農桑　後継有人　壮志必償　先生之風　山高水長」。

水を飲む時にその源を思い、井戸を掘った人を思い起こす。中日国交正常化三十周年を記念するに際して、李鵬委員長が特に富山県を訪問し松村謙三記念館を訪ねたことは、中国人民を代表して松村先生への深い哀惜の情を表すにとどまらず、このことにより「中日友好」がより深く人々の心に染みわたることだろう。新世紀の中日友好関係には、必ずや光に満ちた広大な前途が広がっているに違いない。

（二〇〇二年四月七日掲載）

文化时空

文化の世界

珍本が伝えた友情
――二人の学者と二冊の古農書

呉徳鐸

十数年前、夏鼐さんと私は、期せずして同時に、『文物』（一九六一年八月号）に、甘薯に関する短い文章を載せた。我が国の甘薯の来歴を探るというものだ。私はそこで我が国の甘薯の来歴について書かれた重要な資料集についても紹介した。それが『金薯伝習録』である。

天野元之助教授は、すでに古希を迎えた日本の中国農業史研究で知られる著名な専門家であるが、このような取るに足らない文章にさえも注意を払ってくれた。彼は、一世紀半前に朝鮮の徐有榘が編じた『種藷譜』（漢文）の版本を私が見たことがないのを知っていた。これに対し天野先生の古くからの友人で、中国古代科学技術業績を研究している専門家、篠田統教授は、この珍しい農業史料について非常によく研究され、論文『種藷譜と朝鮮の甘藷』を書いている。篠田統教授のこの論文は、一八三四年（清朝の道光十四年）、朝鮮活版印刷の『種藷譜』影印本全冊と合わせて、一九六七年に日本の『朝鮮学報』第四十四輯《しゅう》に掲載された。

『種藷譜』は朝鮮活字本で、印刷史及び版本学において非常に有名で、昔から版本・目録・書誌の学者が興味津々の珍品であり、以前から重視されてきた。しかしながら、この古い農業書は世に出回っているものが希少で、中国や日本でめったにお目にかかれないことは言うまでもないが、たとえ朝鮮でも完全なものは得がたいという。『種藷譜』は我々中国の農業科学史の研究者にとっては、もうひとつ、さらに大きな意義がある。我が国明代の偉大な科学者である徐光啓は、甘薯に関する著書『甘藷疏』を出している（その中で、上海地方の甘薯は、彼が福建莆田から持ってきた、と述べている）。この本は『農政全書』に先行して世に出されたものだが、この本の単行本は、今まで見つかっていない。関係書籍目録の中でも『伝是楼書目・農家類』が記載しているのみである。または現在、『群芳譜』などの関係典籍の中に、間接的に『甘藷疏』の内容の一部を見ることができるのみだ。本書の全貌に至っては、今日まで、完全には明らかになっていない。『農政全書』に収められているものも全文ではない。これまで、『種藷譜』は徐光啓の『甘藷疏』に関する最も重要な資料だったのである。

我々は『群芳譜』などから『甘藷疏』を部分的に見ることができるのみだった。日本の中国農学史研究者は、一九六三年に我々が出版した『徐光啓集』（王重民編、中華書局出版）によって、そのことを知っていた。同時に、最近我々が『農政全書』を整理し、刊行しようとしているのを知り、篠田統先生は病床にあるにもかかわらず、天野先生に協力して、『朝鮮学報』に発表された彼の重要な農業史の論文や『種藷譜』全影印本を送ってくれた。

早くも五〇年代には、北京農業大学の王毓瑚教授が、我が国の伝統的な農学書（古農書）の残存・散逸の情況を徹底的に整理した。そして整理されたものについて、その残存・散逸にかかわらず、内容の要点を逐一書き出して『中国農学書録』を編纂し、一九五七年、北京中華書局から出版した。これは我が国に前例の無い農学書であった。我が国は古代、「農業立国」であったので、農学書はあらゆる方面とかかわりがあり、『中国農学書録』を使うのは、農業史研究者に限られなかった。実用性が高く、初心者が入門資料として使うことができ、研究者が調査確認を行うにも便利であったので、この書籍が出版されて以来、国内外の学術界で大変重視され、歓迎されてきた。一九六四年、北京農業出版社が、初版を基礎として、大きな補足・改訂を行なった再版本を出版した。

天野先生の中国農業史の専門書には、たとえば『中国農業諸問題』『中国農業史研究』などがあるが、これらはすべて国際的に評価の高い大著である。彼はまた、数十年の中国農業史研究で得た成果を、『中国古農書考』に書き著《あらわ》した。これは『中国農学書録』再版本よりさらに規模の大きいものであった。

一九七三年、天野先生は我が国関係各方面の協力と王毓瑚教授の同意を得て、中日国交正常化を記念して、日本の影印本『中国農学書録』(再版本)を、天野先生本人の『中国古農書考』の姉妹編として合本して刊行した。特筆すべきは、学術界の人々が資金を集めて刊行した特別印刷本だったということである(「龍渓書舎」より発行)。この一対の姉妹本が出版された主な目的は、国交正常化の貴重な記念品とすることであったので、一般の書籍とは趣を異にしており、印刷数を厳しく制限(三百部のみとした)した。そのため、出版したその時から版本となり書誌学における貴重品となったのである。我が国の学術界の何人もの人々が、天野先生が遠方から送ってくれた、中日国交正常化を記念するため特別につくられた貴重な記念品を受け取った。

『金薯伝習録』は、我が国の清朝の乾隆年間に出された甘薯に関する資料集である。徐有榘の『種藷譜』よりも数十年早い。この二冊の本に記載されている種芋の由来によれば、双方とも、当時呂宋(フィリピン)からこっそり芋蔓を持ち帰ったものだという(当時呂宋は種芋の輸出を厳しく禁じていたが、甘薯は挿し芽により増やすことができた)。遥か十六、七世紀前後、甘薯の由来について、中国、日本、朝鮮に同じような内容の話が伝わっている(起源はすべてフィリピンとされ、方法についてはすべて、「芋蔓をこっそり持ち帰った」、としている)。これらの古く、興味深い、科学文化交流に関する故事や伝説は、重視すべきであり、さらに研究を深めるに値すると思う。

『金薯伝習録』も、天野先生たち中国農業史を研究する日本の学者たちに大変重視されているが、天野先生によると、日本では京大図書館に「河篠田熊集蔵」抄本が一冊所蔵されているのみだという。中日文化交流活動や我が国の出版事業の発展によって、日本の人々が将来きっと中国珍本の本来の姿を見ることができると信じている。

（一九七八年九月三日掲載）

ひらり舞って三十年　友情は海に似て深く

李菁

中華人民共和国成立二十九周年と中日国交回復六周年を迎えようとしているこの時期に、日本の有名な松山バレエ団がまた、日本国民のあつい友情を携えて我が国へやって来る。非常に喜ばしいことである。

日本の松山バレエ団は中国国民にとっても馴染み深い。彼らは中日両国で大変有名なのである。

松山バレエ団は、一九四八年に成立した。はじめのころは、資金も練習場も無く、たった一人のバレリーナ、松山樹子さんが毎回出演する度、別のところから人を借りてこなければならなかった。当時の演目は、主に民間の故事を題材にしたバレエだった。例えば『祇園祭』などである。外国の民間舞踊もあった。

一九五〇年、松山さんは毛主席の『延安の文芸座談会における講話』を読み、これが松山バレエ団の進むべき方向であると思った。その後、彼らは中国映画『白毛女』を見て、この映画は女性の解放と階級闘争を描いており、現在の日本社会にとって大きな意義を持つと考え、『白毛女』を二幕のバレエ劇にすることを決めた。彼らのこのような開拓者精神が人々を感動させるのである。

一九五五年二月、バレエ劇『白毛女』は東京で初めて上演された。日本の舞台にはじめて中国革命の軍隊が登場した——八路軍の雄姿である。清水正夫さんは、「これは大変な出来事だった。当時日本での反響は大変なものだった」と言う。

しかし、彼らはこの時、大変な困難にぶつかっていた。芸術団体、劇場の一部が協力をしたがらなかったのだ。また日本の役所が公演前に入場税の全額を納めるよう要求した。手もとに資金が無かったので、彼らは、松山バレエ団の本拠地の土地権利書を、大蔵省に抵当として提出した。収入が少ないうえに、税金が多額だったため、松山バレエ団はこの公演以後、大きな借金を抱えることになった。しかし、困難が松山バレエ団を屈服させることはなかった。『白毛女』の公演を成功させるため、松山さんは一九五五年、北京に勉強しにやって来た。中国の『白毛女』の歌劇俳優、映画俳優の王昆さん、郭蘭英さんなどと交流し、お互いの経験や意見を交換しあった。周恩来総理は松山さんと接見した時、『白毛女』の公演が成功するようにと励まし、中国での公演を歓迎した。これが彼女にとって大きな励ましとなり、彼女は大きな力を得たように感じたという。この時のことを思い出す度、松山さんはしみじみと言う。「周総理にお会いした時、まるで自分の父親に会ったような気がしました」「その心の広さと風格に感動しました」。

松山さんは日本に帰って、『白毛女』に新たに手を加え、練習し、レベルアップして、日本の京都、北海道などで半月余り、相継いで公演を行なった。一九五八年、松山バレエ団は第一回中国公演を行い、人気を博した。一九六四年には第二回中国公演を行い、毛主席や周総理にも接見し、激励を受けた。その年、上海バレエ学校が松山バレエ団に啓発されて、大規模なバレエ劇『白毛女』の舞台稽古を行なった。松山バレエ団はこのことを知ると、互いに学びあおうと、相継いで八名のダンサーを中国に派遣した。一九七〇年、彼らはもともと二幕だけだった『白毛女』を、ついに大規模なバレエ劇『白毛女』に改編し、正式に東京で上演した。郭沫若同志は次のような詩をしたためて激励している。

銀絲白髪話艱難
壮志終移三座山

二十八年如昨日

万方翹首望延安

一九七三年、清水正夫さん率いる十名のダンサーと作曲家が北京に来て、バレエ劇『紅色娘子軍』を学び、中国のダンサーと共演したことが、心温まる話として伝えられた。その後、東京で『紅色娘子軍』が正式に上演された。

清水正夫さんは、松山バレエ団自身の努力と中国の協力者の助けによって、松山バレエ団の影響力は次第に大きなものとなっていった、と言う。特に、中日国交正常化以後、松山バレエ団の公演を通じて中国を理解しようとする人が増え、少なからぬ劇場が松山バレエ団の公演を歓迎した。

現在、松山バレエ団のダンサーは百人以上となり、一流のダンサーを十人近く擁する。バレリーナの森下洋子さんは厳しい訓練を受け、完璧な技巧と優美さで、世界バレエコンクールで優勝し、日本でも世界でも大変高い名声を得ている。男性ダンサーの清水哲太郎さんも、世界のバレエダンサーの中、屈指の人物である。彼らは夫婦である。

今年五月、清水正夫さんと松山樹子さんが中国に招待された。彼らは嬉しそうに、松山バレエ団が前の場所に新しく四階建てのビルを建て、百五十人を収容できる練習場を作った、と、私に教えてくれた。彼らは東京だけでも、千人余りのバレエ研修生を集めている。彼らはもとからの演目を続けるほか、日本の江戸時代の農民が、地主の圧迫に反抗したことを題材とした、大規模なバレエ劇『赤い陣羽織』を創作した。この新しいバレエ劇は今回の中国公演で重要な演目の一つである。公演の成功を心から祈る。

（一九七八年九月二十五日掲載　一部削除あり）

関連報道　『開拓者的新姿〔開拓者の新しい姿〕』（一九七三年五月十八日　人民日報掲載）

日本の歌舞伎を讃える

中国戯劇家協会　劉厚生

中日平和友好条約調印後、初めての日本の文芸団体——日本歌舞伎訪中使節団が我が国を訪れて公演した。この訪中団は、日本における最も優秀なベテラン歌舞伎役者を擁する大型劇団であった。「友、遠方より来る。亦た楽しからずや！」である。

日本の伝統演劇である歌舞伎は、我々にとって、全く知らないものではない。梅蘭芳先生もかつて、一九一九年と一九二三年の二度にわたって日本で京劇を上演したが、その際に歌舞伎芸術家たちと親しく接した、と述べていた。一九二三年には歌舞伎の芸術家も訪中した。このように、私たちの友好的交流の歴史は半世紀以上に及ぶと言える。一九五五年には松尾国三氏を団長とし、有名な歌舞伎役者である市川猿之助氏を座長とする歌舞伎劇団が中国で『勧進帳』『どもりの又平〔傾城反魂香〕』『娘道成寺』などの歌舞伎の優れた伝統演目を上演し、歌舞伎という芸術をはじめて中国の人民に完全な形で紹介した。

一九六〇年には、中国人民の旧知の友人である有名な歌舞伎俳優、河原崎長十郎氏が歌舞伎劇団を率いて、中国で『勧進帳』『鳴神』『俊寛』などの素晴らしい演目を上演し、歌舞伎芸術の豊かさをより一層理解させてくれた。私はこの二回の公演の全ての演目を見たが、それらが表現する強烈な民族性と、歌舞伎芸術の完成された体系に衝撃を受けた。歌舞伎と中国の伝統演劇の間には多くの面で似通っている部分があり、私はそのことに非常に興味を覚えた。私たち演劇関係者の多くは、みな歌舞伎のファンになった。しかしいつしか二十年間近くが過ぎ去る中、再び歌舞伎を鑑賞する機会は訪れなかった。「四人組」は、自分の民族の古典的伝統演劇でさえ一網打尽に破壊してしまったのだから、日本の歌舞伎の再訪中公演を迎えることなどどうしてできようか。私たちはただ自分たちの非力を嘆くのみであった。現在、中日間の友好の架け橋が再び築かれ、日本の歌舞伎訪中使節団を迎えることができたことは、私たちの長い渇望を満たし、中国の演劇関係者にもまたとない学習の機会を与えてくれた。まさに「また楽しからずや」である。

日本の歌舞伎は西暦一六〇〇年前後に形成され、現在まで四百年近い歴史がある。中国の古典演劇と比較してみると、昆劇〔伝統演劇の一種〕よりは新しいが、京劇よりはかなり古い。更に貴重なことには、これらは兄弟民族の兄弟演劇であるという点である。アジアの多くの国家はそれぞれ民族固有の演劇を持っており、それらは世界の演劇の中でもそれぞれに特色を備えたすばらしいものばかりであるが、そうしたアジア各民族の演劇の中で、中国の伝統演劇〔京劇に代表される〕と日本の歌舞伎は、芸術的により完成され、際立った民族的色彩を持ち、お互いに似通った特徴を備えている兄弟と言えるのである。これは大変興味深い芸術的現象である。

例えば、役柄の分類について言えば、京劇には生〔男性の立て役〕旦〔女形〕浄〔敵役〕丑〔道化役〕などがあるが、歌舞伎にも立て役、女形、荒事師など類似した分類がある。その上、京劇と同じように、大きな分類の中に更に細かい分類もある。言葉を使う手段としては、歌舞伎役者は台詞を言うだけで歌うことはなく、別に歌い手がついて歌う。歌う内容は第三者のような口ぶりの時もあり、それは我が国の高腔〔伝統劇の歌の節回しの一つ〕系の演劇と似通っている。ただし、台詞あり歌ありで、台詞と歌が交互に入るところは中国の演劇と同じである。それは欧州のオペラが最初から最後まで歌ばかりであるのとは趣を異にするものである。動作の上でも、京劇と歌舞伎は共に、演技の所作事、立ち回り、舞踊など、すべて誇張され、様式に則ったものである。舞台化粧の点でも、歌舞伎と京劇は固有の型を持っており、隈取りが持つ意味は似通っている。そのほか、楽隊〔お囃子〕の座席は歌舞伎では基本的に舞台後部の中ほどにあるが、京劇も草創期にはそうだった。しかも、歌舞伎は草創期の京劇と同じように、劇中人物ではない手助け役の人物が、上演中に舞台上で役者の手助けをする。京劇ではそのような人物を「検場」（芝居の道具方）と言い、歌舞伎では「黒子」という。当然のことだが、歌舞伎と京劇とでは異なった点も非常に多い。しかし、二つの国の異なった民族演劇でありながら、こんなにも容貌が似通っていることは、世界の演劇の中でも極めて稀なことである。欧米各国では、歌舞伎は珍しく目新しいものに見えるだろうが、芸術上な距離は遠いと感じるだろう。それに対して、高腔、昆曲、京劇などを創り出してきた中国から見ると、私たちの間柄はまるで親戚に会ったようなもので、初めは見なれなくても観れば観るほど親しみを感じ、話せば話すほど理解が深まるのである。

この度の歌舞伎訪中使節団が上演した演目の一つは『忠臣蔵』であり、これは歌舞伎の中でも重要な伝統的演目である。台本は十八世紀中ごろに書かれたもので、日本の元禄十四（一七〇一）年に起こった実際の事件から題材を得ている。それは、徳川幕府の時代に赤穂城主であった浅野長矩が、他の領主に刀で斬りつけたため切腹を言い渡されたが、その後家臣の大石良雄以下四十七名が仇討ちを企て、実行後に全員自首して切腹した事件である。これは日本では有名な史実である。このことは、「禄を君主に賜り、君主の恩に報いる」「忠臣は二君に仕えず」などの封建思想があるとは言え、日本人が一つの不公正のために徹底して闘い、正義を唱えて一歩も引かず、死を賭して争うという精神を体現している。我が国清末の大詩人、黄遵憲はかつて『赤穂四十七義士の歌』を作り、「四十七士性命同日休　一時惊嘆争歌謳　観者拝者吊者賀者万花繞塚毎日香煙浮（四十七士の命が同時に絶たれたことは、驚嘆されたたえられた。見に来る人、拝む人、弔う人、祝う人、多くの人が塚を取り巻き、毎日線香の煙が絶えず）……」と、たたえている。

『忠臣蔵』の作者は、当時の徳川幕府の干渉を回避するため、時代をさかのぼった室町幕府の時代に起きた事件として、歴史小説の登場人物に名を借り、虚構を交えて台本を書いた。この芝居の台本は連続物であり、この度上演されたのは一段から四段までであった。主な内容は領主の間の揉め事である。塩谷判官が悪徳領主の高師直に辱められ、ついに刀を抜いて斬りつけるが、将軍府は重要な場所であり抜刀は罪であるため、切腹を言い渡される。死の直前に家臣の大星由良之助に仇討ちを頼むというストーリである。この物語は、我が国の京劇『逼山梁山』の中で、林冲の妻が高官の師弟に横恋慕され、林冲が刀を帯びたまま白虎節堂に誤って入っていくという筋書きとかなり似通っている。封建的統治の身勝手は中国でも外国でも一緒であり、理解しやすい。

劇中の主要人物である悪徳領主高師直には尾上松緑氏が扮し、対する塩谷判官には尾上辰之助氏が扮した（二人は親子で歌舞伎役者の名門一族）。もう一人の領主、桃井若狭之助に市村羽左衛門氏、塩谷判官の妻顔世に市川門之助氏、使者薬師寺に河原崎権十郎氏、将軍の弟足利直義に板東蓑助氏が扮した。すべて日本の歌舞伎界における当代の著名な役者である。言葉がわからないので、私は彼らの演技についてどうこう言うことはできないが、ただ、尾上松緑氏が劇中で見せた演技の重要さは十分に感じられた。彼は権勢を誇る領主高師直の横暴、好色、貪欲を余すところなく表現し、多くの言葉を費やさずとも観衆に憎悪の念を起こさせるには十分だった。最後の場面で、彼はもう一つの役柄を演じた。それは塩谷判官の家臣の大星由良之助である。こちらは肯定的な役柄で、演じる時の精神状態は高師直とは正反対であるが、沈着にして老練な演技を見せ、芝居を締めくくる役柄として舞台を圧倒した。劇全体を通して、見栄を切るときは気勢がみなぎっていたが、塩谷判官の切腹の場面ではまた、緻密で深みのある演技だった。この芝居は日本民族の性格をよく体現していたが、残念ながら仇討ちを描いた芝居の後半部分を鑑賞することはできなかった。私は、塩谷判官の家臣の大星由良之助以下四十七士が、ぼたん雪の降りしきる夜、高師直を討って、仇討ちを果たし恨みを雪ぐ光景を思い浮かべる。きっと、林冲の風雪山の神廟の場面や趙氏の遺児が仇を討つ場面のような悲憤と勇壮な気概があるに違いないと思う。

もうひとつの演目『鏡獅子』は、全く異なった風格と様式を持っている。『忠臣蔵』が中国の大掛かりな歴史劇に近いとすると、『鏡獅子』は、民間の小規模な歌舞演劇に近い。しかしながら、獅子の精が舞う場面について梅蘭芳先生は生前に記した一編の文章の中でこのように述べている。「私は特に歌舞伎のある演目で演じられた獅子の役柄が、中国のかつての名優、兪振庭が扮した金色の豹の風格とそっくりであったことを覚えている」。私が思うにこの文章は『鏡獅子』のことを指しているのだろう。この芝居は物語性は強くなく、主要なのは一連の舞踊である。少女の優美な舞、胡蝶の精の活発な踊り、それから獅子の精の猛々しい豪快な舞。日本の友人の説明によると、伝説の中で獅子は我が国の五台山の石橋付近に住んでおり、そこは一年を通じて牡丹の花が咲き乱れ、胡蝶の舞い踊るところだそうだ。そう言われると、この芝居はますます私たちの親戚のように思えるではないか！

『鏡獅子』で主役を演じるのは、尾上梅幸氏である。そのほか、家老に沢村昌之助氏、老女に尾上菊蔵氏、胡蝶の精は市村萬次郎氏、市川小米氏などが演じた。尾上梅幸氏は尾上松緑氏と並んで、六十歳を過ぎた老芸術家であるが、彼が先に演じた軽やかな小姓・弥生と、後に隈取をして演じた威風ある獅子の精は、それぞれに特色ある演技だった。特に獅子の精は頭に二メートルもの白く長い髪の毛を被り、長時間色々な姿勢で休みなく振り回さなければならず、舞い姿の多彩な変化と言ったら、中国の劇中で髪を振り回す演技の十倍も難しい。六十歳を過ぎた高齢でこんなにも強烈な舞踏劇を演じるには、しっかりした技術がなければ不可能であり、全く感嘆すべき優れた芸と言うべきである。

今回日本歌舞伎訪中使節団が上演したのは、二つの演目だけであったが、しかしその選択は大変適切ですばらしく、歌舞伎を代表するに足る演目であった。しかし私は、どの演目を上演するかということは二次的なことだと考えている。それよりも重要なのは、歌舞伎劇団が日本人民の文化使節として中国に来たということそのものである。つまり、どの演目が演じられても、私たちは日本人民の中国人民に対する深く厚い友情を感じることができるのである。

（一九七九年一月二十一日掲載）

中国で歌う日本人

呂遠〔作曲家〕

五月の北京は、うららかな春景色を呈している。労働人民文化宮内の通路の両側には鉢植えの花が並べられ、大ホールは来賓でいっぱいになり、空席一つなかった。有名な日本の歌手、三波春夫さんが観客の前で声高らかに熱唱している。顔には優しい笑みをたたえ、目には喜びの耀き、体をわずかに揺らしながら、日中友好讃歌『夜明けの橋〔作詞　三波春夫、作曲　三木たかし〕』を歌っている。彼の声は厚みがあって素朴である。音階の高い部分は張りがあって力強く響き、低い部分は優しく軽やかに弾む。彼は心をこめて、感情豊かに歌っていた。あたかも長年心の底に潜めてあった願いを訴えるように。

太陽が輝き始める
夜明けの橋を　渡ろうよ
隣の国の古き　わが友よ
ニイ好　ニイ好　こんにちは
長い嵐も　今晴れて
平和の鳩は　大空へ……

彼の歌声は吹き抜ける春風のように、私の心に届いた。私の日本語のレベルは高くないにもかかわらず、彼の発する歌詞の一つ一つをしっかりと聞き取れていた。遥か遠方を眺めるようなその眼差しから、東洋的な情調に溢れた日本独特のメロディから、語っても語り尽くせないものを感じた。それは、辛酸を嘗め、苦しみを経験して、ようやく希望と自信へとたどり着いた彼の五十五年の人生そのものであった……。

三波春夫さんが中国を訪れるのはこれで二回目となるが、この二回の訪問は全く異なった目的を持つものであった。最初に中国に来たのは三十五年前、一日本人兵士として。二十歳を迎える前に音楽の勉強を諦め、軍国主義の「天皇」「聖戦」の大義名分のもとで、松花江近くのジャムスに追いやられ、来る日も来る日も、銃を担いで日本の軍歌を歌わされた。私が初めて日本兵の歌を耳にしたのは少年のころだったと思う。ある日、町を通りかかる一隊の日本兵を見た。一人の日本兵の銃剣に日の丸の旗が吊るされてあったのを、私はドアの隙間から見た。兵隊たちは行進しながら歌った。砂利道をブーツでカシャッ、カシャッ、と音をならしながら。彼らが何を歌っているのか分からなかったが、その歌声は荒く、恐ろしく、まるで野獣が吼えているように私には聞こえた。三波春夫さんがその日の兵士たちの中に入っていたことはなかろうが、彼もきっとあのような「軍歌」を歌っていたに違いない。日本兵の向かうところには必ずそのような「軍歌」がついて回ったからだ。ところが、間もなく、軍歌を歌う声は消えた。一九四五年八月から、三波春夫さんは戦争捕虜としてシベリアに送られ、四年後にやっと日本に戻った。たぶんそのときの長く辛い体験があったからこそ、彼は歌の意味を理解したのだろう。一九五七年、彼は三波春夫という芸名で新たな歌手人生を始めたのである。和服を身にまとい、日本的情緒に満ちた歌——浪曲から大衆的な歌謡曲まで、社会の低層に生きる庶民や故郷を離れた農民たちの気持ちを表した歌を歌った。彼の歌からは、ふるさとの匂いや生活の苦労が滲み出ていて、戦乱をくぐり抜けてきた人々や不遇な農民の間で共鳴を呼び、それゆえ彼は国民的歌手となったのである。心に戦争の傷を負った一日本人兵士から、自分の命と青春を翻弄した軍国主義を憎む歌手へと生まれ変わり、中日友好を謳歌する芸術家へと生まれ変わる、これはなんと大きな変化だろう！　翻弄され騙される悲しみを知った時、彼は真偽を見分けることの大切さに目覚めた。民族間の憎しみを作り上げた権力者たちを恨むべきだと知り、各国人民の友好の大切さを知ったのだ。そして、三十五年後の今日、彼は再び中国に来た。今回、彼が携えて来たのはもはや侵略者の銃や野蛮な軍歌ではなく、広げた友好の両手と胸いっぱいの友情を歌う歌だった。今、中国の人々を前に、彼は自作の歌を歌い上げている。まるで両手でハートを捧げ出して示しているようだ。そのハートには彼の言葉が刻まれていた。「……太陽が紅いに燃えて、夜明けの橋は　輝くよ　二つの国の　限りなき力……〔作詞　三波春夫、作曲　三木たかし〕」。これはあらゆる辛酸を嘗めた末、中日友好の大切さをはじめて知った日本人の歌だ。

三波春夫さんとは幾つか認識上の違いがまだ存在するものの、私たちの間に共通するものがあった。それは、中日の人々は仲良くしていかねばならないという認識なのである。三波春夫さんの情熱溢れる歌に胸を打たれて、彼の歌に合わせた「ニイ好、ニイ好……」の叫び声が会場から一斉に湧き上がった。盛大な歌声と歓声が場内に響き渡り、更に四方へと広がっていくように感じた。私は限りなく広く輝いた金の架け橋をうっすらと見た。その橋は東京と北京をつなげている。春風に吹かれて舞い落ちてくる花びらを浴びて、幾千幾万もの中日両国の人々が喜びの声をあげながら、金の架け橋に向かっていく。その橋の上で、十一億人は強く手を握り合った……。

会場を出る時、ふと十二年前の五月十三日が思い出された。あの日、北京では林彪、「四人組」に愚弄され騙された大勢の文化人たちが、残酷な殴り合いを繰り広げた。そう、歴史的な経験から教訓を汲み取らなければいけない。三十五年前、近衛文麿、東条英機などの軍国主義者がもたらした損失を忘れてはいけない、十数年前、林彪、「四人組」がもたらした危害もしっかりと記憶に留めておくべきだ。一つ確かなことがある、即ち、人々が目覚めて立ち上がり、団結さえすれば、どんな野心家の、いかなる封建的な権力者の陰謀でも、決して目的を達することはできないのである。

（一九七九年七月十一日掲載）

友情は我が命の明るいともし火

中国作家協会主席　中国筆会会長　巴金

今年五月、第四十七回国際ペン大会が東京で開催される。この空前の規模を持つ世界の作家たちの集いが私たちの友好的な隣国で開催されることを、中国の作家たちは大変喜んでいる。

この二年ほど、私は体調がずっとすぐれず、長い間入院し、字を書くにも歩くにも非常に不便であった。昨年末、私の古くからの友人で日本ペンクラブ会長である井上靖先生が上海を訪れた際、病院に見舞いに来られ、私を東京大会に招待してくださった。彼は一年前に見舞いに来られたときも、このことを言っておられた。御厚情をお断りするわけにもいかず、私は、もし健康状態が許せば必ず参加します、と言った。井上先生は笑いながら「ゆっくり養生されますよう」と言われた。私は彼の厚情に感謝した。

私は今回の東京大会には、本当に参加したいと思う。まずは長年の知り合いである日本の友人たちと会いたいし、もっと多くの日本の作家たちとも会ってみたい。日本には、肝胆相照らす仲の友人たちも少なくないし、私は彼らがとても懐かしい。彼らと語り合うのは、とても愉快なことであろう。世界の作家による大会に参加することは、私の創作活動にとっても励みとなることである。私たちは各国の同業者たちと経験の交流をしたいのである。中国は歴史的に「以文会友〔文を以て友と会する〕」精神を持っており、それは国際ペンクラブの趣旨と一致するものである。

一九八〇年に私は日本を訪れ、東京の朝日講堂で友人たちにこのように話した。「私はしゃべるのがあまり得意ではありませんので、講演はめったにしません。今日は前例を破ってここでお話ししていますが、それはただ日本の友人の皆さんの友情に応えたいがためなのです。私が友情と言っているのは、決して外交辞令ではありません。私はこの言葉の中に深い感情を注ぎ込んでいます。友情とは空疎な言葉ではなく、私たちの心を日本の友人の皆さんの心と固く結びつける一本の帯のようなものです。日本の友人たちのことを思う時、私は心の中の感動を抑えることができません。私は皆さんに友情の借りがあるのです……」。

しかし、十六日間の訪問を終えて長崎から帰国したとき、私はようやく友情の借りは返しきれるものではなく、ますます大きくなるばかりということに気付いたのである。友情の帯は私たちの心と友人たちの心を結びつけ、その結びつきはますます固くなっている。日本の友人が惜別の涙を流すのを見て、私も声を出さずに泣いた。この友情の涙は春の霧雨のように私の心を潤し、人の世の最も美しい感情を育ててくれた。私にとって友情は、私の命の中にある明るいともし火であり、それがなければ私の生からは輝きが失われ、私の生命が花開き実を結ぶこともないのである。

中国の作家の中では、私は外国文学からの影響を比較的強く受けた一人であると思う。若い頃、私は欧米や日本の小説を大量に読んだ。朝日講堂での講演で、私は何人かの外国の先生方の名前を挙げた。フランスのルソー、ユーゴー、ゾラ、ロマン・ロラン、ロシアのヘルツェン、ツルゲーネフ、トルストイ、ゴーリキー、イギリスのディケンズ、日本の夏目漱石、田山花袋《かたい》、芥川龍之介、武者小路実篤、有島武郎……

ある日本人の友人は訝《いぶか》しがって、こんなに色々異なる流派の文学作品を同時に好むなんてどうしてなのかと質問した。私はこう答えた。私は文学者ではなく、どんな文学の流派にも属していない。私がこれらの作家を好むのは、彼らがそれぞれ異なる筆致で自分の体験を描写するので、それが身近に感じられ、共鳴するからなのである。私にとって文章を書くことは、生計のためではなく、名前を売るためでもなく、読者に心を明け渡す行為なのである。旧社会との闘争を進めるために、私は武器を必要とした。どんな武器でもかまわなかった。使えるものはすべて使った。

私が読んだものは大体三〇年代に翻訳された作品である。この数年来、我が国で翻訳される日本の文学作品はますます増えている。日本文学を専門に紹介し、評論する季刊雑誌「日本文学」も創刊され、私たちが日本の近代・現代の文学作品に接する機会は更に増えたし、文壇の状況も知ることができた。これはとてもすばらしいことである。文化交流を強化するには、まずお互いの文学作品をたくさん紹介することだと私は思う。それゆえ私は、日本の各時代、各流派の、異なるスタイルを持った名著を、私たちができるだけ多く翻訳し、出版し、紹介していけたらよいと思っている。

日本の友人たちとの交流の中で、私は、私たちが日本の作家たちに学ばなければならない点が二つあると深く感じた。一つは日本の作家たちが非常に良く勉強し、多くの問題を探求し、掘り下げていることと、もう一つは勤勉に創作に励んでおり、作品が非常に多いことである。

私は、文学が各国人民の友情の絆を強めるものとなり、各国人民の心を繋ぐ架け橋となることを期待している。このことは、中日両国の文学的なつながりや、国際ペンクラブの趣旨と一致するものである。

東京での会合が円満な成功をおさめるよう祈っている。

（一九八四年五月二日掲載）

心に刻まれる旅行

訳者注　日本の著名な俳優である高倉健、吉永小百合、田中邦衛各氏が今年六月、招待されて訪中した。日本の『日中文化交流』編集部が彼らの訪中の感想をインタビューした。抄訳は以下のとおりである。

編集部　皆さんが中国と交流し始めたのはいつですか。

高倉　中国を訪問したのは今回が初めてですが、中国との付き合いは長いんですよ。私が小学生のとき、私の父は中国東北地方で仕事をしており、休みになると、母はいつも兄や弟を連れて父に会いに行っていましたが、私は体が弱くて、その間、田舎に預けられていました。彼らは毎回お土産を持って帰り、旅行中に見聞きしたことを私に話しました。中国はどんなところなのかなあ、と幼心に思ったことが強く印象に残っています。俳優になってから、演出家の内田吐夢先生と懇意になりました。先生は私に、機会があれば必ず中国へ行って見てみるよう勧め、中国は国土が広大なだけではなく、大変偉大な国であるからとおっしゃいました。東京で、私は二軒の中華レストランととても仲良くしていて、よくそこで食事をしますし、中国のことも色々と教えてもらいました。こうなると、中国へ行きたいという気持ちは更につのったのです。

田中　六年前、テレビドラマ『蒼い狼』（井上靖原作）のロケ撮影のために、私は初めて中国の地を踏みました。ちょうど大風の季節で、北京に一泊したあとすぐに内モンゴルに行ったことを覚えています。私は、砂嵐に吹かれている民族だなあと思いました。僕らの予想をはるかに超えて嵐は激しいでしょうし、よほどしなやかでないと折れてしまうと思います。何千年の鍛練がなければ、このような強い風には耐えられません。撮影の合間に、私はいつも人々の中を歩きましたが、どこでも荒々しいが素朴な笑顔に出会い、朗らかだったり激しかったりする叫び声を聞き……強風もこのような強い人々を折ることはできません。結局私が強烈に感じたのは、中国は悠久の歴史を持つ国で、民衆の中に巨大な力を秘めているんだということです。

編集部　今回の訪問での中国の印象はいかがですか？

吉永　今回は私にとって四回目の中国訪問です。一回目は一九七七年の秋で、その時はただ中国はとても広く、中国の方々のもてなしの精神に感激するばかりでした。訪中の回数が増えるにつれて、私は更に多くのことを理解しました。今回は中国映画界の多くの方々と深いところまで話し合うことができましたので、今後も数年に一度はこのような機会を持てればと希望しています。

高倉　外国旅行に行くと、何かしら感じるものです。ただ、もしかしたら私たちが同じアジア人だからかもしれませんが、中国旅行の中で皆さんと触れ合う中で、何度も目頭が熱くなるような情景に出会いました。

吉永　高倉さんが初めて中国を訪問されるので、熱烈に歓迎していただきたいと思いながらも、静かに迎えていただきたいと望んでいました。北京空港に着いたとき、たくさんのカメラマンが争ってレンズを向けたので、私は少し心配になりました。しかし、中国電影家協会が私たちのために歓迎パーティーを催してくださったとき、人数はそれほど多くはなかったのですが、うちとけた雰囲気で、私は夏衍先生たち中国の友人の皆様が私たちの願いを理解してくださっているんだなあと、胸がジーンとしました。

編集部　映画俳優として、皆さんはどのような感想を持っていますか？

高倉　異なる文化と伝統を持つ国家の人々が、私たちの主演した映画に共鳴してくださって、私は本当に不思議に思いました。こんなことは今まではあまりなかったのですが、私はスクリーンの自分自身の姿を見て、さまざまな感慨が次々に浮かんできて、涙が止まりませんでした。

田中　映画の吹き替えという単調な仕事の現場を訪ねてみて、私も感じるところがたくさんありました。こうした表に出ない仕事が、実際はとても重要です。日中友好は、ただ華やかなセレモニーやイベントだけではだめなんじゃないでしょうか。映画がどの程度の役割を果たすことができるのか、私にもはっきりとは言えませんが、各自が地に足をつけて仕事をし、一方で交流を絶やさず、もう一方で相互理解と友情を深めることが、とても重要だと思います。思いつきの派手なセレモニーでは、大風が来たらたちまち影も形もなくなってしまいます。

高倉　中国で多くのことを感じ、私は自分が俳優の道を選んだのは間違いではなかったと思いました。どこへ行っても人々は私のことを「杜丘」「高倉健」と呼び、情熱を込めて迎えてくれると俳優の血が騒ぐのです。今後、私は必ずもっと多くの良い映画を撮って彼らに見て欲しいと思います。それから、もし中国の優れた監督や俳優と一緒に仕事が出来れば、きっと中国の友人たちをもっと喜ばせるような成果をあげることができると思うのです。このように思えばこそ、政治協商会議の楊成武副主席が私たちと会見したとき、私は老将軍の人柄にひかれて、自分は中国で映画を撮りたいなどと言ってしまったのです。私たち一行は多くの友人たちの善意あふれるお世話のもとで、心に刻まれる旅行ができました。

（一九八六年九月十四日掲載　当日の掲載文は周斌氏の中国語訳）

私と中国　心と心の交流

日中文化交流協会会長、日本ペンクラブ会長　井上靖

中華人民共和国が一九四九年十月一日に成立して以来今に至るまで、すでに三十五年の歳月が流れた。この三十五年間で、中国は政治、経済、文化などの各方面にわたって、世界の注目を集める大きな成果を挙げている。

振り返れば、一九五七年十月に初めて中国を訪問してから二十七年の間に、私は二十回ほども中国を訪れた。最初の三回は回り道をして行ったと記憶している。当時北京に行くには四、五日かかった。一九七四年九月二十九日に日中両国に空路が開通し、私はその最初の飛行機に乗って直接北京に行った。北京空港に着いたときの興奮は、今でも度々心によみがえってくる。二年後の一九七六年、周総理、朱徳委員長、毛主席が相次いでこの世を去った。私はかつて何度か周総理とお会いしたことがある。その年の十月に北京に行ったとき、死者を弔う鐘に似た音が、どこからか響いてくるような気がして仕方がなかった。一九七八年八月十二日、日中両国は平和友好条約を結び、今年は条約締結六周年に当たる。昔を思い起こすと、非常に感慨深い。

私はほとんどいつも文化交流に関係する仕事で中国を訪問する。文化交流と言っても、含まれる範囲はとても広く、音楽、演劇、文学、学術、スポーツ、出版などに及ぶ。私は、どんな方面においても、その根本は結局のところ人と人との交流、心と心の交流に帰結すると思う。お互いの間に理解と友情が芽生えてこそ、両国の文化交流事業は発展することができるのだ。

日中両国の文化交流は、即ちこのようにして発展してきたものだ。今後、私たちはこの基盤の上に立って、より一層日中両国の文化交流を発展させなければならない。これは、中国建国三十五周年を糸口として、両国の文化関係者が向き合うべき重要な課題だと私は考えている。

私は若い頃、中国の古代史を題材にした歴史小説を十篇ほど書いたが、ただそれらは皆、その歴史的物語が起こった場所を実際に見たことがないという条件の下で書いたものだった。招かれて中国を訪問してから後、中国側の配慮のおかげで、私は幸運にも小説中の歴史的人物が活躍した地を踏み、思いを遂げることができた。一九六三年、私は小説『天平の甍』の中で日中の二人の僧が足跡を残した揚州を訪問した。一九七八年には、小説『敦煌』に関係する敦煌地区を訪れ、作者として止みがたい感動を覚えた。

そのほか、『楼蘭』などのいくつかの作品は、新疆ウイグル自治区のタクラマカン砂漠一帯を舞台としたものであった。一九七七年、一九七九年と一九八〇年、私は連続して三回、天山南麓から昆侖山脈北麓までの一帯にある砂漠の中の村落の遺跡を回り、さながら夢の中にいるような気持ちであった。

嬉しいことには、私の小説の多くが中国に紹介され、読者も少なくない。両国の協力のもと、『天平の甍』は映画化もされた。このことは作者の幸運でもあり、また小説『天平の甍』の幸運でもある。関係者の皆様には謹んで、もう一度感謝の気持ちを表したい。

それから今年五月、東京で行われた第四十七回国際ペン大会の開催期間中に、会長の巴金先生をはじめとする中国ペンセンターの会員の先生方が多数大会に御出席くださった。大会の各日程は順調に進み、望外の成功をおさめた。これは中国ペンクラブセンターの支援のおかげである。この中華人民共和国成立三十五周年の場をお借りして、慎んで日本ペンクラブ会長の名の下に、日本の会員全員を代表して謝意を表するものである。

（一九八四年九月二十一日掲載）

千仞《せんじん》の岡に衣を振るい　万里の流れに足をあらう

――北島三郎の演歌はより高みへ向かう

李学江　于青

十月の北京は秋風が吹き始め、夜はひんやりとしている。しかし、北京展覧館の円形劇場には、音楽が鳴り響き、春のようなあたたかさがあった。良き隣国、日本からの文化の使者――北島三郎さんが訪中公演を行なっていたのだ。彼はスーツを着てマイクを握り、歌ったり話したり、時々ジョークをとばしたりした。笑い声は絶えず、鳴り止まぬ観客の拍手喝采を浴びた。

北島さんの演歌は、朴とつさ、誠実さの中にも情熱がこもっており、時おり狂わんばかりに、岩を砕き雲を切り裂くような勢いで声が迫ってくる。またある時は、むせび泣くように、悲しみをせつせつと歌う。声をあげて泣くような長い歌もある。

彼の歌の大部分は北方のきこりや漁師の、荒々しく、昔ながらの飾り気の無い生活や、豪胆で奔放な気持ちを歌ったものである。演歌の持つ強い民族的色彩に、北島さんの心から湧き起こる情感が加わって、聴衆はさながら荒れ狂う波と風雪の北海道に連れて行かれたような気になる。日本の労働者の日常生活の鼓動や喜怒哀楽が感じられるのである。

歌が中盤にさしかかった時、北島さんがふいに思いついて、観客席に座っていた蒋大為氏を舞台に引きあげた。観客席が、わっと大騒ぎになった。蒋大為氏は日本語で、北島さんの十八番『与作』〔七澤公典作詞・作曲〕を歌い、北島さんはこれに合わせて歌った。北島さんが歌う時には、観客も一緒に歌い、手拍子で盛り上げた。

与作は木をきる　ヘイヘイホー　ヘイヘイホー

こだまはかえるよ　ヘイヘイホー　ヘイヘイホー

女房ははたを織る　トントントン　トントントン

気だてのいい嫁だよ　トントントン　トントントン

大ホールの中では歌声と手拍子の音がずっと鳴りやまず、歌手と聴衆の気持ちは、旋律の盛り上がりとともに一つになっていったのだった。

北島さんは日本の有名な演歌歌手である。演歌、これは中国人にとっては、やはり耳慣れない言葉だ。私たちが、演歌とは何か、と質問すると、北島さんは笑って、「これは日本でも答えるのが難しい問題」と言った。

演歌は、およそ明治初頭に始まったらしい。当時の明治政府は民権思想の演説を禁止していたので、一部の有識者は演説にかわって街頭で歌を歌い、民権思想の宣伝を続けた。

時代の推移に伴い、演歌は次第に政治的な内容から離れていき、人々の日常の苦労や感情を歌うようになった。また、歌う場所も街角から室内に移動し、伴奏の楽器も尺八や三味線など日本の民族楽器に限らず、バイオリンやピアノなどの西洋楽器も使われるようになったが、常に民族的な色彩は保たれていた。演歌は生活感や叙情的色彩が色濃く、深く内在的な情感を表現するのに適している。北島さんは「演歌は生活から自然に生まれたもの。日本人の心の歌だ」と言った。

演歌歌手は日本に数知れずいるが、北島さんはその中で、抜きん出た人物である。北島さんは本名を大野穣さんといい、北海道出身である。小さいころから歌うことが好きで、十歳で歌手になることを志した。十八歳で東京に出て、道で演歌師をしながら声楽学校へ通った。二十五歳の時、『涙舟』という一曲が、彼の声で全国津々浦々に流れ、彼は日本列島に名を馳せた。その後、北島さんは何度も賞を取り、日本のだれもが知る演歌の星となったのである。彼のオリジナル曲はすでに二六二曲に達し、演歌の繁栄と発展に多大な貢献をしてきた。

今回は北島さんの初めての訪中である。「私は以前から中国に来たいと思っていました。テレビで見る中国の美しい風景や名所旧跡を、私は何度も夢にみました。今、願いがかなって、本当に嬉しい。直感ですが、演歌と中国は根っ子で深い関係があるようですね。演歌の根源は中国にあるのでしょう。私は中国というこの不思議な土地に降り立った時、中国から栄養を吸収し、演歌という芸術を豊かに発展させたいと思いました」と彼は語った。

この数日の間に、北島さんは長城に登り、中国京劇院を訪問し、中国の同業の人たちと交流し、友情を結んだ。東方歌舞団では、北島さんは王昆団長の要請を快く承知し、東方歌舞団の名誉団長となった。全国政治協商会議副主席であり、中国光大実業公司董事長、また光大旅遊総公司の名誉董事長でもある王光英氏は、溥傑氏に依頼して書してもらった掛け軸を北島さんに贈った。そこには、西晋の文学家である左思の詩、「振衣千仞岡　濯足万里流〔千仞の岡に衣を振るい、万里の流れに足をあらう。俗世間のしがらみをうち捨てて立ち上がろうとする強い覚悟を示す意〕」とあった。これは、北島さんの芸術が高い水準に達しているという評価であり、彼に対する期待と励ましだった。

それにしても演歌はやはり日本的な感じが強いので、果たして中国人に歓迎されるだろうか、と北島さんは少々心配していた。しかし、中国においても北島演歌の理解者が多いことは、事実が証明した。訪日から帰ったばかりの蒋大為氏が、「北島さんは日本で非常に有名な歌手です。彼の歌には彼自身の独特のスタイルがあります。彼は日本の『ナンバーワン』です」と観客に語った。そして北島さんが、熱気溢れる観客たちに向かって言った。「成功させようと思うなら、良い演奏者と舞台があるだけではだめなのです。さらに、すばらしい観客が必要です。今日来られた方々はみなすばらしい観客でした」。

公演は終わった。しかし、人々は通路やオーケストラ席にどっと押し寄せて、拍手を続け、なかなか帰ろうとしなかった。文化部の王蒙部長は、北島さんの手をとって、涙を浮かべながら歌を聞いたと言った。風が吹き波が湧き上がるような、岸に寄せ来る波のような拍手を聞きながら、北島さんは感激してやまなかった。何度も頭を下げて感謝した。「ありがとう、ありがとうみなさん！　私は来年も必ず中国に来て、皆さんのために歌います。そしてその次の年もきっと！」

再見！　北島さん。また中国に来てください。さらにたくさんの新曲を携えて。さらに深い友情とともに。

（一九八六年十月十二日掲載）

『蕩々《とうとう》たる一衣帯水』
——劇作家兼駐中国日本大使　中江要介氏を訪ねて

于青　李力

日本の駐中国大使である中江要介氏が脚本を書き、胡耀邦総書記が題名をつけ、中日両国の舞踊家が一つの舞台に立ったバレエ劇『蕩々たる一衣帯水』のこけら落としが、十月二十四日に北京でおこなわれた。中江大使はその日の午後に東京から北京に戻り、飛行機から降りるとすぐ駐中国日本大使館に戻って本紙記者の取材を受けた。

記者がこのバレエ劇を創作した動機に関して質問すると、大使はこう答えた。「それは二つの面から説明できます。大使として私は、来年が日中国交回復十五周年であることを考えました。この数年来、日中両国は政治、経済面で交流を深めておりますが、文化面での交流も非常に重要だと思ったのです。日中共同でバレエを上演することは、経済で言えば合弁プロジェクトをやるようなものです。また今年は孫中山先生の生誕百二十周年で、このバレエ劇の題名は孫中山先生の有名な詩句の中からとったものです。『世界の潮流は蕩々と流れ、従えば則ち栄え、逆らえば則ち滅ぶ。』『一衣帯水』は日中の近隣関係を象徴しています。私はこのバレエ劇を通して日中の永久の不戦と代々にわたる友好という信念を表現したいと思っています。日中友好の歴史的潮流は既に蕩々たる勢いを得ており、誰にも止められません」。

大使は続けてこう述べた。「一方で、劇作家の霞完（ペンネーム）として、私はユーゴスラビア大使だったときにはバレエ劇『いのち』を書き、エジプト大使であったときは同じくバレエ劇『動と静』を書きました。中国に来たとき、ある人が私に中国を反映したバレエ劇を書いてはどうかと提案してくれました。書き始めたときにはあまり上手くいかなかったのですが、胡耀邦総書記が私がバレエ劇を書いているのを知ってから、お会いするたびに『執筆はいかがですか』と尋ねられたのです。総書記の励ましのもとで、私は一年以上の時間をかけてこの脚本を完成させたのです」。

『蕩々たる一衣帯水』は、中江大使の創作した三番目のバレエ劇である。劇中の主役の男女は中日両国の人民を象徴している。彼らは出会って「相思相愛」となるが、「黒衣の人物」が破壊を進め、格闘する中でヒーローは傷つき、動乱の中で二人は離ればなれになってしまう……十年以上の時が過ぎ、彼らの子孫は力を合わせて「黒衣の人物」を制圧し、ヒーローとヒロインはついに再会する。最後に、舞台上では少年少女たちの友好の場面が演じられ、中日友好が世々代々伝えられることを象徴している。

なぜバレエ劇の創作に心酔するのかということに話が及んだとき、大使はこう言った。「外交官になる前は、私は現代演劇に最も興味を持っていました。脚本を書いたり、俳優として演じたり、演出もしました。外交官になってから、現代演劇で交流するには常に通訳を通じなければならず、言葉の面での障害が大きいことを感じました。でもバレエ劇は主に音楽やダンスで表現するものですから、言葉でのコミュニケーションが必要ない、非常に素晴らしい芸術形式なのです」。

記者は胡耀邦総書記がこのバレエに題名をつけたことについて質問した。中江大使は手帳をめくりながら私たちに語った。「九月十三日、日中友好二十一世紀委員会の日本側の主席である石川忠雄氏に同行して胡耀邦総書記を訪ねた際、私は総書記にこの劇の題名をつけてくださるようお願いしました。その日の午後、胡総書記は北海道知事と会見し、私はまた同行しました。すると総書記は私に、もう劇の題名を書いたとおっしゃったのです」。ここまで話すと、中江大使は大使公邸に使いを出して原本を持って来させた。大使は厳粛な面持ちで言った。「書いていただいた劇名の原本を入れたトランクは、私の妻にさえ触らせないんです」。大使はトランクを開けて、嬉しそう、に記者に総書記自らが書いた劇名の入った原本を見せてくれた。そして「私は胡総書記にこの劇をご覧になっていただく機会があればと思います」と言った。

中江大使は二十回以上も中国中央バレエ団の公演を観ている。ユーゴスラビア大使であった一九八一年、帰国途中に北京を経由したとき、わざわざ民族文化宮に行って初めて観た中国中央バレエ団の公演もはっきり覚えているという。大使はこう語った。「中国のバレエは中国のスポーツと同じように進歩がはやい。現在の水準はその当時よりも随分高くなっていますよ」。

訪問の終わりに、大使は本紙記者にこう述べた。「あなた方の新聞は長年にわたって日中友好に力を尽くしています。私たちが共に努力を続けて、青少年たちも、二十一世紀の日中の平和友好に目が向くようになれば良いですね」。

（一九八六年十月二十五日掲載）

東方の国の飛天、神州に遊ぶ

——團伊玖磨先生を記す

顧子欣

古代の壁画の中の飛天を見たことがあるだろうか。あのひらひらした帯を身に纏《まと》い、高い天空をゆったりと舞う音楽の神である。彼らは空中を舞いながらさまざまな楽器を手に持ち、たおやかな天上の音楽を奏でる。あなたはこのように絢爛たる姿を見つめながら、遥かに思いをはせるかもしれない。もしもこの楽曲の音色を聞くことができればどんなに素晴らしいことか！　しかし、四方はひっそりとして古い壁からはなんの音もしない。

去年の中秋のころ、私はついに飛天の奏でる音楽を聞くことができた。それは、日本の著名な作曲家である團伊玖磨先生の新作管弦楽曲『飛天』で、東京交響楽団による中国で初めての公演だった。私はその美しく妙なる調べに心底陶酔した。高くなり低くなる調べの中で、私はあたかも、飛天たちが群れを成して舞い、あるいは一人で大空に遊び、時として天に近づき雲を払い、また地に近づき飛びまわる姿を見たような気がした。私は内に秘められた悲しみや、ざわめく天の風や、金の鐘の音を聞いた。心震える思いであった。

『飛天』は北京と上海で四回演奏された。中国の音楽界から熱烈に称賛され、曲の持つ綿々たる情感や思いの深さから、團伊玖磨先生の力作であると評された。私は團伊玖磨先生とは初対面であったが、その名声は以前から聞いていた。先生が日本音楽界の三巨星の一人であり、先生の歌曲『花の街』がかつて一世を風靡したこと、歌劇『夕鶴』が人々を傾倒させたことなどを知っていた。また、中国を題材にした歌劇『楊貴妃』、管弦楽組曲『シルクロード』なども作曲している。私は今回、東京交響楽団の中国訪問公演に同行し、毎日を共に過ごす機会を得て、先生をより深く理解することができた。

團伊玖磨先生は小さい頃から中国へ行ってみたいと考えていたが、一九六六年、四十二歳の時にようやく初めて中国を訪問することができた、と語った。その年に日中文化交流会に加入し、中日文化交流と友好のために生涯精力を傾けて貢献する決心をした。今年は先生にとって二十八回目の中国訪問である。二十年前の初めての訪中を思い起こして、先生は笑いながら言った。先生が北京に着いた日（八月十八日）は、ちょうど毛主席が天安門の上から紅衛兵に謁見した日だった。先生は偉大な民族が混乱と災難に陥る現場を見て、困惑し、もっと深く理解したいと思ったという。その後、先生は毎年中国を訪問するようになった。一九七六年に「四人組」が打倒され、先生は心から中国人民のために喜んだ。先生は中国の歴史の重大な分岐点を目撃し、また中華民族が苦しみの中から新しく生まれ変わるのを見たと語る。先生にとって最も忘れ難いことは、中国文芸界の友人たちと会見したことだそうである。先生たちは興奮して言った。「もう大丈夫だ！今後はちゃんと仕事をすることができる！」これらすべては先生を感激させ、同時に深く考えさせた。

それでは『飛天』はどのような状況のもとで創作されたのであろうか？　團伊玖磨先生は私にこう話した。先生はかつて二回西域を巡り、壁画に描かれた飛天を見た。また、大同の雲崗石窟や洛陽の龍門石窟の中でも飛天に出会った。その美しく花の咲き乱れるような姿を見て、先生は中国の悠久の歴史と、広大な領土を連想した。また、先生は日本の奈良にある古い絵の中の飛天を思い起こした。それ以来、無数の飛天が常に先生の頭の中を駆け巡るようになった。今年、東京交響楽団は創立四十周年を祝して中国で公演することになり、特に先生を招いて今回の訪中の為に曲を作るよう依頼した。先生は快く筆を執り、三か月を費やして、長く心に温めてきた『飛天』を作曲した。先生は言った。「飛天は平和な音楽の神です。この意味から言うと、東の海を渡って中国を訪れ、公演する日本の音楽家たちもまた飛天なのです。彼らはまさに中国の大地の上で遊ぶのです。私は日中両国の飛天たちが常に行き来し、袖を交えて共に舞い、人類の幸福のために更に美しい音楽を演奏するようにと願っています」。

（一九八七年一月二十三日掲載）

当代賢人の風雅な集い

——一九八七年中日蘭亭書会

孫乃　高海浩　姚振発　高燕

丁卯暮春〔＝丁卯年一九八七年の旧暦三月〕、「書道の聖地」紹興の蘭亭は、『蘭亭集序』に書されたように竹が繁茂して翠滴らせ、蘭の香、墨の香が鼻をかすめていた。神州・中国と、東海の友邦・日本から、書壇の精鋭四十一名が初めてこの地に集まり、「一九八七年中日蘭亭書会」が開かれた。一六三四年前、晋朝時代の書聖・王羲之《おうぎし》が四十一名士を招いた「流觴曲水《りゅうしょうきょくすい》〔屈曲した小川に流した觴《さかずき》が自分の前に来るまでに詩を詠む遊び〕」の雅事に倣い、当代の名士たちが書芸交流し、友好を深め、現代の『蘭亭集』を共に書き上げた。

蘭亭は蘭渚山麓、蘭渓江のほとりにある。古越〔中国古代の一国名〕がこの地で蘭の花をたくさん生産したことから、この名が付いた。その後、王羲之が東晋〔中国古代の一国名〕の永和九年三月三日、この地で書き上げた、「天下第一の行書」と称される『蘭亭集序』によって、歴代の書家が聖地と崇める地となったのである。王羲之は「書聖」と尊ばれ、『蘭亭集序』は書道の手本書として奉られている。その流風遺韻《りゅうふういいん》は永遠に色あせることがなく、中国内外に遍く影響を及ぼしている。空海や鑑真らにより中国書道芸術が東土に伝えられ、日本の皇室の提唱で、王羲之を真似た書体が日本で急速に流行した。今回中日蘭亭会に出席した書壇の大家の中には、本世紀と同じ年齢の巨匠もいれば、不惑の年〔＝四十歳〕

になったばかりの若手もいた。まさに当時の蘭亭の「群賢畢《ことごと》く至り、少長咸《みな》集ふ」を彷彿とさせるすばらしさであり、歴史ある中日書道交流がまた新しい発展を見せたのだった。

九日午前、書道家たちが杭州に集まり、王羲之の書道芸術をめぐって「中日書法シンポジウム」が行われた。沙孟海氏『両晋南北朝時代書跡の写体と刻体――「蘭亭序」論争の鍵』、谷村義雄氏『王羲之の料紙について』、顧廷龍氏『宋代游丞相所蔵の「蘭亭」略述』、今井凌雪氏『王羲之書法伝承の両面性』などの講演は、すばらしい内容、比類ない優れた見解であった。このような高レベルの学術討論会は、蘭亭書会のすばらしい序曲となった。

開会式の後、書道の交流活動がはじまった。蘭亭内の右軍祠では、蘭の花のかすかな香がただよう中に、濃厚な墨の香が満ちていた。紹興市の数十名の書道愛好者が、徽墨を越硯〔名産地の墨と硯〕で一時間以上もすっていた。辺りを墨の香で満たし、名人たちが筆を浸して揮毫するのを待っていた。

書道家たちは各々精神を集中し、腕を競った。しばらくして、四十数点の作品が発表されると、周囲からは歓声が絶えなかった。これらの貴重な書は、すぐに廊下の両側にかけられ、三百有余名の観覧者の鑑賞に供された。「臨風朗咏暢懐人　情有同欣会有因　可比諸賢清興永　水流無尽歳長春」。これは中国側の書家、啓功氏がその場で書き上げたもので、雄健で勢いのある筆だった。日本の書家青山杉雨氏は、洗練された、力も技もある筆で次のように書した。「盛会当年懐九老　暢游此地得群賢」。この時、書道に造詣の深い日本側主催者、読売新聞社の小林与三次社長も書家の列に入り、筆をとって「墨跡無限万花開」と大きく七文字を揮毫し、参加した書家たちの称賛を得た。

この催しは中国の政界の人々からも注目されていた。書を愛好する政界人たちが書会のために書いた題字と、今回参加できなかった両国の書家が蘭亭に贈った作品あわせて二十数点、これらも廊下の両側に掛けられ、書会に華を添え、会を盛り上げた。その中の一つに「以虚入盈」という四字の作品があった。黒いシルクフラワーと緞子で飾られ、とても人目を引いていた。それは日本の八十六歳の有名な書家、手島右卿氏の遺作であった。手島氏も本来は今回の催しに参加するはずであったが、残念なことに病のため急逝された。彼の弟子である矢萩春恵さんは、師の遺志を継承し、師の遺影を携え、はるばる蘭亭にやって来て、催しに参加した。彼女は「我が師の遺影と作品を蘭亭に持ってまいりました。恩師は宿願を遂げることができました」と震える声で語ったのだった。

流風余韻《りゅうふうよいん》を晋唐から伝え、觴詠《しょうえい》の風雅を先賢より今日に受け継ぐ今回の催しで、両国書壇の巨匠たちが創作した一つ一つの書、一首一首の賛詞、それらすべてが書の殿堂、蘭亭に寄贈され、関係機関より収蔵証書が発行される。これら深い書芸の真筆は、今回の詩文や題字とともに中日共同編集印刷の『一九八七年中日蘭亭書会記念冊』に収められることになっている。両国書道芸術交流史に輝く一章を加え、新たな『蘭亭集』となって世に語られることだろう。

当時の文人たちに倣った蘭亭の宴での流觴曲水は今回の催しのクライマックスだった。右軍祠手前の流觴亭の傍らを、一筋の清らかな泉水が緑の木々の間からゆっくりと流れて出て、曲折して流れてゆく。両岸の庭石や、高低差で変化を持たせてある。きりりとした中山服や古式ゆかしい長袍を身にまとった中国の書家と、真新しい和服の日本書家が並んで両岸に座り、「一衣帯水」を体現するかのごとく岸を隔てて向かい合い、談笑し、酒杯が流れてくるのを待った。紹興の銘酒が注がれた酒杯が流れてくるのが見えた。緩やかに揺れ動き、あちらに行くかと思えばこちら、と優雅に流れてゆく。よく見るとその杯は、他でもない晋代の遺跡から出土した物の複製品なのである。杯の口は楕円形で、河北省名産の鴨梨を割ったような形をしており、両側は翼のように伸びている。

「とまれ――」。人々の間から大きな声が聞こえ、書家たちの視線が一気に集まった。杯が日本の書家、伊藤鳳雲氏の前にくると、彼はそれを取って一気に飲み干し、即興で詩を一首詠み、詩箋に書き入れた。続けて、杯は中国の書家、沙孟海氏の前に止まった。彼も杯をあけ、二首の詩を詠んだ。その一つは次のようなものだった。「中日能書者　嚶鳴求友

声　文隣仭有道　万世ト和平」。こうしてこのような光景が一時間ほど続いた。酒杯が次々と流れ、双方の書家はそれぞれ杯を取り、酒を飲み、詩を詠んだ。優雅な雰囲気はいや増していった。また、晋代の衣冠を身に着けた「書童」が人々の間をぬって紙や墨を給仕し、詩箋をあずかった。両岸の観客からはたびたび拍手の声があがり、流觴曲水の宴は最高潮に達した。古今東西の服飾の精粋、山水景物、書家の詩興が渾然となったすばらしい光景は、人界なのか天界なのかわからなくなるかと思うほどであった。

（一九八七年四月十一日掲載）

書道、囲碁、泰山

于青

日本の著名な書家、柳田泰雲先生が生前院長を務めていた学書院は、東京一の繁華街、銀座にある。一年前、先生は私をここに呼んで、中国で行う書道巡回展について相談した。今年の夏、再び学書院に行った時、そこには、額の中に飾られた先生の遺影があった。その下には昨年十月、中国文化部が先生に贈った栄誉証が置いてあり、次のようなことが書いてあった。「柳田先生は日本の傑出した書道家であり、書道教育者である。幼い頃から漢字書道を研鑽し、数十年たゆまぬ努力を続け、卓越した業績をあげ、漢字書道芸術を広め、中日文化交流の促進と中日両国民の友好のために積極的に貢献した」。

日本の書道界の人材は豊富であるが、三代にわたり書を以って立身した、柳田家のような例はめずらしい。また、日本の書道は漢字書道とかな書道に分かれており、現在漢字書道を研究し創作する書道家は少なくないが、柳田先生のように五歳から筆をとり、楷書に三十年専心したという書家は二人といないであろう。

柳田先生は中国を書道芸術の母国と考えていた。昨年、先生は八十六歳の高齢にもかかわらず、中華人民共和国成立四十周年を記念して、中国で九ヶ月におよぶ書道展を開いた。今年三月には、中国書法家協会名誉理事で浙江省博物院名誉院長の沙孟海氏の招請で、柳田先生は杭州に行こうとしていた。準備万端整い、あとは出発を待つだけであったのに、残念なことに三月二十五日、急逝されたのである。二人の発起人は西湖の約を果せなかった。

柳田先生は中国囲碁界の名士たちにもよく知られ、尊敬される囲碁ファンだった。先生の父、柳田泰麓氏は、明治から昭和初期に活躍した著名な書家であるが、当代日本囲碁界の名将加藤正夫氏の義父である佐々木泰南氏は、柳田泰麓氏の弟子であった。呉清源氏と橋本宇太郎氏の囲碁の師である瀬越憲作氏も柳田泰麓氏の門人だった。柳田先生が亡くなった後、日本棋院は先生を七段の棋士として追認した。追悼会では、藤沢秀行氏、林海峯氏、大竹英雄氏、加藤正夫氏など、八名の棋士が、特別に柳田先生を追悼するための碁を打った。中日両国の棋士が日本で対戦する時にはいつも熱心に観戦し、試合後、機会を作っては中国の棋士と囲碁の技芸を切磋し、友情を語りあった。先生が中日友好囲碁会館に贈った作品は中国囲碁界との友好の永遠の記念となった。

柳田先生は生涯書道に専心し、終生中国にあこがれた。「中国は私の思想、精神、芸術の母であるばかりでなく、私の書芸を真に評価してくれる国だ」と言ったことがある。先生は一部の作品を中国各地の美術館及び博物館に贈り、それを名誉と考えていた。

柳田夫人である青蘭さんは、中国の協力で今年九月中旬、先生の書した「国泰民安」が泰山の嶺に現れたこと、同時に、先生の書した「李白泰山に遊ぶ」の詩詞六首が泰山山麓の碑林に加えられたことは、天国にいる先生の魂を慰めるだろう、と言った。

（一九九〇年八月二十六日掲載）

関連文章　「柳田書法刻泰山（柳田先生泰山に字を刻む）」本紙記者周慶、一九九〇年九月二十五日付

「裏千家」に招かれて

安子貞

日本の京都で「裏千家」に客として招かれ、私は初めて茶の湯文化の薫陶を受けた。

そこは優雅で落ちついた場所であった。正面には古色ゆかしい大きな門があり、その名を兜門という。簡素で素朴な門と、苔むした檜の皮で補修された屋根とが、青々と茂った竹や樹木の中で互いに引き立てあい、趣に溢れていた。門をくぐると、樹々の間にあられ状の小石を敷きつめた小道が弧を描いており、表面には濡れた跡が点々とついていたが、それは主人がまいたばかりの打ち水であった。来訪者たちは未だ入室せず、茶道の「和敬清寂《わけいせいじゃく》」の精神が深く染み入ってきた。

私たちは主人の案内のもとで、石の小道を踏んで茶室に向かい、靴を脱いで中に入り、長い廊下を歩いて「又新軒」に着いた。主人はこう説明した。茶道の礼儀の多くは「正座」して行われる。則ち主客共に畳の上に膝を曲げて座り、お互いに両手を揃えてお辞儀をし、そのあと茶がふるまわれて歓談する。現代人が正座をしなくなったことに鑑みて、「裏千家」は嘉代子夫人の設計に基づき、新しく「又新軒」の立礼席をつくった。これは、一つの主卓と三つの客卓から成っている。照明や家具などの配置は、茶道の伝統的な特色を感じさせるとともに、現代の人付き合いの率直で清々しい感覚を備えてもいる。

席に着くと、主人が茶を点てはじめた。

私たちがいただいたのは薄茶で、礼儀は比較的簡単である。茶を点てたのち、主人はまず上席の客にふるまう。邵華澤総編集長が私たち代表団の団長で、まずはじめに茶をふるまわれた。主人は盆を使って茶碗を客の面前に運び、高く掲げて礼をして「お先にどうぞ」と言う。客は返礼して「慎んでお手前をいただきます」と言う。このとき客は恭しく茶碗を左手の上に載せ、右手で手前に二回茶碗を回し、茶を飲む。それから逆の方向に茶碗を二度回してはじめに茶を受けた方向に戻し、再び主人に礼を言う。そのあと、主人は順序に従って次の客に茶をふるまう。そのときはちょうど夏の盛りで、一服の緑茶が体に流れ込むと、たちまち清々しく心地よくなり、気持ちが爽やかになった。ここに到って、茶の湯の儀式は名残惜しい気持ちを残しつつ終了した。

茶席ののち、主人は私たちを案内して「今日庵」という茶室を見学させてくれた。今日庵と言えば、一つの面白いエピソードがある。「裏千家」三代目の家元である宗旦氏が茶室を建てたとき、清巌和尚を招いたが、清巌和尚は遅刻してやって来た。和尚は〔すでに外出していた家元の「明日おいでください」という伝言を聞いて〕しきりの襖に「怠け者の和尚（謙遜）は明日まで待てない」〔「懈怠比丘不期明日（けたいのびくみょうにちをごせず）」〕。明日の命は誰にも知れない、の意〕と書いた。宗旦氏はその意味を理解して、茶室を「今日庵」と命名し、「裏千家」の通称とした。その茶室で私たちは「御祖堂」を仰ぎ見た。それは「裏千家」が茶道の開祖である千利休と三代目の宗旦氏を祀った場所である。

日本で茶道を嗜む人の中で、千利休を知らない人はいない。茶道は日本の伝統的な文化遺産として、現在まで四百年以上続いている。そのころ、禅宗に精通していた千利休（一五二二―一五九一）は、喫茶の習慣と禅宗の思想を結合させ、喫茶の儀礼を規範化し、「和敬清寂」を茶道の基本精神として、後世に伝えた。説明によると、「和」とは平和、「敬」は年長者への尊敬を意味し、「清」は清らかさ、「寂」は静寂、すなわち「知已去欲、凝神深思〔己を知り欲を捨て、一心にものを思う〕」であり、それは茶道の美学における至高の境地である。日本経済の発展と物質生活の向上に伴なって、茶道はますます発展する勢いにあり、各流派が教える茶道の組織が全国にあるだけではなく、多くの公園や庭園、私邸にも風光明媚な場所を選んでさまざまなデザインの茶室が建てられ、茶会を催したり賓客をもてなしたりしている。

「裏千家」は日本の茶道の中でも最大の流派で、中国とも早くから友好関係を築いた団体でもある。中国の指導者が訪日した際も、殆どが「裏千家」による茶道のもてなしを受けている。一九七九年に「裏千家」の代表が初めて訪中して以来、「裏千家」第十五代家元の息子である千宗之氏が最近千容子夫人を伴って訪中するに至るまで、裏千家の関係者は何度も訪中している。今年十月七日、千宗之氏は李鵬総理のために茶道芸術を実演して見せ、互いに茶を点てあい、友情を語り合う場面がテレビに映った。それを見て、筆者は二か月以上前に「裏千家」に招かれたときの美しい記憶がよみがえった。千宗之氏は「中国は茶の故郷なのだから、私たちが中国へ行くのは『中国に帰る』と言うべきであり、『中国へ行く』と言うべきではない」と言った。茶は日本へと伝えられ、日本では高尚で静謐《せいひつ》な茶の湯文化を発展させた。茶の故郷である中国は、茶の文化において、より多くの発掘や開拓をすべきではないだろうか？

（一九九〇年十二月二日掲載）

生花健筆常青春

〔優れた文才は常に生命力を放つ〕

姚雪垠〔作家〕

今年四月下旬、私は中国作家代表団の団長として、作家・評論家である徐光耀、李准、陳建功と中国作家協会対外連絡部の李錦と共に日本を訪問した。

四月二十日十三時五十分、私たちの乗った中国民航機は東京の羽田空港に到着した。空港に迎えに来てくれたのは、日中文化交流協会の事務局責任者である白土吾夫、佐藤純子、横川健、原信之、小暮貴代ら各氏であった。原さんと小暮さん以外の三人はすでに旧知の間柄だった。東京に着いた翌日の午後、佐藤さんと横川さんに伴われて、私たちは日本の著名な小説家である水上勉先生を訪問した。先生は日中文化交流協会の指導的な立場にある会員で、日本の文学界における地位も高い。

十二年前、私が周揚を団長とする作家代表団と共に来日したとき、水上先生とは既に懇意になっていたので、今回の対面は旧友との再会と言える。先生は私たちの訪問をとても大切に考えていて、奥様が美味しいお茶とお菓子を準備してくれた。菓子の一つ一つには桜の花が添えてあって、水上先生の私たちに対する厚情が現れていた。

最近、日本の作家は中国の歴史を題材にした小説を好んで書く。水上先生もちょうどある歴史小説の執筆に着手したところだった。物語は、日本の高僧である虚竹和尚に一人の弟子があり、南宋末期に中国へ行ったとき、ちょうど文天祥が挙兵して元王朝の兵に抵抗したが失敗し、虚竹の弟子は傷心のまま日本へ帰るという内容である。

水上先生が書こうとしている中国歴史小説は完全なフィクションだが、私はその場で、やはりフィクションの面白いエピソードをいくつか先生の為に考え出した。

部屋の中は笑いが絶えなかった。水上勉先生は言った。「日本では、文芸評論家と作家の関係はいつも良くありません。李准先生は批評家ですから、もし私のこの小説が出版されて李准先生に批判されたら、私はそれを姚先生のせいにして、これらのエピソードは姚先生が私の代わりに考えたものだと言うことにします」。先生のこの言葉で部屋中大爆笑となった。

水上先生のお宅を失礼して、私たちは井上靖先生のお宅へ向かった。井上先生の遺影と遺骨に花を捧げ、井上先生の奥様をお慰めした。井上先生は五〇年代から中日文化交流活動に力を注ぎ、中島健蔵氏とともに中日国交正常化促進に尽力された。一九七八年に先生は中国を訪れ、宿泊されていた北京飯店で私と語り合った。今はもう井上先生は故人となられ、私も八十一歳になった。

一九七九年に私が周揚の率いる作家代表団と共に来日した期間中、井上先生はその大部分の日程を私どもとご一緒してくださった。そのときの光景が今でもありありと目に浮かぶ。あるとき、私たちは昼食のあと新幹線に乗り、同行のメンバーは皆眠ってしまったが、私は横川さんの通訳で井上先生と話していた。当時、私は中華民族の自信と誇りに満ちていて、現代の中国文学は世界の文学の中でも異彩を放っていると思っていたし、たくさんの理由も挙げることが出来た。私は中国の近代・現代史や、中国の古典文学史にも一定の知識があり、中国の現代文学の前途について語り出せば熱い思いがほとばしり、祖国の古典文学史を語り出せば民族の誇りが胸に溢れた。私と井上先生が胸襟を開いて語り合っていた時、私は先生がしきりに頷いているのを見た。先生も中国の現代文学が輝かしい発展を遂げることを願っているのは明らかだった。先生は本当に中国を愛し、中国を理解し、私の中国現代文学に対する評価に同意してくれた。そのときのうちとけた会話からすでに十二年が過ぎた。私は日本で井上靖先生と再会し、再び語り合いたいと思っていたが、思いがけず先生は慌ただしくこの世を去ってしまわれたのだ！

ある日の午後、私たちは車で箱根に向かい、途中で回り道をして井上靖文学館を見学した。文学館から程近い場所の、景色の美しい村で車は停まり、私たちに同行してくれた日本の友人が道端に立っていた女性と少し話をしてから、さらに車を走らせた。井上靖文学館は小高い丘の上に建っていて、井上靖先生の直筆原稿、著作、異版本などを収蔵し、読者や研究者が見学し参考にすることができるようになっていた。私たちはここを見学した後、メッセージを書き残して車で立ち去った。先ほどの山村をまた通りかかると、女主人が、ほかの二人の女性と一緒に路上で迎えてくれて、熱心に私たちをお茶に招いてくれた。この場所は桜家と呼ばれており、ことのほか静かな場所であった。私たちはお茶を飲み、庭で滝を観賞してから、車で日本の名所である箱根に向かった。

箱根から東京へ戻ってから、私たちは井上靖先生が今年の八月に敦煌への訪問を予定していたと知った。それは先生が訪問する予定だったシルクロードの一部である。私は先生の訪中がこれで何回目になるのか覚えていないが、先生が本当に中国の歴史と古代文化を愛し、心酔とも言うべき域に達していたことは分かっている。私は東京を離れて帰国する前に、七言律詩『贈井上靖先生〔井上靖先生に贈る〕』を宣紙〔安徽省宣城で産する紙で、「文房四宝」の一つ〕の便せんに記した。

堪羨文章早等身　生花健筆総青春
君懐別趣伝楊氏　我有激情読鑑真
仏窟壁高多藝宝　絲綢路遠足風塵

西行八月秋光好　常伴游踪詩興新

第三句は井上靖先生が書いた小説『楊貴妃』を指し、第四句は先生の名作『天平の甍』を指している。日本の現代文学の作家で、私がお会いしたことがある方、お話ししたことがある方は少なくないが、私が詩を書き贈ったのは今でも井上先生ただ一人である。

今哲人はこの世を去り、人々の追慕を集めている。私たちは井上先生の遺影と遺骨に花を捧げてから、座って井上先生の奥様とお話しし、中国の作家たちの弔意を示した。部屋の中は以前のままで、私が座ったところも殆どそのままであったが、尊敬する主人は一か月前に故人となった。私は奥様に挨拶したとき、万感胸に迫り悲しみが胸に溢れて、声が沈むのを禁じ得なかった。奥様の左側に座っていた日中文化協会の佐藤純子さんは涙を流し、嗚咽の声をあげそうになり、彼女の左側に座っていた横川健さんも悲痛な面持ちで黙って私を見つめていた。佐藤さんの涙は、井上先生が中日文化交流事業を営む上で果たしてきた多大なる貢献と、三十年来交流協会を指導し、毅然として政治の嵐を越えてきたことを反映するものだった。

（一九九一年十月十五日掲載）

素晴らしい未来の創造

――日本の女優、中野良子さんを訪ねて

于青

中野良子さんの家は私の住まいの目と鼻の先で、道でよく顔を合わせる。正式に知り合う以前、一度すれ違った時、私は彼女の後ろから中国語の発音で「真由美！」と叫んだ。彼女は振り返り、ほほえんで手を振り、中国語で「你好！」と大きな声でこたえてくれた。

知り合ってから気が付いたのは、彼女のマスターしている中国語の単語はまだそんなに多くないのに、聞き取りと発音がすばらしいということだった。彼女は上海交通大学で一ヶ月中国語を習っただけで、それ以後は見真似聞き真似で、中国人と出会う度に教えてもらったそうだ。私も例外ではなかった。彼女が私の取材を受ける代わりに出した条件は、時間を少しとって、中国語の歌の発音を指導して欲しいというものだった。

映画やテレビドラマで、中野良子さんは様々なキャラクターをつくり出してきた。私にとって最も印象深いのは、一九七八年に〔中国で行われた〕第一回日本映画祭で上映された『君よ憤怒の河を渉れ〔中国題《追捕》〕』の中の真由美、そして、一九七九年第二回日本映画祭で上映された『お吟さま〔中国題《吟公主》〕』の中のお吟様だ。彼女と話してみるとすぐわかるが、実際の生活での彼女は、映画『君よ憤怒の河を渉れ』の真由美そっくりの、典型的なO型の性格をしてい

る。朗らかで、おおらか、さっぱりした性格である。それと、彼女の趣味、仕事、生活に関する話題の全てが中国にかかわっていることに気が付くだろう。

「私は海が好きです。私は海を見ながら育ちましたから。一九五〇年五月六日、日本の中部地方の海辺、愛知県常滑市で生まれました。私も『海辺に生まれ、海辺に育った〔後に説明のある、中国で有名な歌詞の一部〕』んです。ですから、初めて『海　私の故郷〔中国題《大海啊，我的故郷》〕』を聞いた時には驚きました。まるで私のための曲みたいで。すぐ覚えました」。

「歌は好きです。ただ、たくさんの役を演じましたが、歌ったことがあるのは確か『お吟さま』の中だけでした。カメラの前で、思いきり歌いました。最近音楽テープを製作したのですが、その中に中国語で歌った歌があります。四月十日、駐日中国大使館で、私は自分のテープを来日された江沢民総書記に贈りました」。

「結婚して五年になりますが、毎日忙しいです。あいかわらず一年中ほとんど出張ですから。演技をすることは前ほどはなくなりました。主に講演会に出ています。日本人は講演会を開くのが好きですね。いろいろな団体で、いろいろなテーマで、絶えることがありません。私が応じる講演会のテーマはほとんどが中国に関するものです。中国を知りたがっている日本人は多いですが、私もその媒体の一人となっています」。

「以前文章を書くことは一番嫌なことだったのですが、今は原稿用紙の格子の上をのたうちまわることが普通になってしまいました。出演経歴、恋愛・結婚、友好交流、海外レポート。新聞雑誌に書くときは、締め切りがあるので、怠けていられません。一年前、中国のある出版社が私の本を翻訳出版するといったのですが、締め切りを決めていなかったからかもしれません、未だに原稿を渡していないんです。今年こそは何が何でも渡さないと」。

「最近、たくさんの日本人が海外旅行をするようになりました。私もいろいろな国に行った事がありますが、回数が一番多いのはやはり中国です。中国人の招待だったり、日本人の招待だったり。例えば今年のゴールデンウィークには、コンピューター会社の社員旅行に付いていって欲しいといわれました。たぶん、私が橋渡し役になることを期待したんだと思います。今年は日中国交正常化二十周年ですね。年内に二十回目の訪中をするつもりです」。

「一九八六年に中国へ行った時、孫平化中日友好協会会長が私に励ましの言葉を書いてくださいました。『創造真優美的未来〔真に素晴らしい未来の創造、の意。「真由美」と「真優美」は中国語では同じ発音〕』と。昔、映画やドラマに出ましたが、これらは全て作者の考えを表現したものです。今、文章を書き、講演し、自分の考えを表現しています。私は自分の心の声が、世界平和や人々の友好のためになり、素晴らしい未来を創造するためになればと思っています」。

（一九九二年六月六日掲載）

「盈盈一水《えいえいいっすい》」海を隔てて今昔を探る

――中日文化財交流と保護について取材

李泓氷

多くの中国人にとって、日本というこの島国は、一筋の海に浮かぶ気がかりなもの、遠いかと思えば近く、何やらどうもとらえがたい。この前、私は中国文物研究者十人の代表団に付いて訪日した。近づいて詳しく観察する機会を得たわけである。十数日、ざっと一瞥したにすぎないので、いわゆる「知ったかぶり」のきらいがあることは免れないだろうけれども。

美しいままに漢唐の気風を残す

日本で新しく選出された議長であり、日本史上初の女性議長である土井女史は代表団と会見した時にこう言った。「私はよく言うのですが、私たちの文字などはみな中国に源を発するのであって、中国があったからこそ私たち日本の文化があり、中国は日本の文化の母国なのです。このことを忘れてはいけません」。これに似たような話を、私は日本で何回も聞いた。その話をした人々の中には、有名な政治家もいれば、芸術家、企業家、会社員などもいた。確かに、東京、福岡、長崎、京都、奈良、佐賀、どこを見てもそれほど異国他郷という感じがしないし、かえって、古代建築、伝統的な服飾、飲食習慣などには、優麗な大唐王朝の遺風が、中国国内よりはっきりと見てとれる。

「盈盈一水《えいえいいっすい》」、織姫と彦星が見つめあうように、海を隔てて望む、かつて華夏と呼んだ国・中国と、神木扶桑の出ずる国・日本の間では、数千年来、文化交流が連綿と続けられ途絶えることはなかった。特に隋唐時代は、日本の官・民とも、意識的に、ほぼ全般に、中華文化を移植しようとした。また、その中核は唐朝の政治制度だったようだ。儒学に至っては、日本民族の精神文化の重要な部分を構成するようになっている。世界文化交流史上、中日両国のように頻繁に広範に往来し、かくも影響が深い例は非常に稀であろう。

東京国立博物館を見学した際、中国の考古学者が、日本の古代器物の形状や銘文の多くが、みな漢の影響を受けていることに注目した。代表団副団長で北京大学の有名な考古学者、宿白教授が、やや大きい鈴のような日本の祭礼道具をいくつか指し示し、それが銅鐸と呼ばれるもので、中国の青銅器鋳造法の影響を受けて作られたものだと言った。日本の弥生時代（中国の後漢時代に相当する）、青銅器は中国から日本に入った。東京の博物館は中国から来た銅鏡や銅剣を展示しているということだ。

我々は真っ赤な太陽が照りつける佐賀県神埼郡の吉野ヶ里遺跡に行った。それは、一九八六年に新しい工業地区を開発する際発見されたものだ。発掘は中国の史書『三国志・魏志・倭』の中にある西暦三世紀前半の女王卑弥呼に関する記載を実証した。かつては、この女王は、あるいは伝説上の人物なのではないかと思われていた。しかし、吉野ヶ里遺跡の王室、内外の壕の規模、形状が完全に中国の史書に描かれたものと一致していたのである。

孔子は日本人の心の神聖な部分を占めており、それは中国人に比べて遜色が無い。私たちが見学した十数個所の旧跡や博物館のうち、孔子廟は二個所もあった。そしてそこでは盛んに参拝が行われていた。特に目を引いたのは、これからいろいろな試験に参加しようとする学生たちがその成功を祈って小さな木の札〔＝絵馬〕をかけていたことだ。札には、簡単な祈りの言葉と祈祷する人の学校や氏名が書かれていた。ある中国人留学生が好奇心からこの札を一つ取って持ち帰り、日本人の友達に見せたところ、大変驚いて顔色を変えたという。神聖なものを冒とくする行為だと思ったのだ。

理解は友好より重要

中日両国の古代文化交流はこだまのように響きつづけているが、今日、交流に奔走する人々はさらに私たちを感嘆させる。

日本に新疆ニヤ遺跡学会という会があり、そこには小島康誉さんという人がいる。小島さんは宝石商であり、敬虔な浄土宗の僧侶でもある。一九八二年、彼は宝石の商いのため、神秘の新疆に足を踏み入れた。商談は不成功だったが、これ以後、彼はこの地に魅せられ、三十回以上新疆に入った。キジル千仏洞壁画の保存が悪いとみるや、彼は心を痛め、すぐに「救出」にのりだした。合わせて一億一千万円を寄付し、日本の東海テレビに資金を出して千仏洞の番組を撮らせた。一九八六年からは、毎年新疆大学に二百万円の奨学金を提供している。新疆のシルクロード文化に関する翻訳本出版に至っては、さらに疲れ知らずで意欲的である。もちろん彼が最も恋焦がれているのは、やはり、大砂漠の奥深くにあるニヤ遺跡の、あの二千年前に忽然と姿を消した古代国家である。

ニヤの流砂の下には、大きな建物が埋まっており、たくさんの壁垣の断片が風を受けて佇んでいる。考古学者は、ここが前・後漢両王朝の文献に記載されているまぼろしの国のあった場所ではないかと推断している。小島さんは日中ニヤ連合考察隊の隊長として、前後五回、砂漠に入った。一回の滞在は一ヶ月くらい、昼夜の温度差は三十度以上、極度の水不足で顔を洗うこともできず、砂で茶碗を洗うしかないようなフィールドワークの生活もなんでもない。彼は言う。「これまでの半生は会社のために奔走した。これからの半生は中国の文化財保護に全力を注ぎたい」。京都で、再びニヤに赴こうとしていた小島さんに会った。ふと目に入った彼の名刺には、「小島康誉」のとなりに彼の中国語名「小鉄木尓〔小ティムール〕」と書いてあった。彼の友人によると、彼は大変質素に暮らしているという。毎日地下鉄にすし詰めにされて会社に通い、妻のゴルフ会員権まで売るように言った……これら一切が、五十年後にようやく終わるだろうといわれる調査活動のためなのだ。

小島さんのことから私がすぐに連想したのは、この一衣帯水の間に知恵と生命を捧げた鑑真大師や安部仲麻呂などであった。

彼らの努力により、あたたかい文明の風が、互いの窓辺に吹き渡る。

京都仏教大学文学部部長、吉田先生は、中国語が非常に上手で、歓迎パーティーで、彼は意味深い、こんなことを言った。「理解することは愛することより重要だ——この言葉は恋愛や結婚のことを言った真理なのだけれども、日中両国の関係もそうなのじゃないかな」。

そう、愛情あるいは友好というものは、お互いに深く理解しあうという基礎がなければ、頼る幹の無い花のように、きっと風雨に耐えられず折れてしまうことだろう。

鑑とすべき経験

日本外務省の斎藤さんは、私の取材を受けてこんな話をしてくれた。「日本経済の離陸時期にも経済建設のために一切を顧みず、文化財破壊という結果を招いた経緯がある。幸いだったのは、それが長くは続かなかったことだ。解決方法は、立法——一九五〇年五月、日本政府が文化財保護法を公布したことだ。違反した場合の罰が重かったので、この危険を冒そうという者は少なかった」。駒澤大学秋山先生は世論の監視も非常に重要であると言った。先生は、当時ある鉄道会社が平城京遺跡の保護範囲内に倉庫を作ろうとした。しかし、マスコミが次々このことを白日の下にさらし、最後はきちんと解決したのだという。

多くの日本人が中国の文化財保護に非常に関心を持っており、秋山先生のような方は、心から中国の人々に進言する。必ず何か策を講じて、社会の文化財保護政策に対する理解と協力を得なくてはならない、と。中日友好に力を注いできた有名な画家である平山郁夫先生は、現在、文化財保護の国際組織、例えば、死から人を救い、傷ついた者を助ける赤十字のようなものを設立することを積極的に提唱しているそうである。

日本の博物館では、にぎやかな見学者たちの多くが、子どもの手をひいた女性や学生である。日本の女性の多くは職業を持たず、家で夫の世話をし、子どもを教育する。子どもが少し大きくなると、彼女たちは子どもを連れて博物館へやってくる。ゆえに、日本ではこんなふうに言うこともある。「女性の教育の素養は普遍的に男性より高い」。なぜならば、夫は仕事で身動きがとれないが、妻は読書や見学などをする時間があるからだ。学生が多いのは夏休みだからである。日本では、中学三年と高校二年の学生は、休みの期間に研修のための旅行に行く。日程の中には、必ず各種博物館見学が入っており、また、そのレポートを書かなくてはならないので、彼らはただ見るだけでなく、よくメモ帳を取り出して書き付けている。

注目すべきは、日本の文化財関係機関はみな文部省〔現在の文部科学省〕——我が国の国家教育委員会に相当する機関——の管轄だということだ。このように、彼らは博物館の文化伝播機能と学校教育を管理体制上で連携させ、博物館見学は学校教育と不可分なものになっているのである。

歴史や文化の保護に重きをおくかどうかというのは、ある意味、その民族の教育程度や国民の資質の高低を反映している。中国では、一部の人、特に要職にある人間が、実にもっともらしく、「経済が飛躍する時は、『富国強民』は当座の急務であるから、建設現場の文化財が壊れたり傷ついたりするのは仕方のないことだ」などという。しかし彼らはご存知ない。これはただ一件二件の文化財保護問題ではなく、文化継承や文化建設に対する無頓着さの表れなのだ。もし一国家が自国民族の文化的素質を高めることに注意を払わないならば、物質的な進歩はゆがんだものとなり、安定した歩みをしなくなるだろう。

日本で非常に感慨深かったことは、日本人が精一杯中国の文化や歴史を学び消化してきたことを忌避することなく語ったことだ。「弟子不必不如師〔弟子が師を越えないようにと気を使う必要はない〕」。逆に、我々が今、彼らから教えを受けても、当然かまわないのである。

（一九九四年八月二十三日掲載）

日本文化の源を追って〔原題『私と中国』〕

（社）日中友好協会会長　平山郁夫

私が最初に中国を訪問したのは、一九七五年六月です。日本美術家代表団に参加して旅行しましたが、中国の歴史の深さ、広大さに感動したものです。その後三十数回も訪中することになりました。私は、一九四七年に東京美術学校（現東京芸術大学）日本画科へ入学しました。日本画の源流は中国画です。六世紀に、仏教伝来とともに中国から招来されました。日本画を学ぶには、必ず中国古典を学びます。その為に、唐、宋、元、明代の名画を模写します。私も早くから、宋、元、明の名画から、中国を学んだことになります。今でも、唐代の美術品を見ますと一〇〇パーセント、日本画は中国の影響を受けて発展したことが分かります。七世紀の唐美術から、美術造形性である、線、形、色彩などを受け入れて、育ったことを強く感じます。

日本美術は、唐文化の株を移植したといえます。この株が日本列島の風土や、民族性に適応するよう、日本化された歴史があります。日本美術の歴史を考察する時、中国との文化交流を見なければ分かりません。私は、一九四五年八月六日、広島市で十五歳の時、米軍の空襲により原子爆弾を被爆しました。私の中学では、教職員十三名、中学生一八八名、合計二〇一名が即死しました。私は九死に一生を得ましたが、放射能の後遺症に苦しみました。一九五九年ごろ、通常七〇〇〇から八〇〇〇ある白血球が減少し、三六〇〇になり、危険な状態になった事があります。この時、一枚でも良いから、この体験を描き、平和を祈る作品をと、願いました。

一九五九年、ローマの次のオリンピックは東京開催と決まりました。この時、オリンピックの聖火をギリシャのアテネから、中近東、中央アジアを通り、中国のシルクロードをリレーしたら、平和なスポーツの祭典になるのではないかと、当時の夢のような提案を、新聞が掲載しました。この記事から、私は、唐僧玄奘三蔵が、長安の都から、国禁を犯して、求法のためにインドに向かった旅を思い浮かべました。命がけの十七年にわたる旅により、玄奘三蔵は、多くの経典を中国に持ち帰りました。この成果が、日本には、奈良時代に遣唐使によって、「正しい文化」として入り、大きな影響がありました。玄奘三蔵は、古代日本文化の恩人でもあります。また、私にとりましては、再生を願った恩人でもあります。私の平和の祈りとして、玄奘三蔵の壮挙を、『仏教伝来』と題して、一九五九年の日本美術院展に出品しました。玄奘三蔵が、白馬に跨って、西域のオアシスを帰国する姿です。背景は、玄奘の成功を祝って、花が咲き、鳥が喜び飛んでいる構図です。これが、画家として世に出るようになった作品となりました。

これを機に、放射能障害で弱った身体に、希望と活力が生まれ、少しずつ健康を取り戻して来ました。次々と平和を祈る仏伝を描き続けました。こうした創作活動から、日本文化の源流である仏教伝来、玄奘三蔵の道を歩きたいと願うようになりました。一九六〇年代には、中国へ訪問するのが困難でした。

一九六二年から、一九六三に、ユネスコ奨学金による、ヨーロッパ留学に合格しました。東西文化の比較研究をテーマに、イタリーやフランスに渡りました。分厚いヨーロッパ文明の重圧に潰れそうになりました。そんな時に、大英博物館や、フランスのギメ東洋美術館にある、優れた中国美術に出会うと、西洋対東洋の比較で立ち直ることができました。東西文化交流から、シルクロードの文化を探るべく、中近東、インド、中央アジア各国を何回と歩き、ユーラシア大陸に展開した歴史と文化に、一連の根と、歴史の流れを感ずるようになりました。

こうした背景のもとに、やっと念願の中国訪問が、一九七五年に実現したのです。この時に、西安郊外で、秦の始皇帝陵が発掘され、兵馬俑からのおびただしい出土品に、中国の歴史の厚さに、何が出てくるかと驚き、感動したものです。

この頃から、奈良薬師寺に新しく、玄奘三蔵院が計画され、私が、玄奘三蔵の遺徳を顕彰する、『大唐西域記』の壁画を製作することになりました。この為に、玄奘三蔵の、インドへの求法の旅を、可能な限り追体験して歩きたいと願うようになりました。

中国内で、未開放地区である、新疆ウイグル自治区には、オアシスの町々があり、玄奘も立ち寄っています。是非、訪ねたいと希望しました。中国側のご好意で、一九七八年には、ウルムチ、トルファン、クチャ、アクス、カシュガル、ホータンを訪ねました。その後には、ニヤ、チェルチェン、チャルクリク、ミーラン、楼蘭と訪れることが実現しました。続いて、敦煌石窟、カラホト、チベットなど、当時の未開放地区を訪問することが出来、たくさんの写生をしました。一九七九年には、新中国建国三十周年を祝って、北京と広州で私の日本画展を開催しました。また、この時、敦煌文物研究所を訪ね、交流が始まりました。やがて、敦煌石窟保存について、人材養成など、協力が始まりました。竹下総理訪中の時に、敦煌を訪れましたが、私が同行し、ご案内いたしました。一九八八年でしたが、竹下総理は、文化財保護のため、研究陳列センター建設を声明し、本年八月二十一日に、盛大な竣工式典が行われました。日本から、政界、官界、財界、文化界と一〇〇名が式典に参加して祝いました。この時、敦煌研究院では、私のために、名誉にも記念の石碑を作り、除幕式が行われました。敦煌石窟は、中国の文化財としてだけでなく、人類共通の文化遺産として世界から多くの見学者が来訪します。このセンターは、日中友好のシンボルとして、記念すべきものです。

私は、数年前から、日中友好二十一世紀委員会の委員です。将来の日中関係のために、毎年会議を開いています。また、東京芸術大学長として、北京中央美術学院、中央工芸美術学院と、それぞれ友好校関係を結んでいます。本年十月二日から、アジア大会が広島で開催されますが、この三校が、広島で合同展を催します。アジアの若人が数千人、広島で集まります。その広島で、日中両芸術大学の合同展は、きっと素晴らしい文化的成果があると思います。北京中央音楽院とも、東京芸大音楽部は友好校関係を結んでいます。アジア大会に先立ち、第二回目の日中合同演奏会が、東京や日本各地で行われ、大成功を収めました。

本年七月には、日中友好協会会長として、再選されました。新しい執行部のもとに、日中友好運動を盛り上げるよう、とくに、若い第三世代の日中友好を広げるよう、努力したいと思います。私は、中国各界の若い優秀な人材に日本を理解してもらい、次代の日中関係を託すために、日本の大学に招待する留学制度として平山奨学基金を設けました。すでに十数人の修了者が出て、活躍しています。本当の日中友好を促進するためには、相互信頼が必要です。来年は、第二次大戦後五十年を迎えます。とくに日本は、不幸な日中戦争を反省し、侵略という、正しい歴史認識を伝え、これを乗り越えてこそ、真の日中友好を実現できます。二十一世紀はアジアの時代といわれています。その中でも、中国は、ますます光り輝くことでしょう。

（一九九四年十月五日掲載）

※平山氏執筆原稿原題は『私と中国』。掲載当時の人民日報には張国成氏の中国語訳で掲載された。今回本書（日本語版）出版にあたり、平山氏が当時執筆された内容を掲載する。

大江健三郎先生の印象

張弛

大江健三郎先生がノーベル文学賞を受賞した後、私はお祝いの手紙を送った。中国人でこの文壇の重鎮に会ったのは決して私が最初ではないが、最も早く先生にインタビューできた幸運な中国人記者の一人であろう。一種の職業上の責任感に駆られ、先生に対する読者の理解が深まることを期待して、私は昨年四月七日付けの訪日手記を探し出し、小文をまとめた。

中曽根康弘首相の官邸を出て、車の中で、七十歳を超えた小西甚右衛門先生は嬉しそうに話した。「今日、彼（中曽根首相）は前例を破りましたね。政界に入ってから、午前十時前に来客に会ったことのない人間でしたから。これから会いに行く人も大物なんですが……」。小西先生はこれきりで先を話さなかったので、私は気を揉んだ。

車は茶色のビルの前でぴたりと止まった。入り口で待っていた人に案内されて、私たちは急ぎ足でエレベーターに乗り、七階の奥にある応接間に通された。春光明媚な戸外からいきなり室内に入ったため、目が慣れない中、ソファーに座って頬杖を付いて考え込んでいる中年の人がぼんやりと見えた。両鬢は白髪に染まり、ほっそりした顔立ちで、鼻にかけた黒ぶちの丸メガネが特徴的だった。小西先生の元気のよい呼び声に驚いたのか、その人はまるで電気に打たれたようになり、はっと夢の世界から我に返ったようだった。礼儀正しく品よく私たちと握手を交わし、自己紹介して「大江健三郎です。申し訳ありませんが、名刺を忘れてしまいました」と言うと、深くお辞儀をした。

席に着き、大江先生は謙虚な、優しそうな表情で、軽く頷きながら黄色い茶卓をじっと見据え、両手で茶卓のへりにそっと触れていた。不安そうな、何から話すべきか分からない様子だった。気詰まりにならないように、私から質問を持ちかけることにした。

私はまず文学作品に関する質問を一つした。大江先生は静かに聞き終わると、にっこりと笑った。丸メガネのガラスの奥にあるやや腫れぼったい両目がきらりと光った。先生は語り始めた。

私は評論家が一番怖い。私を「日本戦後文学の旗手」と言ってくれる人がいるが、本当に恐縮だ。井上靖、安部公房、井伏鱒二こそ、本当の日本現代文学の誇りだ。彼らと比べると、私はただ年が若いのと今生きているというだけのこと。私は四国の愛媛県に生まれた。茂った森に囲まれた村は幼少年時の私に想像力を逞しくさせてくれた神話的な世界だった。私は生まれつき孤独な性格で、話下手の人付き合い下手だったので、よく一人で柿の木に上って本を読んだり思いを馳せたりした。そこにある「小宇宙」は私の文学作品の主な舞台となっていった。小説家は、ある自分自身の特定の環境を設定しなければ、登場人物を具体的に位置付けることができない、さらに超現実的な想像宇宙を作り出すこともできない。中国には、文学即ち人学、という名言がある。即ち、作品の主人公は神話の人間と現実の人間であり、霊性と精神を持った人間でなければならない。私は人間をモデルにした思想文学をつくろうと試みてきた。様々な人物を通して、彼らが神話的世界で出会う現実的な生活と理念との格闘を表すことによって、彼らの孤独、戸惑いや焦燥を浮き彫りにして、戦後日本の若者の精神を表現しようとした。「村」と「人」は私の創作活動における二つの「原点」である。これらの考えは拙作『万延元年のフットボール』、『同時代ゲーム』、『個人的な体験』、『セヴンティーン』、『政治少年死す』などの作品に一貫している。

作風についても、中国には素晴らしい理論がありますね。「文章に定式なし」。私は経験に基づいて作品を書かない、他人の真似もしない。私のことを「最も型にはまらない」、「文壇の野生児」と言う評論家がいるが、適切かもしれない。なぜ花鳥風月といった伝統を踏襲しなければいけないのか。人を中心とした文学流派を作ってはどうしていけないのか。よい作家は蜜蜂のように、広く百花から花粉を採取して甘い蜜を醸造する。蜘蛛のように、ただ腹中の糸を出し切っておしまいではだめだ。私は日本文学がとても好きだが、外国文学も好きだ。ダンテ、バルザック、エリオット、マーク・トウェイン、ノーマン・メイダー、ドストエフスキー、特にサドの作品が好きだ。いずれも私の考え方や創作に大きな影響を及ぼした。「荒唐の現実主義」或いは「西洋現代派」作家と呼ばれても、私は気にしない。ただ慌てて定義を下すのはあまりよい習慣ではなさそうだ。

私からの二つ目の質問は、作家の社会的責任についてだった。大江先生はしばらく黙った後、先ほどの爽やかな口調を一変させ、厳しい表情を見せながら話した。

私は戦後民主主義者だ。戦争や専制、倫理の喪失を憎む。自分は文学創作活動に打ち込んではいるが、自分自身を書斎に閉じ込める気はない。激動の六〇年代、同胞が日米安保条約、アメリカの支配、日本の為政者の軍備拡大に対する反対デモを行い、それに影響されて、私も反対運動に参加せずにいられなかった。さらに文学者としては、手中のペンを生かしてこそ、その社会的責任をまっとうできると考えた。そのために書いた『ヒロシマ・ノート』、『沖縄ノート』、『核時代の想像力』などは、政治と関わりを持った文学作品と言えるだろう。現代社会の多くの問題について、作家も含めた一人一人の人間が意見を発表しなければならない。私は帝制のような封建的な階級制度に反対だ。日本が再び同じ失敗を繰り返すことにも反対する。第二次世界大戦に関して、日本は罪を償わなければならない。特にアジアに対して。今でも私はこう考えている。

時計は正午を回った。先生は午後にも予定が幾つかあるため、インタビューを打ち切らざるを得なかった。別れの挨拶をするとき、大江先生はそのほっそりとした手で私の手をしっかり握って次のように述べた。「中国の古代文学も現代文学も羨ましいほどの宝庫です。中国の作家たちの存在や発言に、世界の国々はもっと注目すべきです。残念なことに、外国語に翻訳した良い作品は少ない上に、私が見る限り、一部の翻訳書は、原作の奥深い中身や風格を完全に伝えていません。本当にまた中国に行ってみたいです」。

大江先生には古代青銅器仏像のレプリカを、脳に重い後遺障害のある息子さんには中国の切り絵（これは小西先生のアイデアだった）を土産にした。大江先生は大変嬉しそうに、「どうもありがとうございます。この仏像は九十一歳の母にプレゼントします。切り絵は必ず光に渡します」と礼を言った。そして上着のポケットからCDを一枚取り出して、私に差し出した。「息子の最初の音楽作品集です。私は先生からしばしば文学的なインスピレーションをもらっています。父親は息子の鏡、息子も父親の鏡です」、と大江先生は感情をこめて話した。

（一九九五年二月二十五日掲載）

千年の遺跡の追跡者

馬小寧

燕京の静かに佇む秀麗な山々に、知る人のほとんど無い遼金時期の仏教遺跡が数多くある。古い廟、灯塔、老木、参道。歳月による風蝕と、朝廷の入替わりに伴い、それらはほとんど忘れられた一隅となってしまった。旅行家の旅行記の中でも、関係のある記載を見つけるのは難しい。しかし、八〇年代、この場所のすべてが、千年の古都の歴史を探ろうとする二人の異国の女性をひきつけた。彼女たちは手にしたカメラで遼金時代の燕京仏教遺跡の大規模な絵巻を編み上げた。このように系統的全面的に北京史上の一時期における仏教遺跡を写真展示するという形で提供された、北京史研究の第一次資料、というものは初めてだという。二人の異国の女性はこの作業を計画する段階で、その意義に気付いていただろうか。

北京遼金城垣根博物館の展示ホールで、私たちは撮影者二名の内の一人、大変お元気な阿南史代さんに会った。歓談しながら、彼女のそのユーモア溢れる機知に富んだ話し振りや、はつらつとした動作を見ていると、彼女が自分で言うところの「おばあちゃん」の年齢だというのが私は時々信じられなくなった。阿南史代さんは、日本国籍のアメリカ人だ。アメリカ国籍から日本国籍に変わったのだが、なんとそれは中国語によって成し遂げられた。若い頃、阿南史代さんはカリフォルニア大学、ハワイ大学イースト・ウエスト・センターにおいて、中国歴史学士、修士の学位をあいついで取得し、その後台湾で中国語を専修した。そこで、彼女はある日本人外交官と出会った。二つの心の出会いは彼女の人生航路を変更させた。彼女はこの後、遠く日本へ嫁ぐことになった。彼女とご主人が出会って愛し合うようになるまでの一年余りの間、すべて中国語で交流したのだそうだ。なぜなら彼らは互いに相手の言語がわからなかったから。

阿南史代さんの義母は敬虔な仏教徒である。このため彼女は仏教文化に対して強い興味が生まれ、日本仏教の起源である中国に行って歴史を探ろうという強い願望が芽生えた。一九八三年、彼女が外交官である夫について北京に駐在することになった時は、興奮して眠れなかったという。外交官夫人である彼女には北京を知り理解する時間が十分にあった。普通の旅行者のように慌ただしく表面だけ見てまわるなどということをしなくてもよかったのだ。彼女は、仏教に関心を持つ一人の歴史学者として、仕事のスタートを考えた。そのために、計画をもって、中国・イギリス・ドイツ・フランスの異なる言語の北京史に関する本を閲覧した。その中の一冊、中国科学院の侯仁之北京大学教授編纂『北京歴史地図』は、彼女に大きな啓発をもたらした。彼女は北京史探索の第一歩に遼金時代を選んだ。その時代は仏教が非常に盛んで、残っている廟、塔、木石などが、今なお千年の古の文化の脈動を伝えているからだ。

北京史の探索は、はっきり言って簡単な作業ではない。幸いなことに、北京外交官住宅に、志向を同じくする隣人がいた。彼女は中国人に嫁いだドイツ国籍のカメラマン、劉小島さんであった。五、六年の間に、彼女たちはジープを駆り、燕京各地に足跡を残した。時には、よりはっきり見るためにと、わざわざ冬を選んだこともある。山中の冬はその寒さを容易に想像できるが、視界が最も良い時期でもあるのだ。またある時は、塔や石を撮るために何時間もかけて人里離れた山に登ったり、古い詩の一節に詠まれている現象の裏付けを取るために、異なる時間に何度も同じ場所を訪れたりした。資料をたよりに探索する以外に、彼女たちは自分自身の目で仔細に観察し、時にはそれがエキサイティングな嬉しい驚きをもたらした。村の小学校の道路を写した写真がその類の意外な収穫の一つである。黄土の道は、石板を使って舗装されていたが、石板に刻まれていたものは、それが決して普通の道路舗装用石板ではないということを告げているようだった。

その写真を前に、一種なんとも言えない気持ちが湧いてきた。

阿南史代さんは中国人の昔語りを聞くのが好きだが、仏教遺跡付近に住む古稀になる老人は、彼女たちの探索過程において最も良い生きた教材となった。阿南史代さんは、当時、老人が何時間も話した、周辺の歴史物語を聞いた時のことを思い出し、興奮しつつ、「彼らの話すことを記録しないでおいたら、将来子どもたちは身近な歴史すらわからなくなってしまうかもしれない」と言った。老人の語りによる昔話は阿南史代さんの筆によってすばらしい文学となった。現在までに、彼女は日本で、中国史及び仏教関係の文章を二十篇近く発表している。

阿南史代さんは文化財保護に非常に熱心である。会話の中で、彼女はある考え方を何度も話の中で示していた。若い人は自分の歴史文化を保護することを学ばなくてはならない。しかしそれは、金を費やしても何にもならない復古というのではなく、それらが風を受け日に晒され、雨に濡れたり人為的に壊されたりしないよう、できるかぎり現状をとどめようということなのだ。実際、写真展を見てもらえれば、燕京の四百余りの古い寺の遺跡写真が概ね真実を伝えており、一部の写真は見た目だけでなく、現実にも明らかに荒廃があるということがわかると思う。しかし真実だからこそ人の心の琴線に触れる。偽物が本物に及ぶはずはない。それはどこでも通用する普遍の真理だ。そうでなければ、イタリア人やギリシャ人はなぜローマの古代都市やアテネのアクロポリスを修復しないのか。

（一九九八年五月二十四日掲載）

また春光明媚な季節に

――ボストン交響楽団と小澤征爾さんの訪中を前に

瓯海

二十年の時を隔て、今年五月十二日、世界的に有名な指揮者、小澤征爾さんがボストン交響楽団を率いて再び来中するというニュースが流れた。中国の多くの音楽愛好者たちの中でこれを喜ばない者がいるだろうか。

二十年前の春、ボストン交響楽団が初めて訪中公演をした時のことは忘れられない。中国が改革開放の新時期に入って、世界クラスの音楽団体として、中米国交樹立後初めて訪れたアメリカの「重量級」の芸術団体だった。彼らの来訪は、世間を大いに沸かせた。北京公演は空前の成功をおさめた。中国改革開放の立役者、鄧小平氏や当時の人民代表大会委員長、宋慶齢女史も初演には足を運んだ。その公演におけるボストン交響楽団の音楽総監督、小澤征爾さんの奔放で情熱的な指揮はすばらしく、中国の観衆に深い印象を与えた。

現在、小澤征爾さんは多くの中国人にとって知らぬ人ではなくなった。しかし、大部分の人は、彼が日本人であるということは知っていても、彼が中国で生まれ、中国北方で幼年期を過ごした日本人であるということは知らない。一九三五年九月一日、小澤征爾さんは瀋陽の日本人の家庭に生まれた。彼の父は歯科医で、長春などで診療を行なっていた。彼が生まれた翌年、一家は北京に引っ越し、以来一九四一年に一家全員日本に帰るまでそこに住んでいた。このようなことから、小澤さんは中国と分かち難い縁があるのだ。

一九七六年、彼は数十年ぶりに出生地に帰ってきた。この世界の大指揮者は、かつての住まいの記憶も新しく、思い入れも深かった。彼は何度も「日中両国民はながく友好関係を続けていかなくてはならない」と周りに話している。二年後、彼は再び来中し、中央楽団とのコンサートを盛大に行なった。

一九七三年三月、中・米両国民の友好を推し進めるため、彼はボストン交響楽団を率いて訪中公演を行うためにやってきた。中国の聴衆は、初めて、このような有名なオーケストラの生の演奏や小澤征爾さん本人の指揮を鑑賞することができた。

およそ小澤征爾さんの指揮を見て、彼のその情熱的で生き生きとした、異彩を放つ指揮技術に心動かされない者はないだろう。彼は大小さまざまな身振り手振り、目線や表情で作品の持ち味を表現し、それによってオーケストラ各パートの表現を啓発し動員するのを得意としている。彼のそのスピリチュアルな両腕や、頭を振るたびに散る長髪が、彼の全身から発散される音楽の激情を感じさせるのである。音楽は、小澤征爾さんの指揮棒のもとに感性に満ちたものになるのである。このような感性は決して勝手気ままにつくられたものではなく、またオーバーに飾り立てたものでもない。一種、理性を生まれ変わらせて自由に発散させたというようなものなのである。こうして、舞台上の小澤征爾さんは、ときに優しくときに激しく人の心を揺さぶる効果を生み出すことができるのだ。

小澤征爾さんが指揮する曲目はかなり広範である。古典のほか、ロマン派や近代・現代の作品に対する解釈はまたさらに出色である。同時に、彼はすばらしいオペラの指揮者でもある。ミラノのスカラ座やアメリカのメトロポリタン歌劇場など有名なオペラ座が何度も彼の公演を要請している。また、舞台のほか、レコード制作の大家でもある。精彩を放つ彼の各種楽曲は、すべて「五大」レコード会社或はその他のレコード会社のリストからも見出せる。

小澤征爾さんがボストン交響楽団を率いてやってくる。彼らは、北京の観衆に二度のコンサートを提供するばかりでなく、大規模な音楽普及活動を起こすかもしれない。彼が出発前に、「私はできる限りの努力をして、中国の聴衆に最もすばらしい音楽をお届けしましょう」と言っていたように。

今回の来中は小澤征爾さんにとって三回目の出生地への帰省であり、すばらしい音楽を「故郷」におくる二度目の機会だ。さらに意義深いのは、二十年の別離の後の北京再訪が、ちょうど米中国交樹立二十周年記念期間だということである。彼や楽団の奏者たちは中国のこの二十年の、大きな、すばらしい変化を見ることが出来るのである。

私たちは音楽愛好者として、小澤征爾さんとボストン交響楽団の訪中公演成功を祈ると同時に、今回極上の音楽を味わえることを楽しみにしている。

（一九九九年五月二日掲載）

栗原小巻の魅力

于青

映画監督の謝晋氏がロサンゼルスから、著名な俳優の濮存昕氏が珠海の撮影現場から、かつて『春妃』を演じた陶玉玲さんが上海からそれぞれ駆けつけた。たくさんの映画ファンがあちこちからやってきた。四月十四日に北京で開かれた日本の演劇芸術家である栗原小巻さんの「シネマ作品展」開幕式に参加するためである。ある専門家は今回の活動について「二つの初めて」とまとめた。これは中日国交正常化三十周年を記念するために、中国で行う「日本年」の正式開幕後、初めての文化交流活動であるということ。またこのように外国の映画スターの作品を集中的に見せたのは中国では初めて、ということである。

謝晋監督は、彼の監督した中日合作映画『乳泉村の子』は、「日本孤児の経験を通して戦争の残酷さを表現した作品で、開幕式でこの映画を放映しようと提案したのは栗原小巻さんだ。この映画は彼女の代表作ではないが、彼女は中日国交正常化三十周年を記念するのにこの映画を放映するのは意義のあることだと言った。私は彼女のこのような中国人民の感情を重視する態度に深く感動した」と観衆に語った。開幕式終了後、栗原小巻さんは逗留するホテルで本紙記者の取材を受けた。

芸術人生

栗原小巻さんは、一九四五年、東京に生まれた。幼い頃は普通の少女と同じように、未来にたくさんの夢を持っていた。

まず四歳の時バイオリンを習い始め、バイオリニストを夢見た。六歳で今度はバレエを始め、バレリーナになろうと心に決めた。後にバイオリンよりバレエに夢中になり、バイオリンの時間がだんだん少なくなっていったという。十八歳で東京バレエ学校を卒業し、同年「俳優座」という俳優養成所に入った。養成所は映画、テレビ、演劇スターの揺籃だった。そこでは著名な監督、指導者たちの多方面にわたる演技教育を受けることができた。栗原小巻さんはそこで新劇を学びながら、総合芸術に心酔していき、そのため長年心を注いできたバレエからは次第に遠ざかった。「俳優座」で学んでいた期間に、彼女はテレビドラマで頭角を表した。それは彼女がはじめて出演したNHKドラマ『虹の設計』であった。その後、彼女はテレビドラマに次々と出演していった。一九六七年、NHK社会派ドラマ『三姉妹』に出演し、日本映画製作者協会新人賞を獲得した。一九六八年には、『三人家族』『風林火山』などに出演し、日本放送作家協会賞、第一回日本テレビ大賞優秀テレビ俳優賞を受賞し、多くの日本人男性の憧れの的となった。

七〇年代から、栗原小巻さんは映画に重点を置くようになっていった。今回上映される栗原小巻さんの映画作品中、『愛と死』、『忍ぶ川』、『サンダカン八番娼館・望郷』、『モスクワわが愛』などの映画はすべて七〇年代の作品である。その中で『忍ぶ川』は第十回ゴールデンアロー賞を受賞、彼女本人は毎日映画コンクール女優演技賞など、多くの賞を受賞し、七〇年代の日本の青春文学映画スターとなった。一九七八年、七九年、彼女の主演した『サンダカン八番娼館・望郷』と『愛と死』が相次いで中国で放映され、中国の映画界に「栗原小巻ブーム」を巻き起こした。

栗原小巻さんは、映画の脚本の内容についてこだわりを持って選んでいるという。映画は三タイプに分かれ、一つは美的価値や芸術的風格を追求するもの、二つ目は政治や社会的意義に着眼しているもの、三つ目は娯楽や商業のカテゴリーに属するもので、三十数年の演劇生活において、彼女は一貫してさきに挙げた二種類の脚本を選び続けてきたというのである。しかし、上演形式についてはどれもこだわらないそうだ。新劇、歌劇など、演劇表現において、栗原小巻さんは多くの功績をあげた。彼女は表現形式が違えば観衆とのコミュニケーションのとり方も違ってくると考えている。すなわち、テレビドラマはリズムの速い大衆受けするものを放映する。映画は時間と空間を超越し、異なる時代、異なる国の観衆がこれを共有できる。また芝居は観衆と直接交流ができ、俳優は観衆の反応をすぐに感じ取ることができる、という。

好きでやることは疲れない

全くの誇張なしに言っても、栗原小巻さんは、中国文化界との交流が最も多い日本人アーティストである。一九七九年に北京で行われた日本映画週間の開幕式で、趙丹氏は彼女を中国の観衆に紹介した。趙丹氏は日本と合作して映画『未完の対局』を撮影したいと希望したが、残念なことに、彼は一九八〇年にこの世を去った。交流の中で、中国映画界の多くの先輩や役者たちと知り会った。夏衍、袁文殊、白楊、張瑞芳、田華、陳冲、劉暁慶、張金玲ら諸氏である。一九八〇年、中国俳優と組んでテレビドラマ『望郷の星』を撮影した。一九八六年、中国でドイツの脚本家ブレヒトの名作劇『セツアンの善人』に出演した。一九九一年、中国と合作で映画『乳泉村の子』を撮影したが、これは彼女が初めて老婦人を演じたもので、日本の映画ファンは彼女のイメージを壊すと考えたが、彼女は喜んで謝晋監督の要請を受けた。……

今年、彼女は中国の作詞家の宋小明氏、作曲家の徐沛東氏、歌手の孫楠氏と組んで、第三回「相約北京」国際芸術交歓活動のテーマソングを作った。彼女は日中文化交流協会の常任理事を務め、近年多くの友好交流活動において、積極的に活躍している。彼女は日本の著名な演出家であり演劇評論家である千田是也氏、作曲家で指揮者でもある團伊玖磨氏ら、恩師や先輩の教えを決して忘れず、「日中文化交流を促進し、両国人民の友好を実現することは、彼らの未完の事業であり、私もこのために終生努力をしようと思う」と言った。

魅力はどこから来るのか

栗原小巻さんについての座談会で、ある映画演出家が、「銀幕上で栗原小巻よりきれいな役者は多いが、彼女より魅力のある人は少ない、これはなぜだろう？　この答えは、ほんの些細な事からもうかがい知ることができる。彼女は中国で毎日撮影が終わると、撮影製作グループの一人一人に感謝のあいさつをする。他人を尊重することにより自然と他人の尊重を受けるのだ」と言った。北京映画学院の教授は、「彼女は、東洋の美と西洋の美、伝統美と現代美をあわせ持っている。そして、愛らしい姿、完璧な演技、美しい心をあわせ持っている」と述べた。北京人民芸術劇院のベテラン俳優は、「彼女は芸術的良心と社会的責任感を持った芸術家であり、まさに『徳芸双馨』だ」と言った。

栗原小巻さんに質問をした。「女性はどのようにして若さの魅力を永遠に保つことができると思いますか」。すると彼女は、「好奇心を持ちつづけ、勇敢に挑戦する気持ちを持ち、リラックスして楽しく生活し、たゆまぬ探求心を持つことです」と答えた。

（二〇〇二年四月二十六日掲載）

友好情怀

友好への思い

友好情怀

大きな意義のある盛事

鄧小平

中日人民の友好的な往来と文化交流の長い歴史の流れの中で、鑑真は、偉業を成し遂げた、永遠にこれを記念するにふさわしい人物である。彼は、日本留学僧である栄叡《ようえい》、普照《ふしょう》の要請に応じ、不屈不倒の精神で、五回の渡航失敗を経て両目を失明した後、ついに日本にたどりつき、使命を果たしたのである。

一昨年訪日した時、私は奈良の唐招提寺で鑑真像に会って来た。歴代の詩人や学者が称賛する通り、それは非常に芸術性の高いもので、鑑真の不屈の意志と落ち着きのある風格が表現されていた。千二百年余りの間、日本国民はこれを国宝とし、心をこめて保管し、祀ってきた。これは敬服に値することであり、感謝すべきことである。

現在、日本政府の協力の下、日本文化界、仏教界の人々が国宝鑑真像を鄭重に中国に運び、故郷の中国の人々がこれを拝することができるようにしてくれた。これは大きな意義を持つ出来事である。これによって人々は鼓舞され、鑑真、その日本の弟子である栄睿や普照の献身的な精神を受け継いで、中日両国民友好の未来のためにたゆまぬ努力をするだろう。

（一九八〇年四月十九日掲載）

新時代の女遣唐使

李徳安

七月二十六日、「リブII世号」と命名された一艘の小さな外洋ヨットが、日本の広島を出発した。船には「新時代の女遣唐使」四名が乗り、古代の遣唐使の航海路をたどって四十日間で中国へ渡る海の旅に出たのである。

二十六日、広島・海楽園ヨットハーバーの波は静かで、強い日差しが照りつけ、海面は反射してきらきらと輝いていた。時計の針が十時をさした時、ヨットは見送る人々の祝福の声の中、ゆっくりと動き出した。

四名の「新時代の女遣唐使」は、平均年齢二十六歳。メンバー中には記者、大学生、看護婦がいる。「女遣唐使」たちが操縦するヨットは、全長九メートル、幅は最も広いところで三メートル、四馬力のディーゼルエンジンを載せている。

彼女たちが自らに与えた使命は、古代遣唐使が荒波も恐れず進んだ勇敢な精神に倣い、現代のヨットを使って、深く、歴史の長い、中日文化交流の源を探ることである。

早くも七世紀から九世紀の間に、当時の日本政府は中国の唐王朝と交流するため、前後十数回、毎回数百人に達する遣唐使を派遣した。しかし当時、航海は難しいことだったので、たった十二回しか成功していない。この十二回の遣唐使船は、盛唐文化の精華を日本に持ち帰り、中日関係の発展に大きな貢献をした。

四人の女性による今回の航海は、日本の読売新聞社と、遣唐使船を専門に研究する太平洋学会の協力を得て行われた。

彼女たちはこの航海の成功のため、三年前から「リブⅡ世号」を準備し、何度も「日本一周」をした。ヨットの船長、小林則子さんは、小さいころから海が好きで、船舶の操縦経験が豊富である。一九七二年、日本で初めて行われた、沖縄から東京までの一八〇〇キロ女子ヨットレースで、彼女は五日と八時間というまれに見る好成績で優勝した。一九七五年には、単身ヨットを駆り、五十八日間かけてサンフランシスコから沖縄までの一万二千キロメートルの航程を走破し、日本中を驚かせた。

今回、「リブⅡ世号」は遣唐使の初期に航行した、朝鮮半島を経て中国へ行く「北路」というルートに沿って行く。八月六日前後には煙台に着き、蓬莱、龍口を経て、唐代の高僧、鑑真の故郷である揚州へ行く。最後は遣唐使派遣の中・後期に航行した、上海から東海へ渡る「南路」で日本に帰る。航行中、四人の女性たちは、古代遣唐使船が方位を測定した器具を用い、現代の航海計器と比較し、それらについての科学的検証を行う予定である。

今、ヨット「リブⅡ世号」は白帆を揚げ、波を打って、海上を航行中である。人々は彼女たちの航海の成功を祈るのであった。

（一九八一年七月二十八日掲載）

湯浅さんと彼の牛

孫東民

湯浅家を訪れて、第一の印象は牛だった。客間の一番目の付くところに置いてあったのは牛の模型、壁には牛の写真と牛の表彰状、客に出されたのは牛の体温がまだ残っている絞り立てのミルク、そして湯浅さんのネクタイのアクセサリーも牛のデザインだった。

湯浅忠夫さんという、この古稀を迎えた酪農家は、北海道の大勢の酪農家の中ではごく一般人にすぎなかったかもしれない。彼が経営する「湯浅牧場」は「個体戸」〔中国の「個人経営者」のこと。国営企業などと区別する概念〕であり、設備は札幌郡広島町に限って見ても、決して先進的なほうには入らない。しかし、湯浅老人は普通の人にはなかなかできないようなことをした。たとえば、国際水準を誇る日本の酪農業界では、一頭の乳牛からしぼる搾乳量は年間約六トンだが、湯浅さんの乳牛は九トンだった。湯浅家にはいま乳牛が七十頭いるが、うち七頭は一九七八年から一九八四年まで七年連続して、搾乳量と乳脂含量部門で全国最高記録をつくった。四歳半になるホルスタインの年間搾乳量がなんと一六三二一リットルに達し、日本の「搾乳量の最も多い牛」という称号を獲得したこともあった。

湯浅老人は生涯牛を愛し、人生の半分以上を牛を飼育する中で過ごしてきた。中国に牛を贈ったという美談もある。客間には、黒龍江省人民政府、内蒙古自治区、上海市農場管理局から贈られた掛け軸が掛けてあった。北海道を訪問中の胡耀邦総書記と握手をする写真は特に目をひいた。

湯浅家は代々農業を営んできた。日本軍国主義がはびこった時代、彼は軍隊に入隊させられ、中国に送り込まれた。彼は戦争を憎んだ。日本の侵略軍が中国の人々を無残に踏みにじるのを目にして、心を痛めた。残酷な現実の中で、彼は悲惨な殺し合いをする戦場から抜け出そうと決意した。そしてとうとう、軍隊を離れるチャンスがきた。天高く地広がる北海道に戻って、再び農耕生活を始めた。その後湯浅さんは、あの時代の不愉快な経験を必死で忘れようとする反面、中国と接触を持ちたいという気持ちも次第に強まった。一九八〇年、戦後初めて中国を訪れた際に受けた歓迎ぶりに感激した。「養牛術」に精通する湯浅さんは種牛の大事さをよく知っていた。「搾乳量の日本記録をつくった私の乳牛三頭はいま妊娠している。種牛が生まれたらあなたたちに贈る」と上海農場に申し出た。

昨年までに、湯浅さんは中国の関係者に種牛を四頭贈った。一昨年は、黒龍江省、内蒙古自治区、新疆ウイグル自治区、および農牧漁業部に五十頭のホルスタインを無償で寄贈したいと申し出た。実際、昨年の段階ですでに六十六頭の優良乳牛を中国に贈っている。湯浅さんはいま、中日友好北京湯浅モデル牧場の顧問を担当しており、このほど北京で行われたモデル牧場のテープカットに出席したそうである。

北海道の一酪農家として、湯浅老人は牛を贈るという形で中日両国の民間交流のために力を注いだ。「私は一人の普通の農民に過ぎませんが、一昨年、北京に行ったとき、王震閣下がわざわざお時間を割いてくださって、人民大会堂で四十七分間もお話しをしてくださいました。去年七月、またわざわざ我が家に来てくださって、あぐらをかいて畳に座られ、いろいろとお聞きになり、とても親しく接してくださいましたよ。……」ここまで話すと、老人は次の計画を披露してくれた。「牛を贈る件はこれで一段落しましたが、これからは中国の研修生のために何かをしてあげたい。私は家の近くに山をもっているし、北海道で最も景色の綺麗な有珠山の近くにも土地を持っています。山に中国人研修生が使用する研修施設を建て、有珠山付近の土地では火山石を掘ろうと考えていますが、有珠山のほうでは海水浴場も作って、中国の青年たちが利用できる保養施設にしたい。これが私の最高の夢です」。

湯浅牧場には、河南省、新疆ウイグル自治区、内蒙古自治区からすでに四人の研修生が来て、酪農の技術を学んでいる。どのような考えが彼を「最高の夢」の実現に駆り立てたかについては、湯浅老人は明らかにしなかった。しかし、彼の名刺を見る限り、北海道日中友好酪農研修生主宰者総代表として、素朴なこの老人は、残りの人生の中で、友好事業を受け継ぐ青年たちに、より多くの愛情を注ごうとしているようだ。

（一九八六年一月二十九日掲載）

宮崎家の至宝

――東京の宮崎滔天旧居を訪ねて

孫東民

近代中日関係史の上でも、中国の近代革命史の上でも、宮崎滔天はその名を歴史に残した人物である。彼はかつて義侠心に富む志士として中国革命に心酔し、革命活動を援助するため長年にわたってたゆまず奔走した。孫中山や黄興ら革命のリーダーたちと親交を結んでからは、生涯にわたって彼らと敬慕しあい、固い志を持って付き従った。彼が世を去ったとき、孫中山は彼を評して「我国の革命の歴史にとって、極めて偉大な功績があった」と言った。彼と孫中山の友情はまた、歴史家によって中日両国の友情の象徴とされている。滔天は終生流浪漂泊の人生をおくり、後代に何の資産も残さなかった。しかし、滔天は無意識のうちに、後代に、金銭では価値のつけようもない宝を残した――それは、記者が宮崎滔天の旧居で幸運にも目にすることができた、彼と中国革命の志士たちとの交流の足跡を記録した貴重な資料だった。

ある秋の日の午後、私は約束通り東京都豊島区西池袋にある宮崎滔天の旧居を訪問した。この家は典型的な日本式木造家屋で、白壁に黒い瓦、木格子の引き戸の玄関脇には「滔天会」と書かれた木札がかかっていたが、その文字はかすんでおり、やっと読み取ることができるものだった。このとき、滔天の直系の孫娘である蕗苳《るどん》さんが門の前で迎えてくれた。

宮崎滔天は孫中山の革命援助のために財を投じ、一生貧困であった。滔天が西池袋の旧居に引っ越したのは一九一四年で、黄興が千元の資金を援助して建てたものである。滔天はその後ずっとここで生活し、ここで亡くなった。

宮崎家の客間は十畳ほどの広さであった。正面には孫中山が滔天に贈った「推心置腹〔誠意をもって人に接する〕」の四文字の横書きの書が掲げられ、その向かい側には黄興が滔天夫人に書き贈った「儒侠者流」の四文字の書が掲げられている。蕗芝さんと御主人の智雄教授は、私たちが「家宝」を拝見しに来たと知って、わざわざ書斎から黄興自筆の詩の掛け軸を持ってきて、客間の床の間に掛けてくれた。筆跡は枯れていて力強く、掛け軸は薄いオレンジ色で花模様があった。外側は古くても中はきれいで、「家宝」の持ち主が細心の注意を払って保存し、普段は人に見せていないことがうかがわれた。

滔天は中国革命に献身し、彼の家もまた中国の志士たちが活動する場となった。蕗芝さんはまた、縦一メートル、横一メートル強の名前を寄せ書きした記念の掛け軸を私たちに見せてくれた。寄せ書きをした人は六十余名で、すべて辛亥革命前後の中国の著名人たちである。黄興、廖仲愷、呉玉珊（呉玉章）、宋教仁らの革命家の署名もあり、また蒋中正、汪精衛、戴天仇、胡漢民らの人々の署名もあった。廖仲愷が書いた「侠腸〔義侠の心〕」の二文字は滔天の人格を簡潔に表現し、また彼の滔天への尊敬の気持ちを表している。

智雄教授の説明によれば、滔天の旧居にある文化財の中には、孫中山、宋慶齢、黄興、何天炯、李大釗、毛沢東ら人物の手紙五百通、各種の掛け軸や書が二百幅、そのほか大量の貴重な歴史的写真が保存されているという。例えば、魯迅先生が滔天の長男である龍介夫妻に贈った二首の著名な詩を書いた掛け軸がある。

大江日夜向東流　聚義英雄又遠游　六代綺羅成旧夢　石頭城上月如鈎

雨花台辺埋断戟　莫愁湖里余微波　所思美人杳不見　帰憶江天発浩歌

これなどは宮崎滔天旧居の中でも珍しい品である。

一八九七年夏、孫中山はロンドンから難を逃れて日本へやって来て、初めて滔天と知り合った。革命の方法と戦略について意見を交換するため二人は長時間筆談し、そのときに書いたメモは今も滔天の旧居に保存してある。そのほか、一九〇七年に孫中山が滔天を中国同盟会在日全権代表に任命した時に書いた「費用を算段し武器を購入して革命軍を救済せよ」という委任状もある。一九一一年に辛亥革命が勝利し、滔天がすぐに香港に赴いて会見したときに孫中山が自ら書いた「記念　清国滅亡の年の十二月二十日再び香港の船上で宮崎先生と会う　孫文筆」という手紙もある。ある手紙は、一九一〇年、孫中山がシンガポールの旅先から滔天の貧困を心配して書き送った手紙であった。「最近先生が困窮して病の床にあると聞き、私はとても悲しく思っています。しかし旅先であるため無力で、お助けしたくてもどうにもできず、久しくお便りもしませんでしたが、わずかながら百円をお送り申し上げます。焼け石に水であるとわかってはいますが、お役に立たねばならないと思い、ささやかではありますが寸志を表す次第です。お心に留めていただければ幸いです」。蕗苳さんはさらに説明を続けた。一九二一年に滔天が招きに応じて南京を訪問したとき、孫中山は自ら南京軍政府の広い中庭にある葡萄棚から葡萄の蔓を取って腕輪を作り、滔天に贈った。これもまた宮崎家の貴重な宝物である。

宮崎智雄教授は一通の念入りに裏打ちされた手紙を差し出した。それは毛沢東が学生時代に宮崎滔天に書き送った直筆の手紙だった。

白浪滔天閣下　久しく高誼《こうぎ》を欽《うやま》うも　覿面《まみえる》に縁《えにし》なし　遠道《はるか》に風《たより》を聞き　興起《ふるいた》たせられたるるあり
先生の黄公《こうこう》におけるや　生くるに精神もて助け　死するに涕涙《ているい》もて弔《とむら》わる　いま葬《ほうむ》るにあたり　波濤万里《はとうばんり》　またま

た穴《はかあな》に臨み棺を送らる　高誼は月日を貫《つらぬ》き　精神は鬼神を動かす　これ天下の希聞《きぶん》とするところ　古今いまだあらざるなり　植蕃沢東は湘の学生　かつて詩書を読みすこぶる志気をたつ　いま願わくば
風采を望見《ぼうけん》し
宏教《こうきょう》を聆《き》かん　ただ
先生　まことに　容接《ようせつ》を賜《たま》われば　幸甚《こうじん》幸甚

湖南省立第一師範学校学生蕭植蕃毛沢東上

『毛沢東初期詞文集　中国はどこへいくのか』竹内実編訳　岩波書店　二〇〇〇年〕

この手紙〔一九一七年三月、当時学生だった毛沢東が、黄興の葬儀に出席するため長沙を訪れていた宮崎滔天に接見したいと書き送ったもの〕は二人の連名で署名されているが、滔天の息子である龍介は、一九六七年に書いた文章の中で、これは確かに毛沢東が書いたものだと述べている。一九五六年、龍介と夫人の白蓮女史が北京に招かれて「五一節〔メーデー〕」の祝賀行事に参加したとき、天安門上で通訳の廖承志を通じて毛沢東と歓談し、その際に主席は滔天に手紙を書いたことを覚えていると言ったのである。

滔天の旧居は近代中日関係史に関する文化財の宝庫と呼ぶにふさわしい。滔天の子孫も、その文化財の重要性を深く知り、珍重した。第二次大戦の終わり頃、東京は何度も空襲を受けたが、龍介と蕗芠の父娘は文化財の損失を防ぐために、庭に穴を掘って隠しておいた。宮崎家は和式の木造家屋だが、文化財を保存する書庫は全て鉄筋コンクリートで造られており、本当に並大抵の苦労ではない。

蕗芠さんと智雄教授はやや興奮ぎみに話した。「これらは先駆者の足跡を記録する文化財で、宮崎家の『家宝』であり、同時に両国人民の共有財産です。今はもう、急いで整理と研究をしなくてはならない時期に来ています」。

「山不在高　有仙則名　水不在深　有龍則霊」。夕暮れの中、帰途についた。振り返ってやはり白黒のくっきりとした滔天の旧居を見たとき、私の脳裏に、不意に劉禹錫の「陋室銘」が思い浮かんだ。

（一九八六年十一月十一日掲載）

中日文化交流のかけ橋

——日本中国文化交流協会専務理事　白土吾夫氏を訪ねて

鄭民欽〔翻訳家〕

「白土吾夫」、この名は中国文化界では決して知名度の低いものではない。三十年来、氏は中日両国の文化交流のために懸命に励んできた。氏は中日文化交流の掛け橋の一人なのである。

新年早々、私は日中文化交流協会事務局に氏を訪ねていった。淡い冬の日差しが差し込んで、部屋は明るい色彩に満ちていた。部屋の中は十三台の事務机がところせましと置いてあり、それ以外の場所は本棚や資料ロッカーで埋まっていた。壁には、「中国出土文物展」「黄河文明展」等のポスターが貼ってある。ドアに面したところに小さな茶卓と折りたたみ式の椅子が置いてある。接客スペースということなのだろう。ここに、いったい何人の中国人の足跡が残されていることだろう！　廖承志、王炳南、楚図南、章文晋、周揚、巴金、老舎、謝氷心……。

創業の苦労

白土氏は今年六十歳である。三十一年前、中国と切っても切れない縁を結んだ。「中島健蔵さん、千田是也さんらは、日本軍国主義が起こした侵略戦争が中国の人々に与えた被害について深く反省し、日本が再びそれを繰り返さぬよう、文化交流を通じて、日中両国民の相互理解を強めようと決心されました」。白土吾夫さんはゆっくりと話し出し、遠い歳月の記憶を呼び起こした。「一九五六年、千田是也さんが訪中時、中国人民対外文化協会の陽翰さんと話し合って、中日文化交流のため、日本にある団体を成立させようということになりました。彼は帰国後、中島健蔵さんと相談しました。中島さんは日本文化界の中心的人物で、彼に理事長をお願いするのは妥当でした。しかし、日中文化交流協会の準備期間、具体的な事務を行う人間が必要だったので、中島さんが私に白羽の矢を立てたのです。私に『あなたがやってください』、とおっしゃいました。中国についてはは何もわかりませんでしたが、この仕事をひきうけました」。

「協会の成立した年、私たちは、梅蘭芳さんを団長とする中国京劇団の訪日公演のお世話をしました。これは大変なことで、日本中が騒然となりました。この公演は日中文化交流の道を開きました。それ以後、日中両国の文化交流は『小』から『大』へ、『少』から『多』へと、不断の発展を遂げてきました。一九七二年七月、私たちは上海舞劇団の訪日公演を要請し、その一ヵ月余りの後、田中首相が訪中し、日中国交正常化が実現されたのです」。

真摯な友情

一九八三年十二月、白土吾夫さんは百回目の中国訪問を果たした。中国人民対外文化協会が各界関係者二百人余りを招待し、盛大な祝賀会を開いた。王炳南会長は、楚図南氏が書した「人民友誼春長在，飲水不忘掘井人〔人々の友好の春は長く続いているが、水を飲む時に井戸を掘った人のことを忘れてはいけないのと同様に、その功労者のことを忘れてはいけない〕」という掛け軸を贈って、敬意を表した。趙朴初氏は詩を送った。彼らの間のあつい友情は、時がたっても変わることはなかった。

白土吾夫さんは私にこんなエピソードを話してくれた——一九七六年六月二十四日、氏は王府井の大通りで、偶然、周揚夫妻が新華書店から出てくるのを見かけた。夫妻は災難にみまわれ、数年音信不通だった。それが今、突然目の前に現れたのだ。白土氏は何も考えずに道路を走った。周揚氏にとって新たに面倒をもたらすことになるかもしれない、自分にとっても不利益なことになるかも、と思ったが、この機会を逃したら、もう二度と会えないかもしれない。ごちゃごちゃ考えている場合ではなかった。白土氏は「周揚先生！」と何度も叫んだ。そして周揚氏の目の前に行って手をとり、あまりうまくない中国語で、「お元気ですか？」と聞いた。

「あ！　白土くん！」周氏は、とても驚いた様子だった。白土氏はさらに問うた。「老舎先生はどうしたのですか？　亡くなったと聞いたのですが、お墓はどこにあるのですか？　お参りをしたいのです」。周氏は静かに「わからない」と言った後、「中島健蔵先生はお元気ですか？　井上靖先生は？　松岡洋子さんは？」と尋ねてきた。白土氏は一緒に写真を撮ろうとしたが、周氏は手を振ってこれを断った。周揚夫妻は人ごみのなかに消え、白土氏の心は悲しみでいっぱいになった。「周揚氏はまだ生きている」――中島氏はこのことを聞くと老いの涙をぽろぽろとこぼした。

郭沫若氏は「梅花歓喜漫天雪」という七文字を書して白土氏に贈った。それは中日の交流が、物事に流されず、機に乗じて不当な利益を得るようなことがなく、「事実求是〔事実に基づいて正しく行動する〕」であるということを表していた。白土氏は「当時私たちは中国の『文化大革命』がよく理解できませんでした。私たちと文化交流をしていたたくさんの人々が『打倒』されてしまいましたが、私は彼らがみな悪人だなんて信じませんでした。私たちの会報に周揚、田漢を批判する文章を載せろという人がいましたが、私たちは断固として拒否しました。私たちの行動は、すべて良心に恥じることのないものです」。

固い信念

三十年の歳月が流れ、人の世は移ろいゆくけれども、日中文化交流協会はたゆまず中日文化交流を続けてきた。白土氏は、「日中文化交流協会は民間団体の一つです。私たちは日中両国の文化交流を通じて、両国の民族の文化水準を引き上げ、それによって、アジアや世界の安定と平和のために、積極的に貢献するという理想を実現したいのです」と語った。氏はたばこに火をつけた。太い眉の下には英知と剛毅の光が輝いている。

氏は続けてこう言った。「私たちにとって、中国は平和へ向かう大地です。まず、中国は日本の歴史、文化の母国です。言語といわず、文字といわず、生活習慣、民俗風習、倫理観などすべて、研究すればするほど、日本の文化の源流は中国にあるのだと感じます。次に、私たちには贖罪の気持ちがあります。日本軍国主義が中国に対して行なったあの侵略戦争は、中国の人々にはかり知れない被害をもたらしました。それから、中国はアジアの大国であり、世界政治において大きなウエイトを占めており、大きな発展をする力を秘めています。そして、日本の隣国であり、一衣帯水の関係にあるのです。両国の文化交流はアジアの平和と発展に積極的な影響を及ぼすことでしょう。この三つのことを基礎として、私たちはどんなときも、自己の信念を守り、困難を乗り越え、文化交流を続けてゆけるのです」。

堂々と語る白土氏の声は誇りに満ちていた。「現代は数字の時代です。今私たちは毎年約四十の代表団を受け入れたり派遣したりしています。しかし、実際の価値はこの数字にはありません。文化交流、心の通い合い、互いの気持ちを理解すること、人々の友好、これは数字で計算することのできない、何物にも代えがたい宝なのです」。

中国は白土氏にとって永遠に新鮮で、限りない魅力を持つものなのだ。氏には新しい青写真、新しい構想がある。氏は中日文化交流の花園を、たゆまず耕しつづける。白土氏は未来に対して大いに自信を持っているのである。

（一九八七年二月十八日人民日報・海外版掲載）

中国に魅せられて

——元解放軍兵士　伊藤郁子さん

徐国興　施錫平

一九四五年四月、日本の少女、伊藤郁子さんは盛岡市赤十字看護学校を卒業後、すぐ日本赤十字社に派遣されて、傷病者の看護に当たるため中国に渡った。ところが、東北三省の焦土に足を踏み入れて、彼女は茫然とした。そこでは、自分の同胞が血に染まった刀を振り上げて無差別に中国の一般民衆を殺していたのだ。同じ年の八月、日本は敗戦を宣言した。一緒に中国に来た八十名あまりの仲間は皆日本に帰って行ったが、彼女だけが中国人民解放軍への入隊を志願した。かつて見た光景に心が咎められ、彼女はほぼ毎月中国の傷病者に三〇〇ミリリットルの無償献血をし続けた。軍隊にいた九年あまりの間、数百名にのぼる中国人の体に彼女の赤い血が流れたのだ。

一九五二年、伊藤さんはある中国の軍人と恋愛し結婚した。同年、正式に中国国籍を取得した。その後しばらくして伊藤夫妻は軍隊を退役して夫のふるさとのある江蘇省如皋県に戻った。彼女は県人民医院外科手術室の看護婦として仕事を始めた。初めの頃、同僚たちは伊藤さんに不信感を抱き、陰で彼女の噂をする人もいたが、彼女は同僚の気持ちを理解していた。毎日黙々と仕事に打ち込み、一つの手術が終わればまた次の手術に入り、二十四時間手術室に立ちっぱなしの時もあった。生活の上でも彼女は一般中国人と同じように自らを厳しく律した。こうして数年が過ぎ去ったころ、周囲から投げかけられていた偏見の眼差しが消えた。完璧な方言を操る彼女が町を歩いても、もう「日本の女」とは誰も思わなくなった。

六〇年代初めの困難な時期に、伊藤さんは肺に穴があき、体重も四十キロまでに減った。彼女に栄養になるものを買ってやろうと、数百人の病院の同僚が、我も我もと金を出した。この噂は魏志田如皋県長の耳に入り、「如皋県中にいる唯一の外国人ですよ、まして中国人民の解放事業に献身した白衣の戦士です。我々がいくら貧しくても、彼女を飢えや寒さにさらすような生活をさせてはいけない」、と県長は心を痛めた。魏県長は黒砂糖や豚の脂、卵を提げ、民政局、商業局の幹部を同行させ、病室に行った。病で衰弱したこの中国籍の日本人を目の前にし、魏県長は涙を流した。見舞いに来たのが県長だと知った伊藤さんは感激し、「民衆と苦しみを共にしている県長がいらっしゃるから、暮らしがどんなにつらくても希望が持てます」と述べた。今も、伊藤さんは魏県長を大変尊敬しているという。

文化大革命の十年間、伊藤さん一家は当然この運命の災いを免れることができなかった。一番苦しかったとき、夫はいつも慰め励ましてくれた。「きっとまた晴れますよ」。夫のこの言葉を支えに、彼女はどうにか苦難の歳月を耐え抜いた。

一九七二年、伊藤さんは初めて故国日本へ里帰りした。出発する前夜、夫は彼女に対し、もし日本に戻って定住するチャンスがあったら、私に構わずに住めばいい、と言った。そんな夫の言葉に、彼女は結婚して初めて夫に声を荒げた。日本に到着後、大平正芳外相の接見を受けた。盛岡市赤十字社からは、戦時海外派遣者として日本に戻れば優遇される、との誘いもあった。しかし、伊藤さんは、「中国にいる数十年の間、確かにいろいろとありました。涙も流したし、苦しいときもありましたが、楽しいことはさらにたくさんありました。そこには私を理解してくれる仲間がいます。私をよく知っている患者さんがいます。私が求める理想があります。それに、心温まる家族がいます」と言って、三ヵ月後、中国に帰った。

一昨年、伊藤さんは日本に二度目の里帰りをした。そのときも、九十八歳の年老いた母親に日本に住むよう勧められたにもかかわらず、「私はもう中国の生活に慣れました。そこの風俗習慣にもなじみ、そこの人情に触れていると、私は楽しく晩年を送ることができます」、と言って老母を説得し、彼女が魅せられたあの土地に戻って行った。

退職した伊藤さんは今、県政治協商会議委員として、多忙な毎日を送っている。「中日両国の友好関係が子々孫々に至るまで続いていくために、少しでも実際に役立つことをしたい。これが、私の残された人生における最大の願いです」、と伊藤さんは語った。

（一九九〇年七月二十九日掲載）

隅谷三喜男先生の印象

孫東民

四月上旬のある日、北京大学のキャンパスは、蝋梅《ろうばい》や新緑で生気にあふれていた。呉樹青北京大学学長と、元気はつらつとした男女学生たちは朝早くから学術報告ホールに来て、日本からの来客を待っていた。

ここではその来客に北京大学名誉教授称号を授与する式典が、盛大に行われようとしていた。隅谷三喜男先生は、呉学長から招聘書を受け取り、大学のバッジを付けてもらったとき、感動して次のように述べた。「北京大学は素晴らしい歴史と伝統があり、社会主義建設のために大きく貢献をしてきた中国の最高学府です。北京大学の名誉教授にしていただいたことは、大変光栄に思います。自分は若いときから中国に関心を持っていました。たびたび講義に来るのは難しいですが、差し上げた図書などは皆さんの研究のために少しは役に立つかもしれません……」

隅谷先生の名を、日本の学界では誰もが知っている。先生は、日本学士院院長、東京大学名誉教授である。経済学者として、日本の労働経済学の創始者とされている。その著作は膨大な数にのぼり、『労働経済論』など七十冊以上ある。社会活動家として、日本平和構想委員会委員長、日本労働協会会長、社会保険制度審議会会長など多くの職務を兼任している。

今回の隅谷先生の訪中スケジュールはハードなものだった。北京大学名誉教授称号授与式に出席し、生涯の心血を注いで収蔵した約一万冊の図書を北京大学に寄贈した。このほか、遼寧大学名誉教授として東北地方に行き、日本に研修生を派遣するための打ち合わせをした。また、一千万円を寄付して日本研究基金を設立し、中国の優秀な研究者を奨励する件について、中国社会科学院と話をまとめた。「今回は時間が厳しいので、旧い友人を尋ねる余裕もありません。労働部の方には、電話で叱られてしまいました」。先生との愉快な談笑からは、中国に対する親しみが滲み出ていた。

部屋の中はひっそりと静かだった。雑談の中で、隅谷先生は目を細めて遠くを見つめ、遠い青春時代の思い出に浸っていた。

隅谷先生は少年時代、東京でスラムの生活の惨状を目にして、「この人たちはどうして飢えを避けられない運命なのか」と、頭の中に疑問符を打った。大学に入学してから、マルクスの『資本論』を熱心に研究し、軍国主義体制の反対、阻止活動に加わり、そのため検挙されて留置所に入れられた。大学卒業後、「なんとか社会の底辺に近いところに入る可能性を探ろう」という願いから、日本の半植民地統治下にあった中国の東北地方に来て、鞍山鋼鉄の前身だった日本資本の製鉄所で働いた。「中国人労働者の労働条件や生活条件を改善するために働きかけたこともあるし、中国人の友達も多くできた」が、「自分が良心的に働いてきたつもりでも、全体的に見ると、やはり日本帝国主義の手先となっていたのだ」と、後になって痛感したという。日本に戻った後、社会科学を勉強し直す決心をした。労働問題を中心に経済学の研究、特にアジア経済開発問題の研究を始め、日本における権威ある経済学者としての地位を築きあげた。一九七六年、隅谷先生は東京大学教授として訪中し、そこで見た中国社会の激変ぶりや、人々の生活の豊かさが、強く印象に残り、更に中国の経済建設に深い関心を持つようになったのである。日本労働協会会長に就任した後、協会が中国との交流の窓口としての役割も果たすようになった。中国労働部、総工会と密接な関係を保ち、日ごろから、労働賃金問題、社会保障問題、失業などの問題について意見交換をしている。現職国務院秘書長の羅幹氏はそんな友人の一人である。

隅谷先生と話を交わしていると、先生の博学を実感するのみでなく、中国人留学生を支援したいというやさしさも感じ取れた。七〇年代末、東京女子大学学長を務めたとき、中国人留学生を対象とする奨学金制度を大学に創設した。当時の日本の大学では珍しいことであった。近年、中国から日本に渡った私費留学生だけでも一万人を超えている。初めて異国の地に来て、親戚も友人もなく、文化的背景や生活習慣も異なり、その上、経済条件も不安定である。これらは往々にして彼らの勉学継続を難しくしている。そのことを知ると、先生は朝日新聞に文章を書き、中国人留学生に対する支援を呼びかけた。中国は戦争で日本から大きな被害を蒙ったにもかかわらず、日本に賠償請求をしなかったから、日本は復興を成し遂げ、経済成長を果たしたのだ。それゆえ、道義上の責任感を持って、中国の留学生に勉学できる条件を作ってやるのは、日本人の使命である。決して彼らに途中で勉強を諦めさせてはいけない、というのが先生の考えだった。そして社会的に著名な人々」と共同で、中国人留学生に奨学金を提供するための東方学術交流協会を設立し、会長を務めた。隅谷先生の呼びかけは、広く一般社会からの共感を得、多くの人々が賛同して寄付金を出した。「私たちはあの長く続いた戦争で犯した罪を忘れていけない。中国の人々は衣食を切り詰めて敵国の子どもを育ててくれた。このような広い心は、島国根性の私たちになかった。従って、中国の留学生を援助することは隣国としての友情ばかりでなく、私たちのお詫びの気持ちを表す一つの方法でもある」、と協会宛てに手紙をよこした寄付者もいた。その後、数年の間、東方学術交流協会から援助を受け、励まされたり助けられたりした留学生の数は決して少なくなかった。

五、六年前に隅谷先生は不運にも癌を患い、手術をした。先生は生死を度外視し、有意義な仕事をして、余生を過ごそうと心に決めた。先生は常にアジアに目を向け、歴史的、地理的および経済的な理由から、日本は最低でも力の半分をアジアとの外交に向けるべきだ、と考えている。日本の国際化のためにも、外国人留学生の問題にもっと取り組むべきだと、先生は何度も政府に提言した。自分は労働の最低層において、アジア全体に学問の扉を開いているのだ、と語った。先生は祖国のために勉学に専念するよう、アジアの留学生を励ました。留学生たちは隅谷先生を良き師良き友と考えている。「先生は古稀を過ぎて、癌を患っているにもかかわらず、私たち外国人学生のために心血を注ぎ、奔走している。先生はご自分のすべてを人のために捧げた、だから、人々の愛も先生と共にある……」と話す人もいた。

隅谷先生は、中国に対して胸いっぱいの期待を持っている。「末永く続く日中関係は、信頼と友情の中から芽生えて、更に実を結ぶであろう」、この言葉は、この徳望の高い学者の心の底からの願いだと、誰もが信じて疑わないだろう。

（一九九一年四月二十六日掲載）

友好のバトンを後世に

——周恩来総理と秋岡家榮氏の友情

高梁〔写真家〕

今年は中日国交正常化二十周年である。このごろ、我々はしばしば周総理や、中日友好事業のために道を開いた日本人を思い出す。

五〇年代の初めから、周総理はたとえ仕事がどんなに多忙であっても、日本各界の友人と友情を深めることを忘れなかった。周総理が接見した日本人は数千人にも及ぶが、秋岡家榮氏に対する心遣いと友情は、まさにその感動的な一例である。

秋岡氏は一九六七年に北京に来て、朝日新聞北京支局長を務め、一九七二年十月の帰国まで中国に滞在した。この間、大量の客観的な事実に基づいて、中国に関する報道をした。周総理は何度も秋岡氏のことに触れて、中日両国の友好事業の推進に大きな役割を果たした人だと評価した。

秋岡氏の回想によると、周総理に初めて言葉を掛けられたのは一九七〇年、周総理が日本社会党第五回訪中団と会見したときであったという。周総理は写真をとっていた秋岡氏を見かけ、どこの新聞社ですか、と問い掛けた。朝日新聞の記者だと分かると、「朝日新聞は歴史が長く、とても影響力をもっています」、と言ったあと、続けて、「あなたは幾つですか」、「中国の事情に通じましたか」と問い掛けた。そして総理は親しみの気持ちをこめて、「あなたはまだ若い。前途は光明に満ちている」と語った。その後、さまざまな場面において、周総理は秋岡氏を見かけると必ず声をかけ、握手をし、さらに時には名前を呼んで挨拶をし、言葉を交わした。秋岡氏は周総理の驚くべき眼力と記憶力に敬服していた。また周総理の穏やかで親しみ易い人柄には、心底感じ入っていた。

一九七一年に入ると、日本の政界から多くの人が中国にやってきて、中日国交回復について周総理と会談を重ねた。秋岡氏はそれらの会談内容から主旨を掴もうと深く研究し、国交回復という課題に関してわずかな進展でも見出せば、直ちに日本の人々にそのニュースを伝えた。彼は情熱をこめて書き記した。「日中関係は長かった暗闇の時代をくぐり抜け、ついに黎明幕開けの音を奏でた」。「外交の機密は隠しても、原則は隠さないのが、周総理の外交である。総理は情勢転換の重要な節節を選んでは、日本の親しい人々に、大事な信号を送り続けた」。

一九七二年七月十六日、中日国交正常化がいよいよ実現を目前としていたとき、周総理は二人の日本の著名な代議士と会見した。会見の記念撮影をしている秋岡氏に周総理は急に問い掛けた。「秋岡さん、あなたは私がこうして大平外相と一緒にいる姿を写真に撮れると思いますか」。秋岡氏は、「ええ、撮れますとも」、ときっぱり答えた。彼は周総理の言葉に含まれた深い意味合いを察したのだ。それは事実上、日本の外相の訪中を中国は受け入れる、という意味であった。会談後、さらに両代議士から、周総理は会談で田中首相の訪中を歓迎する、という意思をも表したことを知った。秋岡氏はこれまでになかったほど興奮した。中国は田中首相と大平外相の同時来訪を歓迎する、というニュース原稿を直ちに東京に発送した。これは、日本全土を沸き返らせた重大なニュースとなった。

しばらくして、田中首相、大平外相が中国訪問を決めた頃に、秋岡氏は本社から辞令を受けて、離任することになった。万感、胸を打つ気持ちで周総理に惜別した。秋岡氏の目を見つめて周総理は、「いよいよ日本に帰るそうですね」と言って、彼の手をしっかりと握って大きく振った。数日して、周総理と握手している写真が秋岡氏のもとに届けられた。三年後、周総理がこの世を去り、あのときの会談が周総理との最後の別れになるとは思ってもみなかった。そのため、その写真は秋岡氏の生涯における最大の慰めとなり、最も忘れられない思い出となった。「外国人記者にこんなに細かく温かい配慮を示す首相が、世界のどこにあるだろうか」。秋岡氏は感動の胸のうちをこう書きとめた。

一九八〇年、秋岡氏は定年退職後、朝日新聞が設立した「中国文化学院」の院長を務め、また、中国の新聞、人民日報海外版東京発行事務を委託されて、引き続き中日両国民の相互理解と友好協力の強化のために力を注いでいる。彼の魂を引き止め、夢でも忘れたことのなかった思い出は、北京にいる間、周総理から示された誠意ある心遣いと深い友情であった。

周総理を記念するため、秋岡氏は数人の親しい友人と共同企画し、大型回想録『日本人の中の周恩来』を編集出版した。回想録には、五十七人の日本人の周総理に対する思い出が綴られ、十七人の中日友好事業に尽力した先達の貴重な遺稿も収録されていた。この回想録は、各界の日本人の周総理に対する無限の敬意の表れであり追想であると同時に、中日戦後史を描いた壮大な歴史的絵巻でもある。著書の隅々に、周総理を強く敬愛した秋岡氏の思いが溢れていた。

本の出版と同時に、秋岡氏は周総理を偲ぶ気持ちを託した詩を発表した。

私たちは周総理の身近かに接することができて、
とても幸せであった。
この幸せをかみしめ、筆をとって、
在りし日の総理の姿と、その業績を偲びたい。

二十一世紀の重責を担う若人たちよ。
心して友好のバトンを、
後世に伝えよ。
未来永遠に！

（一九九二年四月十一日掲載）

「日本人女八路」加藤昭江さん

西虹　王之棋

「私の祖国は日本、第二の故郷は中国、だから中国のために少しでも役に立ちたい」。

「日本人女八路」、日中民間友好貿易の使者とされる加藤昭江さんは、よく中国の友人にこのように話した。

加藤昭江、本名武藤恵子、東京生まれ、六歳の時に両親と共に中国に渡った。父武藤喜一さんは「偽満州」鉄道技術部門の技師で、母茂代さんは心の優しい主婦だった。加藤さんは中国の大地で育った。一九四五年八月十五日、日本占領下にあった中国の東北地方は中国に返還された。東北民主連合軍のある部隊が本渓市にやってきた時、丁という司令官は病中の妻を連れて加藤さんの家に仮住まいした。丁司令官との話し合いや筆談を通じて、日本の関東軍は侵略者であり、中国共産党指導下の抗日戦争は正義のためだということ、中国人民と日本人民は仲間で、手を取り合って平和を勝ち取らねばならない、ということを理解した。加藤さんは、自分の目で確かめた。家に駐屯する軍隊は明らかにほかの軍隊と違い、薪割りから、掃除、水汲みなどの家事を手伝い、どんな力仕事でもやってくれた。その上礼儀正しく、規則を守り、家の物には決して勝手に触らなかった。部隊には男性も女性もいたが、男女は平等だった。これらすべてのことは、加藤さんの純粋な心にしっかりと刻み込まれた。彼女は観察し、思索し、比較した……。そして、その結果、思い切って両親の温かな懐を離れて、東北民主連合軍に投身した。薄黄緑色の軍服を身にまとい、ゲートルを巻きつけ、丸い帽子をかぶって、はにかむように人前に出ると、人々は親しみをこめて、彼女を「日本人女八路」と呼んだ。

中東北民主連合軍の中で、加藤さんは被服を配付する庶務の仕事や、『医院通訊』という小型新聞の編集、出版もした。中国人の仲間と一緒に、偽満州時代に中国に渡った日本人医療関係者が快く中国に残って中国人民の解放事業を支援するよう説得した。また一方では、中国にいる残留日本人の本国送還という東北民主政府の仕事にも協力した。

中国国内の解放戦争時代、加藤さんは、困難を極めた臨江戦役や、偉大な遼瀋戦役、平津戦役に参加した。また人民解放軍部隊と共に、黄河を、揚子江を渡った、武漢解放の戦い、広東広西への進駐にも加わった。長白山の麓から南部の遥か国境近くまで、彼女の残した足跡があった。厳しい戦争時代、加藤さんは中国の仲間たちと同様に、雪団子をかじり、高粱米を食べて、油気のない冬瓜や野菜のスープを飲んだ。病魔に付き纏われても休まず、厳寒酷暑をも意に介さなかった。加藤肇さんと結婚した際の約束は、何があっても仕事を第一に考える、ということであった。高尚な精神と確固たる意志をもって仕事に臨んだ彼女は、上司と同僚に評価され、模範職員にも選ばれた。

五〇年代初頭、中国の鉄道部で技術関係の仕事をしていた父親は、母親と弟、妹を連れて先に帰国した。加藤さんと夫は上司の許可を得て、北京大学に入学した。大学では貪るように教養科目を勉強し、毛主席著作を読んで、多くの読書感想も書き残した。

一九五八年、加藤さんは二十年以上暮らした中国を離れ、日本に帰ることになった。日本に持ち帰れない、思い出がたくさんつまった品々を触りながら、熱い涙を流した。制服を脱ぎ、新しく作った洋服に着替えて、夫や子どもと一緒に天津から船に乗り、中国を後にした。

日本の九州大分県にある夫の実家に帰ってから、試練は次々とやってきた。生活の重い負担を背負い、忙しく力仕事をしても、彼女は第二の故郷を忘れることがなかった。機会があるたびに、周囲の人々に新中国のことを紹介し、日中友好を訴えた。彼女のアピールの効果があって、大分県に住む人の中で、新中国に理解を示し、中国人民に友好的な感情を持つ人が次第に増えた。一九五九年、彼女の提案により、日中友好協会大分県支部が設立され、彼女は事務局長を務めた。

日中友好協会大分県支部が発足すると、彼女は直ちに中断されていた日中貿易の回復に努めた。県商工会の人たちを引率して中国に行き、秋季広州交易会に出席した。彼女の努力が実り、大分県と中国との民間友好貿易は益々盛んになった。

一九六三年、彼女は大分県から母親の住む東京に戻り、会社に勤務しながら、日中友好協会理事として、さまざまな形で中日友好のために働いた。同年十一月、中国帰還者数人と出資して、共和資材株式会社と名付けた商社を設立した。会社はもっぱら日中民間貿易を行い、日本人に必要な物資を中国から輸入した。このほか、中日間の人員の相互派遣を促すため、文化、技術、医学などの学術的交流会を催し、両国の人々の友好の増進に励んだ。

中国で文化大革命が行われていた十年間、彼女の携わってきた友好貿易事業は思いも寄らぬ困難に陥り、損失を蒙ったにもかかわらず、中国を愛する彼女の気持ちは少しも揺るがなかった。中国共産党の正当性を信じ、すべては必ず変わると彼女は信じたのである。

「四人組」が倒された時、彼女は中国の人々と同じように喜んだ。中国共産党第十一回第三次大会以後、彼女の経営する商社は中国対外貿易部から許可を得て、北京で支社を設立した。それがきっかけで、彼女が携わってきた日中民間友好貿易事業は、飛躍的な発展を見せた。

彼女の純粋な友情、崇高な精神は、長い歳月の中で証明されたのである。戦乱の時代、加藤さんは中国人民の解放事業のために青春を捧げた。そして今、彼女は中国の経済振興のため懸命に力を尽くしている。まるで五十歳という年齢も、癌におかされた体であることも忘れたかのように、春から夏、秋から冬と、疲れも知らずに、海を隔てた日本と中国という二つの国の間を行き来している。彼女は繭ごもりをひかえた透明な蚕の如く、金《きん》のような糸を黙々と心から吐き出している。休むことなく、日本と中国をつなぐ橋に光彩を織り成し続けているのだ。

日本人女八路よ、あなたは日中友好の使者である。私たちの尊敬すべき人である。あなたの中国に対する崇高な友情を、中国人民はきっとしっかり心に留めることだろう。

（一九八三年八月一日掲載）

奈良の中国文化村

于青

奈良は日本の古都である。八世紀には「平城京」と呼ばれた。日本は古代、中国の唐朝文化の影響が強く、奈良の古都は唐の長安を真似て作られたものである。世界に名だたる唐招提寺は高僧鑑真の導きにより建てられたものだ。寺内にある鑑真の彫像は日本の国宝として尊ばれている。日本人は奈良を「シルクロードの東の終点」と呼ぶ。一九八八年、ここで「なら・シルクロード博」が盛大に行われ、今年五月には「日中友好都市交流会」が開催された。奈良の町では、中日文化交流に関する心温まるエピソードがそこここに見られた。中日友好はこの町の風潮といえるかもしれない。

奈良で中国文化村の建設準備をしている主な企画者が、現地の新聞社――「奈良日日新聞」であるということを聞いていたので、私は奈良に行った時に立ち寄ってみた。

奈良日日新聞は、長年の間、中日友好に熱心に取り組んできた。中国文化村を建設しようと考えたのは、日本文化は、奈良から発しており、奈良文化は中国唐朝からとりいれたものだからだ、という。日本文化を生み育てたこの地に、つくられる中日友好の永遠の象徴――中国文化村、この文化・教育・観光を一体化した総合施設は、この地域の経済発展に新しい活力を吹き込み、新しい奈良の魅力を世界中に伝えるだろう。

中国文化村の構想は、一九八六年、奈良日日新聞の服部社長の提言によるもので、後に地方自治体の衛星都市――奈良シルクロード都市開発計画に取り入れられた。今春、奈良東部山側地区四十九ヘクタールの土地で起工した。これは中日合同建設プロジェクトであり、日本側は六百億円の建設資金を負担し、中国側は設計デザインと建築材料を提供するということになっている。中国文化村は中日友好協力の結晶と言えるのだ。

中国文化村内の主要建築は含元殿である。含元殿は唐代の大明宮の主要な宮殿で、唐の玄宗皇帝が殿内で日本の遣唐使に接見したといわれているが、戦争により失われてしまった。復元の設計は中国社会科学院考古研究所の傅年教授の手によって行われた。原寸大の八〇パーセントの大きさで設計され、高さ三十一メートル、幅一六四メートル（天安門よりやや小さめの規模）である。建設後、殿内には遣唐使展覧ホールや兵馬俑展覧ホールが置かれ、文、図、写真、映像、実物等多彩な形式で奈良と中国唐代文化の歴史的淵源を表現するという予定である。

設計図と企画書から、中国文化村内には、まだまだたくさん、中国悠久の歴史文化を展示する展覧館や施設があることがわかる。碑林の庭園から漢字文化館に入ると、漢字の変遷の歴史を知ることができる。「中国民族村」もある。これは中国各民族を紹介する主なステージとなる予定である。「シルクロード幻想館」では、観光客はらくだの形をした乗り物に乗って、ロマンティックな旅行ができる。「孫悟空館」では、子供たちが孫悟空と一緒に西域に行ける。それから、長城、寒山寺などなど……。

この古今を融合させた中国文化村は五年後に竣工の予定である。その時には、古都奈良は日中文化交流の新しい楽章を奏でることだろう。

（一九九四年十二月十日掲載）

編者より　中日友好の発祥の地である奈良の奈良日日新聞社は、これまでずっと中国に対して友好的であった。服部明行社主や東海林洋子女史（かつて中国人民大学に在学していたことがあり、流暢な中国語を操る）は中国に馴染みの深い方々である。早くから西安市と友好交流を続けており、駐日中国人記者たちにもたくさん仲間がいる。中国の政府要人が訪日し、友好団体が何かイベントを行う時にはいつも服部氏をお見かけする。奈良を訪れるたくさんの中国代表団が、しばしば服部氏に招かれて新聞社を訪問する。一日もはやく中国文化村を完成し、文化交流の新曲をつくり上げることが、服部氏の夢なのである。

（一九九四年十二月一〇日掲載）

私の中国との縁

小西甚右衛門

去年の秋、私の人生で一番忘れがたいことがありました。中華人民共和国衛生部が人民大会堂で盛大な授賞式を開催し、私は衛生部陳敏章部長から「中国衛生賞」を授与されたのであります。全人代王光英副委員長、呉階平副委員長並びに中国性病・エイズ防止基金会姫鵬飛名誉会長の方々がこの授賞式に出席され、私にとって本当に光栄の至りでした。

この賞は長年中国の衛生事業に大きな貢献をしてきた外国人に与えられる最高の賞であることを私は十分承知しています。盛大な授賞式と「中国」という名を冠とする栄誉に感激しつつ、日中友好事業と私の人生を振り返ってみました。

当時、日中友好事業に身を投じた日中両国の政治家、社会活動家の方々は、大きな心と将来性のある目をもって、複雑な歴史背景と困難な条件の下、共に日中友好の道を切り開いていました。

先輩の教示

学生時代、私は二回中国に行ったことがあります。悠久の歴史を有する、文化にあふれた町並の北京、限りのない草原の内モンゴルなどを目の前にして、私は胸打たれ様々な思いがわきあがってきました。東方文明を育む揺籃、創造に富む勤勉で純朴な人民や、この国と民族の未来に思いを馳せ、空前の戦争を反省し、戦争の罪悪、平和の貴さを感じました。

私は戦争を一切しない、平和な環境作りは重大な意義があると深く感じました。幸い、今まで、わが社の経営は順調で、蓄えの中から「小西国際交流財団」を創設することができました。日中交流を経済的に支えることができるようになり、私は青年時代から抱いていた夢を実現しました。

また二人の先輩の影響を受け、励まされ、私は日中友好の事業に身を投じました、このことが私と中国との関わりの基礎となっています。

この二人の先輩とは戦後日中友好事業の先駆者である高碕達之助氏と廖承志氏であります。五〇年代初め、伯父の値木憲吉（元日本水産株式会社社長）の紹介で高碕達之助先生に出会い、先生の側近く仕え、日中友好事業をやってきました。先生の人生の一番輝かしい、亡くなられるまでの十一年間に、私は首席秘書として、先生の側で仕事をさせていただきました。高碕先生は日中国交の回復に、松村謙三先生とともに力を惜しみませんでした。一九五五年バンドンでの会議において、周恩来総理と高碕先生との会談は、日中国交正常化に希望の火を燈しました。一九六二年廖承志氏と高碕氏との間の覚書貿易（二人の頭文字をとって、「LT貿易」と一般に呼ばれていた）は、国交回復の序幕を開きました。

一九六四年二月下旬、死期を悟っていた高碕氏は私を病床に呼び、「廖承志さんとの約束がある。非公式なものでも、日本に中国の代表事務所を作ってやらなければならない。なんとかお前の手でやり遂げてほしい」と言い残して、その数日後にこの世を去りました。私は、この遺言は日中関係及び私自身にとって大変重要なことだと思いました。当時は日本国内で中国に対して、アレルギーが生じるのは普通でした。私の名前は警察のブラックリストにも載っていました。当時、唯一の信念は、如何なる代価を払っても事務所を設立しなければならない、ということでありました。この遺言を実現させるのが恩師に対する一番の報恩と考えました。いろんな「壁」にぶつかりながら、一九六四年九月三十日に私個人の名義の事務所を設け、約定を保証するという条件がついて、東京・紀尾井町の農研ビル二階に同じフロアを三つに仕切って、廖承志事務所、高碕事務所、小西事務所が併設され、七年間にわたって稼動しました。この特殊な日中機構は当時大使館の役割を果たしていました。これによって、私と中国との切り離すことのできない関係はさらに緊密になりました。

ＬＴ覚書貿易実施状況を視察する為に、一九六六年、私は中国を訪問しました、時恰も文化大革命が始まっていました。以来十二年間訪中することはありませんでしたが、文革が終わり、日中友好も新しい時代を迎えました。一九八〇年十月、私は中国衛生部の招きで訪中しました。北京飯店にて廖承志氏は、「中国の基礎医学の道は遥かに遠い、何とかこの方面での日本の協力をお願いできないか」とおっしゃいました。私は一瞬、絶句し、「私は微力であり、とてもその任ではありません。それは日本の厚生大臣にお話されてはいかがですか」と答えたが、「医学のＬＴです」という殺し文句に逃げられない立場になってしまいました。「医学のＬＴ」は、まもなく逝去した廖承志氏の私への遺言でありました。日中友好事業に対する重大な意義のあるこの二つの遺言を辞せない責任を、私は大きな悲痛の中で認識していました。これは両国人民の悲願であり、ＬＴ精神のあらわれでもあったからです。

「ＬＴ貿易」は廖、高碕両氏により締結されたものでありましたが、日中友好の為に両国の同時代の人々の努力が凝縮されています。ＬＴ貿易の道も小さい流れから、やがて大きく、自然な流れになりました。日中友好に従事する人々は血で氷結の河を溶かし、細い渓流から大きい河になったのです。一方、これを黙認した、内閣の主流派であった親米派の佐藤氏、池田氏らの、明知の挙ともいえます。

交流の拡大

一九七八年四月、一つの大型の訪日団がありました。秘書長の呉曙東氏（ＬＴ貿易以来の旧交）は、非公式に、日中平和友好条約の内容の締結について私の意見を尋ねてきました。私は「貿易活動のみでなく、貿易を外資の導入、技術の交流及び留学生の交換等に転換しなければならない。これらの交流を通じ、日中友好の堅固な基礎がつくられ、両国経済における運命共同体が築かれるだろう」と答えました。私の意見はそのまま中国指導者に伝えられたようで、当年十月、鄧小平先生が訪日し、平和友好条約を締結しました。中国共産党十一回三次会の後、近代化建設方針の確立により、今までにない経済交流も現実となり、その必要性も人々に認識されるようになりました。

著しい発展は、日中交流に新しい要求をつきつけました。交流の質、量、リズムとスピードの面においても時代の発展に適応しなければなりませんでした。一九八一年以来、私は経済、文化、教育、科学技術、医学等の領域で中国と協力し、近代化建設のテンポにあわせて交流を拡大してきました。同時に日本国国会議員、経済界の人々の訪中、合作、投資を促し、日中間の経済交流に力を入れてきました。一方で、経済交流と友好事業を結びつかなければなりません。この二つの基礎は片一方だけではだめだと思います。

中国の儒教の「言必行、行必果〔言った以上は必ず実行し、行う以上は断固としてやる〕」の信条は、今でも日中関係の維持と発展に適用しています。私は経済交流はまず相手国の国情に合わなければいけないと思います。友人の求めに答え、相手の困難を有効に解決します。全面的な交流を行いながら、廖承志先生の遺言に従い、近代化建設に関わる健康問題、医学交流を中心として推し進めてきました。とりわけ、血液学、免疫学を中心としています。中国、日本、フランスにおいて、十数回にわたって日中、日仏、日中仏免疫・アレルギー学国際フォーラムを主催しました。できるだけ中国の学者の参加を援助し、中国と世界先進技術の差を縮めさせようとしています。医学交流を広める為に、衛生部を中心として、日本の各大学と中国の専門家との唯一の公的医学雑誌「素志蘭」を発行しました。上海にて定期的に国際学術報告を催し、中国の基礎医学レベルを高めています。日中医学界の協力を促進する為に、一九八二年から毎年中国留学生を招聘し、奨学基金を設けました。中国で「エイズ基金会小西奨学基金」を、上海で「日中血液学・免疫学研究センター」を設け、中国医学界と世界の連携を図りました。中国の血液製剤の緊張を緩和する為に、一九九一年、中国の要請に応じ、上海で近代化血液製剤プラントの技術提供をしてまいりました。

高碕先生の遺志の継承

高碕先生の遺志の継承は、私の日中友好事業の支えと行動の指針であり、また中国人民への一種の賠償でもあります。一九八九年、私は科学図書を贈呈し、中山大学、北京経済学院など五つの大学に「高碕文庫」を設け、周恩来総理の提唱の下、今日の日中友好の道を開いた高碕達之助、廖承志覚書（ＬＴ貿易）の功績を称えました。

高碕先生が一九六〇年に訪中した際の貴重な記録は、今でも私のところで保管しています。訪中記の序には「毛沢東主席の指導の下、中国人民があげた偉大な功績を称え、勤勉な中華民族が必ず自分の国を強くすると信じている」とあります。私は、先生の思想の中に含まれた「人民性」、「中国観」は開拓精神の源であり、日中友好事業の核心でもある、と認識しています。

中国は哲学の国であり、また言葉と文学の国だということを知っています。それだけ古来より優秀な民族で、思想、哲学的にはアジアで中心的役割を果たしてきた国であります。私たち日本人も古来より中国に学び、数多くの教典から格言として教えられ、今なお尊重しています。結局、この思想が日本の今日の経済の発展を促進して、多くの科学技術の革新を支えるエネルギーになっているのかもしれません。

私は一人の企業人として、「医学のＬＴ」を担いながら、『中国民族音楽』レコードやＣＤを編集、発行し、名古屋テレビ局のスポンサーとして、当テレビ局が作成した『十一億人の挑戦』というテレビ番組を中国に紹介しました。中国の芸術家を支援し、中国各地に桜の苗木を送りるなどの一連の文化交流活動を通じて、中国に対する日本人民の尊敬を伝えると同時に、経済交流にこの精神を導入しました。

高碕先生が提唱した「人民性」は、私が民間交流を行う上で、大変大きな力となりました。中国各界から温かい支持と協力をいただき、感激に堪えません。廖承志先生は病床で雑誌「素志蘭」と「中日血液・免疫学研究センター」に題字を書き、私の「医学ＬＴ」事業に絶大な精神的支持をくださいました。鄧穎超女史からもこの事業に賛同をいただき、周恩来総理の写真集をいただきました。また、ＬＴ貿易を締結した廖承志、高碕達之助両先生を永遠に記念する為に、「高碕文庫」を揮毫してくださいました。中国衛生部銭信忠大臣、崔月犁大臣、陳敏章大臣の三世代の大臣が訪中を招聘してくださいました。大勢の専門家が価値のある交流テーマを提供し、プロジェクトの実施を促進してくれました。江沢民主席、故王震副主席と、栄毅仁国家副主席及び王光英先生ら中国指導者からも評価、支持をいただいています。交流活動を通じ、日中友好事業に対する両国人民の熱意が感じられます。

歴史を鑑として、友好を発展させる

戦争が両国人民にもたらした不幸を常に反省し、平和を維持するのは友好事業を持続させる重要な部分であります。一九九三年九月、江沢民主席が公務多忙中、中南海で会見してくださいました。「前事不忘、後事之師〔前事を忘れざるは後者の師なり〕」を引用して、過去のことを忘れてはならないと指摘しました。

一九九一年五月三十一日、廖承志先生と約束した医学ＬＴ事業の十周年の成果を報告する為に、私は再度中国を訪問しました。北京にて周恩来総理が生前仕事をした中南海西花庁に招かれ、鄧穎超女史と話を交わしました。

日中国交正常化以来、すでに二十数年の春秋が過ぎてしまいました。中国は改革開放を実施し、社会主義制度を堅持すると同時に市場経済の体制を導入するといいます。心から中国の改革・開放の成功を祈り、また、周恩来総理、鄧穎超女史、廖承志先生、王震副主席及びその他歴史に残る先駆者が安らかに眠られるようお祈り申し上げます。

（一九九五年三月二十四日、三月二十五日、三月二十六日掲載）

編者追記　小西甚右衛門先生は中国人民の古い友人であり、数十年も日中友好事業に心血を注いでこられた。とりわけ中国の医療衛生事業に重要な貢献を成された。一九九三年衛生部から「中国衛生賞」を受賞。日本臓器製薬株式会社社長、日本小西国際交流財団理事長、中国衛生部国際交流中心名誉理事などを務めた。中国の専門家を援助し、国際会議を開催し、若い医学者を育成し、医療設備、図書のほか、長期貸付金を出して中国衛生部を助け、上海でアジア最大の血液製剤製造ラインを建設した。日中国交正常化三十周年期間、二〇〇二年一月に突然他界された。日中友好事業における本当の友人をまた一人失ってしまった。

友好情怀

ある日本人弁護士の中国への思い

王南

私が相馬達雄弁護士事務所北京オフィスに足を踏み入れた時、相馬さんは電話でずっと話しっぱなしであった。彼の助手が慌てて説明したところによると、相馬先生が日本で代理人をしている案件で、彼の緊急の帰国・出廷を必要としている。ところが彼は中国のごく普通の一市民の案件のため、また、その他の中国の諸事情により、まだ何日か中国に残らなくてはならない。つまり、彼はこのことを日本の同僚に説明しているのだ……。

一般の中国人の間で「相馬達雄」を知る人は「もしかしたら何人かいるかも知れない」という程度だが、中国の司法界では大変に有名な人物だ。相馬さんは一九三〇年日本の大阪で生まれ、大阪市立大学および東京外国語大学で学び、卒業した。一九六七年、大阪に相馬達雄総合法律事務所を設立し、所長となり、独立開業した。彼はかつて、アメリカの原子力潜水艦ジョージ・ワシントン号の日本船衝突賠償問題、外国人地方参政権請求問題、冤罪で損害を受けた韓国人の賠償問題などの大きな案件を引き受け、見事に成功させた。現在、相馬さんは、評判の高い日本司法界の著名な弁護士である。

六、七年ほど前、相馬さんは李振声という名の中国人と知り合った。このことが彼に中国を理解するたくさんの機会を与えた。この後、彼は中国人との付き合いが増え、中国に対して新しい認識を得て、だんだん中国が好きになっていった。相馬さんは、二十一世紀はアジアの世紀であり、中国はその中で主要な役割を果たすだろうと考えている。彼は「私は法律家だから、法律という角度から中国の発展と日中友好活動のために何かしたい」という。

一九九〇年以降、相馬さんは頻繁に日本と中国の間を行き来し始め、中国に滞在する時間がしだいに長くなった。当初は数ヶ月に一度だったが、今ではほぼ毎月中国に来ており、一年のほぼ三分の一の時間を中国で過ごしているのである。彼は度々、中国の司法関係機関、労働組合、大学、学術機関、経済開発区などのために、日本の司法制度や労働法など法律方面の知識を講義した。北京、天津、西安、成都などの地には彼の慌しい足跡が残されている。彼が中国人民大学で開設した法律講座は数年続き、その期間、彼は二か月に一度中国に来た。また彼は中国社会科学院や中国人民大学、天津師範大学などの学術機関や学校に客員教授として招かれた。

中国で授業することが出来ればそれでよい、と、相馬さんは報酬を一銭も受け取らないばかりか、毎回の経費はすべて自己負担である。さらには二百万円を、「中国法治の道」という懸賞付き作文コンクールに提供した。彼はこんなふうに金や時間を費やしたばかりか、自分の日本での仕事を犠牲にすることすらある。たとえば、出廷が必要な時に中国に来て講義をした。この時彼は、わざわざ金を払って代わりの弁護士に出廷してもらった。ざっと概算しただけでも、現在までに、この種の善意の活動のために、三千万円以上を相馬さん本人が支出している。

一九九五年三月、中国司法部蕭揚部長は、相馬達雄弁護士事務所北京オフィスの許可証を直接相馬さんに手渡した。同年九月、オフィスは正式に開業した。これより、相馬さんと中国のつながりはさらに密接になった。関係業務を行う以外に、事務所はしばしば中日友好のために動く。時には業務においても。例えば、少なからぬ中国企業が事務所の費用優待を受けている。ある中国企業が事務所を通して行なった日本のコンサルタント・調査費用は、事務所が日本の関係各社に支払わなくてはならない金額より二十万円も安かった。事務所は明らかに損をするとわかっていても引き受けたのだ。この会社は当然非常に満足した。

「天が落ちてきても、正義を貫く!」は、彼の信条である。その信条は、彼の弁護士としての職業道徳のみでなく、正しい歴史観の上にも表れている。相馬さんは日本が中国を害したその歴史に深く心を痛め、積極的に中日友好を主張し、また、実際の行動で自分の希望を主張している。彼は日中友好協会など日本の友好団体の顧問であり、たくさんの中日友好活動に参加したり、活動を組織したりしている。

相馬さんは中日友好のために、弁護士という職業の利点や専門知識を利用して、中国の法律関係活動に有益な、様々な活動を行い、また、あの侵略の被害を受けた人やその家族の代わりに正義を主張し、公正な人の道をとりもどそうとしている。これはなかなか出来ないことである。彼はある中国人の賠償請求案件を引き受けた。原告は普通の一中国人女性だ。彼女の夫はかつて、日本の侵略軍に捕らえられて労働させられ殺害された。彼女は日本国に賠償を要求した。相馬さんは費用を取らずにこの案件を引き受け、またこの案件のため多忙になり、日本での自分の仕事をする暇がなくなってしまった。そして、この本文の最初の話が始まるわけである。

(一九九六年八月十九日掲載)

真山先生、中国への思い

孫東民

また中秋の時期がやってきた。東京八王子市の新制作座文化センターの一室では、パーティーがにぎやかに行われていた。招待されて出席したのはたくさんの親しい友人たちと、中国からのゲストや在日中国人留学生。臨時につくった舞台の上には中央に五星紅旗〔中国の国旗〕がかけられており、両側に「熱烈慶祝中華人民共和国国慶〔中華人民共和国建国記念日おめでとう〕」の大きな文字が、パーティーのにぎやかさに幾分の厳粛さを添えていた。

パーティーのはじめに主催者からの言葉があった。「もうすぐ貴国の建国記念日です。『節句のたびに家族がいっそう偲ばれる』という中国の古い言葉がありますが、国外にいながら祭日を迎え、皆さんはきっと故郷の家族や友人のことを懐かしんでいることと思います。中国、それは私たちが愛し尊敬する国家です。私たち新制作座は皆さんの友人であり、日中友好を己の任務と考えております。この東京で、偉大な中国のさらなる発展を共に祈りましょう……」。

祝辞を述べたのは真山美保先生、新制作座文化センターの理事長である。この人物は、中国に恋して数十年その気持ちは変わらず、中国から「中日友好使者」の称号を受けている有名な劇作家だ。真山先生の祝辞の後、新制作座の人々がとても熟達した中国語で、『歌唱祖国』『北京頌歌』を、声を合わせて歌った。中国からのゲストたちも次々舞台にあがった。楽しい雰囲気や美しい旋律が、異郷の身の憂いを消し去り、秋の物寂しさを払うのだった。

真山先生といえば、なじみのある人もそうでない人も、彼女の率いる新制作座劇団の「中国への思い」に、粛然とする。一九七七年、真山先生が劇団を率いて訪中公演をしたのを皆さんは覚えておいでだろう。北京の劇場、南京の街角、延安の楊家嶺で、俳優たちは、毛主席や周総理らの世代の革命家への思いをこめて、『東方紅』『南泥湾』などを歌った。深い思いがこめられた『歌唱周総理〔周総理を頌《たた》える〕』に、会場の観客は皆涙した。帰国後、新制作座は、日本の八十余都市で訪中報告の特別公演を行い、中国の歌舞を百万以上の日本の観客に披露した。

中日友好を発展させようという純粋な気持ちから、真山先生は、中国文化事業に資金援助する。雲南地震救済のリストには「真山美保」の名前がある。数年前、巨額の投資をして、自ら総演出家を務め、中国京劇院と協力して日本歌舞伎の名作「坂本竜馬」を京劇に移植し、中国のいくつかの大都市で上演した。これは、中日文化交流史上初めてのことだった。それから、中国の要人が京都を訪れる時に、新制作座の人々が盛装して嵐山にある周恩来の詩碑の傍らで出迎え、要人の訪問に華を添えたことを、皆さん覚えておいでだろう。また、日本を訪れるたくさんの若者が新制作座に招待された。真山先生はいつも彼らにこう言った。「多くの日本国民は日中友好を考えている。中国が好きでない人はごくわずかにすぎない。困ったことや、くやしい思いをすることがあったら、いつでも私たちに言いなさい。新制作座はあなた方の家なのだから」。

真山先生の中国への思いは、中国への憧れや中国の革命家への尊敬からきている。著名な劇作家である父、真山青果氏の影響を受け、真山先生は若い頃から中国や中国の革命に関心があった。彼女は紅軍の長征、八路軍や延安の軍・民の奮闘やたゆまぬ向上心に感動し、いつか中国に行きたいと念じていた。一九五七年四月、中国から来た一通の招待状は彼女を興奮させてやまなかった。この年、真山先生は運良く日本演劇界の代表団に同行して訪中し、周総理と接見したのだった。周総理は新制作座が「到群衆中去、和群衆在一起〔大衆の中へ、大衆と共に〕」を劇団の信条としていると聞いて、真山先生が正しい道を選んでいる、と称賛し、「今後どんな困難にあっても、きっとがんばってください」と彼女を励ました。真山先生は周総理との接見で励まされ、これ以後、周総理を世代を越えた理解者、尊敬する師と仰いだ。彼女は「困難にぶつかった時、敬愛する周総理の教示を思い出すと、限りない勇気と力がわいてきます」と言う。その会見で、真山先生は中国の指導者を通じて中国の未来を見きわめ、新制作座と中国の長い交流を続ける方針を固めたのである。

六十数年前、日本軍国主義が起こした侵略戦争は中国に空前の被害をもたらしたばかりでなく、日本も深い傷を負った。真山先生と新制作座の人々は、これまでずっと、日本軍国主義が中国やアジア諸国家を侵略した罪行を批判し、日本政府が歴史を歪曲して侵略戦争を否認しようとすることに、きわめて憤慨してきた。真山先生は、歴史に正しく向き合うことが日中友好を発展させる基礎である。日本が外国を侵略し、植民地統治を行なったこと、これはすべての日本人の恥である。被害にあった国すべてに謝罪しなくてはならない。日本は誠意をつくし、公明正大な態度で、勇気を出して、自発的に、各国に罪を認めて謝らなくてはならない、と主張する。

真山先生は劇団に正しい歴史を認識させようと、しばしば中国人を劇団に呼んで、当時の日本軍が中国を侵略した際に犯した罪行について話してもらったり、団員が読むよう、関係資料を食堂に貼るように指示したりした。二年前、私は、撮影隊が日本敗戦五十周年を取材に訪れた時、これに参加した。この時真山先生は、恥ずかしさと後ろめたさを感じながらも、当時彼女の同級生が戦場にかり出された往時を回想した。真山先生が涙を流しながら、劇団を代表し、また日本人を代表して、日本が中国を侵略したことについて深々と謝った。その光景は、その場にいた中国人たちの心を打ったのだった。

中日友好の発展のために、真山先生と彼女が率いる新制作座が再び訪中公演を行う。このことは、戦後の次の五十年が始まるにあたり、歴史を総括し、侵略を厳しく批判し、平和を呼びかけることを目的としており、また、周総理逝去二十年を記念し追悼するためでもあった。この中日友好の使者は、中日友好のために、力の限り、新しい戯曲を書きつづけるのである。

（一九九六年十月二十日掲載）

関連報道

1、『在民衆中創作演出（民衆の中での創作上演）』（一九八一年二月十一日人民日報掲載）

2、『珍惜愛和平（平和を愛することが大切）』（一九九六年十月二十六日人民日報掲載　文・蔣安全）

池上正治さん、中国への思い

李景端

池上正治さんは、まさに「中国迷（熱狂的な中国ファン）」と呼ぶにふさわしい。一九六七年以来、百二十回中国を訪れた。九〇年代にはほぼ二か月に一度であった。すでに中国の三十一の省・市をまわった。頻繁に中国を訪れるが、別に公務でも商務でもない。彼は日本で決まった仕事を持たない。彼いわく、ただの「フリーのもの書き」だそうである。

今年五十一歳の池上さんは、戦後生まれの日本の新しい世代に属する。彼は戦争の反省から、中国を知る必要性を深く感じた。そこで、反対を押し切って、毅然として東京外国語大学に入り、中国語を専攻した。一九六七年、大学在学中に、好奇心で胸をいっぱいにして初めて中国に入った。当時、中国はまさに「文革」の只中だった。しかし、中国で起こったその一切の出来事が、不思議なほど彼をひきつけた。

大学卒業後、彼は中国を観察・研究・宣伝する長い道のりを歩み始めた。初め、彼はしばしば日本の企業や団体の招請を受けて訪中団を組み、当時中国が外国人に開放していた都市をほぼすべて歩いた。さらに多くの時間を中国を知るために使いたいと、彼は妻子を連れて天津にわたり、南開大学で一年余り外国籍教師を務めた。この期間、彼は蕭乾、諶容、李一氓、柯霊ら、たくさんの有名人たちと知り合った。中国との接触が多くなるほどに、中国文化に対する憧れは強くなった。彼は、中国は悠久の歴史を持つ「文明古国」であり、中国伝統文化が内包するものの豊富さは、まるで発掘を待つ豊かな鉱山のようだと感じた。また、現在日本の若者は西洋ばかりに熱中し、中国文化の奥深い魅力を知らない、と思った。そこで彼は決心し、中国文化を宣伝し、中日友好の種をまくことを目標とした。

彼は中国が開放している大部分の名所を歩き、十巻の『中国全紀行』を書く予定だという。最初の二巻『河北』と『天津』はすでに日本で出版された。また、中国気功を紹介した『「気」の不思議』や『中国貴州の旅』『仙境の地・青城山』などの本を出版した。中国文化は巨大な磁石のように、池上さんを強くひきつけた。内モンゴル、青海、チベット奥地の探検に参加した。賀蘭山・唐古拉山の厳寒や酸素欠乏の試練を受けた。「李時珍医薬祭」に参加して漢方薬標本の採集をした。伝説の「徐福」の足跡を尋ねて、中国における全路程で、この数千年前の故事について考証を行なった。老子の故郷に行って道家学説の起源を探った。四川、貴州、雲南などの少数民族のいる山村を何度も訪れて、百本以上のフィルムで貴重な資料を撮影した。大半の中国の伝統的な民間行事、例えばシーサンパンナの水かけ祭、濰坊の凧揚げ祭、湖南の龍船祭、洛陽の牡丹祭などなど、彼はどこにでも現れた。

一度、彼が日本のあんずの名産地更埴市に行った時、現地の人が「中国にあんずの名産地があるか」と彼に聞いたところ、彼は「杏」という字の入った地名だけでも十を下らないと答えた。そして、更埴市で「あんず旅行ツアー」を組んで、中国の杏の産地を見てまわったのだ。もちろん、山西の杏花村にも行った。

近年、彼は中国医学に熱中している。一連の中国医学書を翻訳し、中でも、七十万字にもなる『体系中国老人医学』は、一九九一年度日本翻訳文化賞を受賞した。彼は長きにわたる翻訳、著作、人々との交流、実地調査などを行なってきたことで、中国医学の専門家となった。日本東方医学協会の理事となり、『四部医典タンカ全集』を出版後、一九九六年には日本医療企画株式会社が新作の『チャイナ・ドラッグ』を出版し、現在、彼の中国に関する訳著はすでに二十部以上になる。彼の周りの一部の人は、彼が毎日のように中国をとび回り、中国についてばかり書いているのが理解できない。彼はいつもしみじみと言う。「中国は日々変化している。行く度に新しい感じがある。中国は見たいもの書きたいものが多すぎる」と。夫人の池上貞子さんも中国語に造詣の深い文学者だ。彼女は大学で中国語を教える他、現在、上海の老作家、柯霊の作品を研究している。

池上さんは日本で翻訳や著作を生業としている。決して華やかではないが、充実した日々をおくっている。中国にとって良いことならば、彼はいつでも力を尽くしてこれを行う。一九八八年、彼は初めてチベットに行った。図書館に日本語の本がないのを見て、日本に戻るや、あちこちから日本の科学技術、文化を紹介するような図書を集め、一九九四年、再びチベットに入り、新築のチベット図書館にこれら日本語の図書を寄贈した。彼はさらにシガツェに行って新しく建てた十代目パンチェンの霊塔に、翻訳した日本語版『パンチェンラマ伝』を献上し、この高僧に対する崇敬の念を示した。

池上さんは、台湾だけは行ったことがないので、近いうちに、台湾を含めた中国のすべての省・市を歩いてまわりたい、と言った。

（一九九七年五月三〇日掲載）

扶桑の国から友情を携えて

李彦春

湖南省桑植県では有名人賀龍が自慢、永順県は映画『芙蓉鎮』撮影地として注目されたところであるが、一九九四年から今日においては、日本人竹田幸子、と言うと、両県の人々が、よく知っているとうなずくのである。

竹田幸子さんは、中国の希望工程〔主として中国の貧困地区の児童就学を援助する活動〕の協力者である。毎年、神木扶桑の出ずる国日本から、深い愛情を胸に、湘江〔=湖南〕の地にやってくる。湖南から北上した所にある、寧夏回族自治区固原県の人々は大人も子どももみな「青い目をしていない外国人」竹田さんのことを知っている。

一九九四年より四年半の間、竹田さんは五千万円以上の募金をし、三千名以上の中国の児童を援助した。建てた校舎は二十四個所、その椅子と机は二百四十五セット、興した学校・企業は二つ、建てた図書館は七つ、大学奨学金によって八十三名の学生が来年大学を卒業する。

今年の夏、長江の大洪水のニュースが日本にも伝わった。竹田さんは湖南で資金援助した希望学校〔前述の「希望工程」により建てられた学校〕が四〇パーセントも水に浸かってしまったと知って非常に慌てた。彼女はあちこち奔走して、義援金を送ったり募金活動を行なったりした。来年一月、竹田さんは百五十三万円を携え、湖南省桑植県・永順県を訪れる予定だ。六度目の訪問である。

日本の兵庫県宝塚市の山腹で、六十歳の竹田さんが「日中友好の家」という表札のかかった木に寄りかかり、微笑みながら私たちを迎えてくれた。竹田さんの家がすなわち日中友好の家なのである。家の中には毛沢東の肖像画や「紅軍不怕遠征難」の拓本など、目を引くものがある。大塚有章の大きく引き伸ばした写真の下には四文字「未竟之路」とある。竹田さんは大塚有章の写真を見ながら、彼は彼女にとって「終生尊敬するお顔と高潔な人格を備えた」人なのだと言った。

大塚有章は、日本共産党員で、日本にマルクス主義を伝えた先駆者、河上肇の妹婿である。河上肇の影響を受けて、マルクス主義の信奉者となった。一九六二年、彼は「大阪日中友好学院」を設立したが、後日「毛沢東思想学院」と改名した。中国共産党の成功事例を紹介し、毛沢東思想を紹介し、日中友好青年を育成することを目的とした。彼らの教材は『中国革命史』『実践論』『矛盾論』『湖南農民運動考察報告』『共産党宣言』などだった。学院は中国の「三大規律、八項注意」にもとづいて規則を作った。課外に田畑を耕したり、鉱山、農村、一般の家庭に入って調査研究したり、訪問団を組んで中国革命記念の地を見学しに行ったりした。一九七二年、郭沫若が大塚の要望に応えて、「毛沢東思想学院」の旗に「実践」の二文字を書いた。それは理論と実践の結合を意味するものだった。学院は中日国交成立以前に中国との民間交流を行う数少ない団体の一つだったといえるだろう。

竹田さんが大塚有章と知り合ったのは、彼女が大学を卒業してからだった。彼女は将来について悩んでおり、体のこと（心臓病）も心配だった。その時、偶然に大塚の自伝『未完の旅路』を読み、大塚の非凡な志や高潔さに心服した。そして彼を訪ねた。一九六二年から一九七九年、竹田さんは「共産党の老兵」を称する大塚の後を追った。

一九七九年九月八日、八十二歳の大塚がこの世を去った。大塚の後継者として、竹田さんは師の創設した事業に対し、誓いを立てた。「学院の旗の色が変わることはない、先生の意志は私が貫こう」。一九九一年、「毛沢東思想学院」をさらに「関西日中交流懇談会」に改名した。中国の改革開放の流れの中、竹田さんは中国のために何かしたいと考えた。

一九九三年、彼女は北京中国青少年基金会を訪ね、中国にはいまだに貧しい地域や学校に通えない児童がたくさんいることを知った。また、六十万円で学校を一つ建てられることもわかった。彼女は中国地図を見ながら、毛沢東の故郷湖南省を指さした。そして、桑植県と永順県に最初の外国人たちがやって来た。教育援助は、貧困の差別を無くし、誰もが平等に、という、河上肇や大塚有章ら先人の理想と合致する、と彼女は言う。途中、何度も苦境に直面したが、竹田さんは大塚の遺影の前に跪き、静かに祈った。「先生、力を貸してください」。

彼女は「朝日新聞」に募金の広告を出した。百万円以上が「日中友好の家」に集まった時には、彼女は涙が出たという。彼女や活動家の人々は、援助金を持って毛沢東の故郷に赴いた。道の両脇で人々が歓迎してくれたことが彼女を励まし、純朴な土地柄が彼女をとらえて離さなかった。とりわけ、人と人との純粋な交流によって、生活の本質について考えさせられた。彼女は、日本の高度な科学技術を持つ社会では、人は機械のように懸命に損得勘定し、教育された人々は金属製品のように枠の中にはめこまれて、機械の償却に応じて人そのものまで削っているようだ、と言う。また、日本は生身で金属にぶつかっていく感じだが、中国人との交流は、「生身と生身」の交流があるという感じがする、という形容をした。彼女は桑植県で、一人の農民が急病になり、四、五人がすぐに戸板を外して患者を素早くのせて運んで行った、という一幕を見て心を打たれ、「思い出すと胸が温かくなる」のだった。

彼女は子どもたちに夢は何かと尋ねた。科学者、医者、教師、技術師、解放軍……などになりたいという子どもたちの回答は、彼女を何より喜ばせた。希望工程の希望を見た思いだった。彼女は再び大塚の遺影に報告した。この道は正しかった、と。会員の増加に伴い、募金額も増えていった。彼らは北方の寧夏固原県でも希望の道を開拓した。

援助を受けた女子中学生が日本語の本を買い、字を写し取りながら竹田さんに手紙を書いた。「私は今、日本語を自分で勉強しています。大きくなったらあなたの通訳をします。体を大切に、毎日気功をして、私が大きくなるのを待ってください……」。竹田さんは涙ぐんだ。四年前湖南入りした時、彼女は何かの見返りを期待していたわけではなかったが、四年たって、彼女や彼女の四百名の支援者たちは、本当にたくさんのものを得た。彼らは貧しいが裕福だとも言えるのだ、と彼女は言う。また、自分たちは「草の根」であり、「草の根」は微力ながらも多くの人を助けられる、まして大木なら言うまでもない。「草の根」の強靭さで大樹を動かし、大衆の支持を喚起したい、それこそが、大塚が総括した大衆路線を歩むという毛沢東思想の精髄の一つなのだ、と彼女は強調した。そして、厳しい戦争の環境において「小さな火種」が中国全土に広がったのは毛沢東が大衆路線を歩んだからこそだったのだと論証した。現在の環境は昔とは違うけれども、彼女は、その「草の根」の「小さな火種」で、より多くの子供たちが学び舎に通うのを助ける。そして、その火は必ず原野に燃え広がる大きな勢いとなると信じているのである。

（一九九八年十二月十三日掲載）

旧友の期待
——日本の元首相　村山富市氏を訪ねて

馬小寧

ふさふさと長い眉毛を持つ日本の元首相村山富市先生は、中国人民が深く尊敬する日本の政治家である。一九九五年に中国を訪問した村山先生は、盧溝橋の抗日戦争記念館を訪ねた初めての日本の政治家で、彼の示した高い見識と勇気は中国人民の心に深い印象を残した。今回、日本社民党の訪中代表団の顧問を務める村山先生は、海外からの来賓として、新中国成立五十周年記念式典に招待されて出席した。

九月三十日の夜、人民大会堂で催された盛大な建国記念レセプションの席上で、江沢民主席は多くの賓客の中からすぐに村山先生を見つけ出した。江主席は村山先生のテーブルに歩み寄り、村山先生の手を長い間固く握りしめ、深い気持ちを込めて日本語でこう言った。「友よ、ようこそおいでくださいました！」この感動的な一幕は、村山先生が長年携わってきた中日友好事業に対するこの上ない肯定であった。

村山先生は日本社会民主党の中日関係委員会の主席であるが、首相経験者でありながら党内の一委員会の主席を務めるということは日本では稀なことであり、このことからも村山先生が両国関係を重視していることが十分に見て取れる。初めての訪中から現在に至るまで、村山先生は七回中国を訪問している。彼は政治家の鋭い目で、中国に起こった変化を観察してきた。彼は、中国が実行した社会主義市場経済を基礎とする改革開放政策は、中国に未曾有の繁栄をもたらしたと考えている。また、中国の社会主義市場経済を高く評価し、「世界の中でも未曾有の壮挙」であり、全く新しい実験であり、この試みが中国に本当に巨大な変化をもたらしたと考えている。彼は、これが今後さらに大きな成功を収めるよう期待している。彼は、一つの強大な中国、平和友好外交政策を行う中国は、アジア太平洋地域及び世界の平和と発展に重要な貢献をするだろうと信じている。

中国が国を挙げて新中国成立五十周年を祝うこの期間に、招待されて訪中し、各祝賀行事に参加できたことを、村山先生は非常に喜んだ。この世紀の変わり目に行われた祝賀行事に参加して、彼は、健全で安定した中日友好関係を二十一世紀に向けて全面的に推し進めていく決心をさらに固めた。「良好な日中関係は両国人民にとっての幸福です。二十世紀の人類は二回にわたる世界大戦という惨禍を経験し、日本の侵略行為はとりわけ中国の人民に重大な被害をもたらしました。ですから、人類は智恵をもって、戦争は破滅しかもたらさないと認識すべきです」。ここまで述べて、彼は「前事を忘れず、後事の戒めとする」という中国の言葉を引用し、日本の若い世代に注意を促した。「日中両国の間に起こったこのような不幸は、両国の二千年にわたる長い友好的交流の歴史の中ではほんの一瞬ではありますが、日本人としてこの歴史を軽視する道理はない。このことを正視し歴史の戒めとして、歴史の悲劇を再びくり返さないようにして初めて、日中両国は真に心を通わせお互いに理解しあう友好協力関係を確立することができるのです。これは日中両国の友好関係を発展させる上で基礎となるものです」。

（一九九九年十月三日掲載）

民間交流に熱心な人

——石川好さんを訪ねて

于青

石川好さんは日本の作家であり日米関係の評論家であり、社会活動家である。主な作品に、『舌戦３６５０日』『親米反米嫌米論』などがあり、よく日本の新聞雑誌に政治評論などを発表している。現在は、日本二〇〇二年日中国交正常化三十周年記念委員会副委員長兼企画部長や日米青少年交流団体常任理事を務め、日本文学芸術新委員会、日本経済団体連合会、日本海外経済援助委員会等の委員である。最近、中国を訪れた石川さんが、北京で私の独占インタビューに快く応じてくれた。

記者　今回で中国は二〇〇一年に入ってから四度目の訪問だそうですね。中日民間交流活動に従事してきた期間はそんなに長くありませんが、現在、日本人の中で最も中日民間交流に熱心な人物の一人となられました。私たちは「これまでと違う新しい波が来た」という感じがしていますが。

石川　私はアメリカに長く住んでおりましたし、政治家でもなく、企業家でもなく、ただの作家です。昔は中国のことは本当に何も知りませんでした。昨年初めて中国に来まして、日本人が中国について大いに誤解しているということがよくわかりました。それで、日中両国の相互理解を促進するためにできることをしようと決心しました。

記者　石川さんは中日両国の民間の有識者の交流に、実のある貢献をしていらっしゃいました。二〇〇〇年には、百有余名の日本人まんが家代表団を引率して中国にいらしています。今年は三十人以上の中小企業家の代表団を連れていらっしゃいました。その中の大多数が初めて中国にいらした方だったそうですね。

石川　私の体験からいって、中国を理解するのに最も良い方法は、中国を実際に見せることです。中国のことがわからない外国人ならなおさらです。今回中小企業代表団の中国訪問が終わった後、不動産業を営む高田さんという社長さんが、「以前、中国の投資環境がやや改善して、二〇〇一年には、日本企業の対中国投資は大幅に増加したと聞いたが、保険係数を高くするため、慎重に考え、五年後以降中国で投資をしようと決めた。しかし、今回中国に来て非常に驚いた。以前の決定はまったく実情にそぐわないと感じた」、と言っていました。また、携帯電話技術開発企業の荒川取締役社長は、「今までのところ、携帯電話という商品ではみな欧米企業との提携協力だった。日本企業は携帯電話の中核となる技術を持っていても経営が不得手で、現在のような欧米ブランドの携帯電話主導の市場になってしまった。今回中国に来た収穫は大きかった。日中両国企業が携帯電話という分野で提携協力すれば、きっと大きな成果があると思う」と言っていました。多くの企業家が同様の意見を持っていました。自分の目で見た中国は聞き知っていた中国とは違うと認めたのです。

記者　二〇〇一年に日本の一部のメディアが「中国経済脅威論」というような文章を書いていますが、これについてはどうご覧になりますか。

石川　私は、これは一部のメディアが故意に煽《あお》ったものだと思っています。その背景には、日本経済の長年の低迷で自信を失った一部の人々の、自分のことを棚にあげて他人を恨むといった風潮があります。一部のメディアがこれらの人々の心理に迎合したのでしょう。実情を知る人はだれも信じません。目下、中国に旅行に訪れる日本人は相変わらず多く、中国に投資する日本企業家も少なくない。この点からだけでも、「中国経済脅威論」などというものが絶対多数の日本国民の間で広がるはずがないといえます。

記者 先日、朱鎔基総理と会見した時、何か提言をされたそうですね。

石川 日本二〇〇二年日中国交正常化三十周年記念委員会には多くの民間企業の有識者が参加しています。ソニーの出井伸之会長は委員長を務めています。副委員長は、NTTドコモの大星公二会長、新日鉄の千速晃社長、トヨタの張富士夫社長などです。朱鎔基総理の会見の中で、私が提案したのは、中国文化部や外交部など関係各機関以外に、中国民間企業の有識者も中国側記念委員会へ参加してもらい、知恵を出し合って、記念行事をより良いものにしたい、というものでした。朱鎔基総理はこれに同意を示し、中国国際貿易促進協会会長の兪暁松氏に調整を任せるという指示をされました。

記者 三十周年の記念活動について、日本側記念委員会の主な構想は何ですか。

石川 私たちは記念活動を行う過程も、交流を拡大し、理解を深める過程だと思っています。まず、より広い地域で記念活動を行いたいと思っています。多くの日本人の印象にある中国といえば、北京と上海くらいで、西部内陸地区については知識に欠しい。私たちは一部の記念活動を日本人があまり知らない西部内陸地区で行おうと考えています。次に、記念活動を、より斬新で、より多くの人を引きつけ、参加を促すような活動にするよう努力するつもりです。伝統的なもの以外に、できるだけ若者が参加するにふさわしいものをやらなくてはと思います。例えば音楽祭、ロボット設計大会、コンピューターゲーム大会、青少年の交換訪問などです。若者世代に交流の中で、理解を深め、友情を結んで欲しいと思います。まさに朱鎔基総理がおっしゃったように、日中国交正常化三十周年を契機として、日中両国の世々代々の友好を促進したいと思います。

記者 お忙しい中、インタビューを受けていただきまして、ありがとうございました。

（二〇〇二年一月一日掲載）

夕陽が遅いと言う莫《なか》れ

――中日友好のために実質的な貢献をした笹川親子

高海寛

ここ百年の中日関係は複雑に曲折し、驚くような人物や出来事が少なくなかった。戦前の日本右翼のドンが、晩年、有名な中日友好活動家になろうとは、普通にはなかなか想像し難いことである。「笹川日中友好基金」創始者、笹川良一さんがその人である。

笹川さんは日本の社会活動家であったが、一九三〇年代には、「国粋大衆党」総裁を務めた、有名な右翼の首領だった。戦後、競艇、オートレースを手がけ、巨万の富を築いた。長期にわたって日本船舶振興会会長を務め、笹川平和財団、造船振興財団など数十団体の首脳でもあった。「世界は一家、人類は皆兄弟」と主張し、百億ドル以上出資して、医療、教育、文化、災害救済など、たくさんの公益事業、慈善事業を行なった。彼の行動は日本社会に大きな影響を与えた。

歴史的な要因で、笹川さんは長い間中国と交流が無かった。しかし、世の中は激変し、一九七二年の中日国交回復、そしてとりわけ両国が平和友好条約を締結し、中国で改革開放が実施されるようになってから、中国及び中日関係の大きな発展と変化を目の当たりにして、笹川さんの考え方は強く揺り動かされた。彼は、日本は過去の侵略戦争について反省と懺悔をすべきであり、「それでこそ日中友好がアジアの平和と発展を保障できる」と考えた。「日本は歴史上、中国の恩恵を受けてきた。中国は日本の最も尊敬すべき兄なのだ」と言い、彼は実際に行動し、時代の流れにのった。中日友好事業を始め、中国への「恩返し」をするようになった。

笹川さんが一大決心をして中日友好活動に毅然と取り組んだことに、中国首脳部も注目した。鄧小平氏は、彼が「義を重んじる」人間であると称賛した。一九八四年、笹川さんは初めて中国を訪れた。翌年、八十六歳の高齢で、再度訪中した。鄧小平氏は北京で彼に会見した時に、自分たちは百年近い日中関係の生き証人だ、二十一世紀には両国のため、共に、より努力しようではないか、と言った。笹川さんは、「六十年戻ったつもりで」日中の平和友好のために、より多くの活動をしたいと答えた。

笹川さんはその傘下に日本船舶振興会（後に「日本財団」と改称）、笹川平和財団、笹川保健協力財団、日本消防協会など多くの民間団体をもち、中日友好活動を熱心に展開した。自ら広東に赴き、ハンセン病研究所の建設に無償援助をした。「笹川医学奨学金」を設立して二十億円を無償で提供し、中国の医師千名に日本で研修させた。大興安嶺火災、江蘇省や安徽省の水害、雲南地震などに熱心に義援金をおくった。

一九八九年十二月には、五十億円を出資して「笹川日中友好基金」を設立した。中日間の政治・経済・文化・教育などの分野における友好交流活動に無償で利用させるというものだった。一九九三年、笹川さんはこの基金を百億円に増額した。日本最大の民間の対中国友好基金となり、中日民間友好交流に積極的な役割を果たした。この他、六百名の日本の青年を集めて「友好の船」で訪中し、天皇の訪中を熱心に推進し、中国の平和統一事業を支持し、南太平洋の島国九か国の元首を連れて訪中した。

一九九二年秋、笹川さんは黄華氏を団長、葉選平氏を最高顧問とする大規模な代表団を日本に招待し、中日国交正常化二十周年を共に祝った。彼は興奮気味にこう言った「日中関係が安定から発展へ、交流から協力へと歩んでゆくのを見ることができて、私は本当に嬉しい」。この言葉は彼の真実の気持ちを語ったものだろう。気付くのに早い遅いは有っても、友好には先も後も無い。笹川さんは人生最後の十年に、力の限り、中日友好に溢れる情熱を注いだ。鄧小平氏は一九八七年十一月に再訪中した笹川さんに会見した時、笹川さんが中日友好のために為した努力を称賛した。その後、笹川さんは、一九九五年七月に病死するまで、九十六歳の高齢になっても、病床から「友好基金」の交流の情況を気にしつづけていた。

世代を越える友好は、父から子へ引き継がれた。二十世紀八〇年代以来、笹川さんの第三子、笹川陽平さんは、父の「笹川日中友好基金」設立を手伝い、中国との交流のために多くの仕事をこなしてきた。笹川良一さんが亡くなった後は、陽平さんが日本財団の理事長や「笹川日中友好基金」の委員長職を引き継いだ。彼は「父はこの世を去りましたが、彼が始めた『笹川日中友好基金』は続けていきたいと思います」と言った。また彼は「日中両国は実際に行動してこそ相互の信頼関係を築ける」と考えている。

笹川陽平さんは浮ついた言動をすることのない人で、着実に実務をこなす。彼は一九八五年、父に従って訪中して以来、五十回近く中国を訪れ、中国各地にその足跡を残している。「笹川日中友好基金」はますます盛んとなり、中日双方はこの基金を利用して二百以上の交流活動を行なってきた。市長から企業家までが利用し、金融証券、エネルギー、税関、服飾、サービスなど各方面で、八十余都市・地域の、三千人近い中国人の訪日を企画し、受け入れた。政府機関、行政管理、医学、障害者、環境保護、青年など各種視察団が日本に派遣された。写真、絵画芸術の展覧会が催され、新聞、テレビなどの文化活動が十以上行われた。日本側は中国で何度も中小企業や市場経済、企業管理学などの学習会を行い、日本の市場経済や企業経営などの経験を紹介し、幾度となく中国側の経済管理など各方面の専門人員の研修生を受け入れた。また、日本側は中国と経済協力を行うために、何度も日本の若手議員代表団を組んで訪中し、中国の国営企業改革や農村経済、投資環境、南水北調プロジェクト〔南方の水を北方に引くというもの〕などを視察した。教育方面では、日本側が近年また中国側と協力して、中国の十三の大学で「笹川日中友好奨学金」を設立し、五百名以上の優秀な学生が奨学金を獲得した。日本では「中国留学生奨学金」を設立し、在日中国人留学生を資金援助した。そして中国に向けて二百名近い日本語教育専門家を何回も派遣し、また中国のたくさんの大学に大量の図書を贈った。

交流活動の実施過程において、笹川陽平さんは何事も自ら骨を折った。自ら計画準備し、確実に実行した。近年、笹川陽平さんの主導で、「笹川医学奨学金」が二十年に拡大され、さらに千名の中国の医師を援助する計画だ。同時に、中国西部開発、辺境地区の貧困救済、環境保護、安全対策などの分野で協力と交流を強めた。

笹川親子が中日友好交流のためにしてきた慈善事業や実利的な事業は各方面で称賛されている。彼らは中日友好の情熱と信念をもって、これに接した中国人にも大きな影響をあたえてきた。笹川良一さんから陽平さんまで、彼らを通して、ある一側面からの中日関係の歴史と発展が映し出されている。

（二〇〇二年四月十九日掲載）

诚信相交

誠意と信頼の交流

鄧副総理　東京での記者会見

新華社記者

新華社東京十月二十五日　鄧小平副総理は本日午後、日本記者クラブが東京で主催した記者会見に出席し、四百名余りの日本の記者と各国の特派員に向けた談話を発表後、記者の質問に答えた。

平和を求めるなら覇権主義に反対しないわけにはいかない

鄧副総理は、質問に答える中で、中国政府の覇権主義に反対する立場を重ねて表明した。彼は覇権主義に反対することは中日平和友好条約の核心であると指摘した。「我々が平和と友好を求め、アジア太平洋地域の平和と安全を図り、世界の平和と安全を図るには、覇権主義への反対が不可欠だからだ。日本政府は全方位外交を国策と定めており、それは非難の余地のないことである。個人的には、いわゆる全方位外交とはどの国家に対しても友好を求めることだと理解している。この意味で言えば、中国の外交もまた全方位外交である。ただし、中国の外交にはその上に以下の一条が加わる。それはすなわち覇権を唱える者には、必ず反対するということだ。中日平和友好条約の包括する意味から言えば、もし誰かが覇権主義を以って日本に影響を及ぼそうとするなら、おそらく日本国民は賛成しないだろうと私は思う」。

中日の経済協力の余地は大きい

鄧副総理は中日関係について、経済面で協力できる余地は非常に大きいと述べた。「我々が日本に学ぶことは非常に多く、日本の科学技術から資金に至るまで、援助の手を借りる必要がある。両国の間では既に一件、長期貿易取り決めが調印された。しかし、それ一件だけでは不十分である。これは二百億ドルの援助であるが、さらに二倍から三倍の援助が必要である。我が国の発展が始まれば、交流の道は更に広がる」。彼は言った。「ヨーロッパの友人が『あなたがたと日本はこのように交流が多いのだから、私たちがすることは何もないのではないですか?』と質問したので、『心配御無用です』と答えた。彼らには日本と競争してほしいものだ」。

鄧副総理はまた次のように述べた。「平和友好条約の締結とその発効は、今後両国人民の協力関係を当然強化するだろう。両国の政治、経済、文化、科学など各方面での協力は一層の発展を必要としている。両国人民の交流は留学生の派遣、視察、訪問など、民間でも増進しなければならないし、政府間の接触も増やしていかなければならない。これらの方面では、形式を定める必要はない。この点は、我々と福田首相との会談の時に一致した見解を見出した」。

鄧副総理は借款問題について答えた際、「日本政府が借款を供与する形式については、まだ考慮していないため、今後この問題について検討しなければならない」と述べた。

日本の記者が釣魚島問題について質問した際、鄧総理は次のように述べた。——「尖閣諸島」を我々は釣魚島と呼んでいるが、名前の呼び方も違えば、双方の考え方も違っている。中日国交正常化が実現したころ、我々は双方ともこの問題に触れないことを取り決めた。今回中日平和友好条約について話し合う際も、双方この問題には触れないことを決めた。この問題に関してあら探しをし、中日関係の発展を妨害しようと考えている者もいるが、そのようなことをすれば両国関係の発展の障害となる。我々は、両国政府がこの問題を避けるのは賢明であると考えている。このような問題は放置していてもさして重要ではない。十年は棚上げしても構わないであろう。彼は、この問題を解決するのに、将来的には必ずお互いに受け入れられる方法が見つかるだろう、との見解を示した。

中国は四つの近代化の実現に自信がある

中国の四つの近代化問題に対する日本の記者の関心は高かった。鄧副総理はこのように答えた。「中国は自身の目標を確定した。それはすなわち今世紀中に農業、工業、国防、科学技術を近代化することである。我々の言う今世紀末に実現する近代化というのは、今世紀末の水準にまで近付けるという意味である。世界は今、猪突猛進の勢いで前進しており、世紀末の平均水準は、例えば日本の水準は、現在の水準に留まってはいないはずである。我々が現在の日本、欧米、アメリカの水準に到達するのは容易ではない。まして、二十二年後の平均水準に近づくのは更に困難であろう。我々は冷静にこの困難を予測したが、それでもやはりこの壮大な志を掲げた。我々は我が国の必要条件についても考察した。特に重要なのは、現在我が国の人民全体が心をひとつにし、結束していることだ。これは、『四人組』の打倒以来形成された良好な政治情勢である。二つ目は、我が国は依然として貧しくはあるが、資源は比較的豊富であること。三つ目は、正しい政策を行わなくてはならない、つまり、よく学ばなくてはならない。現在の国際的な先進技術と、先進的な管理方法を、我々の発展の起点としたい。まず我々の後進性を認めることだ。真摯に後進性を認めれば希望はある。そしてよく学ぶことだ。今回日本に来たのは、日本に教えを請うためである。我々は全ての先進国に教えを請う。第三世界の貧しい友人たちの良い経験に教えを請う。このような姿勢、政策、方針に基づけば、我々には希望があると信じている。我々はこのように確信している」。

日本政府と人民の厚情に感謝する

鄧副総理は、この度の訪日の感想を述べた。「今回日本に来て、日本政府と国民の皆さんの厚情に満ちた歓迎を受け、とても感激している。今回、福田首相とは国際情勢と両国の問題についての十分な意見交換ができた。重要なのは、両国の指導者が毎年度々話し合いを持つことで、得るところは必ずある。各方面で温かい歓迎を受け、我々は非常に満足している。我々は喜びをもって東京を訪れ、喜びをもって北京に戻ることができる」。

また、「今回、我々は天皇陛下から丁重なもてなしを受け、非常に感謝している。天皇陛下との会見は決して短い時間ではなく、食事をしながら二時間以上に及んだ。双方の話は過去にも及んだが、我々は天皇陛下がより未来に目を向けておられることに気がついた。天皇陛下は中日平和友好条約の調印に深く心をかけられており、我々は大変満足している」と述べた。

鄧副総理の談話は盛大な拍手によってしばしば中断された。記者会見の終わりには、記者団一同が立ちあがって、長い時間、惜しみない拍手を送った。日本記者クラブの責任者は、鄧副総理に記念品を贈り、記念のサインを求めた。

廖承志、黄華、韓念龍、符浩、李力殷など諸氏がこの記者会見に出席した。

（一九七八年十月二十六日掲載）

友好のハプニング

新華社記者

〈新華社　東京〉最近、日本の読売新聞社が主催する一九七八年度ニュース写真年間賞の結果が同紙に発表され、『友好のハプニング』と題する写真がグランプリに輝いた。

この写真は、奈良県生駒市に住む松田定明さんという青年が撮影したもので、昨年の秋に鄧小平副総理が奈良県を訪問した際、ちょうど結婚式を挙げていた一組の日本人夫婦を祝福する様子を生き生きと記録している。

一九七八年十月二十八日、鄧副総理は日本の古都奈良を訪問していた。日本の風俗習慣に照らしていうと、この日はちょうど「大安吉日」で、おめでたい日に当たり、多くの若者がこの日を選んで結婚式を挙げる。奈良県と奈良市が合同で開いた、中国からの賓客を歓迎する盛大なパーティーがそろそろ終わろうとする頃、鄧副総理と卓琳夫人は隣の会場で一組の若い日本人カップルが結婚披露宴を催していることを知った。そこで、パーティーが終わってから、鄧副総理と夫人は興味津々に披露宴会場を訪れ、若い新婚夫婦に心からの祝いの気持ちを伝えた。鄧副総理は新郎新婦と握手を交わし「彼らが共に白髪が生えるまで永遠に幸福であるように」と祝辞を述べた。鄧副総理の突然の臨席を得て、新婚夫婦は喜びに満ちていた。会場には熱烈な拍手と歓声が沸き起こり、彼らは感激のあまり、しばらくどうしたら良いか分からなくなったほどだった。披露宴の招待客の中にいた写真愛好家の松田定明さんは、感激しつつ、この記念すべき場面を撮影した。彼はこう述べている。「そのとき私は思いました。何という得難いハプニングだろう！　これは大変なことだ、と。私はじっとカメラをかまえ、鄧副総理が歩いてきた時、息をころして、震える手でシャッターを切りました」。

松田さんは「この写真がグランプリをいただいたあと、私は新郎新婦にこのことを伝えました。二人はたいへん喜び、これは自分たちの記念であるとともに、日中友好を促進する上で、これほど喜ばしいことはないと言っていました」。

読売新聞社の写真部の田中秀男部長が、この優秀な作品について次のように述べている。「鄧副総理と新婦が握手している時の副総理のちょっとテレたような顔、思いがけない光栄に浴して直立不動の新郎、この喜ばしい情景を見つめている廖承志夫人の経普椿さん……役者はすべてそろいました。この写真は、鄧副総理の率直な人柄と日本国内の日中友好ブームを雄弁に物語るヒューマン・ドキュメントです」。

（一九七九年二月六日掲載）

一枚の証書にこめられた思い

陳泊微

一台の車が東京工業大学の正門をくぐった。車中に座っていたツェシャルツさん（中国のダフール族）は、とても興奮していた。彼はキャンパスの風景を眺めながら、ゆっくりとした、しかしなかなか達者な日本語で、傍らの同窓生、古賀新蔵さんに話しかけた。「ずいぶん変ったねえ！　確か当時は校門をくぐると、大きな広場で、あちこちに芝生が植えられていたけれど。今は、広場がなくなって、建物がずいぶん建ったんだね！」

それは今年十月十七日午後のことだった。ツェシャルツさんは東京工業大学を離れてから三十五年ぶりに、母校の門をくぐったのである。

中国の内モンゴル工学院副院長となったツェシャルツさんは、内モンゴル科学技術教育訪日代表団の一員として東京にやってきた。この時、彼は自分が若い時留学した東京工業大学を訪れたのだが、母校を見学したり、先生や学友に会ったりという以外に、彼の一生涯で、記念するに値する、やり残していた大切な使命を果たそうとしていた。

それは、卒業証書を受け取ることであった。しかしこれは彼にとって思いがけないことだった。

それにしても、今回あらためて彼に授与される卒業証書のために、いや、それよりもまず、彼を探し出すために、彼の同窓生、古賀新蔵さんたちが、どれだけ時間を費やし、頭をひねったことだったろう！

一九三四年、若いツェシャルツさんは中国から日本へ紡績を学びにやってきた。一九四五年三月、彼は他の学生と共に卒業試験を通った。だが、卒業前の工場実習の段になって、問題が発生した。日本が日増しに敗戦の色を濃くしていた時期で、外国人留学生を差別していた日本当局が、外国人留学生が日本の工場で実習することを認めなかったのだ。大学が規定する工場実習を終えなければ、卒業証書は受け取れない。紡績学科主任の内田豊作先生をはじめとする人々が、窮余の一策を考えた。大学当局に頼んで、ツェシャルツさんに特別な許可を与え、彼を中国に帰国させ、東北地方の紡績工場で実習を完了すれば、半年後、東京工業大学に戻って卒業式に参加し、卒業証書をもらえる、というものだった。

一九四五年三月、ツェシャルツさんは祖国の東北地方に戻り、瀋陽と内モンゴルの紡績工場で相ついで実習を行なった。ところがそれからしばらくして太平洋戦争が終わりを告げ、これ以後、母校の先生や友人たちとの連絡が断たれてしまった。

一九四五年九月、日本の敗戦後、混乱した情況の中、ツェシャルツさんの友人たちは、あわただしく行われた卒業式の後、東京工業大学を離れた。それからずっと経った九年後の一九五四年、この期の卒業生は、ようやく卒業証書を受け取った。しかし、卒業生名簿の中に名を連ねているツェシャルツさんがどうなっているのか、だれもわからなかった。

長い歴史の河が流れ、長い年月が過ぎていったが、中日両国民の友情は途絶えることなく育っていった。ツェシャルツさんと仲の良かった古賀新蔵さんは、日本国際貿易促進協会関西本部専務理事を務めていた。何度も中国に渡り、機会があるごとにこの同窓生の消息を尋ねたが、ようとして行方が知れない。

しかし古賀さんはくじけることなく、ついこの間ようやくツェシャルツさんを探し当てたのだ。この嬉しい知らせは、すぐに日本の同窓生の間に広まった。彼と連絡もついた。古賀さんと、もう一人の同窓生――東京工業大教授で工学博士の石川欣造さんが、今年、北京で相前後して、ツェシャルツさんと対面した。実に三十五年ぶりの対面だった。彼らにとってどんなに嬉しいことだったか！　言葉では言い尽くせない同窓の友情がそこにあった。古賀さん、石川さんらは一つの目標を立てた。それが、この中国の同窓生にも、彼らと同じように正式な卒業証書を受け取らせようというものだったのである。

同窓の誼、友情に加え、日本人特有の真面目さが、今年十月十七日、この目標をとうとう実現させたのだった。

東京工業大学の会議室で、ツェシャルツさんは、古賀・石川両氏の同窓生と一緒に、当時、彼に温かく接し、見守ってくれた担任の先生、現東京工業大学名誉教授の内田豊作先生に会った。当時壮年だった先生が、今では八十一歳だ。しかし、その精神のかくしゃくたる様子はどうだろう。痩せた顔が輝いてみえた。

「ツェシャルツ、私はこの名前を忘れたことはなかった。三十五年が過ぎたけれども、会ってすぐ君とわかった」。内田先生は驚きと喜びの面持ちで、自分が受け持った中国人学生をしげしげと見つめた。目の前に座った、この還暦になる、すこし頭のうすくなった、しかしたくましい体つきの中国人は、やはり当時の、あの若くて純朴な学生の面影を持っているではないか。

老教授は、自分の元教え子の生活を気にかけ、彼の奥さんや子どもの様子を聞いたり、彼がどんな風に中国の革命に身を投じ、どんな風に「十年動乱」を乗り越えたかといった波乱万丈の経歴に耳を傾けたりした。この教え子を前に、教授は話が尽きないようだった。しかし、卒業証書授与を予定していた時刻になった。教授は、今は年をとったかつての教え子を連れて校長室に行った。数名の同窓生がすでにそこで待っていた。彼らは皆、様々な仕事をしていたが、この卒業証書授与式のためにやって来た。例えば大島猛さんという企業家は、大阪から駆けつけたのである。日本の人々は、このように同窓の友情を大切にしているのである。

式は簡略に、しかし厳かに行われた。教授や同窓生たちの拍手の声と、記者たちのシャッター音の中、東京工業大学工学部の関口利男部長が、校長に代わって、当時の日付――「一九四五年九月二十九日」と記された、第二六八一号卒業証書を、三十五年前の卒業生、ツェシャルツさんに授与した。証書にはちゃんと、当時の校長、和田小六（故人）の名前が記されていた。ツェシャルツさんは先生や同窓生の祝福を受け、ほほえんで、彼らに感謝の意を表した。

「今日のこのような卒業式は、いまだかつて聞いたことがありません。これは母校の先生方、内田先生や同窓生が骨を折ってくれたおかげです。そしてまた、中日友好のおかげです」。

ツェシャルツさんは名残惜しそうに母校の門を出た。彼の鞄の中には、あの第二六八一号卒業証書が大切にしまわれている。この証書は、青春の懐かしい思い出を呼び覚まし、彼に友情の力を与えるのだった。

卒業証書を受け取った後、彼は、十数人の同窓生が彼のために開いてくれた「同窓会」に出席した。十月十七日、この日、彼は温かい友情に包まれて過ごした。

第二六八一号卒業証書は、一つの友情の象徴である。三十五年の間に、世界では色々な変化があった。しかし、善良な日本人たちの心にしまわれていた友情は変わらなかったのだ！

第二六八一号卒業証書はまた、歴史の一つの証明書でもある。三十五年の間、歴史は足早に進み、中国では革命が成功して新たな時代を迎え、日本も大きく変化した。中日両国の関係はあの悲劇の時代から、両国民が共に友好を喜ぶ、明るい、新しい時代に入ったのだ……。

（一九八〇年十一月三日掲載）

誠信相交

風雪横浜の夜

冬明

二月のある日、記者は横浜へ取材に行き、横浜華僑総会を辞したときにはすでに夕方だった。外に出ると、寒風が空を覆う大雪を巻きあげ、体や顔に打ちつけてきた。屋根にも路上にも雪が積もっていた。

私は雪がそんなに積もらないうちに、車を運転して東京へ戻ろうと思っていた。しかし、道をよく知らなかったので、何度も間違った脇道に入ってしまった。苦労してやっと高速道路を探し当てたが、入口には「通行止」の看板が立ててあった。高速道路は封鎖され、どんな車輌も通ることはできなかった。

雪はますます激しく降り、風もますます強く吹く。街灯もすでに灯り、空腹になってきた。どうしたらいいだろうか。すぐに東京へ戻るにも、車を放っておくわけにはいかない。この難局の中、私は突然横浜に住んでいる日本の友人、米山さんを思い出した。米山さんは幼い頃北京で生活したことがあり、一昨年訪中したときに北京で私と知り合って、私が横浜に来たときも交流があった。今は彼に助けてもらうしかない。ただ惜しいことに、彼の電話番号を忘れて来てしまった。

車を降りて五分ほど歩くと、ガソリンスタンドがあった。そこの電話帳で米山さんの家の電話番号を探し当て、ダイヤルした。

電話から米山さんの奥さんの声が流れた。私の話を聞き終わると、奥さんは急いで言った。「あなたは動かないでくださいね。お父さんがすぐにお迎えに行きますから……」。

米山さんの家は横浜市西区楠町にあり、今私がいる横浜市東部の加賀町までは、普段でも車で三十分くらいかかる距離であり、このような大雪では少なくとも一時間はかかる。大雪の中、米山さんと彼の次男で大学生の操君が車で迎えに来てくれた。夜もふけて人もおらず、ガソリンスタンドは既に閉まっていた。米山さんはチェーンを持って来ていて、雪の上に膝をついて私の車のタイヤに装着しようとしたが、サイズが合わなくて装着できなかった。私は傍らに立って寒さに震えながら、何もできなかった。上り坂で滑るのを防ぐために、私たちは回り道をして米山さんの自宅まで行くことにした。

横浜の大通りには、歩く人は途絶えていたが、車はかじかんだ長い龍のように数珠つなぎになって運転が大変だった。加賀町のガソリンスタンドから米山さんの家までたっぷり四時間もかかった。途中で米山さんは何度も彼の車を停めて、私に運転できるかどうか尋ねた。操君は私の隣に座り、何度も降りては地形を見てくれ、車の上に積もった雪を払い、電話で自宅と連絡をとった。米山さんの長男の雅之君も仕事から戻ってこのことを聞き、すぐにやってきて私の車がこの運転しづらい道を無事走れるよう助けてくれた。奥さんは寒風と大雪の中に立って、じりじりしながら私たちの無事の帰宅を祈っていたという。

米山さんの家に到着したときは、すでに深夜十一時を回っていた。奥さんはすでに茶や料理を用意し、雨靴と雨傘まで準備していてくれた。雅之君と操君は駐車場の雪を掃除し、私の車を入れてくれた。米山さんは自分の車を他の場所に移してくれたのだ。奥さんは私に食事をすすめ、家に泊まるようにと言ってくれた。米山さんが一家四人総出で一人の中国の友人を助けるために雪の中を四、五時間も奮闘してくれたことを思い、私はこれ以上彼らに迷惑をかけることに耐えられず、婉曲に主人の好意を断り、電車で東京へ戻ることにした。米山さんの奥さんがわざわざ駅まで送ってくれて、本当に申し訳ない気持ちになった。

横浜から東京へ向かう電車の中は閑散として乗客もほとんどいなかった。家に着いたのは夜中の一時を回ったころだったが、突然電話が鳴った。受話器を取ると、米山さんの声が聞こえた。「無事にお帰りになりましたか。安心しました。あなたの車は後日お送りしましょう。でも、どうしてあなたは私が車を停めているときに帰られたのですか？　母さんはずっと、どうして引き止めなかったのかと文句を言っていましたよ。こんな雪の中を一時間以上もかけて東京に戻るなんて、風邪をひいたんじゃないかと……」。

この夜、私は感激と申し訳なさが交錯して、なかなか眠れなかった。

（一九八四年三月二十五日掲載）

記者の追記

文中の米山さんとは、米山登氏のことである。彼は人民日報の長年にわたる古い友人であり、日本に駐在する中国人記者の良き友人である。

筆者と米山さんは一九八〇年に知り合った。当時、彼は、人民日報が受け入れ役を務めたツアーに参加して北京を訪れた。彼は子どもの頃に北京に住んでいたことがあり、早くから北京を訪れたいと思っていたらしい。その後は自然に人民日報との交流が始まった。人民日報の人間が日本を訪問する際、彼はそれを知ると必ず、ホテルまで訪ねてきてくれた。八〇年代、中国人は日本や日本人についてあまり知らなかったので、日本を訪問した人が、普通の日本人の生活を理解し、日本人の家庭を見てみたいと思う時（例えば「畳」とは何か見てみたいなど）、私はいつもその人を米山さんの家に連れていって「見学」した。米山さん一家はいつも温かく歓迎してくれた。時が経つうちに、日本に駐在する他の中国人記者や東京に住む中国人留学生たちも、彼の家の客になった。

米山さんはもともと自宅近くのマツダ自動車を経営し、夫人は家庭の主婦で、後には経営を息子に任せるようになった。米山さん一家は、中国とは商売上の関係は何もない。彼と中国人との交流、人民日報との交流は、完全に普通の日本人と普通の中国人との交流であり、しかも二十数年にもわたる。これは非常に貴ぶべきことである。彼らの一家から、普通の日本人たちの真心を見てとることができる。

友の願い

任紀

初めて会った時、彼には見覚えがあると思った。中国の大学の教壇の上か、あるいは実験室で彼を見たことがあるように思った。彼は、その態度や風貌を見ても、あまりにも普通の中国の知識人のようで、加えてかなり標準的な普通話〔中国の標準語〕を話すので、まるで故郷で昔からの知り合いに会ったように感じられた。

鈴木輝康氏は三十二年前に中国から日本に帰ってきて、当時はまだ十三歳だった。その頃の日本社会は、反中国的な雰囲気がかなり濃厚であり、新中国から帰国した日本人は「アカ」に染まっているという疑いを逃れられず、特別な「配慮」をされた。しかし、そのような差別的な目は、かえって彼らを発奮させた。その後、彼らの殆どは学業で成果を上げ、専門技術を持ち、日本社会にしっかりと足場を築いた。十三歳というのはすでに記憶が失われにくい年齢であり、鈴木氏の若い頃の生活体験は、彼の心を中国と分かち難く結びつけていた。彼は中国の順調な、あるいはつまずきながらの歩みに対していつも強い関心を持って見ており、心の中には喜びと憂慮の波が激しく揺れ動いていた。

彼は食品衛生検査に従事する専門家として、中国の食品衛生に特別関心を持っていた。「中国の食品工業は大いに発展が必要で、衛生検査は人命に関わる大事です。軽視することはできません！」。彼は、中国は現在既に食品衛生管理法を制定したが、多くの細則はなお速やかに改善しなければならないと言って、中国の食品工業にとって少しでも助けになるようにと、私たちに日本の食品衛生法と多重検査制度を詳細に説明した。話の途中で、彼は中国から輸入したラッキョウの缶詰を取り出して、ぽこんと飛び出た表面を指さして言った。「はじめはこの缶詰には衛生的な問題があると思ったのですが、検査をしてみると細菌はありませんでした。でも、詰め過ぎたのでこのように出っ張ってしまったのです。外見が悪ければ値段も低く抑えられてしまい、あなたがたは二重に損をするんです」。

鈴木氏は中国の歴史や文化に対しても大変興味を持っていて、彼のオフィスの机には李白や杜甫などの漢詩朗読テープがある。彼は感慨深そうに言った。「中国にはこんなに豊富な歴史的文化的資源があるのに、十分に利用してないですね。このテープは日本円で三千二百円ですが、お金はすべて日本の出版社の儲けになってしまいます。中国は何ヶ所か、サービスの専門学校を作るべきです」。

彼は中国の歴史と文化に心酔しているが、中国の現状と未来にはより強い関心を寄せている。二つの文化的背景を持つ日本人として、彼は日本と中国を比較することを好む。彼は、中国は国が大きく、人口も多く、経済と技術の基盤はまだ弱いので、始動させるのは日本よりも難しいが、中国は安定性が高く、いったん軌道に乗って動き始めれば、止めることはできないだろうと考えているという。中国ではここ数年来民主主義が高まり、法制が健全化し、経済開放を実行するなど社会的な進展を遂げているが、彼はこのことを非常に称賛した。彼は言う。「新しい事物への敏感さを保ち、外来の事物を拒まないことは、国家にとって重要です。現在、日本の管理職の間では『三国志』の人気が高まり、『孫子の兵法』『左伝』を読む人も少なくありませんが、これは経営戦略学を掌握する必要に沿ったもので、一種の思想的導入と言えます」。

中国の発展について、鈴木氏はまた善意からの憂慮を感じている。「開放の速度と歩調は少しばかり抑制した方がいいのではないでしょうか。経済社会のバランスが崩れるのを避けるためにも」。彼は中国が現在の日本のようになってしまうのを望んではいない。彼は中国の発展が自己の特色を保ちつつ、新しい道を歩いていくべきだと考えている。

日本人の友人たちの中国に対する深い関心に触れる度、私はいつもこう思う。中国が繁栄し、人民が豊かになり、世界の民族の中で自立することは、中国人民にとって百年来抱きつづけた宿願であるに止まらない。世界中にいる鈴木氏のような善良な友人たちも、私たちの事業に大きな期待を寄せてくれているのだ！

（一九八六年二月十六日掲載）

輸出加工基地の建設を提案する

銭李仁

中曽根首相は十一月十二日に、〔日中経済シンポジウム出席のため来日した〕人民日報代表団と会見した。このとき、時間の関係で、臨時に取材の形式を変更した。私は記者の立場から、首相に訪中の印象と中日経済関係について談話を発表していただくことにした。こうすれば、短い会見時間を比較的有効に利用することができる。首相は特に両国の経済関係について見解を発表した。

次の日、人民日報とシンポジウムを共催した日本経済新聞が、この会見をニュースとして発表し、日本が中国の輸出加工基地建設に協力の意向、という見出しがついた。確かに、中曽根首相の談話の中ではその部分が最も実現性に富む内容であった。

ここで、シンポジウムの発言を振り返ってみたいと思う。

日本の野村證券の田淵節也会長は発言の中で、中国沿海部の開放都市に、「ハイテクノロジー、高付加価値型合弁企業」の導入を旨とする「輸出加工基地」を設立してはどうか、と中国側に提案した。彼は東南アジアのいくつかの輸出加工基地の共通点を列挙した。一、効率の高いサービスセンターを設置し、交渉や行政などの手続きを行う。二、外資の輸出加工工場に対して優遇措置をとる。三、土地使用費を値下げしたり、優秀な労働力を集めるなどの方面で便宜をはかる。四、加工区の周辺に部品産業や原材料産業などを誘致する。

中国の蛇口工業区管理委員会の袁庚主任は発言の中で、両国の経済・経営界が、双方の政府の支持のもとで各自の優位点を利用し、日本に輸出することができるような、日本市場で「通用し、競争力のある商品」を中国で加工製造するよう提案した。類似の提案がその他の発言の中でも提出された。

このことは偶然ではない。

シンポジウムにおいてもそれ以外の場でも、記者は日本が今年上半期に提出した経済構造調整の問題が日増しに緊迫していることを強く感じた。

今年十月に至って、日本の対外貿易黒字は更に拡大している。

一九八五年六月、一米ドルは日本円にして二百五十円前後だったが、今では一米ドルは百六十円前後である。これにより日本商品の国際的競争力は低下した。しかし、「J曲線効果」によって、日本の対外貿易黒字は未だ解消されていない。今年十月、日本の対米貿易黒字は五十億ドルとなり、九月よりもさらに一・三億ドル上昇した。今年一月から九月までの日本の対ヨーロッパ共同体〔EU〕の貿易黒字は百三十三億米ドルにも達し、昨年一年間の対共同体の黒字百十一米ドルより更に二十二億ドルも上回った。今年一月から十月までの日本の対韓国の貿易黒字は四十五億米ドルで、昨年同期の黒字二十三億米ドルのほぼ二倍に増加している。

日本市場を開放し、貿易不均衡を解消せよという強烈なかけ声が四方八方から日本に寄せられた。

その一方で、日本長期信用銀行の分析に基づくと、円高その他の原因によって、日本の多くの製造業の利益は低下している。トヨタ自動車を例に挙げると、今年六月三十日までの財政年度中に、会社の純収入は前年度より二四・六パーセントも下降した。日本の鉄鋼、造船、石炭、セメントなどの「斜陽産業」はすべて苦境に直面している。いくつかの中小企業が受けた打撃は非常に大きい。

これに対して、金融業界の利潤は明らかに増加している。報道によれば、日本の四大保険会社の今年三月末までの財政年度で、利潤は前年度に比べて四〇パーセントから八九パーセントも増加した。証券取引会社の利潤も、大幅に増加した。しかし、こうした状況は長続きしにくいものである。

日本の経済団体連合会の斎藤英四郎会長は今週初めにブリュッセルでEU委員会のドゥラル主席に、日本政府と企業家は輸出に頼りすぎる経済構造を調整するため努力していると語った。

日本の倉成正外務大臣はシンポジウムの挨拶の中で、日中経済は今や新たな一歩を踏み出すべき時期に来ていると述べた。

シンポジウムでは、巨額の「余剰資金」の出口を探している日本の企業家が、確かに中国との経済協力の強化に期待を寄せているということや、投資環境を改善するという中国の政策に評価を与えつつ、また色々と憂慮もしていることが見て取れた。彼らは、比較的容易に、比較的迅速に投資環境を改善する方法を見つけたいと考えている。今回のシンポジウムで、あるいはそれ以外の場で、中国の沿海地区に合弁で輸出加工基地を建設するという提案が出たのは、こうした背景によるものであり、注目に値する。

この提案が実現できるかどうか、どのように実現するか、それには両国の経済界と関係当局との更に一歩進んだ研究と協議が待たれる。

（一九八六年十一月十八日掲載）

友好を重視し平和へと向かう

——日中友好協会会長　宇都宮徳馬氏を訪ねて

于青

東京の永田町にある日本国会参議院議員会館五一六号室に入ると、両面の壁には中国の友人から贈られた書が一幅ずつ掛けられていた。一目で、ここの主人は中国と深い関係があるとわかった。中日和平友好条約締結十周年の直前、記者はここに来て、日本国会の参議院議員であり日中友好協会会長である宇都宮徳馬先生を訪問した。

日中友好協会の会長を長年務めている宇都宮先生は、日本の著名なベテラン政治家であり、衆議院に十回当選し、参議院に二回当選している。先生は中国人民の良く知っている古い友人であり、故周総理や鄧小平など我が国の指導者とも深い交流がある。中日国交正常化以前にも、先生は多方面に奔走し、発起人となって「日中国交回復促進議員連盟」を成立させた、中日友好の「井戸を掘った人」である。国交正常化後、日中友好協会は宇都宮会長の指導の下で、各階層の中日友好を望む人々を団結させ、更に友好関係を発展させるために、相互理解と人々の交流を促進して、際立った貢献をした。

中日平和友好条約締結十周年と中日関係について話し始めると、宇都宮先生は昔を振り返りながら、感慨に浸った。「日中両国には二千年以上に及ぶ長い友誼の伝統があります。しかし日本帝国主義が起こした中国侵略戦争によって、両国の人民は苦難の日々を過ごすことになりました。日本は中国にこのような多くの不幸をもたらしましたが、中国は一九七二年の日中共同声明の中で、日中両国人民の友好のために、日本への賠償要求を放棄すると宣言しました。中国のこのような寛大な心を、日本国民は忘れてはならないのです。現在中国は改革と経済発展を進めており、日本が積極的に協力を申し出るのは当然のことです。これは恩に報いる機会でもあるのですから」。

先生は続けてこう述べた。「日中平和友好条約の締結は、一つの歴史的な総括でもあり、また日中友好関係の新しい出発点でもあります。十年来、日中友好関係は大きく発展しましたが、日中友好関係を冷静に評価し認識することはやはり必要です。日中友好は日中のためばかりでなく、アジアの安定と世界平和のためでもあるのです。日本の生存と発展は、アジアの安定と世界の平和という基本条件を抜きにしては語れません。この意味から言ってもやはり、私たちは日中友好関係を重視すべきなのです」。

宇都宮先生は、常日頃から、中日友好関係をより高い次元で考えており、中日関係に何か障害が起こるたびに、いつも率先して正義を主張した。先生は感慨を込めて言った。「近年、日中の間にいくつかの不愉快な出来事が起こりました。例えば光華寮問題です。日本政府は日中共同声明の中で、中華人民共和国は中国の唯一の合法的な政府であると承認しました。これは一つの原則的な問題です。奥野誠亮氏の発言など、少しでも歴史的常識がある人は、反論するにも値しないと考えています。若い人たちの中にも不思議に思っている人がいます」。宇都宮先生は一冊の小冊子を取り出し、その中の一篇の文章を私に見せた。筆者はある青年で、文中にはこのように記してあった。「奥野氏の辞職は至極当然です。『いろんな歴史観が存在するのを認めるべき』などという発言は理解できません。自己の歴史観を持つことは許すと言えるかもしれませんが、事実は一つだけです。旧日本軍が中国大陸に行ったのは否定できない事実なのです」。

宇都宮先生は雑誌『軍縮問題資料』にサインをして記者にくださった。これは先生が自費で出版し主宰している雑誌である。第二十二号から、宇都宮先生は毎月一篇の世界平和を論ずる文章を書き、現在まで六年間にも及んでいる。宇都宮先生が長期にわたって「平和と正義」を信条としていることを、ある人は「平和と正義の警護者」と讃えたそうだ。最近先生の新著『軍拡無用』を拝読し、先生が八十二歳の高齢になっても執筆をやめず、正義を広げようとする精神に止みがたい尊敬の念を覚えた。

先生の話はますます興に乗ってきたところだったが、約束の取材時間が過ぎてしまった。ドアのすきまから、次に先生に面会する約束をしている人たちが待っているのが見えたので、おいとまをすることにした。

現在の良好な中日友好協力関係に到る道は決して平坦ではなかった。人々はこれを一層大切に守り育てなければならない。しかし友好の道には美しい花や香りの良い草ばかりでなく、いばらも生えていて、人々はそれを取り去る必要がある。宇都宮会長はまさに固い信念をもって、着実に開拓を続ける、信頼できる友人である、と記者は感じた。

（一九八八年八月十二日掲載）

水を飲むときに井戸を掘った人を忘れない

本紙記者　孫東民
新華社記者　劉文玉

四月七日午後、江沢民総書記一行は東京都文京区目白台へ行き、中国人民の古い友人である日本の元首相、田中角栄先生を訪問した。

田中先生の邸宅の庭には緑の樹木が茂り、コンクリートの通路の脇には小石が敷き詰められ、いくつかの天然石が常緑樹の下に置かれ、日本庭園特有の趣があった。二十年前の国交正常化交渉に参加した現在の駐中国大使橋本恕氏と、田中先生が首相のときに専任カメラマンだった石井幸之助氏が、応接室の前で江総書記を待っていた。田中元首相の息女である田中真紀子さん御夫妻がこう言った。「父は早くから江総書記の来訪を待ち望んでおりました」。午後五時二十分、江総書記と銭外交部長らは車で田中先生宅に到着した。真紀子さんが急いで出迎え、田中先生の幼い孫娘が花束を捧げた。

応接室は非常に明るかった。中日国交正常化実現のための勇気ある決断を下し、大きな功績をあげた日本の元首相は江総書記の手を取り、感極まった様子で、熱い涙があふれていた。

江総書記は言った。「中日国交二十周年の年に貴国を訪問するにあたって、自然と両国の関係正常化実現に大きな貢献をした閣下のことに思い至りました。中国には『水を飲むときに井戸を掘った人を忘れてはならない』ということわざがあります。中国人民は当時、閣下と毛沢東主席、周恩来総理が共に中日関係史の新しい一ページを開いたことを忘れません。両国関係の正常化は、現代において利益をもたらし、未来に残す功績も永遠です。今日、私は閣下に敬意と感謝の気持ちを捧げたいと思って来たのです」。

田中先生は中風で言語障害があるため、家族が彼のメッセージを代読した。「今日、閣下が拙宅においでくださり、非常に光栄に存じます。一九七二年九月二十五日、私は周恩来総理のご招待で初めて北京空港に降り立ちました。当時、私は五十四歳でした。『決断と実行』が私のポリシーですが、当時の日本国内の情勢から考えると、私が北京へ行くのは確かに思い切った命がけの旅行でした。私は信頼関係を確立しさえすれば、政治制度の違いは乗り越えることができ、国交正常化を成し遂げることができると確信していました。日中国交回復は毛沢東主席と周恩来総理の強力な支持のもとに実現できたものです」。彼はまた、江総書記の今回の訪問が日中両国民の幸福と世界平和の実現に貢献することを望むと言った。

江総書記は田中先生の書面での発言に大変感動して言った。「私はここへ伺って、閣下の中国人民への深い厚情を確かに感じました」。江総書記は田中先生の健康と長寿を祈り、「私はもともと自然科学が専門で、どんなことにも自然の法則があると思うのです。中国人には病気に対処する際の原則があります。即ち、積極的に向かい合うと同時に辛抱強さも必要だということです」と述べた。

このとき、シャンパンが運ばれて来た。田中家の家族と江総書記、銭外交部長ら一行は中日友好のために乾杯し、田中元首相は再び感激の涙を流したのだった……。

（一九九二年四月八日掲載）

田中元首相の北京行

中日友好協会会長　孫平化

一九九二年八月二十七日、北京はすでに初秋であったが、まだ残暑が厳しい盛夏の気候であった。中日友好協会の受け入れセクションは喜び勇んで田中元首相の特別機が到着するのを待っていた。十四時十五分、田中元首相が乗った特別機がゆっくりと空港に滑り込んできた。ほどなく、田中元首相が機内から降りて来て、歓迎の人々に手を挙げて挨拶をした。

月日の経つのは早いもので、二十年の時が過ぎ去った。二十年前、田中角栄氏は首相に就任してまだ三か月足らずであったが、一九七二年九月二十五日に大平正芳外相、二階堂進官房長官とともに中国を訪れ、歴史的に重要な国家訪問を果たした。わずか五日という短い時間で、中日両国の人民が長い間待ち望んでいた中日国交正常化を実現させたのである。二十年後の今日、この記念すべき日に、田中元首相は再び北京を訪れたのである。多くを説明する必要はないが、それは明らかに中日国交正常化二十周年を記念する、最も意義あるものとなった。

田中元首相の希望に沿って、彼は二十年前に乗った紅旗ブランドの乗用車に乗り、釣魚台国賓館に宿泊した。空港から釣魚台までの道々、田中元首相は顔を紅潮させ、まばたきもせずに、窓の外に見えるもの全てを見つめていた。車は天安門広場に到着すると、田中元首相は絶えず人民大会堂を指さした。そこは二十年前に彼と周恩来総理が歴史的な会談を行い、九月二十九日に中日共同声明に調印し、世界に向けて中日国交正常化を宣言した場所であった。車は釣魚台十二号楼に到着した。田中元首相は屋内外をぐるりと見回して、感激の面持ちであった。しばらく休息してから、彼は家族に付き添われて、車椅子で釣魚台の庭の水や緑の木々、建物を見学した。彼は七年前の脳梗塞から後遺症として言語障害があり、心情を言葉で表せない。しかし彼の表情や手振り、娘さんの真紀子さんが情況を説明するときの反応から、この中日関係の発展過程において世の中を一変させた一代の大政治家がどんなに心を揺さぶられているかが、はっきりと見て取れるのであった。

真紀子さんはこう回想した。二十年前に父親が首相として訪中することになったとき、彼女は随行したいと思った。しかし父親は彼女にこう言った。情況は厳しく、万一不測の事態でも起こったら、田中家を継承する者がいなくなるので、一人娘である彼女を北京に連れていくわけにはいかない。しかし父親はこうも言った。努力してきっと、日中間を安心して自由に行き来できるような新局面を作るから、そうしたら家族と一緒に北京を観光しようと。この願いはついに実現したのである。

二十八日午後、李鵬総理は人民大会堂でパーティーを開き、田中元首相と夫人の一行を招待した。真紀子さんは父親の挨拶を代読し、彼女の息子である田中雄一郎さん（大学の授業で中国語を学ぶ）が中国語に訳した。田中元首相は挨拶の中でこう述べた。「私がこの度貴国を訪問したのは、当時の決断が正しかったことを自ら確認したかったからです」。彼は二十年前の九月に命がけで東京の羽田空港を飛び立った。毛沢東主席や周恩来総理と初めて会見したときの情景を回想し、毛主席の知識の豊かさと周総理の崇高な人柄に深く感動したと言った。毛主席の慈悲深い面持ちと周総理の声や姿や笑顔は、彼の脳裏に今も焼きつけられているという。

李総理は「田中先生の今のお言葉は真情に溢れ、美しい過去への追憶ばかりでなく、中日関係の未来をも指し示しており、聞いていてとても感動しました」と言った。

この言葉を聞いて、私は二十年前の「美しい過去」を回想した。

一九七二年七月七日、田中首相は就任直後に記者に向かって、日中国交回復の機はすでに熟したと表明した。周総理が北京でのある外交活動で、これに積極的に呼応し、丁重に歓迎の意を表明したことで、中日関係に、にわかに光明が見え始めた。田中内閣が誕生してから三日目、私は上海バレエ団を率いて訪日公演のために東京を訪れた。周総理は私に、チャンスをとらえて田中首相に直接会うよう努力し、周総理からの歓迎の意と、次の言葉を伝えるように言った。「田中首相が北京に来られて直接語り合いさえすれば、全ての問題は話し合いで解決できます」。事態ははっきりしていた。田中首相が訪中するということは、すなわち中日国交正常化の実現を意味していた。

私は一か月以上日本を訪問し、世論がはっきりと田中首相の訪中と中日国交回復を支持しているのがわかった。各界の大多数の人々も積極的に支持していたが、ただ自民党内の反対勢力は小さくはなかった。多くの人はこう考えている。当時、もし田中首相があえて波風に立ち向かい、毅然として訪中することがなかったら、もし中国で毛主席や周総理が時機を逃さず呼びかけに応じて手はずを整えていなかったなら、一九七二年九月に中日国交正常化が実現できたかどうかは疑問であると。

田中元首相は、今回訪中したのは当時の決断が正しかったことを自ら確かめたかったためだと言った。私は中日国交正常化の二十年来の歴史が十分に証明していると思う。二十年来、両国の政府間では「中日貿易協定」「中日航空協定」「中日文化交流協定」「中日科学技術協力協定」などの一連の協定が相次いで調印された。一九七八年八月十二日、両国政府は北京で重大な歴史的意義をもつ「中日平和友好条約」を締結し、両国の善隣友好関係は条約という形で定着した。各層の経済・技術協力は、両国間で日増しにその規模を拡大し、絶えず深まりを増して発展している。民間交流はさらに多彩で、たくさんの成果をあげ、中日民間人会議や中日友好二十一世紀委員会などの固定した交流ルートがすでに確立し、人々の往来は日一日と増えている。

李総理の催した歓迎会の席上で、当時田中首相が北京でしばしば茅台酒《マオタイ》で乾杯したことが双方の思い出として話題になった。李総理が係の者に茅台酒を持ってこさせて田中元首相に少し味わってもらおうとしたところ、思いがけず田中元首相は左手で盃を掲げて一気に飲み干し、正に文字通りの乾杯をして、笑い声と驚嘆の声を巻き起こした。

二十九日午後、江沢民総書記は中南海で田中元首相一行と会見した。今年四月に総書記が訪日したとき、特別に田中邸を訪問して田中元首相と会見したが、今回はそれから四か月ぶりの二回目の対面であり、双方ともことのほか喜んだ。江沢民総書記はまず鄧小平氏から田中氏への親しみのこもった挨拶を伝え、田中氏の中日関係における功績を高く評価し、中国が鄧小平氏の改革開放政策の方針のもとに展開している中国の良好な情勢と明るい未来図について説明した。田中真紀子さんが父親に代わって感謝の言葉を述べた。真紀子さんは「父は二十年前のことを思い出すたびに感動を覚えるようです。もう政界を引退してはいますが中国には依然として関心を持ち、鄧小平先生が深圳などを視察した記事を新聞で見ると、左手にはさみを持って関係する部分を切り抜いたりしています」。

二十八日午後、田中元首相は国家副主席・中日友好協会名誉会長の王震氏と会見し、非常に喜んでいた。二人は嬉しそうに互いの手を握り合い、長い間離そうとしなかった。王震副主席は田中元首相が二十年前に毛主席、周総理とともに切り開いた中日両国友好の新局面は、アジアと世界の平和に対する非常に大きな貢献だと称賛した。

田中元首相は中国を離れる前日、三十日午前中に、滞在していた国賓館で、中国障害者基金会理事長の鄧朴方氏に五十台の車椅子を贈呈した。そののち、趙朴初、黄華、韓念龍、経普椿、張香山、陳楚、符浩、韓叙、趙煒、陸維釗ら古い友人たちが釣魚台に田中元首相を訪問した。彼らの大多数は二十年前の中日国交回復交渉の具体的な仕事に携わった。趙煒氏は田中元首相に、「鄧穎超女史が生前、田中元首相が訪中すると聞いてとても喜んでいた」と伝えた。

三十一日、田中元首相一行は特別機に乗り、名残惜しい気持ちで北京を離れた。ただ中日国交正常化二十周年の行事は次々に続き、日本の天皇皇后両陛下も訪中する予定で、中日関係はまさに発展の新しい高揚期を迎えている。近年、国際情勢は転換期を迎え、中日関係は中日両国だけのことではなく、アジアと世界の平和という大局に関わることになった。この新しい情勢のもとで発展を遂げる中日関係には、確固とした基盤と良好な条件、機会はあるが、認識上のギャップや未解決の問題も存在している。小異を残して大同に就くには、中日双方が共に努力しなくてはならない。絶えず大同を増やし小異を減らしていかなければならない。毛主席が詩に詠んだように、「風物長宜放眼量〔ものごとを見るときは長い目で見よ〕」である。二十年を回顧し、二十年を総括し、その中から力と教訓を汲み取ろう。中日関係は、異なる社会制度を持った国家が平和共存五原則に基づいて平和共存できるという模範とならなければならない。また必ずなれるはずである。

（一九九二年九月二十日掲載）

関連記事『懐念田中前首相〔田中元首相を偲ぶ〕』（文・楊振亜　一九九三年十二月十九日）

連翠殿で友誼を語る

――天皇陛下、中国の記者と会見

張国成　張倉吉

十月十二日、東京では秋雨が降り続いていた。

四台の自動車が中国の記者を載せて次々と皇居に入っていった。天皇皇后両陛下が訪中を前に、中国の記者と会見されるのである。

連翠殿は、天皇が会見をされたり外国の要人を招いてパーティーを開く場所である。今日の会見もここで行われた。オレンジ色の絨毯が連翠殿入口から会見場まで続いている。会見場のホールには大きな絵画と盛り花が飾られていた。

日本の天皇皇后両陛下は我が国政府の招待を受け、今年の十月二十三日から正式に中国を訪問される。訪問前、日本の外務省は特に中国報道代表団を日本に招待した。代表団の中には中央の報道機関の記者もいれば、上海、広東、陝西、遼寧から来た記者もいた。

三時頃、天皇皇后両陛下は随員に付き添われてホールに到着された。天皇陛下は濃い色合いのスーツを身に着け、皇后陛下は日本の伝統的な着物を着ていらした。お二人は満面に笑みをたたえて中国の記者たちの面前に進み、一人一人と握手を交わした。そのあと、両陛下は中国の記者たちと親しく言葉を交わした。明仁天皇は、陛下と皇后がこれから行う中国訪問は、日中両国人民の相互理解を深めることになり、両国の協力関係をさらに一歩発展させることになるだろうと述べられた。陛下は、広東省から来た記者には、中国南方の経済発展はとてもはやいと聞いている、と言い、遼寧省の記者には、大連と日本にはどのような経済協力プロジェクトがあるのか質問された。本紙記者は天皇陛下に人民日報の情況を説明した。宮内庁の係官の話によると、天皇陛下は訪中のために多くの中国関係書籍と資料を読まれたそうである。

記者たちは天皇皇后両陛下に対し、中国人民はみな両陛下の訪中に期待していること、また今回の訪問を通じて、中日両国の善隣友好関係がさらに大きく発展すると信じていることを話した。天皇はこれに賛同を示し、それは今回の訪中で彼が実現したいと願っていることでもあると述べられた。

三十分を予定していた会見時間は、和やかな雰囲気の中で四十五分に延長されて終了した。

（一九九二年十月十三日掲載）

日中友好は世界の平和

――日本の元首相　福田赳夫氏を訪ねて

張国成

一九七八年十月二十三日、鄧小平副総理は中国政府代表団を率いて訪日し、福田赳夫首相と東京で中日平和友好条約批准式典に出席した。これにより、条約は正式に発効した。この条約には、中日両国が相互に関係する問題を処理する上での行動準則が定められている。中日共同声明に継いで、中日友好関係を促進し発展させる第二の歴史的文書である。

条約発効十五周年の前日夕方、記者は東京赤坂にある福田赳夫事務所で、この八十歳になる日本の著名な政治家に会った。記者の質問に沿って、福田先生は十五年前の出来事を振り返った。

福田先生は、自分は一貫して中日両国の関係が両国間の問題であるのみならず、アジア及び全世界に影響を与える問題であると考えていたという。そのため、一九七六年末に組閣したとき、日中平和友好条約の締結を内閣の重要な使命であると位置付けた。彼は続けて言った。「一九七二年、田中内閣と中国政府は共同声明に調印し、日中両国は国交正常化を実現した。これは日中関係の基礎であるが、ただこれだけでは不十分である。もし日中共同声明を日中両国をつなぐ『吊り橋』に例えるならば、平和友好条約の締結は、この吊り橋をさらに、強固で壊すことのできない『鉄橋』にするようなものである。この認識の上に立って、内閣は成立後、各種の妨害を排除し、平和友好条約交渉への歩みを速めた。一九七八年八月十二日、条約はついに北京で調印され、続いて両国の国会でも承認された。十月二十三日、鄧小平先生と私は一緒に東京で行われた条約批准式典に出席した。ここに到って、日中両国及び世界の平和にとって非常に重要な歴史的条約がついに正式に発効したのだ」。

福田先生は中日両国関係の現状について、満足の意を表し、次のように語った。「条約の重要な意義は、時が経つにつれてますますはっきりしてきた。近年、世界情勢は急激に変化している。新たな動揺に陥った地域もあるし、西欧の主要な工業国の経済も勢いを失っている。それに比べると、アジアの政治は最も安定しており、経済発展も最もはやい。このような良好な情勢を促している重要な要素の一つが、日中両国の友好と和やかな関係である。喜ばしいことには、十五年来、日中関係にはいかなる動揺も発生しなかっただけではなく、両国が共に架けた『鉄橋』の上で、着実な足取りで発展が進められたことである」。

福田先生は十五年前、鄧小平という中国の偉大な人物と共に歴史的意義のある仕事を成し遂げたことをとても光栄に思っている。彼は言った。「鄧小平先生は私よりも六歳年上だが、力に満ちあふれていた。彼は日本訪問期間中は非常に忙しく、滞在時間も大変短かった。しかし彼は苦労をいとわず、可能な限り広範に各界の人々と会見し、中国の情況を説明して、日中友好協力の重要な意義について語った。私はその時から今までずっと、鄧小平先生が初心を忘れずに中国人民を指導し、経済発展に大きく貢献したことに敬服している」。

今年五月、福田先生は上海で開催された国際行動理事会第十一回会議に出席した後、北京を訪問し、江沢民主席と会見した。彼は自分の目と耳で、実際に中国経済の迅速な発展を感じとった。中国人民の古い友人として福田先生はこう述べた。「中国経済はこの基盤の上に、飛ぶように発展するだろう。但し過熱してはならない。過熱すれば問題が起こる。どの国の経済発展も時に早く、時に遅く、リズムを持って発展しなければならない。現在中国政府が行なっているマクロコントロールは、非常に賢明な措置である」。

福田先生はすでに政府の職には就いていないが、国会議員として、日本の長老政治家として、毎日とても忙しい。だが、時間があるときには、ゴルフや散歩をするという。記者は彼の机の上に、中国の太原産の健身球が置いてあるのを発見した。先生の事務所をぐるりと見渡してみても、これと言って豪華な調度品は見当たらず、テレビは未だに十数年前の古い製品だった。スポーツや、物質的な生活への淡白さが、公務で忙しいにも拘らず精神が若々しくある秘訣かもしれない。

知らず知らずのうちに、一時間が過ぎ去った。記者は福田先生に、この歴史的な日に本紙に載せる題字を書いてくださるようお願いした。彼は快く筆を執り、「日中友好は世界の平和である」の二行を勇壮な筆致で揮毫した。この言葉は、先生の信念を表している。

（一九九三年十月二十三日掲載）

明仁天皇陛下とそのご家族

孫東民

明仁天皇陛下は一九八九年一月七日に即位され、日本の歴史上百二十五代目の天皇であり、「象徴天皇制」発足以来初の天皇となられた。

一九三三年十二月二十三日、明仁天皇は故裕仁天皇の第五子（第一皇子）として誕生された。それまでに女の子の誕生が続いたため、陛下が誕生された時には、待ち望んだ皇位継承権を持つ皇太子の誕生を、日本は国を挙げて祝った。

陛下は、幼少のころから厳しい教育を受けられた。皇室の伝統に従い、また明治の元老西園寺公望の提案もあって、三歳三ヶ月で親元を離れ、赤坂離宮内に建てられた「東宮仮御所」に移り住み、東宮傅育官から教育を受けられた。一九四五年日本が敗戦を宣言した時、陛下は奥日光に疎開されていた。当時十二歳であった。学習院高等科時代は学生寮で高校生活を過ごされた。テニスや水泳を趣味とするほか、学校の馬術部のキャプテンもつとめられた。生涯忘れられない楽しい思い出は、かつて学友とこっそり繁華街の銀座に行き、「銀ブラ」を体験したことであった。このことは侍従や護衛官を慌てさせて大騒ぎにもなった。一九五二年、陛下は学習院大学政経学部に進学され、同年十一月十日に成年式を迎えられ、立太子礼が行われた。一九五三年、英国エリザベス女王二世の戴冠式への出席を機に、外国旅行をされた。七ヶ月にわたる外遊を終えて日本に戻られ、大学の進級資格を失っていたため、卒業を認められない聴講生として勉学する道に進まれた。このときの欧州旅行を振り返って、「一国の価値は、やはり、国民が豊かでなければいけないということを非常に感じましたね」、と感想を語られた。

象徴天皇の意味について、日本の学者は、人々が天皇を意識するときに、日本国あるいは日本人であることを意識し、よって国家と国民を統合する役割を果たすところに意味があると考えている。一方陛下は、憲法で国民統合の象徴と決められている天皇は、天皇の伝統的な姿にも一致するものであり、国民と苦楽を共にし、国民とともに歩む天皇が最も象徴的な存在だとお考えになっている。

伝統的な皇室に新しい風を吹き込むことを陛下は主張された。一九五九年四月十日、皇太子妃は皇族と貴族から選ぶというこれまでの伝統をくつがえし、民間から正田英三郎氏の長女、美智子さまを選ばれた。お二人のご成婚時の馬車パレードの模様はテレビ中継され、その様子に国中が沸き返った。このとき、日本のテレビの普及台数も倍増したと言われている。美智子皇后とはテニスを通じて知り合われ、そのことは「軽井沢テニスコートでの出会い」と言われている。幼少時に寂しい思いを経験されたため、家庭の温かさを渇望していた陛下は、結婚後の記者会見で、「結婚して初めて、それまで味わえなかった心の安らぎが得られた」と述べられた。

子どもが親から離れて住むという慣わしに陛下は反対された。お子様がお生まれになったとき、皇室の古いしきたりを打ち破り、子どもを乳母に育てさせるという昔からあった慣わしを廃止し、保育官と傅育官の制度も廃止して、お子様をお手元で育てることにされた。結婚二十五周年の銀婚式のときは、「親子兄弟が一緒に住んで、教育を学校に任せている。親と苦楽をともにしてきた経験は、さまざまな面で生きていくのではないかと思う」と述べられた。

陛下は学者という一面を持ち、生物がお好きで、魚類の分類学の研究をしておられる。徳仁皇太子（浩宮様）は学習院大学に進まれ、中世史を専攻された。大学在学中にイギリスのオックスフォード大学に留学されたことは、日本の皇室史上初めての試みであった。文仁親王（秋篠宮様）も学習院大学を卒業されたが、中国語を第二外国語として選修された。清子内親王（紀宮様）は天皇家の一人娘で、学習院大学文学部で勉強され、趣味は書道。天皇ご一家は音楽がお好きで、よくホームコンサートを催される。そのとき、天皇陛下は立派にチェリストを務められる。

まだ皇太子だった時代から、陛下は故裕仁天皇の名代として様々な国事に参加し、定期的に各地を視察して、合わせて四十近くの国々を訪問された。即位後、昨年は、マレーシア、タイ、インドネシアなどの国を訪問された。

陛下は東京を訪問した鄧小平氏、李鵬氏、江沢民氏などの中国の指導者とも会見された。今年四月、江沢民総書記が訪日した際、陛下は皇居で江総書記一行のために歓迎レセプションを催された。陛下は、「日本は古い時代から中国の文明を採り入れてきた」と話し、両国の交流の古さを指摘された。また、天皇皇后両陛下への訪中の招請に対し、陛下は深い感謝の気持ちを述べられた。このたび、天皇皇后両陛下の訪中は、即位後二回目の外国訪問となり、日本の天皇としては初の中国訪問である。このことは、中日友好関係史の重要な一ページとして、必ずや後世に残るに違いない。

（一九九三年十月二十三日掲載）

中日貿易はより高いステージへ

――日本貿易促進協会理事長　中田先生を訪ねて

孫東民

日本国際貿易促進協会の理事長である中田慶雄先生が先日訪中し、彼の過去の歩みの中に二百十四回目の訪中記録が付け加えられた。人は中田先生を中日貿易交流の「生き字引」と呼ぶ。今回は中国側とともに一九九五年度の中日経済貿易交流計画を具体化するための来訪である。記者は中日経済貿易交流問題について、中田先生のお話を伺った。

今年度の目標は貿易額五百億ドル、投資額五十億ドル

記者　良好な中日関係は両国の経済貿易関係の発展を推し進め、製品、資金、人員面での交流は加速しています。先生は五年前に両国の経済貿易発展について大胆な予測を立てられたと聞いていますが、現在の発展状況はいかがでしょうか？

中田　日本は長年にわたって中国の最大の貿易パートナーであり、中国の経済成長によって、日本にとっても中国は第二位の貿易パートナーです。一九九四年度の両国間の貿易額は四六二億ドル（日本の統計では四七八・九億ドル、一部の中継貿易を含む）です。昨年度の日本から中国への直接投資額はまだ統計が出ていませんが、三十五億ドルを超えると推定され、訪中した日本人の数は延べ百万人を超えています。これらの数字は史上最高記録です。一九九〇年に私たちは、

五年間で両国間貿易総額五百億ドル、直接投資五十億ドル、移動人口（旅行客を含む）百万人を実現するという総合目標を立てましたが、移動人口では、すでに昨年目標を達成しました。日中両国の互いの努力のもとで、一九九五年の両国間貿易総額は五百億ドルを超えると見込まれており、日本から中国への直接投資も五十億ドルに達すると推定されます。人の往来もさらに増加するでしょう。

日本企業の中国内陸部への投資を促進

記者　今年は中日双方にとって、重要な年です。日本国際貿易促進協会は本年度にどのような交流計画を立てていますか？

中田　日本国際貿易促進協会は一九五四年に創立し、昨年朱鎔基副総理が来日されたとき、協会の創立四十周年記念祝賀行事にご出席いただきました。民間貿易団体としての日本国際貿易促進協会の活動の趣旨は、過去の侵略戦争を反省し、教訓を汲み取るという基礎の上に、日本と中国などアジア各国との関係を促進・発展させ、平等互恵の原則のもとに経済協力を進めるというものです。今年は第二次世界大戦終結五十周年であり、日本の敗戦五十周年でもあります。戦後五十年来、日本は東西の冷戦の中で平和国家へと転換し、経済復興に力を注ぎ、平和と繁栄をもたらす努力をしてきました。日本国際貿易促進協会が今年発表した任務は、戦後五十周年の経験と教訓を振り返り、来る五十年を展望し、各国との平和共存を促進し、平等互恵、相互尊重という原則のもとで、経済貿易関係の発展をさらに推進するというものです。

両国間の貿易総額五百億ドル、対中直接投資五十億ドルという本年度の目標を実現するためには、第一に中国製品の対日輸出、特に中国の加工済み製品の貿易を拡大し、製品の品質レベルと付加価値を向上させることです。第二に、円高ですから、色々な形で日本製品の対中輸出を増やすこと、特に技術貿易を推進することです。第三に中国の外資導入が相当な規模に達していることに鑑みて、中国内陸部への資金投入が必要であるということです。協会も日本企業の中国内陸部への投資促進に重点を置くつもりで、数回にわたって大規模な企業代表団を組織し、四川、武漢、黒龍江などにおいてプロジェクトの視察をする予定です。

経済貿易協力における具体的な問題の解決

記者 中日経済貿易協力の前途は明るいですが、これから解決すべき問題にはどのようなものがありますか?

中田 社会主義市場経済を確立するために、中国は昨年、財政、金融、投資、貿易、価格などの方面で一連の政策と法規の作成に乗り出しました。これらの政策と法規には、今一歩の定着が待たれますし、インフレなどマクロコントロールの問題にも直面しています。日中間の経済協力は天の時、地の利、人の和ですが、ただ経済交流規模が拡大するにつれて、検討し、解決しなければならない問題が出てきました。たとえば、中国製品の中には輸出コストの上昇によって、むしろ国内で販売した方が良いものも出てきましたし、日本企業も円高によって輸出が困難になっています。また日本の一部の企業には投資分散化の傾向が見られますし、中国の一部の合弁企業の中にも労資関係をどうやってうまく運ぶかという問題などもあり、検討し解決していくことが必要です。そのほか、日本は交通、通信、エネルギー、環境などのインフラ整備の面で中国と協力を進める準備をしています。

このほか、阪神大震災で、神戸港の施設は重大な損失を被りました。日本の対中輸出入貨物の四〇パーセントは神戸港で積み降ろしされているため、短期的には日中貿易に影響が出ましたが、中国の方でも配慮と協力をしてくださいました。日中経済貿易協力の前途は広大ですが、今年の目標を実現するために、双方は協力してさらに努力をすることが必要です。

(一九九五年二月十八日掲載)

国交正常化二十五周年の集い

張国成

中日国交正常化二十五周年の期間中、駐日中国大使館は、二月二十七日の晩、八十余名の元駐中国日本人外交官や百二十余名の元駐中国日本人記者を招待した。来賓の中には、元駐中国大使の小川平四郎、佐藤正二、鹿取泰衛、中江要介、中島敏次郎、橋本恕、国広道彦ら七氏がいた。二百有余名の、中国で仕事をしたという縁で引き合わせられた人々が一堂に会し、主催側と共に過去を振り返り、未来を展望し、幾度も中日関係の不断の発展のために杯を挙げた。

徐敦信大使は乾杯の辞の際、中日国交正常化二十五年来の歩みを振り返った。「中日国交正常化以来、両国関係は人々が目を見張る発展ぶりであり、そこには出席者各位の知恵と苦労が詰まっている。二十五年の間に中日関係はすでに二国という範疇を超えて、アジア太平洋地域及び世界に、推し量ることが出来ないほどの影響を与えている。中日両国が共に努力し、障壁を克服し、両国関係に更なる発展がもたらされることを願う」と述べた。徐大使の話は、まちがいなく出席していたすべての人の声を代表していた。

パーティーの最中、日本初の駐中国大使小川平四郎氏が取材対象となった。話の中で、彼は中国改革開放の立役者、鄧小平氏が切に偲ばれる、と語った。彼は回想した――一九七三年、彼は日本初代駐中国大使として北京に赴いた。二週間後、鄧小平氏が復活し、国務院副総理となった。その後、彼は様々な場面で鄧氏と会った。特に忘れ難いのは、一九七四年、中日両国が航空協定を結んだ時、鄧氏が書した掛け軸を贈られたことだという。掛け軸には、「一衣帯水　睦鄰友好」という八文字が書いてあり、鄧氏が中日関係に寄せていた期待を表していた。この掛け軸は小川氏の宝として家にかけてあるという。すでに鄧小平氏は亡くなって、この掛け軸は一層貴重なものとなった。小川氏は、「鄧小平氏の指導のもと、中国は世界中が注目する発展を遂げた。去年、両国間にいくつかの問題があらわれたが、自分は日中関係の未来を心配などしなかった。両国関係は必ず障壁を克服し、不断の発展を遂げる」と語り、こう喩えて言った。「山があれば谷がある、日中関係も起伏があるのだ」と。それでも彼は、両国関係が「山」の上にいる時間がより長くあるようにと望んでいた。

会場で、元日本経済新聞北京駐在記者の鮫島敬治氏に会った。鮫島氏は昔を思い出し、感慨無量の様子だった。彼は、中日両国の記者交換に関する覚書により、一九六四年、中国に渡った初回九名の記者の一人だった。「あの時の九人中、まだ生きているのは四人だけになった。今日その全員がこのパーティーに出席している。一九六四年、私はまだ三十二歳の若者だったが、今では六十五歳の老人になってしまった。日中関係の大発展、そして中国が富強の道を歩む姿をついに見ることができて、大変嬉しい」と語った。

その四人中の一人、菅栄一氏は、一九六四年に産経新聞記者として北京に赴いた人だ。北京での在任中、彼は急性盲腸炎になった。当時彼は中国の医療技術を信用していなかったので、どうしても帰国して治療をしたがったが、時間が経つと危険であったので、最終的には北京医院で治療した。結果、病気が治っただけでなく、中国に親しみを感じるようになった。任務を終えて帰国した後、産経新聞社を辞し、日中友好協会の機関紙『日本と中国』の編集長を担当し、退職するまで勤めた。

二十五年来、中国大使館で初めて行われたこのような催しは、彼ら「中国通」たちをとても興奮させた。西日本新聞元駐中国記者の田中光雄、北海道新聞元駐中国記者村川亘、島田健ら諸氏は、招待を受けて、それぞれ福岡、札幌からはるばる東京にやってきた。記者たちは中国の同業者に会うと、中国語で話したがった。彼らは思いを込めて言った。「あの貴重な経験は忘れられないよなあ」。老記者たちの中には、離任後、中国に行ったことがない人もけっこういた。彼らの間でこの日をきっかけにある提案がなされた。中日国交正常化二十五周年にあたって、かつての記者たちを集めて中国を訪れ、かの地に遊ぼうではないか、というのだ。

部屋の外は春まだ浅くとも、中国大使館の灯火は大ホールを春のように明るく照らしていた。すでに終了予定の時刻になっていたが、話に興じる人々はいつまでもその場を去りたがらなかった。

（一九九七年三月四日掲載）

自動車によって社会に幸福をもたらす

――トヨタ自動車社長　奥田碩氏を訪ねて

于青

奥田碩という名前が、最近日本のメディアに頻繁に登場するが、それは他ならぬ二つの原因による。一つは、今年に入ってから世界の自動車業界の再編統合は数え切れないほどあり、日本の自動車産業のリーディングカンパニーであるトヨタ自動車の社長の言動は、当然マスコミの追う標的となったこと。もう一つは、彼は語り口が明快で、話にも内容があるので、マスコミの評価が高いことである。

最近は、トヨタと中国の自動車業界との話題も少なくない。今年五月、トヨタは中国に無償で五台の新型電気自動車を提供し、中国科学技術部実施の電気自動車試験評価プロジェクトに参加した。六月、トヨタと天津汽車工業集団は合弁で天津豊田汽車発動機有限公司を開設し、近く正式に生産を開始する予定である、など。これらについて、奥田社長は愛知県豊田市にある本社で本紙記者の訪問取材を受けた。

記者　六月に天津で生産を開始する自動車エンジンの情況を紹介してくださいますか。

奥田　天津豊田汽車発動機有限公司は一九九六年五月に成立し、天津市に新しく二十一万平方メートルの工場を建設しました。六月に生産が開始される8ＡＦＥエンジンは天津汽車のシャレードに装備される予定です。これはトヨタが新しく開発した一・三リットルの高性能エンジンで、ＤＯＨＣ16バルブＥＦＩを搭載し、一・六リットルエンジン並みの高い効率と一・〇リットルエンジン並みの低燃費を実現しており、年間十五万台の生産を計画しています。現在、トヨタは中国で自動車部品の合弁会社をすでに二十八社作っています。「自動車によって社会に幸福をもたらす」という企業理念を基礎とし、トヨタは中国の自動車産業政策に従いながら、中国の自動車産業の発展に協力することを通じて迅速に自動車の普及率を高め、それにより関連産業の発展を促して、中国の経済発展を促進するとともに、中国の国民生活のレベルアップを促進したいと考えているのです。

記者　トヨタが中国のメディアに広告を出したとき、コピーの中に「トヨタグループは全力を尽くして中国自動車産業の発展を助けます」という言葉がありました。しかし、中国の自動車産業にとってはトヨタは強力なライバルの一つです。トヨタは中国の自動車産業とどのように協力していくのか、中国の同業者に教えていただけますか。

奥田　ソフトとハードの両面から行います。ソフト面においては、自動車の製造技術移転、自動車税や保険に関することなど経験の交流も含まれます。ハード面については、道路、交通などのインフラも含まれますが、その中には植林も含まれています。自動車は二酸化炭素を排出しますが、樹木は二酸化炭素を吸収することができます。より多くの木を植えて造林を進めれば、自動車が排出する二酸化炭素による大気汚染問題を緩和することができます。

記者　先頃発表された日本の第十回企業イメージ調査の結果によれば、トヨタは「環境保護を重視する企業」という項目のトップでしたね。中国との協力の中で、トヨタは環境面でどのような努力をしていますか。

奥田　先進国では、自動車が普及する過程で公害問題が発生しました。中国が自動車産業を発展させる際にはこれを戒めとすべきです。トヨタは環境に有害な自動車技術を中国に提供するつもりはありません。一九九六年には、トヨタは北京国際電気自動車及び燃料自動車技術交流会に参加し、中国の交通部とカーナビゲーションシステム技術について交流しました。一九九七年にはトヨタと中国国家科学委員会は電気自動車試験評価プロジェクトに関する意向書にサインしました。今年は中国科学院の海洋研究所と、海が二酸化炭素を吸収する能力についての研究で協力することになりました。

記者　今年に入って、トヨタが製造しているハイブリッドカー「プリウス」は売れ行きが好調ですが、トヨタがこれまで車の低公害化技術を開発してきた経験から見て、どのような技術が二十一世紀において最も有望でしょうか。

奥田　今考えると、充電池を動力とする電気自動車技術にはやはり限界があって、充電のためには発電の問題を解決しなければならないのですが、現在の発電技術ではやはりどうしても公害の問題が発生してしまいます。充電池の製造はコストが高く、そのため現在の電気自動車一台にかかる製造コストは一千万円にも達しています。ですから、燃料電池を動力に使う電気自動車はさらに魅力的です。例えばメチルアルコールを燃料に使うとか、水素と酸素の化学反応から電気を発生させ、公害のない水を生成したりすることなどです。現在、世界各国の自動車メーカーはこぞって燃料電池を開発する技術に力を入れています。ハイブリッドカーは燃料電池技術が成熟する前の過渡期的な産物です。

記者　環境保護技術を重視すること以外に、トヨタは情報の領域、例えば電話や通信衛星などの産業に対する投資も増やしていますね。これらはトヨタの二十一世紀の市場戦略とどのような関係があるのですか？

奥田　環境保護技術と情報技術の開発は、自動車メーカーの二十一世紀における生死に関わることです。消費者の環境意識が強まることと各国の環境水準が高まることは、自動車メーカーの環境保護技術開発を促進させますし、自動車メーカーの実力とイメージが試される重要な要素でもあります。情報領域への投資を増やしたのは、二十一世紀は情報社会であり、二十一世紀の自動車は消費者が自動車に求める高度な安全性と多様な情報への要求を満足させるため、情報機能を備えることが必須である、と考えたことからです。

記者　取材をお受けいただきまして、ありがとうございました。トヨタと中国自動車産業との協力が発展を続けるようお祈りしています。

（一九九八年六月二十二日掲載）

筆者追記　奥田碩氏は一九五五年に一橋大学商学部を卒業し、同年トヨタ自動車販売に入社した。一九九五年に社長に就任し、一九九九年に会長に就任した。一九九九年五月には、日本経営者団体連盟会長に就任。二〇〇二年五月、日本財界四大団体の一つである経済団体連合会（略称「経団連」）と日本経営者団体連盟（略称「日経連」）の二つが合併して「日本経済団体連合会」となり、奥田氏が初代会長となった。

誠信相交

遠見と「金の橋」

――池田大作創価学会名誉会長を記す

孫東民

戦後の中日関係の発展過程において、広範で着実な民間交流こそが両国関係を推進する底流を成していた。民を以って官を促し、官民共に行う、これは中日友好活動の一つの大きな特徴であった。善隣友好を掲げた人々の中に、素晴らしい貢献をした有識者は数多くいるが、池田大作創価学会名誉会長はその傑出した代表者である。

時計の針を三十年前に巻き戻そう。一九六八年九月八日、日本大学の講堂には青春の息吹がみなぎっていた。創価学会第十一回学生部総会がここで開催された。演壇の中央には「英知」と書かれた大きな額が高く掛けられ、二万人収容できるホールは空席一つなく埋め尽くされていた。日本全国各地から来た代表たちはここで特別講演に耳を傾けていた。

「現在の日本は中国政府を承認もしなければ、国交を回復しようともしない」。「中国を、他の国と同じように、平等に公正に交際していくような状態にもっていかなければ、アジア、世界の平和は、いつまでたっても実現できない」。「日本の青年も、中国の青年もともに手を取り合い、明るい未来の建設に笑みを交わしながら働いていけるようでなくてはならない。この日本、中国を軸として、アジアのあらゆる民衆が互いに助け合い、守り合っていくようになったときこそ、今日アジアをおおう戦争の残虐と貧困の暗雲が吹き払われ、希望と幸せの陽光が、燦々《さんさん》と降り注ぐ……」。

講演者は当時の創価学会の年若い池田大作会長であった。驚くことに、当時中国とはまだつながりもなく、中国人にもあまり知られていなかった池田なる人物が、情熱的に、また感化力に富む口調で、場内の若者に中国問題を語り出した。日本政府は、「アジアの繁栄と世界の平和のため、その最も重要なかなめとして、中国との国交正常化、中国の国連参加、貿易促進に全力を傾注していくべきである」と重ねて訴えた。

今日からすれば、池田大作先生の講演はごく普通の内容だが、あの時代に、拳を振り上げて呼びかけるには、中日関係に対する深い見識と理解、さらには勇気を必要とした。時の佐藤内閣は中国敵視政策をとり、中国の国連での合法的な地位の回復を極力阻止しようとした。また日本社会でも、中国に対する無理解により、中国を「近くて遠い国」と見ていた。すでに公開された米国の外交文献によると、池田先生の講演のわずか数日後に行われた日米安全保障協議会において、「池田の講演は人々に中国に対する期待を誘導するもので、(池田と創価学会による民間外交はすでに)日本外交の障害となっている」、と日本政府筋はアメリカに態度を表明したという。池田先生は同年十月、月刊誌「アジア」で論文を発表し、再び日中国交正常化の実現を呼びかけた。また一九六九年、『人間革命』という著書の中で、日本は右顧左眄《うこさべん》することなく、あらゆる外交政策のなかで、「まず中華人民共和国と平和友好条約の締結を最優先すべき」だと政府に重ねて訴えた。

創価学会は宗教団体として、内にはよい関係を築き、外には平和を求めてきた。戦前、創価学会はひどく日本軍国主義の弾圧を受け、前二代会長とも検挙・投獄され、牧口常三郎初代会長は獄死した。戦後になって学会は再建を目指し、六〇年代初めから、三代目会長池田大作先生の指導のもとで、急速な伸びを見せた。今日、会員数八五七万世帯をもつ創価学会は、すでに日本社会において大きな影響力を持つ存在となった。故孫平化中日友好協会会長らの回想によると、六〇年代初め頃から、「創価学会は民衆の中から発展してきた団体だ。創価学会と交流のルートを作るべきだ、彼らと友達になるべきだ」、と周恩来総理は指示を出していたという。一九六五年、孫平化中日覚書貿易弁事処駐東京首席代表、劉徳有駐日記者らは、作家有吉佐和子さんを橋渡しに、創価学会と接触を始めた。

中日問題に関する池田先生の発言は、中国の創価学会に対する理解を深め、また中日の関係改善のためのよいきっかけを作った。日中国交回復を終生の悲願とした有名な政治家松村謙三先生は、池田先生の講演内容を知り、一九六九年七月、すでに八十六歳であったが、「まるで百万の援軍を得た」ような心境で、四十三歳の池田会長と対面した。池田会長と公明党のことを周総理に報告すると約束した松村先生は、五日後、高齢をも顧みず中国に飛んだ。一九七一年六月、池田先生の支持の下、竹入義勝委員長を団長とする公明党訪中団は初めて中国を訪れた。「一つの中国」への支持、中国の国連総会における合法的地位の回復などを盛り込んだ日中関係五原則を提案した。一九七二年七月、田中内閣が成立すると共に、中日国交回復の時機は益々熟した。竹入委員長は使命を一身に背負い、三回目の訪中をし、周総理と長時間の会談を重ねた。会談の内容を詳しくまとめ、帰国後に田中首相に提出した。これが田中首相の訪中を促し、国交正常化に大きな役割を果たした、いわゆる「竹入メモ」であった。一九七二年九月二十五日、田中角栄首相一行は北京の首都空港に降り立ち、九月二十九日、両国政府が共同声明を発表し、国交正常化を宣言した。その日から、中日関係は新しい時代を迎えた。創価学会を支援母体とする公明党の働きは、中日国交正常化の過程において、伝説的な一筆として残された。

池田講演以降の三十年は、池田先生と創価学会が中日友好を実行してきた三十年であった。一九七四年五月、池田先生は中国を訪問した。同年末、再度中国を訪れたとき、病身の周恩来総理は病院で池田先生に会見した。「忘れ得ぬ出会い」という文章の中で、周恩来総理について、自分と握手するとき、「相手の心を射るような、それでいて柔和さをたたえた目であった」と池田先生は記した。その会見で周総理は、「あなたが若いからこそ、大事につきあいたいのです。二十世紀の最後の二十五年は、世界にとって最も大事な時期です。すべての国が平等な立場で助け合わなければなりません」、と彼に話した。

周総理の言葉を耳にした池田先生は、日中友好を促す事業の責任の重大さをあらためて認識し、日本と中国の人々の心を結ぶ「金の橋」を架ける決意をした。翌年、池田先生の創設した創価大学に中国の留学生を迎えた。戦後の日本において新生中国の留学生を受け入れるのは、これが初めてだった。周恩来総理、鄧穎超女史の知遇を受けたことを記念して、池田先生は美しい創価大学のキャンパス内に、周総理の願った世々代々続く友好の花が、来る年も来る年も日本で花を咲かせる、という意味合いをこめて、「周桜」、「周夫婦桜」を植樹した。「金の橋」を通じて、池田大作先生とその指導下の創価学会は、文化、教育、芸術、衛生など多分野にわたって、中国と幅広く多彩な交流を行なってきた。

日中関係が冷め切っていた一九六八年に、池田先生は敢えて日中国交回復を呼びかけた。その理由について、先生は次のように語った。「世界人口の五分の一を占める中国の民衆と友好交流をしなければ、いかなる和平論も、未来展望も結局は空想に過ぎない」。「文化の面で、中国は私たちの大恩人だが、中国を見くびり、中国を欺いて、恩を仇で返す日本人がいる。そのせいで、両国民に大きな災難がもたらされた。……日中両国は必ず平和友好を続けなければいけない。私個人だけでなく、中国と世々代々友好を続けるよう、創価学会の会員を教育、指導しなければならない」。

これらの言葉は、三十年前、中日関係について、大所高所に立って訴え、さらに数十年にわたって変わらず「金の橋」を架けるために尽力した池田先生の考えを映すものであった。

（一九九八年十月十一日掲載）

興味の尽きない農業技術の話

——江主席、日本の農業専門家と会見

徐宝康　于青

あたり一面の銀世界、さわやかな風が吹き、空気も澄んでいる。北海道の壮大で美しい景観と素朴な気風が、中国からの来訪者の目の前にあった。来訪者は江沢民中国国家主席。主席は昨日の午後、北海道の農家と牧場を見学し、本日午前、中国に貢献した八名の日本の農業専門家と会見した。

会見は、江主席の滞在するホテルで行われた。江主席は日本語で彼らに「おはようございます！」と挨拶した。また、彼ら一人一人と握手し、会見室の雰囲気は和やかなものとなった。八名の専門家は以下の通り。水稲栽培専門家の原正市氏——中国二十六省に水稲畑苗移植栽培技術を指導し、その面積は一・八億畝〔一畝＝六・六六七アール〕、平均増産は約一〇パーセントに達した。砂漠緑化専門家である遠山正瑛氏——内モンゴルの伊盟ですでに七年、砂漠緑化に努めている。毎年中国で八ヶ月におよぶ作業を行い、二つの「百万株植樹プロジェクト」を成功させた。スイカ育種専門家の森田欣一氏——一九八五年に要請を受けて北京に赴き、スイカの共同研究に参加した。「京欣一号」を栽培し、北京地区のスイカの主要な品種となった。マルチ農法専門家の石本正一氏——一九七四年より百回以上来中し、マルチ農法栽培を指導し、中日両国のマルチフィルム貿易・合弁を促進した。農業教育専門家の神内良一氏——日本の先進農業技術と経営管理

経験を活かして中国辺境の開発が遅れた農村の発展を推し進めた。無償援助資金は累積十億円以上に達している。りんご栽培専門家の菅井功氏——烟台市でりんご栽培技術を指導し、自分の長男も中国に呼び寄せ、赤富士りんごの生産を指導させている。畜産専門家の大久保正彦氏——黒龍江省と共同で、飼料を節約して乳牛を飼育する技術を研究し、毎年一頭当たり五〇〇から七〇〇キログラム前後の飼料を節約し、国際先進水準に達した。農機専門家の新家憲氏——黒龍江省三江平原で白漿土〔湿っている時は糊のようで、乾いている時は固い生産性の低い土壌〕土壌改良用プラウ〔犂〕を開発し、土壌改良効果は五年以上も持続している。

江主席はまず、日本の専門家たちが中国農業発展促進のために行なった大きな貢献を称え、「人類が農業生産に従事するようになってからすでに長い歴史があり、現代農業は飛躍的な発展を遂げました。そしてそれは科学技術と密接な関係を持っています。原正市氏が研究した水稲栽培技術のように、密に植えなくとも、科学技術を利用すれば、疎に植えて乾田で育てても高い収穫量を得られます。私は電気工学を学んだ者ですが、農業技術に従事している人に対してずっと尊敬の念を持ってきました。というのは、ほとんどの仕事の条件が厳しいものだからです。ここにいらっしゃる私より年長の方々は、大変健康ですが、農業に従事し大自然との接触も多く、運動量が多い、そのことと関係があると思います。生命はやはり運動にかかっているのでしょう。皆さんにお会いできて、話は尽きませんが、今度は皆さんの話をお聞きしたいです」と言った。

水稲栽培の専門家原正市氏は、「私は一九八二年から中国で水稲栽培技術を指導してきました。一連の成果を得られたのは皆さんの努力の結果です。中国滞在期間中、中国の方々の温かいお世話をいただきました。私は今年八十一歳ですが、体が健康なのは豊作の時の中国人の笑顔が私の心を楽しくさせてくれるからです。私が中国へ行くのは、彼らの笑顔を見て、心楽しくなりたいからです」と言った。

砂漠緑化専門家の遠山氏は「私は今年九十一歳です。若い時からずっと砂漠緑化を研究してきました。どうして中国にばかり行くのかと聞く人がありますが、私はアジアや世界の安定・発展は、中国の安定・発展と切り離せないと思うのです。言い換えれば、中国の安定・発展は、世界の安定・発展なのです。私は子や孫に私の仕事を引き継がせ、一家三代、中国で百年仕事をするつもりです」と言った。江主席は嬉しそうに日本語で「すばらしい！」と言った。

スイカ育種専門家の森田氏は「私は六十八歳から北京野菜研究センターと協力するようになりました。今年八十二歳です。中国人はスイカが好きなので、私はもっと安くておいしい品種を作りだそうと決心しました」と言った。

最後に江主席は「もし時間があったら、もっと話がしたかった。皆さんが更なる成果を収めることをお祈りします。志のあるものは、必ず成功します」と言った。

江主席はそれぞれ八名の専門家に贈り物を渡し、彼らと一緒に写真を取った。別れる時、遠山氏が江主席の手を握って、中国語で「北京見！〔北京で会いましょう〕」と言った直後、晴れやかな笑い声と大きな拍手が沸き起こった。

（一九九八年十二月一日掲載）

皆が喜ぶことが即ち成功である

——本田技研工業株式会社宗国旨英会長を訪ねて

于青

日本のメディアで先ごろ次々と報道されたが、中日合弁の広州本田汽車公司が今年三月、正式に「アコード（中国名『雅閣』）」の大量生産を開始し、今後は日本の自動車直売店方式を取り入れて、販売とアフターサービスを行うことになった。中国の消費者にとって日本車は決して見慣れないものというわけではないのだが、なにしろ日本車が中国で生産されるのは初めてのことである。ホンダの自動車の特色と、自動車直売店をどのように広げていくかなどの問題について、記者は東京で本田技研工業株式会社の宗国旨英《むねくによしひで》会長を取材した。

宗国会長は記者にこのように述べた。「本田技研は一九九七年に、中国との合弁で乗用車を生産することを決定し、一九九八年七月に合弁会社を設立しました。比較的順調に進展した理由は、今までホンダがオートバイやエンジンなどの方面で二十年近くの長期にわたって中国と協力してきた経験を生かしたからです。『アコード』は本田の主力車種で、発売から二十年以上にわたって欧米とアジアで累計生産販売実績約一千万台に達しています。本田の自動車はアメリカで百万台販売しましたが、そのうち四十万台がこの車種です。広州で生産するのは、同車種の六代目の製品です。広州で最初に生産する内の三十台は北京首都汽車集団が既に購入予約をしています。今年の生産台数を一万台と計算すると、十一月までに中国で購入される部品は四〇パーセントに達するでしょう。二年後には年間生産台数三万台に達することができそうです」。

「アコード」の直売店になるには、どのような条件を備えていなくてはならないか？「広州本田汽車公司自身は、直接には販売業務に携わりませんので、消費者は『アコード』の直売店を通じてのみ購入できます。『直売店』は単に自動車を売るだけではなく、販売、検査修理、部品の三つの面でサービスを提供します。消費者にとって良い車を買うことはもちろん嬉しいことですが、消費者がその車に乗る何年かの間、ずっと満足してもらうためには、サービスのネットワークを確立し、長期にわたって、全国各地、どこでもアフターサービスを提供できるようにしなくてはなりません。『アコード』の直売店になるためには、まず会社と契約を交わし、次に研修を受けて、店のデザインや店員の質などで会社の基準を満たさなくてはなりません。直営店の設置は広州、上海、北京が中心になるでしょうが、沿海部から次第に中西部の内陸地域に広げていきます。現在既に契約を交わしたのは三十店舗ですが、今年中には六十店舗、来年には百店舗に達する計画です。直売店はメーカーと消費者をつなぐ媒介役です。メーカーが高品質の製品をつくり、直売店が高品質のサービスを提供すれば、より多くの消費者からの支持が得られるでしょう。私たちの目標は、メーカー、直売店、消費者の三方面にとって喜ばしいことであり、そうであってこそ成功と言えるのです」。

現在、自動車業界の再編統合が続々と起こっているが、年間販売台数二百万台、日本の自動車業界で第三位、世界の自動車メーカーの第九位である本田技研は、日本の自動車メーカーのうち唯一、そのような動きのない企業である。ある専門家の見解では、世界の自動車産業の競争は日増しに激しくなり、年間販売台数四百万台以下のメーカーは存続が難しくなるという。しかし宗国会長はこの見方には同意できないと語った。「存続できるかどうかは、消費者を獲得できるかどうかによって決まるもので、販売台数が四百万台に達するかどうかだけで決まるのではありません。メーカーによっては、生産車種が多く工場もたくさん建設して、販売台数を増やすと同時にコストも高くなり、企業全体の競争力が低下するところもあります。本田の特色は車種を少なくし、車種ごとの生産量を多くすることで、コストを相対的に下げ、収益を大幅に上げ、企業全体の競争力を強めることにあります。消費者の要求を満足させることができれば、年間販売台数が百万台だろうと三百万台だろうと、企業は存続できます」。会長は大きな自信をもってこのように述べた。

（一九九九年四月十五日掲載）

北京で会いましょう
——中日文化観光交流大会

張旭平　王綱

五月二十日、桜の国から来た来訪者たちが北京に集まった。日本運輸大臣二階俊博氏を特別顧問とし、日中友好協会会長平山郁夫氏を団長とする「二〇〇〇中日観光交流大会使節団」の五千有余人は、何回かに分かれて中国にやって来ていたが、この日の午後、北京に集まり、人民大会堂に会して、中国の友人たちとともに友情を語り、未来を展望したのである。

会場のステージには、「中日文化観光交流二〇〇〇大会」という横断幕がかかっており、大ホールは満員だった。会議の始まる前に、初めて中国を訪れた人々は思い思いに記念写真を撮っていた。この訪中は、普通とは趣を異にしていた。五千有余人の大規模な団体が中国を訪問するというのは、中日関係史上かつてないことだった。

午後四時、江沢民国家主席、胡錦涛国家副主席、銭其琛国務院副総理などの国家要人と日本使節団のリーダーたちが人民大会堂の宴会場に足を踏み入れると。大ホールに盛大な拍手の音が響いた。江主席は使節団のリーダーたちと中日関係問題について、事前に一時間の討議をしていたが、会場で日本側代表が「江主席と胡副主席らが使節団のリーダーと接見し、また、自身が大会に出席したことは、中国の指導者たちが日中関係を大変重視していることの表れである」と述べた。

銭其琛副総理がまず挨拶を行い、今大会は一つの快挙であると称賛し、中日両国人民の相互理解と友情をさらに深め、二十一世紀の中日友好の新局面を迎えるに当たり重要な意義を持つ、と述べた。

平山郁夫氏は中国人民の古くからの友である。彼は挨拶の中で、中日両国二千年来の友好交流史を振り返った。彼は中国訪問中、代表団の人々にその身で中国文化を感じ取って欲しいと述べた。代表団特別顧問の二階氏は今回の大規模な活動の提唱者である。彼は挨拶の中で、忙しい中出席した江主席に特に感謝の意を述べた。そして、「日中友好を推進するために貢献した両国の先人に感謝すると同時に人々がこれを引き継いで将来に発展させ、友好事業に力を尽くす決心を、大きな拍手をもって示しましょう」と言うと、会場にまた大きな拍手が湧き起こったのだった。

今回の使節団に参加したのは、日本の政府関係者、国家公務員、日本全国各地の自治体、市町村、各階層、各企業及び民間友好団体の代表などであった。もともとは、新しい千年を記念して、二千人の代表団を結成するつもりだったのだが、あっという間に五千人を超えてしまった。平山氏は、「今回の観光団の団員は、皆自ら進んで申し込み、自費で来た。また、日本で影響力のある各界の名士ばかりだ。もし制限しなかったら、人数は一万人を突破しただろう」と語った。

沖縄から来たある団員が嬉しそうに、「中国に来ることができて大変嬉しい。万里の長城に登り、天安門前で写真を撮ったが、中国は本当に美しい国だ。中国の変化は大変なものだ。日本に戻ったら私は中国で見たことを私の周りの人間に話すつもりだ。もし機会があればまた来たい」と中国に来た喜びの気持ちを語った。それからある女性が、北京の街の発展は計画性がある、と言い、また、江沢民主席本人が会場に現れたことに感激していた。今回のことは彼女にとって生涯の中で最も忘れられないものとなっただろう。

大会が終わる時、江主席がステージを降り、使節団の数十人のリーダーたちと一人一人握手し、会場に向かって手を振ってあいさつした。日本の人々はこれに対して長い、大きな拍手で応えた。会場の雰囲気は最高潮に達していた。

会議の後、中日双方の文化芸術界の人々が民族的色彩たっぷりの演目を披露した。大正琴で日本の曲『北国の春』と中国の曲『花好月圓』『走進新時代』を演奏し、ひとしきり満場の拍手をあび、会場はいよいよ盛り上がったのだった。

（二〇〇〇年五月二十一日掲載）

共に自由貿易の旗印を掲げよう

——日本貿易振興会理事長　畠山襄氏

薛飛

今年九月一日、日本貿易振興会〔ジェトロ〕理事長の畠山襄氏一行が中国を訪れ、中国国家経済貿易委員会と日本貿易振興会が共同開催した中日「ＷＴＯと経済法律政策シンポジウム」に参加した。二日、畠山氏は滞在中のホテルで、本紙記者の単独取材を受けた。

畠山襄氏はまずグローバル化に対する基本的な見方について語った。彼は、物資とサービスを必要とする人に提供するという、このような趨勢の拡大が即ち国際化及びグローバル化であると言う。「グローバル化とはかなりの程度においてアメリカン・スタンダード化である」という見方に対し、畠山氏はグローバル化は必ずしもアメリカン・スタンダード化ではないと考えている。「例えば、日本の生産システムは非常に学ぶ価値のあるもので、多くの米国企業が、日本の生産システムを学んでいます。日本のあるメーカーの看板方式、大規模生産、ボトムアップ式の生産方式などは非常に学ぶ価値のあるものです。しかしアメリカ式システムにも優れているものは非常に多く、特に金融の領域ではそうです。日本の金融業は、国際化に向かって大いに前進する、ということがなかったので、現在多くの問題を抱えています。このほか、グローバル化は経営や資本の国際化だけにとどまらず、労働力も国際化すべきです」。

「中国の廉価な労働力は経済のグローバル化の中で非常に良い影響をもたらすでしょう。例えば、現在アメリカの経済は非常に好調ですが、これは労働力のグローバル化がもたらしたもので、アメリカがメキシコの廉価な労働力を多く使っているからです。ですから、中国が資本の導入を通じて内部機構の改革を進めれば、労働力が比較的安いという利点を使って、自身の経済を発展させると同時に、世界経済にも貢献できるでしょう」。

中国が世界貿易機関（ＷＴＯ）に加盟することは人々の重大な関心事であるが、畠山氏も非常に関心を持っていた。彼はこう言った。「これは私の個人的な見解ですが、中国は、今後もかなり長い期間にわたって発展途上国でありつづけるでしょう。現在、中国の一人当たりのＧＤＰは一千米ドルに満たず、大国ではあるけれども、依然として発展途上国です。しかし一方では、中国の国際収支と外貨準備高は非常に大きいのです。現在発展途上国の一般的な状況は、輸入が輸出を超過し、貿易の多くは赤字ですが、中国は全く逆の状況なので、中国のこの面に関しては論争がありました。このような問題はＷＴＯの具体的な条項に基づいて、交渉と協議を経て解決する必要があります」。

畠山氏は、ＷＴＯ加入後も、中国政府はすぐに輸入を開放しない方が良い、一定の過渡期を経るべきだが、もちろんこのような過渡期は長すぎてはいけない、と提言した。「これは赤ん坊を育てるようなもので、赤ん坊が小さくて弱いときは特別な保護が必要です。そうしなければ傷つけてしまうからです。しかしこのような保護を与える期間が長すぎれば、それは溺愛に変わり、子供の生存能力は強くはなりません。これと同じように、過渡期が長過ぎれば、中国経済の国際的な競争力は低下します。この方面においては日本は経験があり、教訓も得ています」。

中日間の経済貿易関係について、畠山氏はこう述べた。「将来日中両国の協力は両国間にとどまらず、国際的な案件の中で、より幅広い協力関係を強める必要があるでしょう。次の千年に向かって、世界は新しい発展のチャンスを迎えており、日中両国がもし自由貿易発展の旗手となり、積極的に国際貿易を促進させれば、今後も大いに発展することができるでしょう。アジア太平洋経済会議〔ＡＰＥＣ〕の近年の発展は以前のように活発ではありませんが、中国と日本が積極的な役割を果たせば、さらに活発になるでしょう」。

畠山氏はある資料を出して見せてくれた。それは「ＧＤＰ世界三十位までの国と地域及びその自由貿易協定への加入状況」表であった。これら三十の国と地域の中で、日本、中国、韓国、台湾と香港だけが、いずれの自由貿易協定にも加盟していない。畠山氏は、この五つの経済体はすべて東アジア地区にあるのだから、より緊密な経済貿易関係を打ち立てて、一つの傘の下で日ざしを防ぐべきだと言った。

彼は、地域的な貿易協定は経済交流の促進と拡大に有利なだけではなく、両国あるいは多国間の政治を安定させると考えており、アジア地域においても、私たちは二十一世紀に向かって長期的視野を持つべきだと言う。彼は、日韓両国間ではすでにこの方面での研究を開始しており、中国にとって目下の急務はＷＴＯに加入することだと述べた。今すぐに中国と日本の間に自由貿易協定を結ぶことを考えるのは、やや急ぎ過ぎの感を免れない。日本の工業、特に製造業は強大であり、自由貿易を導入すれば日本製品が大量に中国に流れ込み、中国の地元産業に打撃を与えるだろうという。

畠山氏は中日貿易の発展の前途に自信一杯であった。彼は世界貿易の促進のために、特に中日間貿易の発展のために自身も最大限の努力をすると述べた。

（二〇〇〇年九月五日掲載）

「狼」と踊る秘訣

――トヨタ自動車社長　張富士夫氏を訪ねて

于青

実直で温厚、穏やかで控えめというイメージで、彼が日本製造業最大企業のトップだとは信じ難い――彼とは、トヨタ自動車の張富士夫社長である。中国人に会うと大抵、日本人の中で張という姓がどこから来たか質問される、という。張富士夫社長は、張という姓は日本では多くないが、彼の出身地である佐賀県では少なくない、と言った。年長者が言うには、祖先は中国から日本に渡ってきた教育者だそうだ。こうしたルーツがあるので、彼は中国に来る度に故郷に帰ったような親近感を覚えるという。

張富士夫社長が今回訪中したのは、人民日報社と日本経済新聞社が共同で主催した「中国のＷＴＯ加入と中日経済協力」と題した中日経済シンポジウムに出席するためだ。中国がＷＴＯに加入すると自動車産業は厳しい挑戦を受けることになる。「狼が来た」というのが多くの中国人の心境だろう。これに関して、張社長は会議の期間中に本紙記者の単独取材を受けた。

張富士夫氏の略歴によると、彼は一九六〇年にトヨタ自動車に入社している。日本が「関税と貿易に関する一般協定〔ＧＡＴＴ〕」に加入したのは一九六三年だった。言うまでもなく、張富士夫氏は当時「狼が来た」という心配を味わっている。記者は、トヨタ自動車が当時「狼」と一緒に踊りつつ、弱者から強者に変わった秘訣を知りたいと思った。

張富士夫社長は言った。彼がトヨタで仕事を始めてすぐの頃、日本の自動車産業は「狼が来た」ような心理的プレッシャーに直面した。欧米の自動車産業の衝撃を逃れるために、トヨタが掲げたスローガンは「自分の城は自分で守れ」であり、努力目標は高品質で安価な自動車を提供すること、基本的な対応措置は品質を向上させ、コストを下げることであった。一九六〇年、日本の乗用車の生産台数はわずか十六万台強だった（日本の自動車の総生産台数は四十八万台）。当時の日本の乗用車は、「壊れやすく、耐用性がない」というイメージがあり、米国の高速道路では走行する資格すらなかった。このため品質向上は当面の急務だったのである。トヨタはこのために飛行機エンジンの製造技術に精通した専門家を招いて技術者たちの能力を強化し、米国の自動車市場における販売方法に詳しい米国人を招いて、どうすれば米国市場の標準レベルに達することができるか意見と要求を聞いた。品質を向上させた後は、消費者に対してそれを証明して見せなければいけなかった。一九六二年、トヨタはテレビ局と共同で、乗用車の破損度を厳しくテストすることをテーマにした番組を作成し、約一年間連続して放映した。一九六四年には、高速道路で昼夜連続十万キロメートル、走行するテストをした。乗用車の性能向上以外にも、車の外観、インテリア、販促手段などの方面に必死に取り組んだ。

品質向上と比例して、トヨタはコスト削減の方面にも多くの力を注ぎ、飛び抜けた成果をあげた。一九六二年、トヨタは生産過程のすべてに「看板」方式を採用した。いわゆるトヨタ生産方式とはすなわち「看板」を情報伝達の道具として利用し、生産過程の中で形成した生産管理方式のことである。「看板」の役割は「ジャストインタイム」を達成することであった。則ちどの工程においても、必要な部品を、必要な時刻に、必要な数量だけすぐに提供するということである。

張富士夫社長は、生産コストの高騰の理由はいつも「過剰」だと言った。生産現場の人数、設備が多すぎたり、生産が多すぎたりすれば、過剰在庫を抱えることになり、ひいては人力、財力、設備の消耗も過剰、という結果になる。企業の経営者は絶えず「過剰」と戦わなければならず、「必要量」に基づいて「生産量」を決めなければならない。トヨタの生産方式の本質は、最大限に無駄をはぶくことなのである。一九六三年に日本が正式に「関税と貿易に関する一般協定」に加盟したとき、乗用車の生産台数はすでに四十万台以上に達していた（日本の自動車の総生産台数は一二八万台）。一九六五年十月一日、日本が乗用車の輸入自由化に踏み切り、「狼」が本当にやってきたとき、その年の日本の乗用車生産台数は七十万台近くに達していた（総生産台数は一八八万台）。高品質で安価な製品があれば、欧米の競争相手は恐れるに足りなかった。人々が心配したような、欧米の自動車が大量に日本市場になだれ込むという状況は起こらなかった。「狼が来た」という憂慮は、日本の自動車産業を短期間のうちに一気に基幹産業にしたのである。

張富士夫社長の話を振り返ってみると、記者が最初に期待したようないわゆる「秘訣」はなかったようである。「品質を向上させ、コストを下げる」は、ただ企業経営の基本に過ぎない。だが良く考えると、基本は往々にして志ばかりが高く実力の伴わない人間には軽視されがちだが、「拳不離手、曲不離口〔常に地道に研鑽する〕」といった基本的なことは実は最も実行が難しいことなのである。

筆者追記　張社長はトヨタの中国での戦略について語った。当面の急務はトヨタ自動車の専売店を増やすことであるという。現在は全国各地に七十店舗ある。二〇〇二年下半期に天津で生産を開始する排気量千三百ＣＣの家庭用乗用車は、年間生産予定台数三万台で、近期目標は中国乗用車市場のシェア五パーセント、中期目標は一〇パーセントを占めることである。

（二〇〇一年十二月四日掲載）

登高望遠　継往開来

――中日民間友好団体責任者会議

孫東民　于青　曹鵬程

新年を迎え、中日両国は国交正常化三十周年を迎えた。一月二十八日、両国五十三の民間友好団体の代表が北京の人民大会堂に会し、中日関係の発展を回顧するとともに、両国民の交流と協力の未来について意見を交換した。唐家璇中国外交部長が祝辞を寄せ、阿南駐中国日本大使が会場にかけつけ、会の成功を祝った。

中日国交正常化の年表では、民間先行、民をもって官を促し官民ともに挙す、水が流れて水路が出来る、といった発展過程が見られる。民間の友好団体や友好に尽くす人々は、その中日関係の発展史に重要な一筆を残してきた。たくさんの有識者が、世俗に追随せず、一時の風潮に惑わされず、開拓進取の精神でこつこつと努力してきたのである。

馴染みのある人々が顔を合わせるのは殊のほか懐かしく嬉しいものである。人民大会堂重慶の間には、八十歳を越えた中国国際交流協会顧問の張香山氏、中日友好協会副会長の蕭向前氏や、日中友好議員連盟会長の林義郎氏、白髪の日中協会理事長白西氏、日本国際貿易促進協会理事長の中田慶雄氏も来ていた。参会者は、彼ら戦後中日関係の生き証人たちに深い敬意を払うのだった。これら古くからの人々、過去に「井戸を掘った人」たち以外に、青年団体あるいは女性団体で活躍中の若い人たちもたくさんいた。同じ願いを胸に、年齢や職業の異なる中日両国の人々が一堂に会したのである。

中日友好協会の宋健会長はスピーチで中日関係三十年の発展過程を振り返り、中日関係は過去を受けて未来を切り拓き、前人の教えを受け継いで未来を開拓するための重要な時期にあるとした。一九九八年に江沢民主席が訪日した際、両国は「中日共同宣言」を発表し、「平和と発展のための友好協力パートナーシップの構築」を決め、新たな段階の中日関係発展の方向性を確立した。宋健会長は、両国先賢の多大な貢献を高く評価し、中日間の良好な関係や互恵協力の意義を強調し、鄧小平氏の発言を引用して、「中日関係を長期的な視点から考え、発展させなくてはならない。これは双方のあらゆる問題を超越する重要なことである」と述べた。中日友好に半世紀以上力を尽くしてきた張香山氏は、中日友好というのは結局のところ両国人民間の友好である、中日友好の旗を高く掲げ、広く人々が中日友好活動に参加するよう呼びかけなくてはならない、と述べた。

日中友好議員連盟の林義郎会長はベテランの議員である。彼は発言の中で、三十年前の国交正常化の翌年に訪中し、周恩来総理と深夜二時に会見した当時を回想した。また、両国間の友好をより促進するには、各分野で対話を進め、交流を深めることが一層重要なことは明らかである、「歴史を鑑として未来に向かわなくてはならない」、未来とはつまり、両国の友好関係の発展である、とした。

著名な作家で、日本ペンクラブ副会長の加賀乙彦氏は、新たな情勢のもと、両国は政治的な立場の違いや経済上の競争を超えて、認め合い、尊重し合い、共に発展していかなければならない。さまざまな価値観が併存する中で相互に理解しあうことこそ、世紀を超え、未来における持続的発展の重要な基礎となり得ると述べた。

青少年の交流は、中日関係発展の潜在力である。今回、中日双方が期せずして中日青少年間交流の重要性を指摘した。中国青年連合会の黄丹華副主席は、青少年たちの交流は、「功は現在にあり、利は未来にある」偉業である。時代に合わせ、常に刷新することが必要である。両国の青年を教育して正しい歴史、平和、協力に対する考え方を確立させ、交流のレベルを高め、新しい領域を開拓し、時勢に適った、生きた協力企画を創り出さねばならない、と述べ、参会者たちの賛同を得た。

経済関係は中日関係発展の重要な基礎である。国交正常化以来三十年間、両国の貿易は長足の進歩を遂げ、貿易額は一九七二年の十一億ドルから二〇〇一年には八百八十億ドルにまで増加した。日本は連続八年、中国の第一位の貿易相手国であり、中国は日本の第二位の貿易相手国である。日中経済協会の緒方理事長は、中日両国がより強力に補い合い、互恵関係を深めれば、両国経済の発展ばかりか、アジア、ひいては世界経済の持続的な成長をもたらす、と考えている。日本国際貿易促進協会の中田慶雄理事長は、五十五年にわたって中日経済貿易協力に携わり、日本の経済界の人々を率いて二九三回も中国を訪れ、中国の三十四省・市・自治区をまわった。また、中国の人々を日本各地に案内してきた。中田氏は、中日関係ではたびたび障害や困難が生じるが、友好・協力は時代の主流である。中日貿易では新たな目標を設定し、中日経済貿易協力を新たな段階におし進めるべきだ、と強調した。

文化交流は今年のポイントである。中日双方の協議の末、日本では「中国文化年」を、中国では「日本文化年」を催すことが決まった。一月二十八日の会議では、多くの代表が喜ばしいニュースを発表した。女性団体の人が九月に「世紀之約、中日婦女牽手北京〔世紀の約束、中日の女性が北京で手をつなぐ〕」というイベントを予定しており、両国地方自治体は秋に日本で友好交流会議を開催する。創価学会の三津木氏は、国交正常化活動の一環として、現在、周恩来の生涯を紹介する「周恩来展」を開催しているが、続けて中国芸術展を行い、日本の箏演奏家の代表団が訪中して演奏するほか、中国の青少年百人の日本への招待などを今年の予定に組み入れた、と発表した。日中友好協会の村岡久平理事長は、東京都の大規模な日中友好議員代表団の訪中や北京で開催する友好都市青少年卓球大会開催の計画、両国の太極拳武術愛好者二千人が太極拳の故郷中国に集まることなどについて述べた。

対外友好協会の陳昊蘇会長は全体を総括するスピーチの中で、中日関係は喩えれば葉の茂る大樹である。その緑の木陰を享受するとともに、木のために常に土を肥やし、枝を整え、健やかに育て、常に新しい活力を与えなくてはならない、と述べた。中日文化交流に四十年以上携わってきた佐藤純子女史は、「日中友好の道は、日中友好に熱心な多くの人々が着実な足取りで踏み固めてきたものだ。我々は自身の両足で、輝く明日を胸に、明るい未来に向かって歩んでいこう」と、情熱的に語った。

佐藤女史の言葉は中日双方の出席者の気持ちを代表するものであった。

（二〇〇二年一月二十九日掲載）

善隣協力　共同発展

——駐中国日本大使　阿南惟茂氏にインタビュー

孫東民　曹鵬程

中日国交正常化三十周年を語るならば、阿南惟茂氏が相応しい人物であることは疑う余地もない。これは、氏が現職駐中国日本国大使であるからというだけでなく、氏のこれまでの経歴に拠るものである。日中国交正常化のために、田中元首相の中国訪問が決定した際、実務外交官であった阿南氏は先遣隊として中国を訪れた。あれから三十年間、阿南氏は外務省中国課長、駐中国公使、外務省アジア局長を歴任し、昨年は内閣外政審議室長から駐中国大使に転任した。実に三十年あまりにわたる中日関係の変遷を実際に経験してきた中国問題の専門家なのである。

四月五日、我々は約束の時間に日本大使館に赴き、この日本からの使者を訪ねた。

「今日は清明節です、窓の外は降りしきる春雨、まさに『清明時節雨紛紛』ですね」。腰掛けると、阿南大使はきれいな中国語で話した。中学校時代から中国文化に強い興味を抱き、書道を愛好し、唐詩を愛読した。史代夫人は中国の遼金史の研究者で、二人の縁は中国語の勉強を通じて結ばれたものだった。中日国交正常化を実現したその月に生まれた長男は、中国そして諸葛亮に対する尊敬の気持ちから、「友亮」と名づけた。阿南大使の座右の銘は『論語』にある「人知らずして慍《うら》みず」である。

中日国交正常化三十周年記念行事に触れると、阿南大使は語り始めた。「三十にして立つ」という言葉があるように、国交正常化三十周年というのは、前人の成し遂げてきた事業を踏まえ、将来への道を切り開くという節目の年である。百以上にものぼる記念行事を通して、双方の関係に新たな活力が注ぎ込まれることだろう。四月から「日本文化年」、「中国文化年」といった記念行事が幕を開けた。東京で催された開幕式に李鵬委員長と小泉首相が出席したことは、両国が未来に向けて、平和と発展のための友好協力パートナーシップの構築を目指そうとする強い希望を発信したものである。

三十年前、中日両国が、長く続いた正常でない状態に終止符を打ち、国交正常化を実現させたその歴史的意義は自明である。「私は両国の指導者と先達たちの英断と歴史的な功績に対し、深い敬意を抱いている」と阿南大使は話した。そして次のように振り返った。三十年の日中関係は前向きな姿勢を保ってきた。政治、経済、文化など多分野における両国の交流は、深さにおいても幅においても過去に例を見ぬほどであった。たとえば、両国要人の相互訪問は頻繁に行われ、人的交流は二〇〇一年には延べ一八〇万人に達し、一九七二年の二〇四倍である。双方の貿易額は昨年八九一億ドル（中国側の統計では八七七億ドル）という記録的な数字を出しており、一九七二年と比較すると、八十八倍になった。また、一九七九年以降の二十年間、中国に対する日本からの、有償無償の円借款総額はすでに二兆九千億円（人民元一九〇〇億元以上に相当）に上り、中国の近代化のためにできるだけの協力をするという大平外相の訪中時の公約を果たして、中国政府や国民の称賛を得ている。日中両国が社会体制の違いを乗り越えて友好協力を持続的に進めてこられたことには二つの理由がある。一、両国の間には、二千年以上にわたって文化交流を続けてきたという歴史的な結びつきがあったこと、二、経済協力は双方関係を維持する基礎となっていること。要するに、両国では指導者から一般国民まですべての人が日中関係の発展を重視し、友好を強固なものにしたいと強く願っているためだ。

この三十年間の中日関係に幾多の紆余曲折があった事実については隠し立てる必要もない。昨年起きた歴史教科書問題、日本の首相の靖国神社参拝問題、李登輝の訪日問題および貿易摩擦問題などにより、中日関係が低迷した時期もあった。このことに話が及ぶと、阿南大使は次のように述べた。中国人は日本を一番知っている、日本人は中国を一番知っているとよく言うが、実際のところ、相互理解が欠けているのだ。中国経済が成長すると、日本では「中国脅威論」が現れた。我々は中日関係における敏感な問題を善処しなければならない。そのためには、まさに江沢民主席が言われたように、次の三点に留意しなければいけない。一、問題を未然に防ぐこと。二、問題が生じたら直ちに解決すること。三、個々の問題で大局に影響をきたさないこと。

大使はなかなか弁舌爽やかで、鋭い見解を持っている。彼が言うには、二千年以上にわたる日中関係を眺めてみると、昔は常に一方が強く、もう一方が弱い状態だった。古代には、中国文化が絶対的優勢を占めていた。近代は、富国強兵政策をとった日本は中国侵略の道に走った。そして現代に入ってからはじめて、日中両国は対等な関係を持つようになったのだ。ここ三十年の付き合いを通して、日中両国関係は、政府・民間ともに、率直な対話を通して、誠実な態度で実務的な対応をしていくことができつつある。両国の経済は相互依存関係にあり、民間（企業）の投資・協力の潜在的な可能性は無限にある。

十一代目の中国大使として、阿南大使は就任以来中国の友人たちから示された温かい厚情に謝意を述べた。彼は、国交正常化三十周年記念を契機として、全く新しい中日関係が構築されること、つまり中日双方が誠意と信頼に基づいた対応を大切にし、対話を優先して、新しい見方でお互いをじっくり見つめ合い、その上で友好協力関係を築き上げ、ともに発展していくために、新しい行動で未来を築いていけることを心から願っているのである。

（二〇〇二年四月十五日掲載）

哲学をもって行う企業経営

——京セラ名誉会長　稲盛和夫氏を訪ねて

経済日報記者　趙文斗
人民日報記者　管克江

幼い時の成績は良くも悪くもなく、結核を患い、有名大学には入れず、大会社に就職できなかった。晩年は胃癌になった。続けざまの失敗と波瀾、これが却って「経営の聖」と呼ばれる大企業家——日本の「京セラ」名誉会長、稲盛和夫氏を生んだ。最近、京都市にある京セラ本社に行き、稲盛和夫氏を取材した。

稲盛氏は慈愛に満ちた穏やかな様子の人であった。裸一貫から企業を興した苦労や今までの不遇な人生、これらがまるで瞬く間に消え去ったかのようである。氏は、深遠な中国文化から精髄を取り入れ、独特の経営哲学を生み出した。企業の経営は人と同じで、例えば「天を敬い人を愛す」「誠実公正」、「満は損を招き、謙は益を受くる」等、一連の倫理原則に従わなければならないという。人生と社会について深く考えるため、一度仏門に入ったこともある。また「思想+情熱+能力=成功」という方程式をたて、たとえ天賦の才がそれほどなかったとしても、情熱をもって正しく思考すれば、同じように成功を収めることができると考えた。著名な学者である季羨林氏は、稲盛氏のことを「彼は自分の成功のプロセス、人生に対する考え、本業のセラミック業と関係のある話もない話もする。彼の話は非常に簡明であるのに深い哲学思想がいたるところに溢れており、筋が通っていて、聞いていて飽きることがない」と高く評価した。

稲盛氏はこれらの哲学に基づいて、二十八歳の時三百万円の資本で京都セラミック株式会社を設立した。その後様々な困難や挫折を経て、現在すでに年商四兆円の大型多国籍企業に発展した。業務範囲は精密セラミック、電子機械、撮影機材等の領域をカバーしている。

一九八四年、稲盛氏が五十二歳の時、二つ目の事業を開始した。日本第二の電信電話会社（第二電電）の創設である。その目的は独占を阻止し、日本人に低料金で電話を使ってもらうことだった。二〇〇一年、第二電電は他の電信電話会社二社と合併し、日本で二番目に大きい情報技術グループとなった。

稲盛氏は、「ただ金を儲けるために企業経営をしてはいけない、その最終目的は社会に貢献すること、自己の利益を図り、それよりもなお他人の利益を考えなくてはならない」と主張する。一九八一年、稲盛氏は、工業用精密セラミック技術開発方面において突出した成果を挙げて、「伴記念賞」を授与された。伴五紀教授は東京理科大学で教鞭をとる科学者で、教授自身は決して裕福というわけではないが、自分の特許技術で得た収入を奨学金にし、科学技術進歩のため意欲のある人を表彰している。このことが稲盛氏を大変刺激した。光栄と感じると同時に恥ずかしく思ったという。京セラは上場企業で、氏個人もかなりの資産を持っている。しかしこの財産は決して私有のものではなく、社会から得たものであるから、社会に還元しなければならない、と氏は考えた。そして、一度に六百億円以上を拠出して稲盛財団を設立し、この基金を使って「京都賞」を作り、国内外の先端科学、基礎研究、思想芸術等の三方面で突出した成果を挙げた人物を表彰した。稲盛氏の目標はこの「京都賞」をノーベル賞と同じように国際的な賞にして、全人類の科学技術促進に役立てることであるという。また、日本型経営の管理者養成のため、「盛和塾」を開いた。これは後に「盛友塾」と改名され、三千二百名余りの学生を養成した。

稲盛氏は中日友好と交流事業に同様に全力を注いでいる。中国が西部開発戦略を実施すると知って、氏個人と京セラからそれぞれ五十万ドルを出して、中国稲盛京セラ西部開発奨学基金を設立した。学生時代、家が非常に貧しく、氏は奨学金で大学を卒業した。今後の西部開発において、自分の若い頃と同じように、大志を抱きながら、家が貧しいため中途退学しなければならない学生が少なくないかもしれない。奨学金によって彼らを援助し、西部開発に貢献する人材にしたいのだという。李鵬委員長は氏の行動を称賛し、また中日友好協会は「中日友好使者」の称号を授与した。稲盛和夫氏は、「青少年は社会の未来である。昨年京セラは初めて上海、北京、広州などの三十名の中学生を日本に招待した。中国の青少年が日本に来て日本の風土、人情を体験することは、彼らの視野を広げ、将来彼らは国際派の人材になるだろう。京セラはこの活動を長期にわたって続けるつもりであり、また、日本の中学生に中国を見学させる計画をしている」と言った。氏はまた中国各地で講演し、自己の経営哲学を紹介し、中国の関係省庁が経営人材を育てるための資金援助をした。

世紀の変わり目、稲盛氏は中国を京セラのグローバル戦略の重要拠点とみなし、広東省東莞市にアジア最大のレーザープリンター、デジタルコピー機工場を、上海には京セラ所属の工場中、最先端技術の上海京セラ電子工場を建設し、また貴州では京セラ携帯電話会社を設立した。氏は企業経営において、終始一貫して、自他双方が利益を得る方法をとり続けている。氏は、中日双方がもしできるだけ相手の身になって問題を考えれば、誤解も少なくなるだろうと考えている。稲盛氏が会社の管理者を教育する時には、企業経営者に、中国の職員を日本の職員と同様に接するよう要求する。だから、京セラの在中企業は中国のパートナーと良い友好関係を築いているのである。氏の指導により、多くの「盛友塾」卒業生が続々と中国に行って、企業を興したり、工場を建設したりしている。あるいは希望工程〔中国における主として貧困地区の児童就学にかかわる慈善事業〕、緑色工程〔中国における環境事業〕等の公益事業に身を投じ、中日友好交流の隊列に加わっている。（東京発）

（二〇〇二年四月二十四日掲載）

凡人実事

実質的な貢献をした人々

凡人実事

「当然のことをしたまでです」
——井上光義氏を記す

舒茂蘭

四月のある日、新日本製鐵株式会社の訪問団が、武鋼硅素鋼板工場を見学した。代表団の中から、中肉中背で四十歳くらいの日本の友人が酸洗ライン〔稀釈塩酸で鋼板表面の酸化鉄皮膜を除去するライン〕に足早に歩み寄って、ラインの責任者である廖維光さんと打ち解けた様子で話し始めた。

この日本人は廖さんが三年前に日本で実習をした時に知り合った友人で、日本の技術指導の専門家、井上光義さんだった。一九七六年七月、廖維光さんが中国人の同僚たちと共に、日本で忙しくも楽しい実習をしていた当時、思いがけない事件が起こった。

夜の十一時過ぎ、廖維光さんは突然激しい腹痛に襲われ、大粒の汗が全身に吹き出した。日本の友人たちは彼を病院に担ぎ込んだ。検査の結果、急性虫垂炎であると判明したので、すぐに手術となった。

井上さんはこのことを知ると、すぐに何人かの同僚を誘って、缶詰や果物、牛乳などを持って病院へ見舞いに行った。井上さんは廖さんを慰め励ました。「廖さん、病気なんですから、安心して養生してくださいよ。実習のことは考えなくてもいいです。病気で実習が遅れた分は、私が必ず補う方法を考えますから」。

井上さんは帰宅してからもやはり心配になって、七時過ぎに夫人を伴って菓子と花を買い、再び見舞いに訪れた。井上さんは廖さんに自宅の電話番号を渡して言った。「何か困ったことがあったら、いつでも私に電話してください。できるだけお役に立てるようにします」。廖さんは目に涙をためながら感激して言った。「井上さん、どのように感謝すればよいかわかりません」。井上さんは心を込めて彼の手を握りながら言った。「感謝には及びません。日中両国の人々が世代から世代へと末永く仲良くやっていけるように、私は当然の事をしたまでです」。

廖維光さんは退院後、井上さんの熱心で根気強い指導のもと、急速に専門技術の学習を進め、うまく今回の実習の任務を終えることができた。別れの時、井上さんはこう言った。「機会があれば、私は必ず中国を訪れて、中国の友人たちと一緒に仕事をし、日中の友情のために貢献しましょう」。

井上さんの願いは、今日ついに実現した。彼は武鋼硅素鋼板工場を訪問し、技術指導を担当することになった。中国を訪れたのち、彼は自らの情熱と汗をもって、新たな日中の友情の歌をしたためた。

井上さんは、この中国の近代的な硅素鋼板工場に深い愛情を注いだ。ある日、彼は酸洗ラインのドライブサイドに色々なものが山積みされているのを発見し、すぐに廖維光さんを呼んでそれらを指差しながら厳しく言った。「こんなものは三S運動（日本の工場で言うところの整理・整頓・清掃のこと）と全く相容れないものです。生産の邪魔になるし、事故を起こす遠因にもなるんですよ。廖さんからこの理屈を作業者の皆さんにはっきりと説明して、すぐに片付けてしまってください」。次の日、井上さんは酸洗ライン全体の状態が一新したのを見て、嬉しそうに親指を立てて称賛した。「中国の労働者は、自分の言葉に責任を持ちますね。大したものです」。

井上さんの工場への愛情は、彼が工場の一グラムの鋼材、一ワットの電力、一立方センチメートルの燃料ガスですら惜しむことにも現れていた。彼はいつも若い作業者たちに向かって、こう戒めた。「中国は大国ですが、皆さんはいつも色んな面で節約を心掛けなければなりません。そうすれば収入は増大し、四つの近代化をよりよく進めることができるのです」。ある日、生産ラインで高級硅素鋼板を生産した後、炉を消火し、炉内に窒素を通入しながら炉の温度を下げる必要があった。従来は、温度を下げる時には作業者が習慣的に炉圧調整ダンパーを五パーセントから一〇パーセントの開度で開けており、温度を下げるのに通常四十八時間程度を要していた。井上さんはこのような降温方法は科学的な根拠がないとして、ダンパーを全開にするよう提案した。現場の作業者は井上さんの提案に基づいて、ダンパーを全開にした。その結果、僅か二十時間で炉の温度は下がり、良好な降温効果が認められた。降温時間は大幅に短縮し、炉の生産周期が縮まっただけでなく、窒素の使用量も五〇パーセント以上減少した。

井上さんは酸洗ラインの試験生産を指導する日本の専門家であり、生産ラインに何か不合理な生産技術を用いている場合、常に少しのことも見逃さず中国の作業者たちを指摘し、改善を求めた。ある日、井上さんは一人で生産ラインのサイドトリマー〔鋼板の両サイド切断機〕の脇に立って、地下のスクラップバケツの中に溜まっていたトリム屑を見つめ、考え込んでいた。廖維光さんは彼に何を見ているのかと聞いた。井上さんは、サイドトリマーのスクラップシュートを改造すべきという自分の考えを率直に話した。「現在のサイドトリマーのスクラップシュート〔サイドトリマーで切断したトリム部を更に短く切断するチョッパーという機械まで運ぶ案内ボックス〕は構造が悪く、トリム幅が広過ぎます。これでは鋼板の歩留が低くなってしまいます。私はスクラップシュートを少し改造するだけで、鋼板の歩留を上げることができると思います」。廖さんは井上さんの考えを支持した。

間もなく、井上さんの革新的な提案は工場の技術部門の承認を得て、彼はまたサイドトリマーの脇に立った。スクラップシュートの曲がっているところは放物線状の曲線になっており、図面もなかったので、寸法測定が難しかった。その時、井上さんは巻き尺を持って、サイドトリマーの本体の下にもぐった。彼は床面の溝に溜まったグリスのヘドロも顧みず、寸法測定をしながら見取り図を書いた。間もなくサイドトリマーのスクラップシュートを改造する外形図が完成した。それまではサイドトリマーが硅素鋼板の両サイドを切り落とすトリム幅は両サイド合計で三十ミリだったが、改造後は、両サイド合計で十五ミリを切り取るだけでよくなった。これにより、毎年我が国は高価な硅素鋼板を一千トン以上も節約することができ、収益を二百万元以上増やすことができた。同時に、両サイドのトリム屑が少なくなったことで、硅素鋼板の生産性向上要求も満足させることができた。

硅素鋼板生産の品質を保証するためには、酸洗ラインで鋼板表面の酸化鉄の皮膜を全て除去する必要がある。ある時、井上さんは鋼板の両エッジ部の酸化鉄がきれいに除去されていないものを発見した。連続していくつかの鋼板を調べたところ、すべて同様に除去不良になっていた。井上さんは、このことはショットブラスト〔微細鋼粒を鋼板の表面に投射し、酸化鉄皮膜をヒビ割れさせ、その後の酸洗効率を高める機械〕の微細鋼粒投射角度が不適切なために起こると判断した。この自分の判断を実践的に証明するため、井上さんは酸洗ラインが休止する時間にショットブラストのテストを行いたいと要望した。

六月初旬のある日、井上さんは自ら四枚のテスト用鋼板を準備した。その日の午後、彼と廖さんは一緒に鋼板を持って、長さ五メートル、幅二・五メートル、高さ二・五メートルの機械の内部にもぐった。機械内部は鍋底のように真っ黒で、四方の壁にはオレンジ色の酸化鉄の微粉がべっとりと付着していた。その日の外の気温は三十五度前後まで上がり、機械内部は更にうだるような熱さだった。井上さんは全身汗だくで、顔は汗とほこりが混じり、まるで泥人形のようであった。しかし彼は一時間以上ずっと頑張り続け、テストを終了させた。

二日目の午後、井上さんは何名かの作業者を連れてもう一度機械内部に入り、投射の角度を調整した。彼は前もって調整の理由と方法をその場でライン運転をする作業者に説明し、その後に自分で投射口の一つを調整して見せた。残りの三つの投射口も、彼は作業者の手を取って調整の仕方を教えた。こうして調整を経て以来、ショットブラストは通常の酸化鉄皮膜をすべて除去する事ができるだけでなく、更に除去しにくい四酸化三鉄の皮膜も除去する事が可能になった。これにより生産性向上要求に応えられるのみならず、製品の品質も向上した。更に機械内部の防護板の摩耗が減り、取り替え周期も延長された。

派遣日程は過ぎ去り、井上さんは私たちに別れを告げ帰国することになった。彼が中国に滞在した時間は長くはなかったが、彼の厚い友情とまじめでひたむきに仕事に取り組む精神は私たちに深い印象を残した。私たちが井上さんの硅素鋼板工場に対する貢献に感謝した時、井上さんはやはりいつものあの言葉で答えた。「感謝には及びません。日中両国の人々が世代から世代へと末永く仲良くやっていけるように、私は当然の事をしたまでです」。

（一九七九年八月十四日掲載）

あふれる情熱を友情のために

——日本の「水稲王」藤原長作さんを訪ねて

張雲方

九月、北方の稲が実った。人々が収穫を祝うこの時期に、黒龍江省方正県の人民と共に二年間奮闘した一人の人物——耐寒性があり、倒伏の少ない、高収量の水稲栽培技術を中国の農民に教え、成功させた一人の日本人農民——藤原長作さんが帰国の途につこうとしていた。方正県の人民は本当に名残惜しい気持ちでこの中国農業に貢献した老人を見送った。藤原老人は精神が若々しく、老眼でもなく、耳も遠くない。すでに七十一歳になっているようにはとても見えなかった。

老人は、彼が中国に来た経緯を記者に語った。

一九八〇年、藤原さんは日本農業視察団の団員として初めて訪中した。中国南方を一周したあと、彼は北方にやって来た。

そのときある人がたまたま、この土地の水稲が冷害や倒伏に見まわれて生産量が低く、一畝〔六・六六七アール〕につき平均三、四百斤〔一斤＝五〇〇グラム〕にしかならないと語った。藤原さんはこのことを聞いて、すぐに「私がやってみましょう」と答えた。こうして、藤原さんが黒龍江省方正県で水稲技術を伝授する「協定」が結ばれたのである。

「やってみましょう」と言うのは簡単である。しかしこの中には、彼のどれほどの思いが込められていたことだろう！

彼は中国に一銭も要求せず、全て自費で中国に来た。その上成功するまでは誓ってやめないという意気込みだった。彼は言った。「中国に水稲栽培の技術を伝えに来たのは、お金のためではなく、日中友好のためです」「過去に日本の軍国主義は中国を侵略し、多くの善良な中国人を殺害しました。彼らは罪を犯したのです。私は中国侵略には加わっていませんでしたが、自分にも心に恥じるところがあります。私が中国に水稲技術を教えにきたのは、一つは中国の四つの近代化に貢献するため、もう一つは日本軍国主義の罪を償うためです。私はこのために老骨を中国の大地に埋めても良いとすら思っています」何と感動的な言葉であろうか！

藤原さんの家は代々農家で、彼自身も水稲栽培技術の研鑽を積み、もう五〇年以上の経験を持っている。彼は水稲栽培の分野で、日本の天皇や農業部門から二十回以上表彰されており、その名声は「水稲王」として轟いている。この「水稲王」が、一九八一年四月十六日、我が国北部の早春の寒さをものともせず、朝晩はまだ氷りつく大地を踏んで、黒龍江省方正県朝陽公社富余大隊にやって来た。彼は「杜じいさん」の家に滞在することとなった。藤原さんは楽しそうに記者に語った。「同業者の家に泊めてもらって、オンドルの温かさに触れて、心も温かくなりましたよ！」。藤原さんの中国での生活はこのようにして始まった。それ以降、方正県朝陽公社は一人の新しい社員を迎え、彼は農民と一緒に田畑に出て、種まきの状況を見、種の水分を調べ、手を取って技術を伝えた。

一年目、彼は試験田と対比田、百十七畝三分を耕作する仕事をかって出て、その中の二十七畝四分を自ら管理した。七十歳を越えた老人にとっては、少なくない数字である。方正県に来てから九日目に、藤原さんは水を使わない苗床に種をまく技術を伝授し始めた。「垧〔約一ヘクタール〕」を単位として計算すると、彼が一垧の土地にまいた種は五十～七十斤だが、中国東北部で伝統的な湿潤育苗法〔水田への直蒔き〕ではその六倍から七倍も多くの種をまく。苗が育ってから、彼はまた社員たちと一緒に田に行き、「藤原式植苗法」を皆に教えた。藤原式植苗法の特徴は疎植で、我が国の伝統である密植とは全く相反するものだった。最初、人々はちょっと信じられなかった。このようなやり方でいいのだろうか？藤原さんは皆に説明した。疎植だと、それぞれの苗の根の部分が占める面積が大きくなり、根は大きく多くなって吸収する養分も多くなり、水稲の成長と分蘖《ぶんけつ》〔稲や麦などで、根に近い節から茎が増えて出ること〕を促し、丈夫でしっかりした稲になる。それればかりか、疎植をすれば個々の光合成の効果を上げることができるし、風通しも良くなり、倒伏にも強くなる、と。果たして、収穫の季節を待たずして、「藤原式植苗法」はその合理性を明らかにした。その年、方正県は二十年以上ぶりの大雨や低温に見舞われたが、秋になって脱穀してみると、藤原さんが指導した試験田の平均生産高は一畝につき八百五斤に達し、湿潤育苗法で田植えした普通の対比田に比べて一二・八パーセントもの増産、全て直播きした田と比べると倍以上になった。

藤原さんのことは小さな方正県に一大センセーションを巻き起こした。また、全省各地の農民がこの事を聞きつけて馳せ参じ、藤原さんの水稲栽培技術を学びたいと希望した。その年の年末までに、遼寧、吉林、黒龍江省から、八十六の公社と大隊及び農業科学研究機関の二千人近い人々が自発的に方正県を訪れ、藤原さんの技術と、そして日本人の中国人に対する友情を持ち帰った。だが藤原さんは満足しなかった。人々が成功を喜んでいた頃、彼はより壮大な目標に思いを馳せていた——それは一ヘクタールにつき一万五千斤の収穫をあげるということだった。

藤原さんは他に趣味がないわけではない。七十歳の老人が家族団らんの楽しみを好まないはずもない。しかし、彼は故郷を離れて中国に農業技術を伝えるという艱難辛苦の道を選んだ。藤原さんの一家は五人家族で、息子とその妻、そして二人の可愛い小さな孫がいる。藤原さんがこんなに遠く故郷を離れるのは生まれて初めてのことだし、当然、いつも膝の周りを走り回っていた孫のことを忘れることはできない。しかし藤原さんはこう言う。「士は己を知る者のために死す。私の人生には中国との友好の縁が結ばれたのです。信念のために努力するのはこの上ない幸福です」。一度、小学校三年生になる孫から手紙が来た。手紙の中には、祖父に、お酒を飲み過ぎないように、体を大事にするようにと書いてあり、それからこんな質問があった。「おじいちゃんは中国が好き？　それとも日本が好き？」藤原さんはこの孫の手紙を読んで、涙を流した。彼は返事の中にこう書いた。「おじいちゃんは中国も日本も好きだし、おまえたちのことも好きだよ。でも、私はおまえたち子どものためにこそ、中国に来たんだよ」続けて彼はこう書いた。「友情は、稲を育てるのといっしょで、小さいうちからよく注意して育てなければいけないんだよ。おじいちゃんはおまえたちに実際にやって見せているんだ。そして、おまえたちには小さい時から中国と仲良くすることを覚えて欲しい」。

冬が過ぎ、藤原老人は帰国して一旦休養し、体調を整えてから、一九八二年春の訪れとともに再び方正県に、彼を慕う人々のところに戻ってきた。この時は、黒龍江省農業科学院と省科学委員も現場に駆けつけた。当時人々は、過労から健康に影響するのではないかと心配し、彼に毎日出勤する必要はないと言った。途端に老人は怒り出し、こう答えた。「もし安楽に暮らしたいのであれば、私は中国に来る必要なんかないんです」。彼は日本の朝日新聞に掲載された「私はなぜ中国へ行ったのか」という文章を示して言った。「私はこの文章の中にはっきりと書いています。中国へ来るのは『楽をするため』ではなく、両国の友好を深める手助けとなる技術を伝えるためなのです。私はもう還暦も過ぎた人間です。ただ限りある命を、自分が夢に見た仕事のために捧げたいと思っているだけです」。そして藤原老人は、実際にその通りにした。一九八二年、彼は一気に試験田を四千五百六十五畝、二十一箇所に拡大し、自らの長年にわたる稲作の経験を全て余すところなく中国の農民に伝えた。それから彼は日本の水稲の優良品種を持って来て、中国の土地にまいた。友情の記念として、彼は水稲の新種を開発し、「方正」と名付けた。我が国の各分野の人々が鑑定した結果、「藤原式植苗法」は中国の北部で完全な成功を収めたことが証明された。「藤原式植苗法」は、中国北部に美しい花を咲かせたのだ。

時は流れ、また稲穂の波がうねる金色の秋がめぐってきた頃、自分が栽培を手掛けた水稲の収穫を間近に控え、藤原老人は万感胸に迫るのを禁じ得なかった。彼はこの実り多い土地を離れるのが名残惜しく、彼を家族のように思ってくれる中国の農民たちと離れるのはもっと名残惜しかった。しかし、より友好的な明日のために、彼は去ることを決意した。彼は別れるときにこう言った。「私は自分の子どもや孫を呼んで、この後を継がせましょう。私が帰るのはその為です」。

老人は去ったが、彼は友情を残し、彼の子どもや孫がまた来るという約束を残した。中日友好はこのように、先人が倒れても後の者が続いていくという人民の精神の下で不断に発展するものである。さようなら、いつまでも若々しい老先生、私たちはあなたの再訪を待っています！

（一九八二年九月二十九日掲載）

凡人実事

彼は友情の種を蒔《ま》いた

孫東民

彼は一人の普通の日本人であるが、中国大連市で最初の外国籍の栄誉市民である。彼は千葉県のそれほど大きくない化学工場の経営者だが、中国のマルチ農法〔うねをフィルムやわらで覆う農法〕技術研究会では顧問を務めている。中国の農業技術界では、多くの人が彼を良く知っている。王震同志は中国人民を代表して、彼が重要な農業の新技術を中国に紹介したことに感謝した。中国の農牧漁業部長は彼が中日の農業の友好交流に果たした貢献を称賛した。

彼とはすなわち石本正一氏である。

石本氏が北京から帰国して二日後、私たちは彼を訪ねた。質素な身なりといい、壮健な体といい、まるで温厚な農民のようだった。会って二言も言葉を交わさないうちに、彼は溢れんばかりの情熱で、あまり上手くはない中国語を使い、中国に農業の新技術を広めた様子を漏れなく私たちに語ってくれた。

「マルチ農法の技術がひとたび中国に広まると、それは燎原の火のような素早い勢いで全国へ普及しました」。彼は身ぶり手ぶりを交えつつ興奮して語った。「一九七九年には、中国全土で試験的に六百畝〔一畝＝六・六六七アール〕ちょっとくらいしか種まきをしませんでしたが、去年は一気に九百三十八万畝にまで拡大し、今年は更に作付け面積を拡大したそうです。普及の規模や早さは、日本では考えられないほどです」。彼は数字がびっしり記入してある一枚のカードを取り出して、こう続けた。「この何年か中国各地で進めたテストから分かったことですが、マルチ農法の技術を採用したところは全て、大体三割から五割増産し、ある地区では倍増するに至ったのです……」。

石本氏がこのように興奮するのは無理もない。ここ数年来、彼は黒龍江から海南島まで、新彊から山東まで、中国の二十近い省、市、自治区にその足跡を残した。彼は厳寒酷暑を顧みず、いつも小さな黒板を背負いスライド上映機を携えて、中国の農村や工場に深く分け入り、マルチ農法を伝えた。彼は技術資料を余すところなく提供し、マルチフィルムの試作サンプルを贈り、試験用のフィルムを全部で二十トンも無償で提供した。彼は、その中日友好にかける情熱で中国の農業技術者たちの尊敬を集め、苦労を厭わず友情の種まきをした実践家と称された。

石本正一氏は長期にわたって日本マルチ農法研究会の事務局長を務めており、日本にこの技術を広める上で中核的な役割を果たした。彼は現在農業用マルチフィルムを専門に生産する工場を経営している。

石本氏は大連生まれで、少年時代を中国で過ごし、十七歳で日本に帰国して農学を勉強した。彼は各種のマルチフィルムの研究製造分野でずば抜けた成果をあげ、日本科学技術庁長官から表彰を受けた。彼は中国を懐かしみ、熱愛しており、いつも大連を「第一の故郷」と思っている。彼は言う。「自分の人生には何も求めるところはありませんが、ただ私の持っているささやかな技術を中国に捧げたいと思っているのです。マルチ農法の技術が果てしなく広い中国の大地に普及していくのを見ることができるのは、人生の中で最もうれしいことです」。

一九七四年、彼が農業技術交流訪中団の一員として中国を訪れた際、大きなマルチフィルムの包みを携え、自信に溢れて中国の大地に立った。しかしその頃の中国は「批林批孔〔林彪を批判し孔子を批判する運動〕」の時期だった。技術講演もしたが、石が枯れた井戸に落ちるようで、何の反響もなかった。一九七六年彼は再度訪中したが、この時はまた「四人組」が暴虐の限りを尽くした時期であり、彼はマルチ農法の「マ」の字も話す機会がなく、「ただ不愉快な旅行をしただけ」だった。しかし石本氏はこのことで自信をなくすことはなかった。一九七八年三月、石本氏はまたもや我国の東北地方を訪問し、大連で二度にわたって技術交流を行った。彼はこの時の状況が以前とははっきり異なっていると感じた。中国の農業技術者たちの輝く目を見て彼は確信した。彼が普及を提唱するマルチ農法の技術はきっと中国で根付くだろう、と。その年の秋、北京で七カ国の農業機械展覧会が開催され、彼は初めてみかど化工〔彼の会社〕の各種のマルチフィルムを出展した。彼は更に中国農学会に手紙を書いて、出展期間中にもう一度技術交流をやりたいと要望した。彼は声を大にして呼びかけた。中国の農業が近代化するためには、マルチ農法の技術を広めることが必要だ、特に低温旱ばつ地区には必要だ、と。

石本氏は満足げに回想した。彼の要望は中国農学会の大きな支持を得て、技術交流は大盛況だった。彼はより自信を深めた。更に彼は、マルチ農法の技術を発展させるには、プラスチック工業に携わる人員の参加が不可欠だと提起した。彼の要望はまたしても全面的にかなえられた。彼は中国の科学技術者たちの意気込みに、中国農業振興の希望を見い出した。

石本氏が中国にマルチ農法の技術を広めたのは、純粋に中日友好にかける情熱からのことであった。彼は率直に言った。最初彼は中国にマルチ農法を広めることによって、自分の会社のフィルムを中国に輸出しようと思っていたが、日本は原料を完全に輸入に頼っており、また人件費も高いので、やはり中国の国情には合わない、中国の国内生産を援助するほうが良いと考えた。「人と人との関係が更に深まるなら、経済的な取引など取るに足らないものです」。石本氏は特に長沙のプラスチック第三工場が自力更正し、骨身を惜しまずフィルムの製造技術の研究に励んだ精神を讃えた。彼は中国の関連部門がフィルム製造技術をなるべく早く掌握できるように、何度も中国の技術者を彼の工場に受け入れて視察させ、中国の研修員を受け入れて日本で勉強させた。

春が大地に巡ってくる頃。石本氏の心はまた中国へと向かう。人々は、石本氏が中国でまいた友情の種がより美しい花を咲かせるだろうと信じている。

（一九八四年三月二十二日掲載）

記者追記

石本正一氏は中国でマルチ農法の技術を広めるために身心を捧げ、中国の農業の増産に重要な貢献をした日本人である。石本氏の業績は中国で広く知れ渡っている。

中国にマルチ農法の技術を紹介するために、石本氏は早くからみかど化工から無償でマルチフィルムを提供し、中国各地にそれぞれ送って試験を進めた。マルチ農法の技術の全てを伝えるために、彼は毎年中国で二か月近く仕事をし、中国に来るたびに大小の箱や「巻き物」を携えてくる。彼は全部で二十以上の中国の省、市、自治区を訪問した。どこへ行っても、彼は自ら畑に出て検査し、模範を示す。どこへ行くにも、彼は自作の小さな黒板を背負い、試験現場で実際の問題と結びつけながら解説をする。

テストを経て、人々はマルチ農法が作物の増産につながることを目の当たりにした。石本正一氏の株式会社からフィルムを買い入れたいという申し出が多方からあった。しかし彼はこの取引は断ることに決め、中国でフィルムを生産する手筈をなるべく早く整えるよう提案した。石本氏は会社から専門家の角田邦彦氏を派遣して技術を伝え、中国の科学技術者を何度もみかど化工に受け入れて研修と学習をさせた。彼は自分が中国でマルチ農法の技術を広める手助けをした心境をこう語った。「過去に日本は中国に借りがあるのですから、私たちは中国を援助する責任があるんです。友情は金銭よりも貴いものです。私は日中の友情を発展させるため、確かな仕事をしなければなりません」。

（一九八四年九月二十四日　文・王友恭）

凡人実事

友情の帆を広げて

——天津港最高顧問　鳥居幸雄氏を訪ねて

蕭荻

「鳥居さん、我が国の総理は、全国人民代表大会第六回第二次会議で、いくつかの沿海港湾都市を開放して、先進技術の導入を早める問題に言及しました。このことと、あなたがやり遂げようとしている使命とは大きな関係がありますが、ご意見をお聞かせ願えますか」。

招かれて天津港の最高顧問を務め、一か月以上懸命に仕事をしてきた鳥居幸雄氏は、にこやかな表情で答えた。「貴国の対外開放は、良い政策だと思います。四つの近代化のより速やかな実現は、結局のところ貴国の人民の双肩にかかっていますが、技術や管理といった面で国外の長所を手本にするというのは、中国の指導者の正しい決断です。この面では私たちも協力していきたいと思います」。

五十八歳の鳥居氏は厳粛かつ誠実に言った。「外国人を港の最高顧問として招聘することは、貴国では多分初めてのことだと思います。このことは私個人の栄誉というだけではなく、日中両国の永遠の友好に関わる大事です。日中友好とは口先だけのことではなく、実際的な問題です。私は日本国民の中国国民に対する友好の気持ちを代表して仕事をしにきたのです」。

事実まさにその通りだった。鳥居氏は顧問団十二人を率いて、今年四月二十一日に天津に来てから、すぐに厳しい調査、研究、状況観察、座談会を行なった。彼らは港務管理局の定例船舶計画会議に参加し、積みおろし作業区に入って第一線の状況を把握し、大量の計算によって、港の入口での船混みを解決する緊急措置の一つを提案した。それはすなわち毎日潮が安定している時間に水門を二回開け、できるだけ早く内陸河川を利用した運行をするということであった。これは天津市がもともと考えていたことと謀らずも一致した。五月三日の試行以来、海水の流入はきわめて少なく、三千トン以下の船が続々と入ってくるようになった。内陸河川の運行が盛んになり、港での船の混雑を緩和するため、有益な方法を模索することができた。

鳥居氏と顧問団のメンバーは、九月までに港湾改造の包括的な方策を提出することになっていた。彼は記者に対してこう述べた。「天津港を、船が埠頭を待っている状態から埠頭が船を待つように変えていけば、世界一流の港となり、各国の船も一度来たら次回もまた来たいと思うようになるでしょう！」

周知のように、世界中で著名な通商都市、例えばロッテルダム、ハンブルグ、マルセイユ、ニューヨーク、サンフランシスコ、横浜、神戸……一つとして港が繁栄をもたらしていないところはない。天津港は大きな潜在力を持つ。背後に北京、天津、華北など拠り所となる広大な地域を抱え、百三十キロメートル以上の海岸線を持ち、鉄道、道路、河川運行系統と相互補完することができる。これらの条件の下、天津港を、対外開放の加速と経済発展推進のための前線基地とすることは、きわめて切迫した任務であった。

四月二十一日、天津の李瑞環市長は、ある日本人の招待宴の際、鳥居氏にこう言った。「あなたの肩にも重責がかかっていますが、私のプレッシャーも小さくはありません。現在、私たち二人の運命は一艘の船に繋がれているようなもので、あなたが水に落ちれば、私も逃げられません。でも私には確信があります。私たちは必ず成功するでしょう！」

言葉は冗談めかしていたが、市長の確信には根拠があった。彼はよく知っていたのだ。名古屋大学を卒業して、土木工事と港湾作業を専攻した鳥居氏は、かつて神戸港で二十五年間働いた経験があった。二十五年前、神戸港でもやはり港の入口での船混みが大変著しかった。鳥居氏はかつて、十年もの長きにわたって神戸港湾局長を担当し、世界の先進的な港湾の経験を広範に汲み取って、ついに神戸港を世界でも一流のコンテナ運輸港に変えた。顧問団の他の十一名のメンバーも、みなそれぞれの分野での専門家であった。

鳥居氏の李瑞環市長に対する答えもまたユーモアに溢れていた。「李市長は、私たち二人の運命が一艘の船に繋がれているとおっしゃいました。私たちが繋がれているのは『天津号』という船ですが、この船は永久にひっくり返ったりしませんよ！」

彼の言うことは外交辞令ではなかった。一九七三年に天津と神戸が友好都市となって以来、鳥居氏は天津を合わせて八回訪れており、彼は天津と天津港が年々発展していることに気づいていた。今回、天津港務局は顧問団の受け入れと学習のための担当者を配置したが、その多くは四十歳前後で、大学卒レベルの学歴を持った技師や所長であった。天津港務局長は、こう方針を打ち出した。「日本の友人たちのように、効率を重んじよう」。

友人の間では欠点も憚らずに言うものだ。記者が鳥居氏に、天津に来てからの色々な面についてどのような意見があるかを聞いたとき、彼はこう言った。「私は、港務局の職員たちは皆とても努力していると思いますが、不足な点としては、一部の部門や地区には競争するという意気込みが欠けていると思います」。彼はこのように説明した。「私の言う競争とは仲間割れではありません。誰かが上手くやるなら、自分はもっと上手くやりたい、ということです。こうでなければ、四つの近代化のより早い実現は達成できません！」。

鳥居氏は率直に語ったが、まだ言い足りないことがあったかもしれない。聞くところによれば、この顧問団は天津で三十以上の部門に接触し、その殆どは熱心に協力したが、僅かながら一部の部門はあまり協力的でなく、仕事のペースが遅く手続きが面倒で、一つのことをやるのに一、二ヶ月経っても結果がでないこともあり、仕事を平常通り進めるのに支障を来したこともあった。

鳥居氏は最後に記者に託してこう言った。「私は中国語は話せませんが、親しみの気持ちは持っています。人々が私を町中で見かけたら、友人として一言声をかけてほしいです」。

(一九八四年五月三十日掲載)

編者追記

鳥居氏は不幸にも一九九五年に日本で病気のため逝去した。一九九九年十二月、中国全国政治協商会議の李瑞環主席は日本を訪問中に、時間を割いて鳥居氏の未亡人である鳥居衛子さんを訪ねた。人民日報はかつて「古い友人を忘れない」(文・温憲、于青)と題して当時の様子を報道した(一九九九年十二月三日)。

二〇〇〇年六月二十三日、全国政治協商会議の李瑞環主席は、人民大会堂で中国人民の古い友人、日本神戸市港湾局長であった故鳥居幸雄氏の未亡人、鳥居衛子さんと会見した。李瑞環主席は、鳥居衛子さんが天津市の招きに応じて、子息を伴って中国を訪れたことに歓迎の意を表し、こう言った。「昨年十二月、私が日本を訪問している最中にお会いしましたが、半年ぶりに今度は北京で会うことができました。あなたとお会いするたびに、私は鳥居先生が天津でお仕事をされていたときの光景と、先生が天津神戸の両市と中日両国の友好の発展に貢献されたことを思い出さずにはいられません」。そしてこう述べた。「鳥居先生は一九八三年から一九八七年まで天津港の顧問を務められた間、損得抜きで、労苦をいとわず、苦心して、自分のことを顧みず仕事に打ち込み、天津港の管理、建設、改革について多くの貴重な意見をくださいました。先生の仕事は鄧小平など中国の指導者から高く評価され、少なからぬ指導者たちが先生に会見して意見を聞きました。鳥居先生は長年にわたって中日友好事業に身を投じられ、多くの優れた成果をあげる仕事をしました」。李瑞環主席は強調した。「鳥居先生のように中国人民に深い友情の心を持ち、中日友好に心血を注ぐ古い友人の名前を、私たちは深く心に止めなければなりません。また、彼らの業績を広く知らしめ、彼らの精神を大いに広めるべきです。これは中華民族の伝統的な美徳に一致することですし、また中日友好の不断の発展に必要なことです」。

黄色い龍に緑衣を
——遠山正瑛博士に訊く

孫東民

私の前に座っているのは日本の「砂丘の父」である。顔色がよく、声は鐘のように響きわたり、表情は生き生きとしている。本人が「王震将軍より三歳年上」と再三言わなければ、遠山博士がすでに八十歳だとは誰も思わなかっただろう。

遠山正瑛博士は彼が主宰する沙漠研究所内で私たちのインタビューに応じてくれた。研究所の入り口には、「中国沙漠開発日本協力隊」と書かれた木の看板が掛かっていた。研究室内の書棚は書籍と資料でいっぱい。中国の年画（中国の旧正月に飾る絵）、書、沙漠の分布図などがとても目を引いた。その研究室に入ると、まるで中国の学者の書斎に足を踏み入れたような気分になった。

「黄河は東洋文明の母だ。中国文明を生み育てたばかりでなく、日本文化も大いにその恩恵を受けている」、と遠山博士は悠然と話し出した。「ところが、黄河は害ももたらした。黄河の水と共に、毎年億単位の砂が下流に流され、そこに堆積して、水害を起こす。黄河の水をきれいにするためには、上流地域に草や木を植えて、沙漠化を食い止めなければならない。三十年の間、中国の緑化事業は大いに進んだが、あと百年以上はたゆまぬ努力が必要だ。私の考えでは、日中友好を説くならば、口先だけではいけない、中国の人々と一緒に汗を流すべきだ。私はもう退職した人間だが、黄河流域の緑化事業のために力を注ぎ、残りの人生と持っている技術を中国に捧げたい……」

博士は生涯沙漠と付き合ってきた。最初に沙漠を見たのは中国だった。三〇年代初め、京都大学農学部を卒業した後、果樹栽培技術の実習で中国に行った。シルクロードの入り口寧夏で、生まれて初めて沙漠を目にし、砂の持っている潜在的生産力を発見した。戦後、博士は沙漠地帯における応用技術の研究に専念し、野菜や果物などの栽培技術の普及に努めた。日本中にある二十四万ヘクタールの沙漠の生産地緑化に成功すると、彼の研究所は、世界に目を向けた。

中国の沙漠開発に取り組む心を固めたきっかけとなったのは、王震氏〔八三年から中日友好協会名誉会長。八八年に国家副主席に就任〕との出会いだった。一九八〇年、作業服姿で王震氏に会いに行くと、「作業服で大会堂に入って来られたのは、あなたが初めてです」と王震氏は笑って言った。二人は初対面にもかかわらず、旧くからの知己に会ったような雰囲気だった。「中国の食糧生産不足が問題になっているが、もし塞外地域〔長城の外側〕にある沙漠や荒地の開発を進めていけば、もしタクラマカン沙漠の緑化が実現できれば、最低でも三億人の食糧問題は解決できる……」と遠山博士が自らの沙漠開発計画を述べると、王震氏はそれに賛同し彼を激励した。そのときの訪中で、中国科学院との共同開発計画が立てられたため、帰国後には中国沙漠開発日本協力隊を結成した。

日本協力隊の中国沙漠開発計画は、甘粛省、寧夏自治区など黄河流域の緑化に着目した。遠山博士は中国科学院蘭州沙漠研究所の研究者たちと密接に協力し、寧夏自治区中衛県沙坡頭において研究所と実験センターを作った。地図の前に立って博士は私たちに次のように紹介してくれた。

「私たちが取り組んでいるプロジェクトは三つある。一つは沙坡頭〔サバトウ〕で葡萄の栽培の実験をすること、二つ目はトンゴリ沙漠で草を植えて砂の移動を食い止め、流砂が黄河に押し寄せるのを防ぐこと、三つ目は黄河流域の黄土地帯に葛を植えること。現在、葡萄の栽培実験は三年目に入った。トンゴリ沙漠の砂の移動食い止め計画もすでに準備が整っている。そして水土流失を阻止するための葛を植える計画も間もなく蘭州地区で実施される予定だ」。

博士に案内されて、私たちは彼の貯蔵室に入った。葛の種が入っているダンボール箱が山積みになっており、どの箱にも「沙漠を緑に」という博士自らがデザインしたラベルが貼ってあった。葛はマメ科の蔓生植物で、淡い紫色の花をつける葛は、日本では昔から「秋の七草」の一つだった。葛は生命力が強く、地下一・五メートルの深さまで根を下ろすことができるため、理想の植被植物と考えられた。

日本のテレビで「黄河にみどりを」という番組が放送された影響もあろうが、昨年の秋、遠山博士が黄河流域の緑化のために中国と緑の協力隊を結成していることが一般的に知れわたり、日本国内で多くの人が関心を寄せるようになった。幼稚園児から還暦を超えたお年寄りまで、大勢の人が野外に出て葛の種を集めてきた。これまでに全国各地から送られてきた種はすでに一〇〇〇キロ以上になり、七〇〇〇ヘクタールの沙漠に緑を甦らせることができる。一粒一粒の種には、中国の人々に対する日本の人々の友情が託されており、黄河に緑衣を着せたいという博士の願いが託されているのである。

遠山博士は広々とした大道を歩んできて、一歩また一歩とその心の中に描いた青写真に近づいて行こうとしている。昨年、彼は二回中国を訪れ、今年もまた葛の種を持って蘭州に赴いた。共同作業をより順調に進めるため、今後中国の蘭州と日本の間を定期的に往復し、一年のうち百日は蘭州にいるつもりだ、と博士は話した。

「黄河流域の緑化事業は百年の計だ、そのうち私が倒れても、息子が後を引き継いでくれる、彼は協力隊の副隊長をしている。志を持っていれば必ず前に進める」。遠山博士は熱く沙漠にかける熱意を語った。


（一九八七年五月二十一日掲載）

あとがき

遠山正瑛先生に会ったのは、一九八七年春、鳥取大学にインタビューに行った時だった。その後会うことがなかったのだが、先生の事業の進行状況をずっと気に掛けていた。しばらく前に、朝日新聞社の堀江義人氏に会い、遠山先生はすでに九十四歳のご高齢にもかかわらず、相変わらず沙漠の緑地化に熱心に取り組み、残りの人生を沙漠の開発に捧げている、ということを聞き、あらためて感動させられた。

関連報道を読むと、遠山先生は一九八九年にエングベー、一九九一年には内蒙古のクブチ沙漠に行き、エングベーモデル区総括責任者を任されている。沙漠の緑化は世界の平和に通じる道だという信念に基づいて、一年のうち約八ヶ月はエングベーで仕事をし、一日約十時間近く働いている。エングベーは自分が選んだ第二の故郷であり、最後に骨を埋める土地となるだろう、と先生は何度も口にした。

遠山先生は日本では有名な教授である。ところが、中国のエングベーにいる時の服装は、ひさし帽に作業服、足には長靴、そして道具を入れたバッグ。中国の沙漠開発を進めるため、遠山先生は日本沙漠緑化実践協会を結成して、募金活動を行なっている。また日本各地を回って講演し、中国で植林に参加するボランティア志願者を募集している。これまでに、遠山先生の指導のもとで、「一〇〇万本植林」の目標を三つ達成させている。

遠山先生の貢献を表彰するため、内蒙古自治区政府は彼に「栄誉公民」の称号を授与した。また北京では、江沢民主席が彼に会見し、沙漠の緑化事業に対する遠山先生の輝かしい業績を称賛した。緑の使者である日本人遠山先生を、人々は永遠に記憶していくに違いない。

関連記事

一、『為遠山正瑛先生当翻訳〔遠山瑛先生の通訳をして〕』（谷暁蘭、一九九八年十一月七日掲載）

二、『遠山的事業〔遠山氏の事業〕』（田心宇、一九九八年十月二十五日掲載）

三、『オルドス物語③　緑色長城』（堀江義人、一九九八年六月二十九日、日本・朝日新聞掲載）

中国における日本のシルバーボランティア

李家徳　張友新

五百名近い日本の定年退職した専門家が、その高齢を顧みず、報酬を求めず、より快適な生活を捨てて、故郷を離れて中国を訪れ、我が国の近代化を支援するための仕事に励んでいる。彼らは何を求めているのだろうか？　秋たけなわのこの時期に、記者はこのような疑問を抱いて、卜部敏男理事長をリーダーとする日本シルバーボランティアズの代表団と中国側関係者を取材したが、非常に印象深かった。

日本最大の退職した専門家の組織、財団法人日本シルバーボランティアズは一九七七年に成立し、現在登録会員は七七〇名、平均年齢は六二歳、最高齢者は八七歳である。彼らは様々な分野の専門家で、豊富な実践経験を積んでいる。十数年来、日本シルバーボランティアズは相手国の需要に応じて四三か国（中国を含む）に大勢の専門家を派遣し、技術援助を展開し、現地の人々に大変歓迎されている。

一九八四年に派遣を開始してから今に至るまで、日本のシルバーボランティアたちは次々と中国を訪れ、その足跡は我が国の二七の省、自治区、市に及ぶ。彼らは工場や企業や研究機関で、技術指導とコンサルティングを展開し、顕著な社会的、経済的効果と利益を挙げてきた。

日本のシルバーボランティアたちは、我が国での任期中、真摯で責任感に溢れており、名誉も利益も求めない精神と実績は非常に感動的である。

田中正章氏は日本の黒崎播磨株式会社研究所の次長職で定年退職した専門家である。彼は不定形耐火材料の研究、施工、生産の分野で何十年もの経験を持っている。このような新型の耐火材料は鉄鋼業には必需品であるが、我が国では生産が不可能であり、すべて輸入に頼っていたため、毎年一二〇〇万米ドル以上の外貨を支払っていた。田中正章氏は中国に来て以来、我が国の冶金部が全て国産の材料でこの種の製品を開発することを援助した。そして四年間で三〇種類以上の不定形耐火材料を試作することに成功し、宝鋼製鉄所の大型高炉だけでも、毎年我が国は三百万米ドル以上の外貨を節約できるようになった。

秋風爽やかなころ、我が国の主要なリンゴ生産地の一つである煙台地区では、樹にリンゴがたわわに実る。見学に訪れたカナダのリンゴ専門家は「煙台で私は中国一流のリンゴ園を見ました」と言った。しかし、ここに日本のシルバーボランティアである菅井功先生の功労があるということはあまり知られていない。

四年前、還暦を過ぎた菅井功先生は煙台栖霞県のリンゴ技術顧問として招かれ、煙台を訪れて技術指導を行なった。彼は風雪の中、労苦をいとわず、果樹園に深く分け入って仕事をした。彼が剪定《せんてい》を指導したあとの果樹は、実も大きく、糖度も高く、生産量も向上し、五千四百畝の国光の果樹園で計算すると、その収入は七七〇万人民元も増加した。彼の技術は現地の人々から「菅井式剪定法」と讃えられた。

日本のシルバーボランティアたちは、技術だけでなく友情をももたらし、中日両国人民の友好に新しい一ページを記した。

去年北京で起こった「六四」〔天安門事件〕以来、西側の一部の国家は我が国に経済制裁を発動したが、日本シルバーボランティアズの百名の専門家は計画通りに我が国を訪れ、仕事に従事してくれた。ある花卉《かき》専門家はこう述べた。「私たちは予定通りに来ました。なぜなら、中国政府を信じているからです」。

去年の国慶節〔建国記念日〕のとき、かつて我が国の皮革製造工業に際立った貢献をした荻原長一先生が、我が国の招待で建国記念行事に参加した。彼は現在の状況を真摯に研究し、中国の皮革製造工業を発展させる対策を検討し、三万字の報告にまとめて我が国の国慶節への贈り物とした。一人の外国人が中国の事業のために率直かつ情熱をもって貴重な提言をし、誠意を表してくれたことに、友情の深さがうかがえる。

プラスチック成形の専門家である中山剛ご夫妻は、寧夏第一プラスチック工場の金型の問題を解決するために、自費で設計図や写真、サンプルなどを送ってくれた。彼は手紙の中でこう述べている。「私が生きている間に、日中両国の友好に貢献できました。このことは、私の第二の故郷に対する恩返しです（彼は四〇年代に我が国の長春大学を卒業している）」。その行間からは、一人の普通の日本人の中国人民に対する深く厚い感情がにじみ出ている。ある専門家はこう言った。「中国が発展することを望んでいます。中国の発展が盛んになれば、アジアもまた、より急速に進歩します」。

ト部敏男理事長は感慨深くこう言った。「真の友好とは、人民の間の交流です。シルバーボランティアが中国に来て、北京にとどまらず、深くその末端にまで分け入り、民衆とともに労働する、このような友情は友好の真髄です」。

（一九九〇年十一月三日掲載）

長い間の友情が結んだ大きな実

――天津神戸友好都市提携二十周年記念

耿建華　胡勝才

総理の橋渡し

一九七二年、日本の神戸市長、宮崎辰雄氏の引率する日中友好青少年水泳訪中団が中国で訪問試合を行なった。敬愛する周総理が、北京体育館で両国の若い水泳選手たちの友好試合を見ていた。休憩時間には宮崎市長と親しく会見した。「神戸港にはよく中国船が停泊します。私は海岸にどこか適当な場所を見つけて、中国の船員が陸にあがって宿泊や休憩ができるようにしたいと考えています」と宮崎市長が考えを述べると、「天津港にもかなりたくさんの日本船がやって来ます。日本に行く船もあります。私が一九一九年に日本を離れた時は、まさに神戸港から天津に行ったのです。あれからもう五十三年も経ちました」、と周総理は当時を回想し、そして、どのように協力したらよいか相談しましょう、と言った。

宮崎市長は神戸と上海または天津とで、友好都市提携したいと考えていた。周総理は神戸の情況を尋ね、神戸は天津と友好都市条約を結ぶと良い、という考えを示唆した。そして、廖承志中日友好協会会長と宮崎市長が会談し、具体的な協議を行なったのである。

一九七三年六月、宮崎市長は神戸市天津訪問友好代表団を連れて天津を訪れた。双方は厳粛に宣言し、一九七三年六月二十四日より、天津市と神戸市は正式に、中日間の第一番目の友好都市となった。

市長の協力

一九八三年十月、宮崎市長を団長とする神戸市友好代表団の一行は天津に赴き、「天津神戸友好都市提携十周年記念大会」に参加した。当時天津市長を務めていた李瑞環氏が友好代表団に、天津港では、船の積荷が下ろせず船が立ち往生するということがたびたび起こるので、神戸港から専門家を派遣して、天津港の管理を手伝ってもらいたい、と述べた。宮崎市長は快くこれを受け、一九八四年、神戸港湾局長鳥居幸雄氏を最高顧問とする顧問団が要請に応じて天津に到着した。船のオーバーフローを解決する緊急改善案と、二十一世紀の天津港発展計画の作成を手伝った。顧問団は天津港改善と建設のために「天津港緊急改善方案」と「天津港長期改善方案」を提案した。彼らの意見はすべて採用された。

ビジネス協力が大きな実を結ぶ

友好は経済的協力を促進する前提であるが、ビジネス協力はまた友好の基礎でもある。一九八一年以来天津は、神戸主催の大規模な展示即売会に一度、国際博覧会に四度参加している。神戸市の経済界は一九七九年、天津で初めて「神戸工業博覧会」を行い、改革開放初期の天津で注目を集める一大イベントとなった。この後、神戸市経済界の友好人士は、率先して天津で「神戸餐庁」「神戸之海」「神戸貨客船有限公司」「津匯制衣」など十六の合弁企業を創設した。一九八一年、天津市は神戸市の招請で、神戸市主催のポートアイランド国際博覧会に参加した。天津館は、唯一独立した外国テーマ館で、半年の間に延べ七百万人以上の人が訪れ、見学者の評判もよかった。

文化交流　百花咲き競う

天津と神戸が友好関係を結んで二十年来、広範かつさまざまな階層での交流や協力が行われてきた。両都市間の友好交流の現場では、十組の友好交流団体が、多彩で、息の合った交流をし、見事な成果をあげている。

天津放送ラジオ局と神戸関西ラジオ局は一九八一年、友好関係を結び、我が国で初めて、外国と定期的に番組を交換するラジオ局となった。十年以上、両局は「天津からのあいさつ」「神戸からのあいさつ」という番組を、合わせて二八二回交換し、両国民にそれぞれの社会生活や風土風習を紹介してきた。形式は様々、内容は生活に密着したもので、幅広い聴取者に好評を博した。

天津医学院と天津外国語学院はそれぞれ神戸大学医学院、神戸外国語大学と友好校の関係を結び、双方は互いに協力し、すばらしい効果のある協力を展開した。何度も天津を訪問した神戸大学馬場茂明教授は、天津に代謝病予防センターをつくることを提案し、労を惜しまず、力を尽くした。現在、現代的な代謝病予防センターが、天津に完成しようとしている。

天津と神戸の友好都市提携二十周年にあたり、天津市政府は神戸に「百龍嬉水」と「連翼亭」を記念として送ることになった。「百龍嬉水」は、漢白玉石の大きなレリーフで、類稀な美術品である。「連翼亭」は中国清朝式の四角形の東屋で、我が国の伝統的な古典建築様式が体現されている。龍は知恵と力を表し、吉祥や幸福を象徴している。「連翼亭」は天津と神戸の両市、そして中日両国民が肩を並べて手を取り合い、代々友好関係を続けるということを意味しているのだ。

（一九九三年六月二十四日掲載）

編集より　改革開放以来、中国は外国との友好交流を強化してきた。友好都市提携はその活動の一つである。一九七三年六月に天津と神戸が友好都市提携してから二〇〇〇年末までに、中国は世界各国一〇一三の友好都市（「省」を含む）関係を結んできた。中でも日本と結んだものは二一二で、第一位である。

凡人実事

千台のピアノの物語

王常順　韓赤軍

人民大会堂の大ホールは熱気につつまれ、人の真心が人の心を打つのだった。全国人民大会常務委員会副委員長であり中国婦女連合会主席である陳慕華さんが、東海からの友好の使者、若林千恵子さん一行を盛大に迎え、中国児童少年基金会に千台のピアノをおくるためのボランティア活動をおこしたこと、中日友好に貢献したことに、感謝の意を表した。

若林さんは、歌手生活三十五年の経験を持つ、日本のプロの歌手である。そして何より、中国人民の良き友である。若いころから中国音楽を非常に愛好し、それが中日友好のすばらしい事業に力を注ぐ基礎となった。七〇年代初め、すでに有名な歌手であった若林さんは、京都で「アジア音楽センター」を創立、中国の良い曲を、日本やその他の国に紹介し、音楽という窓口から日本に中国を理解してもらい、世界に華夏の国・中国を紹介しようとした。一九七六年から今に至るまで、彼女は二十回以上中国を訪れ、中日両国民の世々代々の友好関係をいっそう推進するために、溢れる情熱と限りない真心を注いだ。

駐日中国大使館で、あるパーティーが行われた時、人々の会話の中に、「必要器材が不足していることが中国の音楽教育発展に影響している」という話が出た。彼女は、その後何回か中国を訪れた際、特に注意して中国の音楽教育情況を観察し、そして、日本の家庭に放置された不用なピアノなどの楽器を集めて中国に贈ることを思いついた。一九九〇年十月、彼女は、中国児童少年基金会に千台のピアノを贈るための募集活動を日本で正式に発起した。投じた一石が波紋を広げていった。若林さんの行動は日本で評判になり、電話があちこちから「アジア音楽センター」にかかってきた。最も多い時で、一日百件にのぼった。

「私の家にピアノがあるので、日中友好のために提供したい」

「私の家のピアノを中国の子どもに贈りたい」

東京、川崎、千葉、松戸、富士……各地に寄付してくれる人がいた。一ヶ月にもならないうちに、ピアノを提供すると申し出た家庭は四百を越え、たった二ヶ月で、彼らが集めたピアノは七百台になった。集めたすべてのピアノを、彼らはきちんと登録し、鑑定した。また、ピアノを受け取る前に提供者の家を訪問し、それぞれのピアノの種類、購入日時、使用状況、故障の有無などを詳しく調べた。

しかしながら、日本全国から募ったピアノを集めて中国に送るとなると、言うは簡単だが、鑑定、修理、登記、輸送……仕事が山ほどあり、困難は山積だった。

日本で一台のピアノを修理して調律するのに約四十万円かかる。七百台なら、二億八千万円だ。しかも、船を借りて輸送するとなると、支出はさらに膨大なものとなる。費用調達のため、若林さんは「アジア音楽センター」で基金会をおこし、一般社会に向けて募金活動を行なった。彼女の働きかけにより、日本の会社、企業が次々と資金を提供した。ピアノを修理する工場も、ピアノ一台の修理費用を二十万円まで下げよう、と進んで申し出た。……このようにして、中国に送るすべてのピアノが専門家により修理調整され、テストされ、外観、音色まですべて最良の状態となった。

一九九一年九月二十三日、日本の横浜港は格別にぎやかだった。汽笛に合わせ、一艘の貨物船が、第一陣のピアノなど五十台を載せて、ゆっくりふ頭を離れ、波を蹴り、一衣帯水の隣邦へ向かって走り出した。日本人のあたたかい気持ちを中国へ送るために……。

一年後、空高くさわやかな秋の日に、北京の人々は花束と真心で、中国にピアノを寄贈してくれた若林さん一行を盛大に歓迎した。これらのピアノは、北京・天津・済南・唐山などの学校や幼稚園に配られた。たくさんの子どもたちが、その心に響くピアノの調べに合わせ、若林さんの中国人民への友情の歌を、万里の長城の内外に、長江の南北に、歌い響かせるのであった。

（一九九三年十一月二十日掲載）

叶えられた夢

――山本熙さん、「希望工程」に寄付

姜大為

山本熙さんは、去年中国の「希望工程〔主として中国の貧困地区の児童就学を援助する活動〕」に一千万円を寄付し、個人で「希望工程」に最も多額の寄付をした日本人となった。

山本さんは今年五十九歳の普通の日本人である。日本の北海道札幌市の白石区に住む。小さなクリーニング店を経営し、毎日まじめに仕事をしている。生活にそんなに多くのぜいたくは望まない。自分の家を持ちたいと思っていたが、この夢は基本的に叶えられた。一九八九年、彼はローンで二階建ての住宅を建てた。ただ、七年後の現在、まだローン返済が終わっていない。彼の長男は結婚を控えている。長男の結婚といえば家の一大事なので、彼はきちんとやりたいと考えているが、これもまた大金が必要だ。彼は高級車も欲しいと思ったが、もちろんこれは考えただけ。ベンツはあまりに高すぎる。

去年の初め、山本家の静かな生活が破られた。山本さんが世話をしていたおばさんが亡くなったのだ。山本さん一家が世話してくれたことに感謝の気持ちを表そうと、彼女は亡くなる前に一千万円を山本さんに残すという遺言を作成した。しかし山本さんは、社会が発展しても人情が薄くなるようなことがあってはいけない。後輩は先輩を世話するものだ、こ

れは天の理、当たり前のことだ、と考えていた。彼はおばさんに言った。「この金は受け取れないよ」。山本さんの人柄をよく知っていたおばさんは、彼の妻、陽子さんの名義でこの金を残すほかなかった。

一千万円は日本人の一般家庭にとって、決して小額ではないし、しかも山本さん一家はちょうど大金が必要であった。しかし、山本さんは金銭について独自の考えを持っていた。「君子財を愛すも、これを取るに道有り〔君子でも金は欲しいが、道義に反したことはしない〕」。労せずとる、座してその成るところを受くる、というのは自分の道から外れている」。彼は妻と相談した。おばさんは生前小学校の教諭をしていた。この金はおばさんの為し得なかった事に使おう。そうだ、全額を中国の教育事業に寄付しよう。夫の決めたことに、陽子さんは軽く答えた。「いいんじゃない」。付和雷同というわけではない、数十年苦楽をともにした夫を深く理解していたから出た言葉だ。二人の子供も父親の行動を理解し、長男は、結婚の時に両親の金は一銭もいらないと言った。

なぜ全額を中国の教育事業に？　山本さんは札幌の中国総領事館宛ての手紙に、心のたけを綴った。「中国の教育事業に微力ながら貢献できれば幸いです。中国は、孔子や孟子のような偉大な思想家を出した文明国家であり道徳国家です。私は中国に深い敬意を抱いています。日本の中国侵略戦争では、中国の人々に大きな災厄をもたらしましたが、中国政府は日本に対する賠償請求を放棄したばかりか、中国の人々は侵略者の残した婦女や孤児を面倒見てくれました。中国の人々のこのような仁義を重んじる精神に感服してやみません。一日本人として、私は常に中国の近代化事業のために何かしたいと思っていました。今回私のおばからまとまった遺産を受け取りましたが、私はこの一千万円を全て中国の教育事業に寄付し、長年の夢を叶えたいと思います」。

山本さんには大きな夢があった。幼い頃、彼は鉄道関係に務めていた父親に付いて中国の天津・北京・北戴河などに行き、四年間生活した。中国についての記憶はもう薄れてしまったが、中国の道徳に対する崇敬の念と中華文化に対する敬意は、数十年間ずっと、彼の中にあった。長い間、彼は常に中国の変化に関心を持ち、中国の人々に大きな成功があれば喜び、中国の人々が困難に遭えば心配した。中国の人々のために何か役立つことをしたい、というのが、山本さんの大きな願望になっていた。しかし、長年生活に追われ、その気持ちはあっても、余裕がなかった。今回突然得た遺産は彼の遠かった夢を、はっきりと見えるものにしたのである。この金を中国の教育事業に使うことはまさに彼の願いだったのではなかっただろうか。

一千万円は人間の多くの夢の実現を助けることができる。しかし山本さんは考えた。金は自分にとって意味がない。もう子どもたちはみな自立し、家庭は裕福ではないが後顧の憂いがあるというわけでもない。車を買うのは、やはりあきらめよう。学校に行けない子どもたちが、安全で広く明るい教室に座ることの方が、自分が高級車に座ることより、もっと意義があることではないか。

個人が中国の「希望工程」に寄付した例としては、山本さんの金額が日本でもっとも大きなものである。この話を聞いた時、彼は淡々とこう言った。「私は、私のしたかったことをし、私にできることをしただけです。寄付金額が一位とか何とかいうのは、私にはどうでもいいことです。一位を争おうなどと思ったこともありませんし、名誉のために寄付したわけでは、もっとありませんから」。

去年六月三日、中国青少年発展基金会は山本さんに、夫妻が寄付した一千万円を、それぞれ内モンゴル・湖南・河北・陝西の四つの小学校を建てるために使い、四つの小学校は「中日友好和平希望小学」と名づけるということを知らせた。これは山本さんが名づけたもので、それは彼のおばさんを記念するものであり、また、中日両国民の友好が子々孫々まで続くようにとの願いを表現したものであった。

山本さんの夢は実現しようとしている。彼は中国に行って、明るい教室にいる子どもたちの幸福な笑顔を見てみたい、子どもたちの本を読む明るく澄んだ声を聞きたい、と考えているそうだ。

山本さんは中国の人々に恩返しをしたいという夢を叶えた。夢は現実となった。そして子どもたちは学校へ行く夢を叶えた。山本さんが彼らの夢を現実にしたのだ。

（一九九七年二月二十八日掲載）

仁者は人を愛し、仁者は長生きをする

——日本の水稲専門家　原正市氏を記す

施暁慧

八月二十八日、北京友誼賓館の翠竹庁に大勢の人が一堂に会し、温かく和やかな雰囲気に溢れる中、国家外国専家局が日本の水稲専門家である原正市先生の八十歳の長寿を祝う会を催した。農業部副部長の劉成果は、特別に楠で彫った寿老星〔長寿の神〕の像を贈って長寿を祝い、外国専家局の幹部も百寿図の掛け軸を贈呈して祝福した。かつて彼に随行した女性同志は、非常に感動してこう祝福した。仁者愛人、仁者寿（仁者は人を愛し、仁者は長生きをする）！

原正市先生は日本の北海道から来た普通の農業技術者である。彼はなぜ中国の人民からこんなにも深く愛されているのだろうか？

原正市先生の貢献を簡単に述べると、中国で水稲の畑苗移植栽培技術を広めたことである。この技術の発祥の地は北海道で、水稲の耐寒性を増し、乾燥に強くし、生産高を増やすことができる。このいくつかの長所により、我が国の広大な三北平原では、水稲の一畝〔六・六六七アール〕の生産高が一〇〇〇斤〔一斤＝五〇〇グラム〕を超え、水稲作付け面積は、毎年数十万畝という速さで増大した。その多くはかつて雑穀類を主に生産していた地区だったが、これにより、質の高い米の生産地に変身した。十六年来、原先生の足跡と共に、この技術は三北〔東北三省〕の農民に恩恵をもたらしただけではなく、全国二十六の省、市、自治区に広がった。北方の人々はしっとりと香り高い東北米を普通に食べられるようになったのである。

原正市先生は中国での体験を十数冊ものノートに仔細に記録していた。その全てを語り起こしてみると、中国の農民と同じように素朴で飾らない彼の姿が浮かぶ。

彼が最初に訪中したのは一九七九年六月末だった。還暦も過ぎた原正市先生は日本農業技術訪問団と共に遼寧省鉄嶺の汎河公社を見学した。彼は初めて中国の水稲を見て、水稲の根系の成長具合と土壌の状態を知りたいと思い、いつもと同じように靴を脱いで素足で水田に入った。この直後、原先生にとって思いがけないことが起こった。公社の事務室に戻ると、ある人が新品のタオルと洗面器を持って来て、彼の足を洗ったのである。「お湯はちょうど心地良い温度に調節してあり、泥まみれの足をお湯に入れるとすぐに、四十歳くらいの幹部がしゃがんで有無を言わさず洗い始めた。思い起こせば、まだ小さい頃に両親が足を洗ってくれて以来、なかったことだった」と原先生は言った。この時ことを思い出すたびに感動がよみがえるという。彼は言った。「私は当時こう思いました。私はこの熱意溢れる国に対して、何かしなければいけない、と」。

三年も経たない内に、果たして彼はやってきた。一九八二年四月、彼は日本シルバーボランティアズから派遣され、自費で黒龍江省海倫県に来て水稲栽培技術を伝授した。当時、その地での生活は、衛生状態も悪かったが、彼は農民と一緒に一週間に五日働いた。最も暑い七、八月、彼は連続二十八日間も風呂に入らず、しかも三か月間下痢が続き、体重は五十五キログラムから一気に四十キログラムまで減ってしまった。しかし、その年に畑苗移植栽培で育てた水稲は一畝当たりの生産高が従来の二百キログラムから五百五十キログラムまで飛躍的に増産した。これは当時の黒龍江省では夢にも想像できない生産量だった。農民は豊作に喜びの笑顔を見せ、原先生の心を溶かした。彼は言った。「私の望みは、中国の農民が高い生産量を上げることです。収穫する時の彼らの笑顔を見るのが、私の最も幸福な時なのです」。この年、彼は中国で初めての誕生日を迎えた。海倫の人々は彼に寿老星の像を送った。その年彼は六十五歳になっていた。

原先生は止まるところを知らず、四十回以上も中国を訪れ、二十六の省、市、自治区の百六十以上の県で畑苗移植栽培を広め、その作業日数を累計すると一六〇〇日を超える。これらは全部、無償のボランティアである。原正市先生をよく知る人は言う。彼は毎回中国に来ると、飛行機から降りるや否や田圃に入りたいと言い、田圃に着くとあっという間に持参の作業服と長靴に着替え、ざぶざぶと水田に入って苗に手を触れ、泥をかきわける。その様子は中国の老農民が自分の家の田圃を耕しているように真面目である。彼が働いていた地域では、農民は彼を「老原」と呼び、ある者は「洋財神（外国人の福の神様）」と呼んだ。彼も、自分が畑苗移植栽培を広めた幾つかの重要な地区を、喜んで彼の新しい故郷と呼んだ。彼は、黒龍江省海倫県を第二の故郷、河北省の隆化県（畑苗移植栽培の「優等生」で、十九万畝の水稲を平均五〇パーセント増産させた）を第三、湖南省の瀏陽県（北方の畑苗移植栽培を長江以南で初めて試験的に成功させ、中国の主要な水稲生産地区の面積を拡大する条件を備えるようになった）を第四、広東省三水（この技術は我が国の南北縦断に成功した）を第五の故郷と呼ぶ。彼は誕生パーティーの席で、「この十六年間は私にとって、全く新しく、輝かしいことばかりでした。十六年間、私は絶えず新しい問題にぶつかり、絶えず解決法を考えました。まさに日本で言うところの『人生は六十歳から』です」。

現在、畑苗移植栽培は中国で一・四億畝の面積にまで広がり、増産率は年平均三〇パーセント以上になる。ある人の計算によると、その内一九九六年だけで、この技術によって水稲は五十億キログラムの増産になったという。原先生は、彼の中国農業への貢献を表彰した、次のような数々の栄誉を受けた。海倫県栄誉公民の称号、黒龍江省栄誉公民の称号、中国農業部が授与した中国農業賞メダル、中国国家外国専家局が授与した友誼賞、中国の李鵬総理が授与した栄誉証書、中国国家科学院が授与した国際合作賞である。今年七月、李鵬総理は彼と親しく面会した。昨年八月、中国国家外国専家局は彼の故郷である岩見沢市に原正市先生の銅像を建て、今年九月には湖南省瀏陽で彼のもう一つの銅像の除幕式が行われる予定である。

長寿祝賀会の席で、原正市先生は感動して述べた。「これは私が一人の水稲技術者として長年社会のために働いて得た結果です。今、私は自分の一生を振り返って、胸を張ってこう言えます。わが人生に悔いなし、と」。八十歳の老境に入った原正市先生の現在の最大の望みは、中国が畑苗移植栽培を通じて増産した分の穀物生産量が日本の現在の米穀総生産量をできるだけはやく上回ることである。

老人と別れたとき、すでに街にはイルミネーションが灯っていた。老人の気持ちは私をいたく感動させ、私は覚えず心の中で唱え続けた。「仁者愛人、仁者寿！」

（一九九七年九月七日掲載）

中日友好の橋をつくる

孫勇軍

九月二十九日、北京友誼賓館の多目的室には空席がなかった。九七年度「友誼賞」授賞式がここで盛大にとり行われていたからだ。受賞したある外国の専門家がステージに上がってあいさつをした。「橋の専門家として十三年来、私は優秀な中国人と学術交流をすることができました。これは私の人生に蓄積された財産です。このような財産は日々増えてゆき、必ずや日中友好の安定要素となることでしょう。受賞にあたり、私は宣誓致します。終生、日中友好の大きな橋の構築に全力を注ぐことを」。場内に拍手が湧き起こった。

このあいさつをしたのは、日本の会津工建社長であり日本日中建設技術友好協会創立者である梅木信秋氏だった。

五十四歳の梅木氏は、温厚で上品な物腰だが、話し始めるとまるで若者のようにはつらつとして活力にあふれていた。二十六年前、彼は高校卒業後まもなく、四、五人で、苦労の末に創業した。二十数年の努力により、もともと数人しかいなかったこの小さな会社はしだいに発展し、四つの専門の子会社を持つ企業となり、道路・橋梁建設を専門にしている。彼は中国の人々に強い愛情を持っており、授賞の取材時には本人の為してきた努力のことに一言も触れなかったが、その後出会った全国青聯〔＝中華全国青年聯合会〕の副秘書長、鄧亜軍氏が一連の資料を提供してくれた。

全国青聯の統計によると、一九八四年、梅木氏は日本日中友好促進会を創立し、その年から我が国の渡日研修生受け入れを開始した。一九九四年、彼は次に日本建築業界の協力的な人々に働きかけ、日中建設技術友好協会を成立させた。翌年三月、全国青聯と友好関係を結び、研修生を受け入れるという文書に正式に署名した。

研修生を選抜し出国させて勉強させることは、期間が短い割に効果がはやく、人材育成に良い方法であることは、事実が証明している。梅木氏はこの事業に非常に力を注いだ。

十数年間で、梅木氏は、我が国の研修生を前後十五回、七十四人受け入れた。彼らの中から二人が教授になり、三十名以上が高級技術職階〔中国では各職種に職階があり、国家資格のような性質をもつ〕に昇格した。たくさんの人が現在国家の重要な科学技術研究課題や建設プロジェクトを受け持っている。広東虎門大橋基礎構造の総工程師〔既出の技術職階級の一つ〕である陳徳栄教授、交通部九五科学研の新星、牛開民氏など、我が国の各関連業種で非常に著名な専門家が次々に現れている。この他、梅木氏は三十数回、団体を引率して訪中し、広く交流を行なった。梅木氏は、利益の見込みのある経済協力企画を何度も辞退しており、逆に、大量の資金を投入して、我が国の経済建設と技術の進歩に非常に大きな貢献をした。これはなかなかできないことである。資料を見ると、我が国の研修生や訪問団の受け入れに、彼はあわせて三億円近い出資をしている。

梅木氏の、長期にわたる中日両国の若者のための友好事業による突出した貢献を表彰するため、一九九六年十一月、中国共産主義青年団中央委員会は、彼個人及び彼の所属する企業や協会にそれぞれ「青年友誼賞」を授与した。今年は、国家外国専家局が、最も栄えある栄誉賞――「友誼賞」を授与したのである。

梅木氏と別れる時、私の眼前には、中日両国民の間にかかる友情の橋が浮かんで見えた。

（一九九七年十月八日掲載）

日本の張海迪

蕭荻

私の目の前にいるのは、あの有名な「日本の張海迪」こと青木陽子さんである〔張海迪…幼少時から下半身不随ながら、作家、翻訳家、医師として活躍〕。全体の印象としては、小柄だが決してひ弱な感じはしない。両目を失明しているのに、むしろ堂々とした感じさえする。二〇〇〇年一月十八日、天津市は四名の外国人に永久在留資格を与えたが、そのうちの一名が、もはや伝説的な人物となった、青木陽子さんである。

四年前の三月十日、天津市視障者日本語訓練学校では、ある視覚障害をもつ中国人女子学生の日本留学の歓送会を行なっていた。私が会場に足を踏み入れた時、この学校の創設者であり、自らも視覚障害をもつ日本人女性、青木陽子さんがちょうど送別の辞を述べているところであった。「……日本に行ってしっかり勉強してください。でも『得意忘形〔得意になって我を忘れる〕』ではいけませんよ！」 彼女の流暢で愛情溢れる中国語にこんな成語まで出てきたので、会場は笑いの渦となった。陽子さん自身も白い歯を見せて笑った。私は知らず知らず、彼女を詳しく観察し始めた。……

金のイヤリング、真珠のネックレスと濃紺のベルベッドのブラウス、これらの装いは、清楚な全盲の日本女性の小柄な体をひきたてていた。だが運命は彼女に対してとても苛酷だった。彼女は六歳の時、病気で失明してしまったのだ。しかしその後必死の努力により国立盲学校及び名古屋の南山大学を見事卒業したのである。そして、優秀な成績で、学内で唯一人奨学金三千ドルを獲得し、米国カリフォルニア州立大学に留学した。そこでは英語、ドイツ語、アラビア語等の多種言語を習得し、教育学修士をも取得した。では彼女は一体どうして中国で学校をおこすことになったのか？　それは彼女が中国古典文学を勉強している時、唐代の高僧「盲聖」鑑真大師の光輝く姿に魅せられたからであった。同時に鑑真の生き方は彼女の向上心に火をつけた。当時、鑑真は、困難や危険に幾度も遭い、盲目となったが、それでも日本に渡り、仏教の戒律だけでなく唐代の建築、彫刻、書道、印刷、文学、農学、医学等を日本に伝え、日本の天平文化を高いレベルにおし上げた。現在、世界各国の視覚障害者が、盲教育の比較的進んだ日本へ留学している。しかし、その中に中国人は一人もいなかった。鑑真大師をみならって、少しでも社会に貢献することができないのか、社会で最も困っている人々に世界への窓を開いてあげることはできないだろうか？　陽子さんは、中国の友人の助けも借りて天津外国語学院に入って勉強を始めた。そして一九九五年三月十二日、彼女は天津市視覚障害者のための日本語学校、すなわち中国史上初めての視覚障害者のための日本語学校を創立した。両目を失明しているにもかかわらず健常者に決してひけをとらないすばらしい行動力は、その後、国際的な慈善交流という形に発展していった。

多くの天津人が親しみをこめて彼女を「日本の張海迪」と呼ぶ。子供が日本留学している李勝彦氏は、勤めを辞めて商売をしていたが、陽子さんと出会ってからは商売を思い切って中断し、陽子さんの盲教育事業を全力で支援している。その他、天津和平区役所、市の障害者連盟、外国語学院等の、「衆人柴を挙げれば火焔高し〔力をあわせると大きな勢力になる〕」の協力によって、全国各地から来た八十余名の視覚障害者が陽子さんの学校で生き生きと勉学に励んでいる。李勝彦夫妻は陽子さんを自分の家に招いて、餃子を作り、髪を切り、誕生日を祝うなど、まるで実の娘のように接している。また彼女のために資料のコピー、録音、簡単な文書を作成したりもしている。天津の数十の企業も続々と資金を出したり機材を寄付したりして盲学校を支援している。日本にいる陽子さんの年老いた両親は、娘の事業を支援するため、定年退職しているにもかかわらず十万ドルを寄付した。外部からの援助だけでなく、陽子さん自身も学校運営のため幾度となく日本に戻って講演活動を行い、資金を集めた。四百人近い会員を有する「日本アジア視覚障害者教育協会」を設立してこれを後ろ盾とし、十八冊にも上る点字訳の『漢日辞典』を持ち帰った。また神奈川県視覚障害者バレーボールチームが天津にやってきて陽子さんの学生が結成した中国唯一の視覚障害者バレーボールチームと試合を行なった時には、場内は熱気の渦となった。陽子さんの父親が一昨年天津に視察に来て非常に喜び、青島に第二の盲人学校拠点を計画しようという話がでた。

陽子さんは現在、日本アジア視覚障害者教育協会会長と天津日本語盲学校の理事長を兼務している。「工夫は詩の外に在り〔詩の出来の如何は詩の技巧そのものよりそれ以外の教養によるところが大きい〕」。彼女は言語という道具のみならず、それを生かすための、たくさんの大切なことを教えている。陽子さんは学生一人一人に厳しい態度で接する。学内では付き添いをつけずに自分で歩きなさい、転んでも自分で起き上がりなさい、食事の時胸はテーブルから離して背中をまっすぐにして椅子にぴったりとつけて食べなさい。りんごをむく、ボタンをつける等どれも自分でやり、健常者よりきれいに仕上げなさい。元気良く見えるよう服装に気をつけて、他の人から絶対に見下されないように。

彼女自らはこれらのことを率先してやり遂げ、少しもおろそかにすることがなかった。

春節〔中国の旧暦の正月〕の期間、私は天津の川府新村にある陽子さんの学校に新年のあいさつに行った。その時陽子さんはちょうど視覚障害者教育に関する論文を書いていた。彼女の書斎の壁にそった本棚にはぶ厚い点字の書籍が並んでいた。「私はしょっちゅう日本のラジオを聞き、送られてくる朝日新聞を読んでいます。というのは学生に日本の現実を知ってもらい、日本に行ったあと環境にすぐに適応してほしいからです」と彼女は言った。また、陽子さんは現実離れしないよう気を配っているようである。「最近大阪の右翼勢力が南京大虐殺を否定したそうですね。私はたくさんの歴史書を買いこみ、日本の中国侵略の史実を点字にして学生に教えました。歴史は歴史、事実は事実、これは否定しようがないのです。私の日本の先生もやはりそう言っていました」。そして陽子さんは、日本人はこの点でドイツ人に学ばねばならない！　と言った。

校長である李勝彦氏の説明では、現在すでに六名の学生が国外で勉学に励んでいるという。日常の勉強は、わずかの実費を徴収する以外、その他の費用はすべて国際身体障害者援助機構の無償援助で賄われており、費用免除の研修、海外留学だということだった。

（二〇〇〇年十二月六日　人民日報・海外版掲載）

中日友好のために実質的な貢献をした人

――「友誼賞」受賞者　水島裕教授を訪ねて

羅春華

編者より　国慶節を前に、中国の経済建設や社会発展に突出した貢献をした外国人専門家五十名が、中国政府の授与する、本年度の「友誼賞」を獲得した。これは中国政府が外国人専門家に送る最高の栄誉である。専門家たちも、我々の国家的指導者の手からメダルを受け取る時には、非常に喜び感激していた。日本とアメリカから来た二名の専門家に、それぞれ、中国での経験と中国に対する思いを述べてもらい、二回に分けて本紙にその独占取材を掲載した。

中日友好医院の多くの日本人のうち、今年六十八歳の、元日本国会参議院議員であり、日本聖マリアンナ医科大学難病治療センター名誉教授、日本ＤＤＳ〔Drug Delivery System〕学会会長である水島裕教授は、とても特殊な人物である。中日友好医院の名誉教授であるが、他の受賞者のように常時中国で仕事をしているわけではない。三十項目にわたる薬品の特許のうち、最も価値の高い、ある新しい製薬技術――脂肪微粒子を用いたリポ製剤技術を、一九九三年、無償で中日友好医院に贈ったのである。

当時について、水島教授は色々話してくれた。中日友好医院は中日両国政府が一九八四年に建設した。日本政府の資金援助を受けていたが、二十世紀、九〇年代初頭に入り、援助が減って医院は経済事情が悪くなったため、新たなパートナーを探そうとしていた。水島教授は、中日友好医院は、本来中日友好の象徴であり、日本政府が無償援助するべきものである、と、体制の変更を望まなかった。一九九三年の特許寄贈後、水島先生の働きかけで、一九九四年、日本の大正製薬が「リポＰＥ」の生産技術と品質管理を中国の技術者に指導した。また、水島教授が出資して日本の専門家に依頼し、十数回にわたる現場指導を行なった。当時中日友好医院は鍵となる重要な生産設備を購入する財力が無かったため、水島教授が借入金から一億円を捻出し主要設備を購入した。

通常の薬物治療では、病変部に到達する薬物は投与した薬物のわずか〇・一～一パーセント。多くの血管の疾患では、病変部に到達する薬物量は極めて微々たるものである。薬物を脂肪微粒子の中に封入し、それが病変した血管に集まりやすいという性質を利用し、病変部の薬物量を正常部の数十倍ないし数百倍に高め、これによってターゲット療法が実現された。当該技術の導入により、我が国はこの分野において、世界先進水準に達し、我が国の製薬技術の一定領域の空白が埋められることとなった。そして、この技術の産業化のために、北京泰徳製薬が現れた。

一九九八年、国内初のリポ製剤――「リポＰＥ」が出てから、翌年には国家科学技術部などいくつかの関係機関が重要新製品証明を出した。製品が発売されてから三年来、全国五百の医院の、三百万の患者が、血栓、動脈硬化など循環系疾患の苦痛から解放され、たくさんの糖尿病患者が、合併症である壊疽《えそ》による手足の切断を免れた。二〇〇〇年には、水島教授はまた別の特許技術を泰徳製薬に譲った。

水島教授は、東京大学の医学及び薬学博士である。教授を務め、日本政府などの仕事に忙しい中、趣味も、作曲・作詩・囲碁など大変多彩である。彼の作曲した音楽は、日本でＣＤが出されている。「友誼賞」受賞以前、彼は中国にこのような「外国人模範労働者」を選出する行事があるなどということも、またその規準が厳しいということもまったく知らなかった。彼はこの感動を音楽にしたいと考えているそうである。彼は、〔中国側の依頼により〕日本で中日医療関係従事者の学習交流の記録映画を製作する計画があるが、今回の授賞式が終わって、そのオープニングと音楽についてインスピレーションがわいたという。オープニングは日本の若い学者が中国の北京で「友誼賞」を受けるというシーンにしたらどうか、音楽は自分がつけよう、と彼は話した。

（二〇〇一年十月二日掲載）

凡人実事

富士山麓　家族のきずな

――神宮寺敬さんの家で過ごした日々

傅穎〔アナウンサー〕

桜が満開になる頃、私は富士山のふもとの美しいまち、甲府に来た。日本での半年間の研修生活が始まった。私は、日本の一般家庭――神宮寺敬さんの家にお世話になり、彼らと固い絆《きずな》が結ばれたのだった。

ある日本の老夫婦が、毎年一名、中国国際放送局日本語部の女性アナウンサーのホームステイを受け入れ、本当の娘のように、寝食の世話をし、現地の放送局に連絡をとって研修させてくれる。彼ら老夫婦の望みは、異国の娘たちがはやく一人前になって、彼らがよく聞いている中国国際放送局に貢献し、正しい日本語を話す中国人を増やし、電波を通じて異国からの友情を伝えてもらうことなのだ――という話を以前から先輩に聞いていた。

彼らは伝説的な老夫婦で、彼らの話は私の頭の中でひとつの美しい物語となり、今回、自らの足でこの桜の旅に踏み出すに至ったのである。

神宮寺敬さんは、日本語部の女性たちから親しみをこめて「神大爺」と呼ばれている。これは実にその名に恥じない呼び名である〔「大爺」は「おじさん」の意味だが、「神大爺」となると「神様」の意味がある〕。

「神大爺」――おじさんは、毎年秋、十月に、必ず奥様の綾子さんと一緒に北京に行く。八十歳の高齢とは、でたらめではないのか？　と誰もが疑うような元気さである。北京で私に会った時、「安心して来なさい、車を運転して迎えにいってあげるから！」と大いばりで言った。車を運転する？　私は自分の耳が少々信じられなかった。数ヵ月後、ついにおじさんの後をついて甲府駅を出た。その時、私は思わず目をこすった。目の前には明らかに、運転手を待つ車が停まっており、私の横にいる八十歳の老人がまさに運転席に向かって歩いていた。私はただただ茫然としたままだったが、おじさんは悠然としていた。「左側に座って。日本と中国は反対だから注意して。安全ベルトを締めてね！」

車は桜が満開の小道に沿って走り、おじさんの家に着いた。ダイニングには綾子夫人のやさしい笑顔。熱い湯麺をテーブルに用意してくれていた。その瞬間、旅の疲れや異国に来た不安は湯気の中に消えた。まるで自分の家に着いたような感じがした。その時から、この日本の「家」で、私は二人と一緒に、忘れられない半年間を過ごしたのだった。

毎朝早朝、一階から大きな呼び声が聞こえる。「ご飯よ！」。家を離れて何年も経つ私にとって、縁遠くなっていたこの呼びかけは、「家」にいてこそ聞くことができるものだ。聞くたびに、いつも温かさが心の中に沸いてきた。私は、元気良く、「はーい！」と答えた。階下では家庭のぬくもりが私を待っていた。

日本人の感覚では、会社に行くことはとても大事なことであるが、特にはじめての出勤ともなれば、絶対にお祝いすべきなのだ。甲府に来て三日目は、私がはじめてテレビ山梨を訪問する日だったので、綾子夫人は朝早くに起きて、大忙しだった。何年か前の事故で彼女の左手には障害があるため、普段はおじさんが三食作っていた。しかし、今日は「特別な日」だった。綾子夫人は最初の晩から、中国から来た「娘」に特別な朝食を作る、と言っていた。彼女は「赤飯」で、日本での私の初仕事を記念し、私の日本での半年間の研修が順調にいくよう、祈ってくれた。がんばったおかげで、朝食には大きな鉢に盛られた熱々の赤飯が食卓に運ばれた。もち米で作った小豆のご飯はやわらかで甘く、桜の花のような淡いピンク色に染まっていた。おじさんと綾子夫人が「たくさん食べなさい！」としきりに勧めてくれたので、私は本当に家にいる時のように、まったく遠慮せずに食べた。このことをある日本人に話して聞かせると、彼女は驚いて、「赤飯ですか！　家族じゃないとなかなかしてもらえないようなお祝いですね！」と言っていた。そう、あのほんのりとした甘さは、私の心を一杯に満たした。

おじさんの家庭は円満である。子どもたちはみな自立して家庭を持ち、家業も後継者がいる。中国や中国から来た娘たちに対するこの愛情は、家族愛の延長なのかもしれない。知り合いに会う度に、老人は自慢気に紹介する。「私の中国の娘です！」。テレビ局の研修では、必ず番組に出演する機会がある。毎回この時になると、二人の老人はテレビにかじりつきになって、彼らの中国の娘の出来栄えを見る。「今日はとてもおちついていたね！」「日本語が上手になったよ」「がんばれ！　がんばれ！」――ほとんどいつも励ましの言葉だ。彼らにとって私は十四番目の中国の「娘」だが、思う気持ちが減ったりすることは全くなかった。

テレビ局の仕事は規則性が無い。生放送が終わるとたいてい深夜である。老人たちが心配するといけないので、わたしはいつも事前に一本電話を入れた。綾子夫人はいつも「こんなに心配してくれて」と嬉しそうだった。実際には、彼らこそが本当に私を心配し気遣ってくれていた。番組が終わると、明かりのついた居間が黙って私を待っていてくれた。こんな時いつも温かい気持ちがこみ上げてきて、思わず大きな声で「ただいま！」と言いたくなったのだった。ある時、同僚との付き合いで、少し遅くなったことがあった。帰宅すると、なんと、二人が家の前で首を長くして待っていたのだ！　この時は何ともいえない後ろめたさを感じたものだった。これ以後、家を出る時は、彼らに適時、この「娘」の居場所を教えるようにした。

遠いところに出かける時は、おじさんがいつも必ず時刻表を詳しく調べてくれて、途中の注意点を私に言い含めた。その真剣さは、小さい頃、父が私に学校への道を説明してくれた表情と同じだった。おじさんの家から電車の駅までは、短いとはいえない道のりである。平日はバスに乗って行き来するが、休日になるとかわいそうなくらいバスが少なくなる。

私が始発に乗ろうと静かに家を出ると、少しも歩かないうちに、後ろから車の音が聞こえた。「傅穎《ふえい》ちゃん！」。おじさんが車を走らせて来てくれた。どうしても私を駅まで送ると言う。老人の有無を言わせぬ表情を見て、私は申し訳ない気持ちがしながらも助手席に乗った。老人は私のために週末の朝早くから車をだしてくれたのだ。

神宮寺夫妻の中国に対する愛情は、真摯で深い。毎晩決まった時間を中国国際放送局のために空けておく。放送番組のほんの少しの変化、一人一人のアナウンサーの特徴も良く分かっている。毎年の中国旅行については、彼らはこんなふうに説明した。中国にはとてもたくさんの友だちがいるが、いつも日本に来る機会があるわけではないから、自分たちが毎年中国へ行って、集まる機会を作るのだ、と。びっしりとつまった日程表は、友人の名前で埋まっており、そのリストはだんだん長くなっていく。綾子夫人は去年、北京の風土に慣れず、途中で倒れてしまい、緊急に病院に運ばれて点滴を打った。帰国後しばらくしてようやく回復した。しかし、来年の中国旅行はどうするかと尋ねられると、まったく躊躇《ちゅうちょ》せず「行きますよ！　もちろん！」と答えた。私はこの答えに感動しつつ、矛盾した気持ちがあった。彼らの旅の苦労を心配しながらも、できるだけ早く会いたいと思ったのだ。私も彼らの訪問を期待するたくさんの「親友」の一人になっていたから。

本当に短い半年だったが、私の生涯の中で忘れられないひとときとなった。富士山麓の老夫婦は、故郷以外で、私の心に懸かる場所となったのである。

（二〇〇二年四月十九日掲載）

倭

情忆当年

当時に思いを馳せて

情忆当年

あのころの、人情深くて長い話

——長島さんが語る周総理青年時代の東京記

張雲方

日本の人々が鄧穎超副委員長の訪日歓迎の準備にいとまの無い今日このごろ、記者は、あるお年寄りをインタビューした。長島善雄さん、七十九歳。彼は、鄧穎超副委員長が日本に来ると聞いて非常に喜んでいる。ここ数日、往時の幸福な記憶に浸っていると、周恩来総理の青年時代の面影が目に浮かぶという。

長島さんは、若い時は船乗りで、母親は中国人留学生の下宿の大家さんだった。四、五歳の時、長島さんは母親のいいつけで、孫中山氏に届け物をしたこともある。一九一八年、長島さんが十八歳のある秋の日の午後、東京（芝浦）—北海道（小樽）—ウラジオストク間の航行を終えて帰宅していた時、母親が彼に「この小包を金島さんの家にいる周君のところに持っていっとくれ」と言った。これが長島さんの周総理との出会いであった。

長島さんは立て板に水を流すように話す。「金島さんの家は牛込の山吹町にあって、家からは七、八本の電信柱ほどしか離れていない。江戸川橋から来て、映画館の前から早稲田の方に曲ってすぐです。金島さんは建具屋さんで、周恩来さんが留学に来た時、うちの母親が金島さんの家の二階を紹介しました。私は引き戸を開けて、大声で『ごめんください』と言って、中へ入っていきました。周恩来さんは振り返って、長島家の人間だと聞くや、すぐに、日本人が初めて会うときの礼儀作法できちんと挨拶しました。周恩来さんは日本の学生服を着ていました。一九二〇年秋の訪仏前の写真そのままに精悍でした。私が水色の小さな包みを渡すと、周恩来さんは、何度も『ありがとう、お手数かけました』と言いました。初めて会った時のこの温厚で、穏やかで、純朴で、礼儀正しく品のある彼の姿が、私の頭の中に焼き付いています」。

「話しているうちに、周恩来さんは私が何度もウラジオストクに行っていることを知って、ロシア革命のことを聞いてきました。周恩来さんは博学で、私なんかの話では、彼の知りたいことを満足させられません。たしか私はウラジオストクの港の情況や人々の様子、それから地元の噂話などを話したと思います。彼は静かに聞いていました。よく聞き取れなかった時や詳しく聞きたい時にたまにちょっと口を開くくらいで。話が終わった後、今後もまだウラジオストクに度々行きますか？　小樽は寒いですか？　と聞いてきました。私はうなずいてこれに答えました。すでに時間も遅くなっていたので、帰ろうとすると、彼はポケットから二十銭を取り出して、私の手に握らせて、船乗りは大変でしょう、これで何か買って腹の足しにしてください、と言ったんです」。

ここまで話して、長島さんは胸が一杯になってしまったようだった。「二十銭は当時そんなに大金というわけではなかったけれども、そういう問題じゃない。周恩来さんは後日大人物になったけれど、人の心をうちとけさせる、人間味溢れる人なんだと感じました」。

長島さんが二度目に総理に会ったのは、一九二六年である。当時長島さんは芝浦—小樽—ウラジオストクの三角航路から北米航路に変わっていた。その年の夏、長島さんの乗っていた商船は上海に接岸した。長島さんは南京路の永安公司で買い物をした。彼は絵葉書を選んでいたが、顔を上げると、よく知った顔が目に飛び込んできた。ほとんど同時に、お互いが気付いた。「周君！」。長島さんは周総理を抱きしめた。「久しく会っていなかったけれど、君はちっとも変わらない。優しくて親しみやすいところは昔のままだ」。長島さんは、総理の淡い色の洋服を指差して「変わったのはこれくらいだな」。と冗談めかして言った。総理は絵葉書の値段を聞くと、長島さんに有無を言わせず、代金を払ってしまった。

翌年か、あるいは一九二八年ごろ、長島さんは漢口でまた周総理に会った。この時は時間が短かったけれど、長島さんの記憶に深く刻み付けられている。クラブのようなところで、総理と彼の同僚が長島さんと会って話した。総理は中国の情況を話し、長島さんの健康を気遣った。それから、ユーモアを交えて、「字を書くときにね、どんなときでも、姿勢を正しくし、精神を集中させる。これが体にいいんですよ〔「健」という字は、人＝「イ」が筆＝「聿」をまっすぐ立てて持つ様子を表している〕」と言った。別れる時、総理は何度も、「あなたのお母さんによろしくお伝えください。時間のある時、必ずまた伺いますと！」と言った。「その後ずっと周恩来さんに会う機会が無いなんてことは、あの時は思いもしませんでした」。長島さんは涙を浮かべた。

新中国成立後、長島さんは何度も中国へ行こうとしたが、当時、裁判所で仕事をしており、機会を逸してしまった。一九七二年、中日国交正常化の歴史的な会談が始まった。長島さんは毎日、ニュースを気にしていた。テレビで周総理の姿を見た時には、思わず声をあげた。日本の記者が家にインタビューに訪れた時、長島さんは彼らに、これは私個人にとってだけの朗報ではない、日本国民みんなで喜びをわかちあいたい、と言った。

一九七六年一月、長島さんは日本の放送で周総理が亡くなったことを知った。彼は自分の耳を疑った。「彼は元気に田中首相と会って、あっという間に日中国交を回復させていたじゃないか！　桜の時期にまた日本に来ると約束したじゃないか！　彼がいなくなるはずがない！」。長島さんは中国大使館に駆けつけた。総理の祭壇に白菊の花束を捧げた時、涙があふれて止まらなかったという。「偉大な人だった。空に光る星のように。彼は本当に偉大な人だったけれども、人に優しい、人に力を与えるような人だった」。

長島さんは最後に記者に言った。「今日、日中関係が大きく発展する中で、周総理のことを忘れてはいけない。そして、両国の政治、経済、文化など色々な方面でしっかり協力して、世界各国に手本を示すこと、それこそが周総理の遺志だ」
長島さんの家を出た時、私はもう一度、その長い間雨風にさらされた歴史のある家屋を、しみじみながめた。庭の低木が芽吹き、向かいの私道には数本の桜が今は盛りと花を咲かせている。そばには木蓮が一本、しっとりとした紫の花をつけている。私は長島さんの話を忘れることができない。「鄧穎超副委員長がいらっしゃる時に、とっておいた一九二六年前後に報道された周さんに関する文章を、差し上げるつもりです」という。老人は素朴で温かい人だった。私は深く感動せずにはいられないのだった。

(一九七九年四月十五日掲載)

情忆当年

版画『富士山の絵』

――忘れ難い記憶

王冶秋

一九六三年、はじめて日本で中国文物展覧会が開かれた時、私は日本考古学界の長老、原田淑人先生にお会いした。先生は、まだ陳列が終わっていない展覧室に来て、一つ一つの文物を細かく観察していた。その当時、中日両国はまだ国交を回復していなかったので、私は宿泊先で車に乗るところから、警視庁に「護衛」されていた。展覧室に着いても同様だった。

展覧室は百貨店のビルの上の階にあり、大変な人出だったが、原田先生はやって来て、楽しそうに展覧会を見て回っていた。私が一九二五年前後に北京大学二院で先生の考古学の講義を聴講したことがあると言うと、先生は中国でのことを思い出してほほえみながら、「あなたは北京大学の学生だったのですか」と尋ねた。私は、「いいえ違います。あれは蔡元培学長の学校政策のおかげで、北京大学の学生でなくても、北京大学で各教授の講義を聴講することができたのです。外国の学者が来て講義するときも同様でした」と言った。

これ以後、原田先生は良き師、良き友となった。当時、先生はすでに国立大学を退職していて、私立の女子大で教鞭をとっていた。私は日本に行くたびに、まず先生を訪ねた。

一九七三年、日本で銅器の展覧会を行なった時、私はまた先生のもとを訪れたが、先生はこの時歩けなくなっており、家で車椅子に座って話すくらいしかできなかった。私はその時、図録を贈った。先生は隅から隅まで図録を眺め、銅器について、少しもなおざりにせず質問した。その、中国を愛し、中国の文物を愛する姿に感動した。

帰る時、先生は版画――『富士山の絵』を取って来させた。美しい富士山、山麓には緑萌え、深い緑青色の河が流れている。心が洗われるようだと思った。帰国後、ずっと私の部屋の壁に飾ってあった。それを見るたび、美しい思い出がよみがえるのだ。

一九七四年十二月、周総理の病状が思わしくなかったころ、私は総理が青年時代、日本に住んでいたことを思い出し、総理が療養中に見られるようにと、この版画を贈った。あの恥知らずな犬どもがわめくのを聞くよりはずっといいだろうと思ったのだ。この時期は、「四人組」が総理を陰険かつ悪辣に攻撃していた時期だった。私がこれを贈ってしばらくしてから、総理が使いをよこしてこの絵を返してきた。手紙が同封してあった。総理が手ずから鉛筆で書いたものだった。

冶秋様

あなたの好意に感謝します。日本の版画はこれまでにたくさん見てきました。今晩池田大作さんがまた一枚贈ってくれました。今回はあなたの贈ってくださったものをお返しします。私は療養中ですが、少し良くなったようです。どうぞご心配なさらぬよう。

周恩来

一九七四、一二、五

私はこの版画をまたもとの場所に戻した。総理が亡くなった後、私はこの出来事を記念として何か文章を書きたいと思ったが、版画の作者のことがわからなかった。今年三月日本に行き、日中文化交流協会に頼んで原田先生の息子さんに版画の作者を知らないかどうか聞いてもらおうと思った。

するとなんと、息子さんの原田正己さんが宿泊先まで私に会いにきてくれた。詳しいことを紙に書いてくれて、また、この作者の別の版画をもらった。やはり富士山を彫ったものであった。私が周総理にこの版画を贈ったことを知って、先生は大変喜んだ。原田正己さんは現在早稲田大学の中国哲学の教授である。

原田正己さんの書いた説明を見て、版画の作者が鏑木清方の弟子、川瀬巴水だということが分かった。川瀬巴水は伊藤深水と同年で、江戸版画の流派の中で、比較的有名な版画家である。一九四五年に没している。

版画の題名は『富岳図』（富士山の絵）である。

原田先生はこの世を去ってしまった。私はこの前、井上靖氏を訪ねたが、その時、「あなたは原田先生が最後に会った中国人ですよ」と言われた。

今、版画の作者はやっとわかったが、その版画を贈ってくれた大切な人も、版画を見た人も、もうこの世にいない。なんと悲しいことだろう。富士山も崑崙山も永遠である。版画の中の山水の澄んだ清らかさは、中日両国民の友情がこの山水の色のように常《とこ》しえに変わらぬことを思わせるのだった。

（一九七九年七月二十五日掲載）

光の中の追憶

氷心〔作家〕

窓の外はたくさんの人の声。そして響く爆竹の音。子どもが放った「二踢脚〔二連発の爆竹〕」が、地上で一発、残響を引っ張って、空中でもう一発、大きな音を響かせた。モスリンのカーテンに時々映し出される光の輝きは、子どもたちが投げる色とりどりの花火である。こんな、にぎやかで楽しい北京の除夜に、私の心はなぜ、どこか切ないのだろう。

古人の詩を思い出した。「一年将尽夜、万里未帰人〔一年がまさに終わろうとしている夜、遠い故郷へ未だに帰れない〕」。北京は私の故郷なので、異郷の地で故郷を想う、といった憂いがあるわけではない。私が切なく思い出すのは、遠く海外にいる友人たちのこと。

私に親友は多くはないが、この「多くはない」内、海外の友人がほぼ半分を占める。また、この「半分」の内、日本の友人が半分以上だ。

私が最初に日本人と知り合ったのは、やはり遠いアメリカだった。二〇年代初期、私はアメリカに留学していた。学生たちの中で、日本の女子学生はとても親しみやすかった。彼女たちは皆、筆で漢字を書き、はしでご飯を食べたので。私たちはすぐに「相視而笑，莫逆於心〔顔を見合わせて笑い、意気投合〕」した。時はまさに日本軍国主義者が権力を握り、中日関係はかなり緊張していた。けれど、私たちは国のことについて、固い信念を持っていた。東洋にある私たちの二つの国家は、永遠に平和で友好的であり続けることで、東アジア世界の繁栄と進歩を維持すべきであり、また、必ずそうでなくてはならない。そして、私たち若者の世代が一生懸命がんばれば、私たちが生きているうちに、この理想は、きっと実現する、と考えていた。

これら日本人学生の中で、私が特にとりあげたいのは、瀬尾澄江さんである。彼女は私と同じ宿舎に住んでいた。彼女は真面目な東洋の少女で、聡明で勉強家、静かで物腰のやさしい人だった。同じクラスではなかったけれど、放課後はいつも一緒だった。

私たちは洋食に飽きると、近くの村から、米、ひき肉、野菜などを買ってきて、電気コンロで食事を作った。たいてい私が料理し、彼女が食器を洗った。とても楽しい食事だった。

この数十年来、抗日戦争の数年間を除いて、私たちの通信が絶えることはなかった。私は日本に行く度彼女に会い、彼女も中国、北京に来た。何日か前には、彼女の年賀状を受け取った。

一九四六年冬、私は戦後の東京で、松岡洋子さんと知り合った。彼女は評論家であり、また熱心に中日友好活動や世界平和活動に従事する人でもあった。彼女もアメリカに留学したことがあり、私たちは英語で話し、話すほどに盛り上がった。この後、私たちは北京や東京や国際和平会議でよく顔を合わせるようになった。しかし残念なことに、彼女は七〇年代末にこの世を去ってしまった。一九八〇年、私たち作家の代表団が訪日した時、巴金さんと私は彼女の家に弔問に行き、彼女の娘さんに会った。——松岡征子さんである。彼女は中国で学校に通ったことがある。数日前に受け取った彼女からの年賀状には、「私は今年日中友好のためにより貢献したいと思います」と書いてあった。なんと可愛いらしい後継者だろうか。

ここで、女流作家の三宅艶子さんについて触れなければならないだろう。彼女も松岡洋子さんとともに平和友好活動をしていた。私が六〇年代初期に書いた『ナイル河の春〔原題『尼羅河上的春天』〕』の中の二人の日本人女性は、彼女たちをモデルにしたものだ。彼女たちはそれぞれ別々に中国に来たことがあるが、私もそれぞれ彼女たちを案内して京広列車〔北京と広州を結ぶ列車〕で南下し、観光しながら深圳まで送っていった。思い起こせば、あの時私たちが乗った列車の中、舟の上、山の風景や水の色、本当に書きたいことがたくさんある。

女流作家といえば、私は有吉佐和子さんを案内したことがある。彼女は中国に非常に思い入れを持っていた。私は、彼女が北京にいる間だけ、彼女のガイドをした。その時はそんなに長い期間ではなかったけれども、その後、日本に行く度に彼女に会っている。

それから、瀬戸内晴美さんもまた、女性作家の一人で、六〇年代に一度中国に来た。私は詩人の李季さんと一緒に彼女の家に行ったことがある。一九八〇年春、私が再び日本を訪れた時、彼女は剃髪して尼僧になっていた。しかし、舌鋒鋭く、すこしもかつての勢いが衰えた様子はなかった。

ずっと書きつづってきたが、とりあげたのはみな女性の友達ばかり！　実際には、日本男性の友人の数が、女性の友人より少ないわけではない。しかしここでは思い切って、彼らのことはちょっと置いておき、いっそのこと、彼らのご夫人についてお話ししよう。

中島健蔵さんは、私の兄さんを自称する人である。そして中島夫人こそは、私が最も敬愛するミセスである。東京の中島さんのお宅にいくと、部屋の壁には書籍が並び、茶や酒の香が漂うなかで、いつも中島夫人の慈愛に満ちたやわらかな笑顔と温かい会話があった。一九八〇年、私が発病すると、中島夫人は中国に来るごとに、病院や家に私を見舞いに来てくれた。

それから、井上靖先生のご夫人。井上先生の書斎で、幾度となく、素晴らしいお茶を入れて私をもてなしてくれた。そしてまた私が病にあったときには、病院や、むさくるしいわが家を訪ねてくれた。彼女たちの厚意に感激し、一日も早く健康になり、彼女たちと中日友好のためになるような仕事をたくさんしたい、と奮起したのであった。

私の記憶は満ち潮のようにわき上がり、私の筆は駆けめぐる野生の馬のごとき勢いだ。私が握りしめる手綱の先に、もう一人紹介しなくてはならない、友情の橋渡しに奔走する人、佐藤純子さんがいる。私と日本の友人とが出会う時、彼女が同席していることが多い。つい一月前、私の新居に井上靖先生を連れて来たのも彼女だった。

窓の外に響く爆竹音がさらに勢いを増す。花火が私の窓辺を時に赤く、時に青く照らす。子どもたちが大きな歓声をあげ、手をたたいて飛び跳ねている。一九八四年、甲子《きのえね》の年の元旦がやって来たのだ！　この文章はなんと二年にまたがって書いたもの、ということになる。こんなことははじめてだ。新年を祝う歓声の中、私は日本の友人たち（女性、男性、そのご夫人にかかわらず）の健康と長寿を祈る。私は永遠に、彼らと共に、中日友好と世界平和のため、あくなき努力を続けるだろう。

（一九八四年五月二日掲載）

私たちの兄弟、安達次郎を偲んで

高粮〔写真家〕

去年の秋、さわやかな九月から、そして今年の春、暖かく花開く三月まで、私たちは今か今かと、戦友であり学友であり、私たちの兄弟である、安達次郎が来るのを待っていた。なぜなら、私たちは、安達次郎が中国の春・秋が好きだということを知っていたから。彼が幼い時、初めて教わった中国語は、「三月里桃花紅、九月里菊花黄……〔三月の桃花は紅、九月の菊花は黄〕」というものだったという。

だから、彼が中国に来るのは、この季節に違いない。

待って、待って、待ちつづけて遠くを見る目に穴があきそうになるころ、ようやくやってきたのは、なんと、一通の訃報だった。私たちの兄弟、安達次郎は、一九八三年四月、病のためこの世を去ってしまったのだ。死の間際、彼は中国人民解放軍が彼に与えた勲章をつけ、子どもたちを寝床のそば近くに呼んで写真を撮らせた。彼は息子の安達勇に、この写真を中国の親しい人々へ送るよう託したのだった……。

日本の東方医学研究会会長であり、東京大塚健生病院院長であった安達次郎博士は、中国名を安達仁といい、中国で育った日本人である。彼は若い時、大連の医科大学を卒業し、博士の学位を取得した。一九四五年、彼は真理を求め、人々に奉仕するために、中国共産党中央華北局都市工作部の協力のもと、首都北京から家族を連れて共産党の解放地区へと身を投じた。中国人民解放軍華北前線の「手術医療隊」に参加し、三年の解放戦争中、安達次郎医師の治療を受けた者は一千名以上にのぼる。

新中国成立以後、安達次郎博士は一九五三年、家族のような中国の戦友らに別れを告げ、日本に戻って医療を続けたのである。

一九八〇年、学術交流のため、彼は再び二十数年来の第二の故郷を訪れ、懐かしい戦友や学友、過去診療した人たちと会った。このことは当時、中日友好史に残る美談として「人民日報」に掲載された。その記事は日本でも大きな反響を呼んだ。「朝日新聞」は、これを転載したほか、安達次郎を紹介する記事も載せた。このことにより、たくさんの旧友や、かつて交流のあった人、また会ったこともない人々までが彼に連絡をよこし、彼を祝った。そしてまもなく、彼は注目の人となった。彼はこれを機に、中国の針灸や漢方などを深く研究するために東方医学研究会を発足させ、中日友好と医学交流に全力を尽くした。

忙しい仕事の合間に、安達次郎はいつも中国の親しい人々を気にかけ、手紙を書いた。安達次郎の手紙は、文字の一つ一つ、言葉の一つ一つが情熱に燃えていた。もとベチューン医院の医師で、同じ大学だった劉世傑教授への手紙の中で、彼は次のように書いている。「私は日本で生まれたけれど、幼いころから中国で育ち、私の血管には中国人民の血が流れている。そして、私はいつも中国を第二の故郷だと思っている。私たちの中国は今、世界列強国の仲間入りをした。解放地区に行って、私はそれを確信した……」。

もと晋察冀〔山西・チャハル・河北地区〕野戦軍衛生部部長の張傑氏への手紙には、こう書いている。「尊敬する部長、気にかけてくださってありがとうございます。私は、三十五年前、中国にいた時のことをよく思い出します。あれは私の一生のうち、最も輝かしい、最も誇るべき人生の一ページでした。私はすでに古稀を過ぎましたが、それでもまだ中国へ行きたいと思っています。私を育んだ第二の故郷を見に……」。

血や涙でしたためたかのような手紙を何度も読み返し、遺影の安らかな顔を見つめ、白髪混じりの老部長の目はうるむのであった。苦労という苦労を経験し尽くしてきた老教授は涙を流し、安達次郎の治療によって復帰した百戦練磨の指揮官、周自為氏は、悲しみのあまり声も出ない。安らかに眠れ！　私たちの兄弟、安達次郎。あなたが生涯をかけた中日友好の偉業は、万里の長城のように永遠に残り、桜の花のような鮮やかさで人々の目をひきつけるのだ！

（一九八四年七月二十二日掲載）

情忆当年

当時に思いを馳せて

——公明党最高顧問　竹入義勝氏を訪ねて

孫東民

一九七二年九月二十九日、田中角栄首相は歴史の流れに乗って訪中を果たし、中日両国は歴史的意義を持つ中日共同声明に調印した。国交正常化の実現により、中日関係は、平和・友好の新しい時代に入った。

「水を飲む時に井戸を掘った人のことを忘れてはいけない」。両国関係の発展、国交正常化の実現は、中日両国人民及び両国の有識者たちが長年にわたって共に努力してきた結果である。中日国交正常化十五周年を迎える直前、我々は国会議員会館に行き、周総理に「知己」とされた竹入義勝氏を訪ねた。

竹入氏のオフィスは衆議院議員会館の四階に設けられていた。我々が訪れた時、室内は人の出入りが激しく、秘書が申し訳なさそうに、「先生は中日友好協会の要請を受け国交正常化十五周年にあたって、中国を訪問するので、今その支度をしているところなのです」と言いながら私たちを隣室に案内してくれた。

「日中友好に尽くした方々には松村先生、高碕先生、古井先生そして社会党の浅沼先生、佐々木先生など諸先輩方が名を連ねており、私などは末席を汚すだけですよ」。竹入氏は、にこやかに椅子を勧めながら、続けて言った。「私はただ、できるだけ早い時期に国交正常化を実現するために、政府が早く決断を下すよう、仕事をさせてもらっただけです」。この日本政界の指導者は、はっきりとした物言いだが、誠意をもって人に接する、親しみやすい雰囲気をもつ人物であった。

今年六十一歳の竹入氏は、日本の著名な政治家であり、長年、公明党の委員長を務めた。昨年末、自ら後進に道を譲り、現在、党の最高顧問である。

竹入氏が委員長になってすぐのこと、中日国交正常化の実現を党の重要外交政策に据え、党の外郭団体である「日中国交正常化国民協議会」を設立した。一九七一年の参議院選挙の際には「一つの中国」という方針を支持することを決めた。竹入氏は当時を振りかえり、自分と中国の付き合いは一九七一年四月、中国卓球代表団副団長として日本を訪れた王暁雲氏と会談を行なったのがはじまりであると言った。その六月、氏は公明党代表団を率いて初めて訪中し、周総理と会見した。氏は、「あの時の周総理との会見が私のその後の人生を決定したようなものです」と興奮気味に語った。当時の訪中で、氏は中国側と声明を発表し、あの有名な中日国交回復の五大原則をうち出した。

周総理の印象を語り始めると、竹入氏は、「周総理は二十世紀に現れた世界的に偉大な政治家です。総理の目は鋭く、優れた洞察力を有するが、また反面非常に温かい態度で人に接し、それはまるで父親のようでした。私の人生で、周総理と出会ったことは何ものにも替え難いことでした」と感慨をこめて言った。

竹入氏はさらに話を続けた。当時の訪中の目的は、正しく中国を理解することと日本の実情をありのままに紹介することだった。中国側との会談は、最初のうちはうまく運ばなかったので、思いきって率直に総理に尋ねた。「中国では意見の食い違いが見られたとき、それで話し合いは終わりになるのですか」。総理はそれを聞くと、「そんなことはありません。我々は中国共産党、あなた方は日本公明党ですから、考えをすべて一致させるのは不可能ですが、双方の原則や立場上の違いが、両国人民友好促進の妨げになることはありません」と丁寧に答えた。周総理の話によってわだかまりは一挙にとけた。最終的に、双方は、「小異を残して大同につく」の原則に基づいて、合意に達した。今思い返してみると周総理はあの時体の具合が悪かったのに、日中平和友好の実現のため、命をかけて執務していたのではなかろうか、と竹入氏は語った。そして、竹入氏は笑いながら、「私がうそをつかない、信義を重んじる人間なので、総理は私に『百年の知己に会うのが遅すぎた』という話を出してきたのかもしれません」と言った。

初めての訪中で、竹入氏は中日国交回復について十分な手応えを感じた。帰国後、氏は全国各地で講演を行い、正しく中国を認識する必要があることをアピールし、三千名以上の学者、文化人に「日中国交正常化国民協議会」に加入するよう働きかけた。しかし一方で竹入氏の行動はある種の「国粋主義者」に敵視され、一九七一年秋、会議に参加後、党本部に戻る途中に切りかかられ負傷した。

中日両国人民が協力して国交正常化を推し進める中で、その時機は徐々に熟していった。一九七二年夏頃は、両国の著名人が東京北京間を頻繁に往来した。田中内閣が成立した七月七日、首相は、「中華人民共和国との国交正常化を急ぐ」と表明した。竹入氏は田中内閣成立後、要請を受けて訪中した。当時の忘れ難い中国行きに話が及んだ時、竹入氏は、周総理が自分の訪中を要請したのは、国交正常化と関係があったのだろう、と言った。田中内閣の方針を中国側に伝えるため、出発前に田中首相・大平外相と幾度か打ち合わせを行なった。また北京では周総理と合わせて十時間以上も会談を行なった。周総理が、中国政府の国交正常化実現に関する原則的立場を厳粛に述べた時、竹入氏は非常に感動し、歴史の歯車が動き出したことを感じたという。氏は東京に帰ると首相官邸に赴き、田中首相に、首相と大平外相が訪中し国交正常化を実現させるべきだと進言した。その翌日、田中首相は竹入氏とホテルニューオータニで会い、そこで竹入氏は中国側の考えを詳しく話した。竹入氏の回想によると、田中首相はその時「私は北京に行く!」と断言したそうである。九月二十五日午前十一時三十分、田中首相は、第二次大戦後、中国の地を踏む初の日本の首相として北京に降り立った。衛星中継を通して周総理と田中首相が握手を交わす光景を見た時、竹入氏は涙を流したという。氏は周総理の前で、風もさわやかな秋に田中首相を訪中させます、と約束していたからである。

竹入氏は周総理との思い出に浸っていた。氏はしんみりと、人と人とのつきあいや感情は、その行き来の多さにより生まれるものではない、と語った。総理が逝去してから、氏は訪中の都度、周総理に会いにいくつもりで周夫人・鄧女史に会いに行った。「四人組」が倒れた後、中国を訪れた竹入氏は北京飯店で初めて周総理の記録映画を見た時、良き師であり友人でもある総理を失ったことに思わずむせび泣き、目を腫らしたのだった。

予定の訪問時間があっという間に過ぎてしまった。竹入氏は未来を展望し、「国交が回復して十五年経つが、その間日中両国は大きく変化し、日中関係は口先だけで友好を唱える時代ではなくなりました。国交回復時の精神を土台とし、今後も友好関係を続けていくために、現在そして未来に何をすべきか真剣に考える時期に来たのです」と断言した。

（一九八七年九月二十九日掲載）

情忆当年

とりとめもなく思う

范曽〔画家〕

まるで漂泊船のように、アジア・アメリカ両大陸の間の蒼茫たる大海の中に隔絶された孤独な島々がある。日本列島は一隊の帆影に似て、浮いては沈み、遠く眺めれば、どこか神秘的で、どこか淋しげで、どこか悲壮さがある。私は日本の女性歌手、八代亜紀の、物寂しくて含みのある歌が好きだ。あれは日本民族の魂の鼓動、心の叫びなのだ。この孤独な島国から聞こえてくる、むせび泣き、恨み節、慕情の声なのだ。

宇宙の広さから見れば、この島は、李清照の詠んだ詞の小舟のようではないだろうか？「あまりに多くの憂いを載せきれない」小舟……。日本には虬《みずち》のように雄々しい松を育てる重畳たる山岳も無く、斜めに生えるまばらな寒梅を育てる氷に閉ざされた断崖も無い。ただ四月になれば、やわらかく暖かい日差しが木々を目覚めさせる。そして朝霞のようにきらめく桜。桜はツツジのような真紅でもなく、富貴な牡丹のような荘重さもないけれど、それらは日本の風景を淡く染めあげる。淡い哀愁を帯びて花開き、淡い哀愁を連れて散ってゆく。私は日本の大正時代の天才画家、竹久夢二の描いた美人を思う。あの不思議な憂い、とらえ難い悲しみ、孤独で、忘れられ打ち捨てられるのを恐れているような、あれは、普遍的な日本女性の心ではなかろうか。

このような祖国、母から生まれた男子は、生まれつき憂い、悲壮さ、孤独という本性を持っていて、そして歴史の流れが彼らを育て、ある者は賢哲に、ある者は悪魔に育ったのだ。ある者はたとえ死んでも永遠に私の敵であり、ある者は今も生きていて、私の尊敬する師、愛する友である。

＊＊＊

一万人収容できる北京人民大会堂に、彼は来た。九十の老人、岡崎嘉平太さんは、顔をあげ、胸を張って歩いてきた。彼の一生は、その動作のように公明正大であった。すべての日本人は、首相から一般市民に至るまで、みな彼に心から敬意を表する。彼が人民大会堂に現れる時、いつも携えてくるものは、永遠の、日本人の最も真摯な友情であった。

周総理は生前、何度も彼と会っている。中日国交回復の時には、岡崎さんは大変な尽力をした。

誰もが心の奥深くに神聖な場所を持っていて、最も大切な記憶をしまっておき、最も愛する人を隠しておく。ある宴席で、日本の岡山「范曽美術館」館長の松田基さんが突然立ち上がり、「皆さん、私は今日、岡崎さんのお許しを得てはいませんが、皆さんにお話ししたい秘密があるのです」と言い出した。この時、岡崎さんは右手で胸を押さえ、子どものように、松田さんが彼の背広の左側の内ポケットを探るのを嫌がった。やっと出てきたのは、普通の皮の財布のようなものだった。しかし、開いてみると、そこには周恩来総理の遺影が入っていたのだ。岡崎さんは涙を流し、満場に感嘆のため息が漏れた。「敬愛する周総理がこの世を去ってから、この遺影はずっと岡崎老人の心の中にあります」と松田さんが言うと、岡崎さんは、「西洋にはキリストがいて、東洋には仏様がいます。周総理は私にとって、お釈迦様と一緒なのです。彼は正真正銘、聖人だった」と言った。「彼が私に残した教示を、私は永遠に忘れない。彼はその偉大な姿で私の人生を照らす。こんなことがあった。周総理と葉挺将軍の忘れ形見が乗った飛行機が、途中で故障し、落下傘が足りなかった。総理は自分の落下傘を外し、替わりに子どもの背中につけた。私は度々自問するのです。このように平然と、死を恐れないでいられるだろうか。我を捨て無私となれるだろうか、万民を潤し、世の全てを分け隔てなく愛せるだろうかと」。

一九八五年、南開大学は岡崎さんに顧問教授の称号を贈った。彼は授与の会場でこう言った。「南開大学の名誉ある一員に加えていただいて大変嬉しく思います。周総理も南開大学出身でしたので、向こうの世界で彼に会った時、私たちは二人とも南開大学の一員なのだ、と言えるその日を、私は楽しみにしています」。

一九八七年、私は南開大学東方芸術ビル建設準備のため、日本で開かれている、絵画のチャリティ展示即売会に行った。岡崎さんはその絵画展の実行委員会長であった。彼は展覧会が成功し、作品が全て売れたという知らせを聞いて、東京から私に電話をかけてきて、「自分の子どもが成功したみたいに嬉しくて涙が出る」と言った。岡崎さんは岡山県人である。かの地は遣唐使の吉備真備《きびのまきび》や、魯迅先生の友、内山完造さんの故郷でもある。郭沫若先生も岡山で勉強したことがある。岡山市には三百年になんなんとする名園、「後楽園」がある。これは私の先祖、範仲淹の「先天下之憂而憂，後天下之楽而楽〔天下の憂いに先んじて憂い、天下の楽しみに後れて楽しむ〕」という不朽の名言からとっている。岡山市は千百年、一筋の深くて長い中日友好の道を貫いてきた。この道はこれからまた千年も万年も続いていくのだろう。

＊＊＊

威風堂々たる中国歴史博物館に、彼はやって来た。奈良の唐招提寺八十一世長老、森本孝順師は恭しく現れ、道の両側に並んだ歓迎の人の群れに合掌であいさつした。中国唐代の高僧、鑑真和尚の彫像を故郷揚州の平山堂に帰すために、彼は細心の注意を払って宝像に付き添い、大切に北京に運び、片時も離れなかった。

十年前、著名な木版画家、李平凡先生が私に代わって、鑑真像を日本の唐招提寺に贈ったということがあり、この時から、私と森本師は固い縁で結ばれたのである。彼は手紙に、その鑑真像を末永く珍蔵したい、と書いてよこした。彼はまた、唐招提寺の一面の蓮池を指差して、こう言っていた。「これは郭沫若先生が送ってくれた蓮なのです。毎年夏になると、寺全体にかぐわしい香りが漂ってきます。まるで蓮の世界です」。

彼は鑑真和尚の像から離れることができない。若いころから毎日供物を供えてきた。すべて自らの手で作った中国の料理だ。以前鑑真和尚の像をフランスの展覧会に出したときには、中国の米を持ってパリに行ったほどである。

彼はある時、極めて興奮した調子で私に話をしてくれたことがあった。鑑真和尚の像を平山堂の蓮座の上に置いた時、鑑真和尚が笑ったのを見たというのである。その時、駐中国日本大使吉田健三さんはこう言った。「あれは、蓮座が日本のものより少し高いので、ある角度からみると、幾分笑っているように見えるんですよ。森本長老に本気にしないように言いました」と。ああ、尊敬する大使様、あなたはとても科学的で、現実的すぎる。あなたは精神世界に住む人をご存知ない。万物はみな幻、心だけが真実の存在なのだ。鑑真和尚の笑顔は森本長老の心に深く沈められて数十年、彼は確かに平山堂で鑑真和尚が笑ったのを見たのだ。

＊＊＊

戦争。それはかつて日本を敗戦国たらしめた。しかし戦争は人々を教育した。戦後の日本では、国家も人々も皆、懺悔の意識を持っている。これには軍国主義に対する批判や、国民一人一人の心の浄化などもそうである。ある時、「范曽美術館」副館長岡本誠一さんが、第二次世界大戦後に出版された『日本関西歩兵第十兵団戦史』という本を見せてくれた。中には、岡山侵略軍下士官以上のリストが載っていた。岡本さんがフィリピンに派兵された時、彼はまだ成人していなかった。当時、日本軍は次第に敗退の一途をたどり、兵力が枯渇し、たくさんの少年が砲火の中へ送り込まれた。リストの最後の一人は、岡本誠一その人であった。彼は下士官だったのだ。彼は私に言った。彼らの軍隊はフィリピンで全滅、生き残って帰れたのは二人だった。一人はもう亡くなって、残ったのは彼ただ一人だった。この凄惨な戦争のことを思うと、身を切られるような苦痛を覚える、これは日本史上このうえもない恥辱の歴史だ……話すごとに、彼の感情は深い後悔の意識に包まれていった。

彼は本の中の写真を指差した。それは岡山の部隊が天津の静海を制した時の、家屋が倒され、死体があたり一面を覆っている光景だった。「これが日本軍国主義が天津で犯した罪業です。今あなたが日本に来てチャリティーセールをやっているのは、天津南開大学の建造物を建てるためですが、私にとっては、この絵画展を成功させるために全力を尽くすことに責任があり、義務があるのです」。と彼は言った。

ああ、尊敬すべき、親しむべき日本の人々よ！　桜の花が一年に一度、盛大に咲き、散ってゆく時に、散る花びらが残すのはふくいくたる、すがすがしい香。散る花に情が無いなどということはない。香を残してくれるのだから。中国と日本の人々の、二千年の友情は、ありふれたものではない。「昔鑑真盲目　浮桴東海　晁衡負笈　埋骨盛唐〔かつて鑑真和尚は盲目になっても日本へ渡り、晁衡（阿倍仲麻呂）は留学して唐（中国）で骨を埋めた〕」。見て欲しい。唐招提寺の鑑真堂の千三百年灯され続ける明かりが、まるで脈打つ中日両国の深い思いやりの心のように照らすのを。人生の不朽の信念のため、聖なる読経の響きの中、この明かりが灯され続けるのを。（一九八八年春節前、抱衡斎〔書斎の雅号〕にて）

（一九八八年二月十四日掲載　一部削除あり）

相互に信頼し未来に向かう
――橋本恕駐中国日本大使を訪ねて

孫東民

中日国交が正常化されて以来、あっという間に二十年の月日が流れた。中国と日本は国交を回復して、中日関係史上新たな一ページが開かれた。この二十年、両国人民の友好的な往来と、経済・文化の交流は、日増しに増加している。江総書記の訪日直前、私は駐中国日本大使橋本恕氏を取材した。

橋本大使は公務に忙しかった。彼は近々東京に戻り、江総書記の訪問受け入れのための準備をするということだった。大使は、中日国交正常化二十周年に際し、両国の友好関係を更に進めるために、日本は一連の記念行事を行う、と言った。スケジュールによれば、日本における関連活動は、官・民あわせて百六十以上。国の政府要人たちの相互訪問や九月二十九日の国交正常化記念日に行う特別集会のほか、中国で、日本絵画展覧会、日本バレエ団の公演等、一連の交流イベントを行い、日本各地では、「周恩来展」「郭沫若展」等の活動を行う予定である。両国は各領域の交流において今までの規模を大きく越えるに違いない。

人生には意外なことが起こるものだが、橋本大使は、外交人生の中でこんなに長い期間中国と関係するとは思いもよらなかったという。一九七二年、中日国交正常化が実現した時、彼は外務省中国課の課長として国交樹立の交渉に参加した。

翌年、北京に日本大使館が建てられた時、彼は参事官として大使館の建設計画に参与した。後に、外務省アジア局長に就任し、一九八九年の秋、再び北京に来て大使となった。

彼は国交樹立の頃を振りかえり、「日中両国関係は長期にわたって不正常な状態にあった。両国が短期間で国交正常化を実現したことは、画期的な歴史的大事件だった。その主な原因は、両国が『小異を残して大同につく』という原則の下、過去と決別し、未来に向かうことを望んでいたからだ」と語った。橋本大使は外交官として、周恩来総理と田中首相は日中国交正常化に大きな功績をもたらしたとして高く評価している。彼は、「私の今までの四十年近い外交人生で、多くの国家的指導者と会ってきたが、私にとって印象深いのは、一人は周恩来総理、もう一人は田中角栄首相である。天才的な外交家であった周恩来総理は、誠意を持って人に接し、強烈な愛国心と人民に対する愛情を持ち、また相手の立場を十分に考慮できる政治家だった」と言った。

周総理は当時、「中日国交が回復し、平和共存五原則の基礎のもと、友好善隣関係を打ちたてれば、両国人民の友好往来が活発になり、両国の経済文化交流が拡大し、洋々たる前途がひらける」と言った。この二十年来の中日関係の発展を見ると、周総理の言ったことは十分に証明されている。橋本大使は、「国交が回復して以来、日中双方の努力で、両国間の人々の往来から、経済協力まで、各領域で順調な発展が遂げられた。良好かつ安定した関係を保ち、発展させることは、日本外交政策の主要な柱の一つである。中国が改革開放政策に基づいて行なっている近代化建設事業に対し、日本はできる限り積極的な協力を行なっていくだろう」と見ている。

両国は一衣帯水の隣国で、二千年の長きにわたる交流がある。『論語』に「君子は和して同ぜず」とあるが、日中両国も同様である。なぜなら、両国の前には三つの事実があるからである。一つは歴史。過去の歴史は否定できない。二つ目に隣国関係。隣国間にはいろいろ問題が起こるものだ。三つ目に価値観。日本人の価値観は中国人と全く同じではない。

両国は「和をもって尊しとなす」のである。日中関係を発展させるには、相手の立場を常に理解し、相違点を超越し、困難や問題を克服するために共に努力しなければならない、そう大使は考えている。

大使は任期中の抱負について次のように語った。「両国はどちらも世界的に大きな影響をおよぼす国家である。国際社会が不穏である現在、両国はアジア太平洋地区及び世界の平和に対して積極的に貢献をしなければならない。私は中国大使として、世界中にどんなことが起こっても、日中両国は、互いに信頼しあい、未来に向かって、協力関係を堅固にし発展させなくてはならないと考える。任期中、私はこのために最大の努力をするつもりだ」。

日本で江総書記訪問を迎えることについては、「江総書記は貴国の最高指導者。今回の訪問は日中関係史上、重大な出来事であり、必ず日本国民の盛大な歓迎を受けるだろう」と語った。

（一九九二年四月二日掲載）

情忆当年

昔を偲んで

符浩〔元駐日大使〕

今年は中日国交正常化二十周年の年である。戦後の中日関係を見てきた生き証人の一人として、現在の状況から昔を偲べば、本当に感無量である。二十年前、両国の政治家は、各界の有識者や多くの人民の願いを反映して、将来を見通し、万難を排し、国交正常化を実現した。これにより両国関係の歴史の新しい一ページが開かれた。

我々が国交正常化二十周年を共に祝うにあたり、両国関係の現状や発展の趨勢は、両国人民ひいては世界の人々にとっても喜ばしいことである。「水を飲む時に井戸を掘った人のことを忘れてはならない」。すでに世を去った中日国交正常化、中日平和友好条約の締結や両国友好合作関係の発展のために貢献した先駆者たちを思い、数十年来中日友好関係の維持発展のためにたゆまぬ努力をしてきた各分野の人々に感謝している。

私が初めて日本を訪問したのは一九五五年の春だった。私は数十人からなる中国訪日貿易代表団に顧問として参加した。これは当然のことながら、「民間」の名義で組織された代表団であった。季節は春だったが、私には風の冷たさが感じられた。桜の花は散っていた。戦争が終わって十数年経っていたが、日本全体はまだ戦後の復興の最中であった。人々が貧しかったことは言うまでも無く、日本に住む中国人も続々と帰国していった。今でもはっきりと覚えている、私にとって印象深かったことがいくつかある。一億の民が一億畝《ムー》の土地を耕し、一億担《タン》の収穫をあげるがごとく日本国民すべてがそれぞれにがんばっていた。道を走っているのはほとんどが三輪トラックだったが、それは占領軍が日本で四輪トラックの製造禁止を解除しなかったからだった。行く先々で目をいからせた平服のアメリカ兵を見かけた。日本側招待者が見せてくれたすばらしい中国歴史劇は、『臥薪嘗胆』と『白毛女』であった。ストーリーは暗く凄惨で、深く考えさせられ、怒りがこみ上げてくるものだった。招待者は、当時東京屈指であった帝国ホテルで私たちをもてなしてくれた。酒を飲むと、私の向かいに座っていた菅原さんと言う日本人が立ち上がり、声高らかに吟じた。「蘭陵美酒郁金香　玉碗盛来琥珀光　但使主人能酔客　不知何処是他郷（蘭陵《らんりょう》の美酒は鬱金《うこん》の香り。椀にみなぎる琥珀の色よ。私を酔わせてくれさえすれば、いずこも故郷とかわらない）」。同席していた人々は拍手したり共に歌ったり、にぎやかで和気あいあいとした雰囲気に包まれ、私は非常に感激していた。中日人民の間の、源に深く長いつながりをもつ伝統文化と友情は、どんな力も裂くことのできないものである。特にこの日、この時、客も主人も心が通い合い、千年の思いに酔ったのだった。

二度目に日本を訪れたのは、それから二十年経った一九七七年の秋であった。このとき私は、わが国の新しい大使として東京に赴いた。中国には、「最初は見知らぬ人でも、二度目には親しくなる」という言葉があるが、私にとってはそんな程度ではなかった。というのは、一九七二年九月、日本の田中角栄首相が、大平正芳外務大臣、二階堂進官房長官ら、閣僚を連れて訪中した時、私は田中訪中団を接待する中国側事務局の責任者だったからだ。だから私が二度目に日本へ来た時は、「再訪」というだけでなく、旧友との再会も果たし、一層の懐かしさが感じられた。

当時、福田赳夫氏が内閣総理大臣で、大平正芳氏は自民党幹事長であった。私が彼らに挨拶に行った時、中日平和友好条約締結の問題について話し合った。彼らは非常に真剣だった。当時、多くの人が福田総理は締結問題において消極的な態度を取っていると批判していた。福田総理は自分のことを「アヒルの水かき」と言った。これは水面下で足を動かしていると言う意味だ。この言葉は一時、ユニークだということで、日本の政界で話題となった。後の事実が証明するように、当時の人々の福田総理に対する評価は正しくなかった。数年後、私は伊藤昌哉氏が書いた『自民党戦国史』から、福田氏の中日平和友好条約の締結に対する態度は、真剣だったというだけでなく、積極的で、当時すでに実行案を作っていたということを知った。この案は伊藤氏が外務省と打ち合わせて作り、福田氏の承認を得てから、園田直外務大臣に提出され処理されたのである。

私が赴任するにあたって、日本の民間六団体が歓迎会を開いてくれたが、出席者が八百人以上にもなるとは思わなかった。それは一つの強烈なメッセージだった。日本の官民双方から、両国関係を発展させたい、平和友好条約を早急に結んで欲しい、という声が高まっていたのである。私は就任後すぐ、全日本国民日中締約促進協議会代表招集者である茅誠司教授、元ソビエト大使の門脇季光氏、財界の岡崎嘉平太氏、日中友好議員連盟会長の浜野清吾氏、日本国際貿易促進協会会長の藤山愛一郎氏、自民党内の積極的な締結促進派である小坂善太郎氏、二階堂進氏、久野忠治氏、川崎秀二氏、財界の土光敏夫氏、稲山嘉寛氏、永野重雄氏らと相次いで会見した。彼らと会うと、話の内容はほとんど例外なく条約締結問題になった。彼らはみな促進派で、態度もはっきりしていた。浜野清吾氏は、「これは背水の陣だ」と公にアピールした。また川瀬一貫氏は、締結すれば両国の貿易は倍増し、数年後には百億ドルの大台を突破すると言った。大勢のおもむくところ、人心の向くところはいかなる力でも変えることができなかったのである。

一九七八年七月三十一日夜、北京で「八一」建軍記念日に参加した中央常務委員会諸同志は、終了後、引き続き会議を開き、そこで中日友好条約交渉の進展に関する報告を聞いた。私と韓念龍同志、張香山同志がこの会議に列席した。会としては、この交渉の進展について満足の意を示した。鄧小平同志は、「力を尽くして合意に達せよ、だが一定の準備期間を置け」と指示した。会議が終わり、私と韓念龍同志が葉剣英元帥と握手して別れようとした時、彼は口調を強め「できるだけ合意に達するように」と、もう一度念を押した。八月八日、園田直外務大臣が特別機に乗って北京にやって来て、直ちに最終的な詰めを行なった。十二日には合意に達し、調印に至った。当時私は園田氏に以下の詩を送った。

浪淘沙　日本外務大臣園田直閣下

八年八月八　過海星槎　壮心騰起一天霞　秋月春風無限好　日本中華　擾擾任魚蝦　往事堪夸　長安古柏奈良花

歴史又開新一頁　友誼無涯

一九七八年十月下旬、鄧小平副総理は中国政府代表団を率いて訪日し、中日平和友好条約のための覚書を交換し、福田首相と会談をした。中日関係正常化以後初めての中国政府要人の訪日で、鄧副総理は、日本の官・民の盛大な歓迎を受けた。その意義は大きく、世界に注目されたが、特にアジア諸国の政府や人民の注目と称賛を受けた。

十数年が過ぎた。喜ばしいことに、悠久の歴史と文化伝統を有するアジア地区に起こった、また、今も起こっている、人々を鼓舞する大きな変化を、我々はこの目で見ることができた。鄧小平副総理が大阪で松下電器を見学した時の、故松下幸之助氏との談話を思いだす。松下氏は、「人類文明の中心はアジアからヨーロッパに移り、最近百年は、西へと動きつづけ、アメリカに達し、現在またアジアに戻ろうとしている。中国も含むアジアの主要国家がアジア復興と世界文明に対して貢献しなければならない」と語った。鄧副総理は松下氏の考えを称賛しつつも、中国はまだだめだ、これは日本の行動にかかっていると言った。松下氏は鄧副総理の考えには完全には同意せず、むしろ頑なに彼の考えを主張し、過去から現在に至る中国の重要性とその戦略的地位について述べた。鄧副総理は最後には、「そうあればいいのだが」と言い、この話題は終わった。

未来を展望する時、私は、中日友好協力関係は発展していくと確信している。我々は一衣帯水の隣国で、二千年の歴史を持っている。両国人民は長期にわたる友好交流のもと、深い友情を育んできた。同時に、この友好的な交流は、両国の政治、経済、文化の発展を促し、また人類社会全体に、誰もが認める貢献をしてきた。不幸なことに、ある一時期、両国の善隣関係が大きく損なわれた。日本軍国主義が、中国人民やアジアの一部国家の人民に甚大な災厄をもたらし、また日本人民も痛手を負った。我々は正しく歴史と向かい合い、中日関係の発展において正・負、両面の経験と教訓を汲み取っていかなければならない。

私は、両国家とその人民が互いに尊重しあい、信頼しあい、誠意ある態度で協力し合えば、中日友好協力関係は更なる発展を遂げることができ、両国人民が将来にわたって友好的な関係を保っていきたいという願いは必ず叶うと確信している。

（一九九二年九月十六日掲載）

祝福と回想

楊振亜〔元駐日大使〕

日本の皇太子徳仁殿下と小和田雅子さんの婚礼式典が六月九日に挙行されることが決まったが、これは日本の皇室にとって大きな行事であり、また日本国民にとっても関心のある一大イベントである。これに対して私は熱烈にお祝いの言葉を申し上げるとともに、皇太子殿下の新しい家庭の幸せをお祈りする。

一九九一年二月二十三日、ちょうど徳仁殿下が三十一歳の誕生日を迎えられた日に、日本の皇居特有の厳粛な雰囲気の中で「立太子礼」が行われた。私はそのころ中国駐日大使だったので、招かれて立太子礼に参列した。

日本駐在の期間中、私は幸いにも何度か皇太子殿下にお目にかかった。殿下は聡明で学問を好み、謙虚で飾らず、誠意をもって人に接する方で、歴史や文化、水運交通、音楽、スポーツなど幅広い趣味を持ち、中日両国人民の友情を発展させることに大きな関心を持っておられた。彼は良質の高等教育を受け、学習院大学では歴史学を専攻され、一九八三年夏からイギリスのオックスフォード大学マートン校において二年余りの留学生活を送られた。欧米各国を歴訪し、ネパール王国も訪問されている。

一九九〇年春、日本の大阪では大規模な「花と緑」をテーマとする国際博覧会が開催された。殿下は特に中国館に立ち寄られ、見学された。殿下は興味深そうに湖畔に建てられた我が国の江南式のあずまやを鑑賞され、建築物が中国民族の風格を色濃く備え、自然の風景と調和し、中国の建築芸術の高い水準を反映している、と、くり返し称賛された。昨年は中日国交正常化二十周年で、日本では多彩な記念行事が行われたが、その中でも何回か大規模な中国古代文物展が開催され、大きな反響を呼び、皇室もまた関心を持ってくださった。天皇皇后両陛下が「湖北戦国曾侯乙墓出土文物展」を見学されたのち、五月八日に、皇太子殿下もまた、二五〇〇年前の貴重な文物を熱心に見学された。この展覧会のスタッフが皇太子のために編鐘《へんしょう》〔古代の楽器〕で中国の古典楽曲『楚商』と日本の『さくらさくら』を演奏すると、皇太子はその音色が心地よく感動的だと称賛し、何度も「素晴らしい！」と言われた。殿下はユーモアを交えてこう述べられた。「現在の音楽は大体編鐘から発展してきたのでしょう！」。天皇家は誰もが音楽を好み、ホームコンサートを催すこともあり、皇太子はビオラを担当されている。見学が終わって、皇太子は私を休憩室に招かれ、十分ほど歓談した。殿下は、展示物からは中国の悠久の歴史と文化が感じられ、各種の青銅器や玉器は形がユニークで、高い芸術的な価値があると述べられた。

日本国民が皇太子について最も気にかけていたのは、結婚についてであった。というのも、このことは、皇太子妃、やがては未来の皇后という、人々の尊敬と特殊な栄誉、そして崇高な地位を持つ人物の、品格とイメージに関わる問題だからである。今年新年早々の一月六日、日本の新聞やテレビで、雅子さんが皇太子妃に内定したという喜ばしいニュースを突然発表した。それは一陣の清々しい春風のごとく、経済の不景気に沈む日本社会に吹き込んだ。

内情に詳しい日本の友人が私にこう言った。徳仁殿下と小和田雅子さんは知り合って恋愛してから婚約内定に至るまで、約七年もの月日がかかった。雅子さんは高級外交官の家庭に生まれ、本人もまた外交官となり、海外での生活体験が豊富である。このような成長過程とその受けてきた教育により、彼女の独立した考え方と開放的な性格が育まれたが、それは皇太子妃の生活環境や皇室の厳しい要求とは相反するものであり、彼女は再三ためらった。後のテレビ報道で分かったことだが、雅子さんが皇居での生活に自信をなくしていたとき、皇太子は「どのような困難があっても、全力でお守りします」と言ったという。この言葉は雅子さんに大きな勇気を与えたであろうし、また皇太子の雅子さんに対する純粋な愛情を表している。

日本国民は皇太子殿下と小和田雅子さんの美しい結びつきを祝うと同時に、時代の潮流の発展に合わせて、雅子さんが皇室生活に清新な風を吹き込むことを願っている。三十四年前、当時の皇太子、今の明仁天皇が平民出身の美智子さんと盛大な結婚式を挙げられたとき、日本列島は沸いた。美智子妃は慎み深く、皇室に適応されたが、また勇敢にも皇室を改革する可能性を探り、古い伝統を打ち破って、自分自身で子どもを育て、子どもたちと生活を共にし、また皇太子の結婚について彼の自主性を支持するなど、皇室の生活を変革した話は広く伝わっている。徳仁殿下の支持のもとに、雅子さんもまた皇太子妃として国民に親しまれる「開かれた皇室」を作るため努力するものと、人々は考えている。

三月五日、私が離任して帰国する前日の夕方、私と妻は光栄にも、東宮御所で皇太子殿下にお別れの言葉を述べることができた。上品な客室で、私たちは親しく友好的に歓談した。話題の中心は、昨年十月に天皇皇后両陛下が中国に来られたときに熱烈な歓迎と盛大な歓待を受け、訪問は円満に成功し、両国の友好関係はまた一歩前進し、皆が喜んだ、ということだった。天皇皇后両陛下は帰国後、中国を訪問した際の素晴らしい体験を何度も皇太子に話されたそうだ。雄大な万里の長城に登ったこと、珍しい品々が揃っている陝西省歴史博物館を見学したこと、上海のネオンがきらめく南京路で市民たちが自発的に道の両側を埋めて歓迎してくれたこと、どれも忘れ難い印象が残ったそうである。

お別れのとき、私たちは、雅子さんに私たちの心からのお祝いを伝えてくださるよう、殿下にお願いした。殿下は、私たちから雅子さんへの結婚祝いである中国のシルクのドレスを、喜んで受け取ってくださった。それは多分、皇太子殿下と雅子さんが中国の友人から受け取られた初めての結婚祝いである。

（一九九三年六月九日掲載）

情忆当年

真摯な友

——『日中関係十八年』中国語版序

張香山〔中日友好協会副会長〕

古井喜実先生は著書の『日中関係十八年』において、中国革命が勝利を勝ち取った後の中国問題に関する見解を明らかにし、また自らが日中国交回復、日中友好という大きな事業の推進のために歩んできた長く険しい苦難の道程を記した。これをいち早く読むことができて私は大変嬉しい。本を読み終わると、深く考えさせられ、益するところが多かった。

古井先生はかつて日本の政府官僚であり、超エリートコースを歩んでいた人間であった。一九五二年、改進党から立候補して国会議員に当選して政界に入った。一九五九年、松村謙三先生に同行してはじめて中国を訪れた際、日本にとっての中国問題の重要性を痛感した。それから十八年、日中友好関係を促すことに、古井先生は最も多くの時間とエネルギーを費やした。

古井先生は中国を真に理解しており、その研究内容は非常に透徹していた。彼は第一回の訪中時から高所に立ち、三つの根本的な研究課題を決めていた。即ち、第一は、中国政権は今後どうなるか。第二、中国はただの共産国か、それとも独特の共産国か。第三、中国が日本に友好を望むのは本心か、そうだとすればその理由は何か。以上の三点について、古井先生は、まず中国に対し、幅広くかつ深く掘り下げた調査を行い、一応の結論を出した。その後、訪中の回数を重ねる中、自らの認識を検証し、深め、ついに結論を明らかにした。即ち、第一に、中国政権は潰れない、それどころか、日一日と強大になっていく。第二に、中国は独立自主にして中国の国情に合った社会主義を建設している。第三に、中国が日本との友好を望むのは本心からである。その理由は、自国の安全と独立を守るという基本問題からである。当時このような結論を下すのは容易なことではなかった。あの時代、中国はまだ改革開放前だった上に、一九六〇年前後まで、アメリカは中国崩壊論を鼓吹し、日本の外務省もアメリカの論調を受け売りしていた。これほど複雑で物事の是非の判断が難しい情勢の中、古井先生は中国問題をめぐって、上記の三つの重要かつ正確な見解を導き出し、それを自らの変わらぬ信念に近いものに据えたことは、実に素晴らしいことであった。

中国は中日友好を真に望んでいると認識した古井先生は、さらに歴史から教訓を汲み取って、「日本と中国との関係は、日本にとって、またアジアの平和、ひいては世界の平和にとって、桁外れに重大である」と確信し、日中友好という大業の推進に努めていく決意を固めた。しかし、それは平坦な広い道ではなく、曲がりくねった険しい道のりだった。戦後の日本の内閣は、しばしば中国敵視、「二つの中国」政策をとっていたし、中国では一九六六年に始まった「文化大革命」による「左寄り」思潮がはびこっていた。困難な状況にありながらも、古井先生は中日関係の未来に期待をかけて、存在さえきわどい両国を結ぶ唯一の半官半民の貿易ルートである覚書貿易をなんとしてでもつないでいかねばならないと全力を尽くした。そのため、古井先生は自民党の一部から「反党的異端者」、「国賊」……などと非難されたり、自民党党紀委員会の事情聴取を受けたりした。右翼分子は家に火炎瓶を投げ込むことさえあった。色々な非難や脅迫に対し、彼は怯まなかった。栄達を追い求めず、信念を実現するために苦労を厭わず、粘り強く努力してきた古井先生の精神に、改めて敬服する。

一九七二年、中日国交回復の直前、古井先生は両国の国交回復のために積極的な貢献をした。彼の親友で、当時日本の外相だった大平正芳氏に、国交樹立に関する日本側の草案について多くの貴重な意見を提供し、さらに日中両国政府の「共同声明」起草の際に、極めて重要な橋渡しとなる根回しをした。かつて周恩来総理が古井先生の目の前で、「あなたは表に出ない仕事を、こつこつとしています。これは最も称えられるべきことです」、と評価したのを私は直接聞いた。

二十一年前の周恩来総理と古井先生の会話を、私は今でも覚えている。「あなたはいよいよ孔子様に追いついて、そろそろ七十三歳ですね」と周総理が話したのを受けて、「私みたいな普通の人間は、あのような有名な方とは比べ物になりません」と古井先生は答えた。すると周総理は、「あなたは無名の人ではありませんよ」と言った。それから、あっという間に古井先生は孔子の年齢を大いに追い越し、今年で九十歳になった。先生が九十歳の誕生日を迎えた本年、彼の中国の友人によって『日中関係十八年』は中国語に翻訳され出版される運びとなった。これは、誠に素晴らしい誕生祝いとなっただけでなく、中日平和条約調印十五周年記念に捧げる贈り物にもなった、と私は考えている。

(一九九三年八月十二日掲載)

古い友人、櫻内義雄先生の思い出

張国成

最近、日本国際貿易促進協会会長の櫻内義雄先生に会ったのは去る二月十九日だった。その日、櫻内先生は日中友好議員連盟顧問として連盟総会で乾杯の音頭をとった。「日中国交正常化二十五周年を前に、日中友好関係の更なる発展のために、乾杯」、と彼は響き渡るような声で力強く呼びかけた。その姿からは、彼がすでに八十五歳の高齢だとはとても信じ難い。櫻内先生は日本のベテラン政治家であり、国内で高い声望がある。日本の衆議院議長を務めた時代も、日中友好協力事業に関心を注ぎ、大きな熱意をもって取り組んでいた。本年一月、彼は再度日本国際貿易促進協会訪中団を引率して中国を訪れ、李鵬首相と会見した。

中国人民の敬愛する鄧小平同志の死が、中日関係の発展を推進することを己の責務と考えてきた政治家の櫻内先生を悲しませたことは言うまでもない。鄧小平の逝去した当日も、櫻内先生は人民日報東京支局に弔辞を送り、鄧小平の死に対する深い哀悼の意を表した。

そして本日付けの「国際貿易」という新聞に、櫻内先生は鄧小平を追悼する文章を発表した。「鄧小平氏は現代世界で最も偉大な指導者の一人であり、中国にとって掛け替えのない最高指導者でした。毛沢東主席、周恩来総理らとともに中国の統一、建国に大きな役割を果たされました。鄧小平氏はさらに改革開放を進め、中国経済の躍進と国民生活の向上を図り、アジア及び世界の平和と安定に貢献されました」。「鄧小平氏の成し遂げた偉業は永遠に残るものである」と鄧小平を高く評価した。

鄧小平同志が引退してからも、櫻内先生は数回にわたって訪中団を率いて中国を訪れ、中国の三代目指導者たちと数多く接触してきた。新しい指導者に対する信頼を文章のなかで次のように記した。近年、中国は「江沢民総書記を中心にしっかりとした後継体制ができていると確信しています」。現指導部は「鄧小平氏の遺志をついで、中国の近代化を実現し、アジア及び世界の平和と安定のために新たな貢献をなされていくことと思います」。

櫻内先生は自慢に思っていることがある。それは鄧小平が生前最後にに会った外国人来訪者が自分だったことだ。「私は八五年に日本国際貿易促進協会の会長に就任して以来、毎年、年末に協会代表団を率いて訪中した際には鄧小平氏にお会いし、親しく懇談しました。八九年十一月に鄧小平氏はすべての役職から退きましたが、十二月には特別のはからいでお会いできました。私は日本の政治家、経済界代表として最も多く鄧小平氏にお会いし、かつ最後の会見者となりました。この時も、国家の主権の重要性と『改革・開放は百年不変』であることを熱をこめて語られたことが印象に残っています」、と櫻内先生は文章に記した。その会見で鄧小平が発表した談話は極めて重要なため、「国家的主権和安全要始終放在第一位〔国家の主権と安全は常に第一位におくべき〕」という題名で、『鄧小平文選』(第三巻)にも収めてある、と国際貿易促進協会の友人が教えてくれた。

「今年は日中国交正常化二十五周年であり、来年は平和友好条約二十周年を迎えます」。このような時期に「鄧小平先生逝去の報に接し、誠に残念でなりません。私は二十一世紀に向けた日中友好関係と経済協力のために努力していく決意を新たにしております」、と櫻内先生は書き記したのである。(東京二月二十五日)

(一九九七年二月二十六日掲載)

偉人の書、切なる願い

――日本初代駐中国日本大使　小川平四郎を追憶する

張国成

今年の前半、私は少なくとも二度、駐日中国大使館で、日本初代駐中国大使小川平四郎先生をお見かけした。幸いなことに、二度とも小川先生と言葉を交すことができた。私たちは中日国交正常化二十五周年の前に必ず時間をとって正式に取材を、と約束していた。ところが、七月二十五日午後、突然友人から電話が入り、小川先生が病でこの世を去ったという。享年八十一歳。訃報を受け、取材が出来なくなったが、何より、また一人、中日友好事業に長年尽力した人を失ったことが残念でならなかった。ここ数日、小川先生にお会いした時の光景が脳裏に浮かんで離れない。

小川家と中国の友好関係は二代続いたものである。小川先生の父、小川平吉氏（射山と号した）は康有為、孫中山、黄興、宋教仁ら中国近代史上の有名人と深い交流があった。一九一五年、小川平吉氏は、東京の梅屋庄吉の家で行われた孫中山氏と宋慶齢女史の婚礼に出席したという。現在、小川家には孫中山ら諸氏の書が秘蔵されている。小川先生本人は三〇年代末に北京に留学し、以来中国とは切っても切れない縁が結ばれた。戦後の相当長い期間、中日間には正式な外交関係が無かったが、その間、先生は二度、香港駐在の日本総領事館に赴任している。留学から三十数年後、一九七三年三月、日本初代の駐中国大使として香港経由で北京に赴いた。昔を思って感慨無量だったという。

小川先生は次のように回想している。――大使として北京に到着後すぐに、周総理から会見したいという連絡を受け取った。約束通り人民大会堂に行くと、周総理がすでに待っていた。このことは先生を大変感動させた。外国に駐在する日本人大使は、赴任前、慣例に従って天皇に謁見し、天皇から駐在国元首への伝言を拝聴する。通常この種の伝言は、ただ「よろしく伝えてもらいたい」などの簡単なものなのだが、先生の赴任前は、天皇が丁寧にすこし長めに話した。毛主席・周総理に伝えるようにとのことだった。「日中両国の間に過去に不幸な事態のあったことを遺憾に思っている。両国が一九七二年に国交正常化を実現したことを心から喜んでいる。今後両国が手をたずさえて世界平和のために貢献することを希望する」。先生が周総理にこの言葉を伝えた時、総理は真剣な面持ちだった。その後総理は、天皇陛下に感謝の気持ちを伝えてください、必ず毛主席に報告します、と言った。そして、和やかな雰囲気の中、会見は四十分ほど続いた。

小川先生とお会いしたのは確か二月末で、鄧小平氏が亡くなった直後だったので、鄧氏の思い出は、外せない話題だった。小川先生は一九七三年三月三十一日に北京入りし、数日後、周総理の招待状を受け取った。カンボジアの国家元首シアヌークを歓迎する宴席に招待するというものだったが、当時、日本政府はロン・ノル政権を支持していたので、先生が宴席に出席することに同意しなかった。後日、この宴席で鄧氏が七年ぶりに公の場に現れたことを知ったが、後悔しても遅かった。しかしうまくしたもので、三日後、先生は廖承志氏が引率する訪日代表団の見送りの際、首都空港で思いがけず鄧氏に会ったのだ。初めて会ったので幾分緊張し、言葉も少なかったが、その後、特に鄧氏が病の重くなった周総理に代わって動くようになってから顔を合わせることが多くなり、親しくなった。

一九七四年、中日航空協定が締結され、初就航が成功した。初就航を記念して、小川先生は鄧氏に題字を書いてもらおうと考えた。これは思ったよりずっとはやく手元に届いた。掛け軸を開くと、「一衣帯水　睦鄰友好　鄧小平　一九七四年冬」とあった。小川先生は宝を手に入れたがごとくであった。在任期間中この書はずっと日本大使館に掛けてあった。

離任後は小川家の家宝となり、やすやすと人には見せなかったが、中日国交正常化二十五周年を記念するこの期間、その書を人民日報に掲載させてもらえないかと私がたずねると、快く承諾してくれた。しばらくして、小川先生は題字の影印を送ってくれた。

小川先生は離任した後もほぼ毎年中国を訪れた。見聞を通じて、先生は中国に大きな変化が起きていることを感じた。先生は、この奇跡を創りだす鄧小平は世界の偉人である、幸運にもこのような偉人と交流を持てたことを誇らしいと思ったという。また、中国が安定した発展を続け、人民が安居楽業することを心から願っていた。

一九九六年、日本側の言動により中日関係にさまざまな問題が発生した。両国関係は国交回復後最低の状態になった。小川先生はこのような状態に焦った。先生は、日中両国のこの百年の歴史からみても、両国は友好的につきあうべきであると言い、どんな事が起きても、日中両国の友好関係は破られることがないとかたく信じていた。たとえ紆余曲折があっても、最後にはもとのさやに収まるのだと。そして、日中関係も他のすべての事と同様に、平坦な発展ばかりは続かない、常に「谷」と「山」があるのだ、しかし「山」の上にいる時間をもっと長くできたら、と言っていた。先生が鄧氏の書いた題字を大切にしていたのは、鄧小平が中国の偉大な政治家だったからというだけではない。より重要だったのは、題字に中国の指導者が中日関係について抱いていた切なる願いが表されていたことだ。我々は努力して、中日関係を発展させた成果を天上の彼らに報告しなくてはならない、と先生は言った。

小川先生が中国人民と中日友好関係について述べたことは、二十数日後、思いもかけずこの日本初代駐中国大使の遺志となった。（九月二十二日東京発）

（一九九七年九月二十四日掲載）

情忆当年

東京発、初めての報道原稿

呉学文

四十数年前、私は新華社の記者として、新中国成立後日本に派遣された初めての代表団、中国紅十字会代表団に同行して日本を訪れた。そして東京から初めてのニュース原稿を送った。日中国交正常化三十周年にあたり、過去のことを振り返ると、本当に感慨無量である。

中国紅十字会代表団は一九五四年十月三十日に東京に降り立った。この砕氷の旅は中日民間レベルの交流に新しい局面を開いた。

中央政府はこの訪問を極めて重視していた。代表団の出発間際に、周恩来総理が中南海でメンバー全員に会って指示した。「あなた方は戦後日本へ派遣される初めての民間の代表団です。今日の複雑な状況において、まず行くことができ、日本に到着しさえすればそれで成功です。日本では友好を語り、他のことは話さないように。今回の訪問を一つのきっかけにし、今後日本と多くの往来を行うための基礎作りをするのです。各場面の発言で、私たちの平和政策と友好姿勢、中国人民が日本人民と長期に友好関係を持ち、平和共存していきたいと願っていることを説明してください」。周総理のこの指示は、代表団の日本訪問中の行動原則となった。

李徳全団長、廖承志副団長の率いる代表団は、万難を排し、中国人民の厚い友情を携えて東の隣国、日本へ渡った。日本の人々は、これまでにない盛大な規模で中国からの使者を歓迎した。私は代表団の随行員として、その感動的な場面をこの目で見た。

東京の羽田空港では、日本各界諸賢や愛国華僑三千五百人以上が参加した歓迎会が盛大に催された。日本の友人が、「歓迎の規模と盛大さは、これまでの外国の民間代表団受け入れの際をはるかに超えている。国家元首の受け入れをも超えている。たくさんの人が喜びの涙を流してあなた方を歓迎している」と私に言った。

招請団体の一つである日本赤十字社は、中国紅十字会の在中日本人帰国支援に感謝して東京で歓迎会を開いた。出席した各界の人々は三千人余りで、会場の雰囲気は大変熱気に溢れていた。赤十字社社長の島津忠承氏が歓迎の辞を述べた後、李徳全団長と廖承志副団長は挨拶の中で、「今回日本に来たのは、一にも二にも、中日友好のためである。中国人民は日本人民との長期の友好、平和共存を願っている」と強調した。この時、会場は沸き立ち、拍手が鳴り止まず、歓呼の声が潮のように押し寄せた。これは中日両国人民の心からの共鳴であった。

訪日期間中、代表団はどこへ行っても盛大な歓迎を受けた。京都で歓迎大会に参加した各界諸賢は一万五千人余りに達し、会場内外に『東京─北京』の歌が高らかに響き渡った。大阪の歓迎大会には、大阪、神戸の人々だけでなく、九州、四国、中国などの地区の、各分野、各団体から代表が参加した。これは多くの日本人が中国人民との友好を求めているということのあらわれだった。

日本の各界の人々は、代表団との会談を強く希望した。これらの会談において、最も感動したのは、日本改進党松村謙三幹事長の政治家としての風格であった。松村氏は自ら代表団の滞在している帝国ホテルに出向き、廖承志副団長と会見した。彼らは初対面だったが、すぐに打ち解け、まるで長年の友人であるかのようだった。廖副団長が、なぜ中国が中日友好を国策とするのか詳しく説明すると、松村氏もこれに共鳴した。彼は「中国との友好は、本来は日本においても国策であるべきだ。しかし廖先生の今回の来訪はまだ政府要請ではない。これは非常に恥ずかしいことである。私は日中両国の関係正常化のために努力していきたい」と語った。初めての、且つ短時間の会見で、自国の国策問題について議論することができたというのは、政治家の交流史上稀に見ることであろう。

日本の各界の人々が羽田空港で中国紅十字会代表団を盛大に歓迎したその光景に、私は深く感動していた。周総理が言った、「到着しさえすればそれで成功」の深い意味がその時わかり始めた。しかしどうやってこれらの感動的な光景を中国の人々に伝えよう？　随行員の身分でニュースとして報道することはできないだろうか？　感動的な場面をこの目で見て、私は新華社の記者としてこれをニュースにして本社に送りたいという衝動に駆られた。そこで私はニュースを送る手段を探しに行きたい旨を廖副団長に申し出た。新華社のかつての社長であった廖氏はすぐに同意してくれた。私は、古くからの在日華僑でアジア通信社社長の李鉄夫氏に案内してもらい、共同社の岩本清専務理事（当時新華社と共同社はまだ付き合いがなかった）を訪ね、彼にニュース電報が打てるよう協力を頼んだ。岩本氏はしばらく考えてから、「貴国や貴社との関係を考慮に入れて、何か良い方法を考えてみます」と言った。数時間後、李鉄夫氏が私のところに日本外務省が発行した「パスワード」（ニュース電報発信証明で、受取人払いにできる）を持ってきてくれた。私はすぐに電報局に行き、新華社本社に中国紅十字会代表団が東京で日本各界の盛大な歓迎を受けたという報道を発信した。これは新華社の記者が東京から送った初めての報道だった。

（二〇〇二年三月一日掲載）

历史沧桑

歴史の変遷

日本の少女は今どこに？

姚遠方〔解放軍報副編集長〕

この二枚の写真は、四十年前に戦火の激しかった太行地区で撮影されたものだ。当時、日本軍国主義によって侵略戦争が起こり、中日両国民は共に空前の災禍の中に陥っていた。

写真の中の、瞳にどこか悲しみを帯びた子どもは、災禍の中で生き延びた日本の孤児である。両親を亡くした姉と、まだおむつもとれない妹は、中国人民の軍隊の兵士に、激しい戦火の中から救われた。この二人の敵方の孤児は、前線司令室の中で聶栄臻将軍の小さなお客となり、世話されることになった。その後、使者が派遣され、彼女たちを日本侵略軍片山旅団の軍営に送り届けたのである……。

これは四十年前の出来事である。私がいつも考えるのは、二人の身寄りのない孤児が日本の軍営に送り帰された後、どうなっただろうかということだ。弱く小さな命が、戦争の混乱状態の中で、はたして生き残れただろうか。戦後、彼女たちは故郷に帰れただろうか。中日両国の人々の関係が日増しに親密になる今日このごろ、この考えはますます強くなっていく。

小さな少女たち、あなたたちは今、どこにいるのか。

私がこんなふうに思いを馳せているある日突然、あなたたちの消息と所在がわかったら、数十年大事にしまっておいた写真をあなた方に送れるのに。あなたたちを苦しめた尋常ならざる幼い時の経験を、日本の心ある人々に聞かせることができるのに。

それは一九四〇年八月のことだった。物語は石家庄から太原までの鉄道（当時は正太鉄道と呼んでいた）路線の東王舎という村で起こった。この路線は太行山脈を横切る重要な交通路であった。この路線には、天然の要害である娘子関と、日本からの侵略者の華北における重要な燃料基地だった井陘炭鉱があった。写真に写っている少女の父親はこの炭鉱の日本人技師あるいは顧問といった類の人物だったのだろう。彼がいつ、どのように中国に来たかについて、我々は知る由も無い。私たちに分かるのは、彼が多くの日本人同様、日本軍閥の強制で海を渡り、中国の資源を掠奪しに来て、ついには日本の侵略戦争の犠牲になってしまったのだということだけである。

それはある初夏の夜。月光はあたり一面を照らし、樹木の影がゆらゆらと揺れ、さざなみはあくまでも清らかで、光が幾筋もの紗の糸のように揺らめいていた。滹沱河の両岸の風景は美しい。曲がりくねった堤防には、様々な形の山椒の樹が植えられ、村はずれのポプラが、そよ風に吹かれて葉をさらさらと鳴らしている。名も知らぬ草花が蜜のような甘い香を放つ。カエルとコオロギの音が絶え間なく聞こえてくる。時々、悲しげな歌も聞こえる。「太行山の月光が、村を照らす。敵が来て、犯し、奪い、焼いていく……」。静かな夜、軍馬の大群がおしよせた。馬の蹄鉄が石とぶつかって火花を散らし、遠くで爆発音が響く。太行山麓で大きな戦闘が行われたのである。これが中国内外を震撼させた百団大戦である。八路軍は同時に百十の連隊を出動させ、四方八方から敵を猛攻撃した。正太路はこの戦役の重要な進攻地区であった。

私がいた部隊は、勇猛果敢、栄光の伝統を持つ紅軍の連隊である。仇敵への怒りに燃える兵士は、猛虎のごとく山をくだり、一挙に娘子関を攻め落とし、続いて井陘炭鉱に攻め入り、あっというまに東王舎鉱山区を占領した。

日本軍は我が軍の前進を阻止するために、自分たちの同胞がまだ逃げ終わっていないのに、焼夷弾を混ぜた砲弾を使って東王舎の村に向けて一斉砲撃した。鉱山区はあっという間に火の海となった。もうもうたる煙と火の中で、倒れかかった日本式の畳を敷いた家屋の中から、助けを呼ぶ甲高い声と、赤ん坊の泣き声が聞こえてきた。

紅軍の二人の兵士が機関銃を手に、躊躇することなく猛火の中をかいくぐり、二人の子どもとひん死の父親を背負い出した。母親は自国軍の砲弾にやられてばらばらになっていた。兵士たちは、当時、常に不足していた救急用の医療品で手当てしてやったが、子供たちの父親は傷が重く、八路軍の前線の救援所で死亡した。

戦火の中から子どもを救い出すことは、中国人民の軍隊にとって、本来は普通のことである。しかしその時は「普通」ではないところがあった。救出したのが、中国民衆の子どもではなく、敵方の子どもだったということだ。兵士たちは、恐がってわんわん泣きわめく二人の日本のか弱い子どもらを抱きかかえ、どうしたものかと悩んだ。

長きにわたる中国共産党の薫陶を受けて、全人類の解放を自分の使命と考えていた八路軍の兵士たちは、何を愛し何を憎むべきか、はっきり分かっていた。諺に「友が来たら酒を出せ。狼が来たら猟銃を出せ」と言う。彼らは戦場では敵の死体の山を築くことができるが、不幸な日本の子どもを目の前にする時には、慈しみ深くなれたのだ。

「この子どもは、父母をなくしてしまった。かわいそうに！　我々がなんとかしてやらなくては！」

最初に声をあげたのは、機関銃班の班長、寡黙で朴とつな農民であった。彼には息子がいて、食用蛙を養殖していたが、脱走日本兵を捜索中に崖から落ちて死んでしまった。他の兵士たちもみなそれぞれに血の涙をしぼるような恨みがあった。しかし、彼らは、この二人の寄る辺無い孤児には憐憫の情を催したのだった。「子どもに罪は無い。どんなことをしてでもこの子たちを養おう」。機関銃班の全員がそう決意した。

当時、部隊は敵の脅威にさらされていたし、物資は極端に欠乏していたけれども、戦士たちは進んで子どもを育てるという重荷を背負ったのである。彼らは母となり父となった。不器用ながらも子どもの面倒を見た。粗布の軍服を子どもの衣装に作り直し、とうもろこしを柔らかく煮て一さじ一さじ食べさせてやり、一回一回おむつの面倒をみてやった。子どもは兵士たちにすぐになつき、恐れは信用に、泣き声は笑い声に変わっていった。姉妹の姉の方は、覚えたばかりの中国語で八路軍の兵士を「叔叔〔おじさん〕」と呼んだ。

この話が聶栄臻将軍の前線司令部にまで届いた。二人の日本の少女は、司令部の招待所に招かれた――それは滹沱河畔の小さな山あいにある村の農家であった。

普通の兵士の服装を身につけた、たくましい体つきの人が、子どもたちを見にやって来た。これが写真に写っている聶栄臻将軍――大軍を指揮する八路軍の傑出した将軍、晋察冀軍区司令官である。

「よしよし、小さなお客さんたちや、恐がらないでいいんだよ」

彼は、そのおむつも取れない小さな赤ん坊を抱き上げ、丸いほほに口付けし、わきの下をくすぐって笑わせた。それから、こんどは五歳の姉の前に行って膝をつくと、頭をなで、干した赤なつめをその口に放り込んだ。「これおいしいね、甘いね、甘いね」。子どもは恐がらず、この優しいおじさんを見上げ、天真爛漫に微笑んだ。聶司令官は、責任者を呼び、近くの村に行って乳の出る母親を連れてきて、赤ん坊に乳を飲ませるよう言いつけた。また、軍医を呼び、子どもの体を詳しく検査させた。そして、護衛員に、市場で、あめ、ビスケット、果物などを買ってこさせた。これらの品物は、当時の苦しい日々の中で、誰も口にすることのないぜいたく品だった。

聶栄臻司令官は、「反戦同盟の日本人で、家にいる人はいるだろうか？　彼らに来てもらって子どもたちを見てもらってはどうだろう」と言った。日本反戦同盟の人々がみな前線に行ってしまっていることを知ると、次に、「子どもたちには確かに罪が無い。敵は残忍に、我々の同胞や子どもを無数に殺しているが、しかし我々は決して日本の民衆や彼らの子孫を傷つけたりはしないのだということを、全ての人に知らしめよう」と言った。

彼は振り返り、子どもの手を引いて、優しく言った。「いい子だね、家が恋しいかい？　おいで！　写真を撮ろう。明日はおまえたちを送っていってあげるよ」。

何日かの間、この姉妹は山村の農家に泊った。やさしいおばさんが、二人を抱いてオンドルの上で一緒に寝た。自分の乳を赤ん坊に飲ませ、絶えずうちわをあおいで蚊を追い払ってやった。姉妹は中国のお母さんの子守唄を聞きながら、だんだんと、夢の世界へ入っていった。「小っちゃな葉っぱがサラサラ、赤ちゃんは母さんの心の花よ。早く大きくなってちょうだい。サラサラ、早く大きくなってちょうだい……」。

八月二十二日早朝、聶栄臻将軍はとても早く起床した。彼は日本軍の司令官に宛てた一通の手紙をしたため、言葉正しく厳しく、日本軍の罪業を非難し、子どもたちを保護養育するよう要求した。優れた将校と、体のしっかりした農民を一人ずつ選び、二人の孤児を日本軍司令部へと護送した。

写真を見ると、例の農民が天秤を持って今まさに荷物を担ごうとしており、天秤の片一方には少女が籠のなかであぐらをかいて座っている。もう一方には、彼女の小さな妹。彼女たちはまさに出発しようとしているのである。

村が賑やかになってきた。老若男女が思い思いに自分の蓄えである卵や木の実を持ち寄って餞別にした。村の外のずいぶん遠くまで見送り、そして山の坂道に立って、彼らが遠く小さくなっていくのを見ていた。ずっと、二つの籠が戦線の向こう側へと消えるまで、ずっと……。

このことは、遠い昔の小さな事件にすぎない。当時日本の侵略戦争によってつくられた数々の憎しみは、月日の流れと中日両国関係の大きな変化に伴って、もう遠い過去のこととなってしまった。ただ、戦火をくぐり抜けて残ったこの何枚かの写真が、あの孤児を救い、見送った、心動かされる場面と共に、私の引き出しと心の中に、ずっとしまわれ続けてきた。歴史の証として。

あれから今まで、四十年の変遷を経て、二人の日本の少女、あなたたちは今どこにいるのだろう。あの時、一人は五歳、一人は生後何ヶ月かであったから、今ではもう二人とも四十歳過ぎになっているだろう。あなたたちの子どものころの写真を見ながら、私は日本の地図の上にあなたたちの行方を探している。もしかしたら大阪の工場で働いているかもしれない。それとも、波荒れ狂う宗谷海峡で漁をしているだろうか？　ひょっとして東京の研究所で一心に仕事をしているかもしれない。この美しい春の日に、息子や娘を連れて、上野に桜の花を見に行っているかもしれない。もしかしたら中国にやって来る日本の旅行者の中にあなたたちがいるかもしれないと、そんな想像もしてみたりする。

あなたたちは、今、どこにいるのだろう……。

（一九八〇年五月二十九日掲載）

筆者注　この文章を書いた後、筆者は四月二十五日、聶栄臻副主席にお会いした。この時のことが話にのぼり、聶栄臻副主席は、たしか大きい方の子の名前は興子といったと思う、とおっしゃっていた。

編者による追跡

この中日間の、出会いと別れ、悲しみと喜びを伝える感動と友好の物語は、ついにハッピーエンドを迎えた。人民日報が『日本の少女は今どこに？』という記事を掲載した後、日本の読売新聞が五月二十九日付の報道で日本に伝えた。標題は『興子ちゃん姉妹、今どこに　戦火に救った孤児　聶将軍四十年後の呼びかけ』。

当時聶栄臻将軍に助けられた日本の少女は、今、日本の宮崎県都城市梅北町に住んでおり、美穂子〔結婚後の姓は「栫《かこい》」〕さんという。一九三六年七月九日生まれ。三人の子どもの母親だ。彼女の父親は加藤清利さんといい、戦争中、河北省井陘炭鉱駅の助役をしていた。八路軍に、もうもうたる烈火の中から救い出されたものの、傷が重く、帰らぬ人となった。母・加藤ムツさんも砲火の中で亡くなった。

美穂子さんは当時五歳、妹の瑠美子さんは七ヶ月だった。故郷に加藤清利さんが死んだという知らせが届き、清利さんの兄・国雄さんと義父が中国にかけつけた。彼らは石家庄で中国の衣服を着た美穂子さんと、病院に入院していた瑠美子さんに会った。国雄さんたちは華北交通の職員から、八路軍が姉妹を引き取って梨やコーリャンの飯を与え、その後かごに載せて担いで送り帰してきた、と聞いたという。美穂子さんは、すぐに外祖父に連れられて日本に帰ったが、妹の瑠美子さんは病院に残り、その後病院で死亡した。

美穂子さんは、聶司令官が、四十年たった今も、戦火の中で救われた孤児のことをまだ気にかけて呼びかけてくれることを知って非常に感激し、聶栄臻司令官に心を込めて手紙を書いた。その中で彼女は、「口には云い表すことのできない苦労の連続でした」と述べ、また、自分が訪中を望んでいること、特に聶将軍に命を救ってもらったお礼を言いたいと書いた。聶栄臻司令官は美穂子さんからの手紙を読んで喜び、心から彼女の家庭の幸福を祈った。

一九八〇年七月十四日、北京で、聶栄臻人民代表大会常務委員会副委員長は、四十年前に、彼と八路軍の兵士が戦火の中から救い出した日本の「少女」、美穂子さんとその家族に会った。美穂子さんは、まるで長年会っていなかった身内に会ったかのように、聶栄臻の手をとって感激のあまり泣き出してしまった。「四十年前、友愛の精神に満ちた中国の人々が私の命を救ってくれたのです。私はこの事を知ってから、ずっと聶将軍にお会いしたいと思っていました。今回私が生まれた国――中国の土を踏むことができ、また将軍ご本人にお会いすることができました。この気持ちは、言葉で言い表せません」と彼女は言った。

彼女は聶栄臻に、彼女の家族が今回中国に来ているが、彼らは、中国の人々のやさしさと国際的な精神を、身をもって認識した、と伝えた。彼女は、両国国民の友好関係発展のために何か貢献したいと言い、聶栄臻は、中日両国は一衣帯水の隣国であり、友好関係を築かない理由は何も無い、我々両国民は、子々孫々友好関係を続けるべきだ、と語った。

美穂子さんは中国に、計三回「里帰り」した。聶将軍はいつも忙しい執務の合間をぬって時間を作り、彼女と会って彼女の家庭や生活を気遣い、中日友好により多くの貢献をするよう、彼女を励ました。

一九九二年五月、聶将軍はこの世を去った。美穂子さんはこのことを知り、聶将軍の事務所に弔電を送った。「あの恐ろしい戦争が、中国大陸で私をみじめな孤児にしました。しかしあなたのおかげで今の私があるのです……」。美穂子さんは心の中でずっと、聶将軍を父親が生き返ったように感じていた。聶将軍を追悼するため、美穂子さんは生花や供物を買ってきて、家の中に祭壇を作り、日本の習俗に従って、日本の娘の、父親への気持ちを示したのだ。

歴史滄桑

戦犯から反戦主義者へ

孫東民

それは一九五六年の夏であった。中国政府は人道主義に立った「寛大政策」に基づき、中国に収監されていた千名以上の日本人戦犯を起訴せず、釈放して帰国させると発表した。

帰国の前夜、彼らは中国の抗日烈士の霊前で、残虐な侵略戦争を二度と再び起こさない、悪の道を決して再び歩かない、中日両国人民が永遠に友好関係を保つことに全力を注ぐ、と誓った。

あれから数十年が過ぎた。彼らはこの誓いを守っただろうか？　彼らは前の戦争に対してどのような認識をもっているのだろうか？　「七七事変〔盧溝橋事件〕」五十周年を迎えるに当たって、私は日本人戦犯を訪ね、彼らの体験談を聞いた。

再会

多くの中日友好団体の中に、元中国侵略戦犯の組織、中国帰還者連絡会（略称「中帰連」）がある。取材中、中帰連のメンバーが次のようなエピソードを話してくれた。

二年前の十月のある日、四十八名の老人たちが、成田空港にかけつけ、中国から来た代表団を出迎えた。代表団がロビーに入ると、老人たちはわっとその人たちを囲み、周囲の驚きの視線もものともせず、大声で呼びかけた。

「ああ！　孫所長、金指導員、それから呉班長、関看護婦、お待ちしていました……」。見覚えのある顔が代表団一行八人の目の前で揺れ動いた。「あ！　分かった！　富永さん、大河原さんじゃないですか！　こちらは高橋さん、山中さんだ！……」

目は涙で潤み、感動のあまり言葉が見つからなかった。百人にも上る人々が互いに抱き合い、固く手を握り合った。無理もない、彼らのうちの大部分が、二十八年ぶりに再会したのである。これは奇跡だった。というのは、出迎えた側は過去に中国侵略戦争に参加した人々であり、撫順や太原の戦犯管理所で六年間生活した戦犯であり、一方、代表団のメンバーは皆、侵略戦争の被害を受け、戦犯管理所で長年働いた人々なのだ。中帰連の人々が戦犯管理所の職員たちの訪日を招請した結果、再会できたのである。今日双方がこのような形で再会しようとは、当時は誰にも思いもよらないことであった。

短い訪問期間はあっという間に過ぎていった。代表団は、毎日、行く先々で大歓迎され、心のこもったもてなしを受けた。東京、大阪、仙台、広島、各地で行われる座談会、歓迎会及び家庭訪問……スケジュールはいっぱいだった。時間の都合上、何百人もの中帰連メンバーに会うのに、いくつかのグループに分かれざるを得なかった。それでも座談会では時間が足りず、日本の人々はさらに彼らを自宅に招待し、夜更けまで語りあった。どうしても時間が作れない場合は「一目でも」と、駅で会って感謝の気持ちを述べたりしていた。例えば名古屋在住の渡辺氏は、戦犯管理所に収監されていた時、強度の精神分裂症だった時期があった。今回、当時看護してくれた人に会った時には、彼は地面に跪いて涙を流し感謝した。ある老人は病のため自分で歩くことができなかったので、人にことづてを頼んだ。「管理所の先生、お医者さん、看護婦さんは私の命の恩人です。毎日この日本の小さな村からあなた方に向かって御礼を言うことをお許しください」。ある人の遺族は、亡くなった夫、父親の遺影を持って代表団と会い、自分の夫、父親の「精神的、肉体的な病」を治してくれたことに感謝の意を表した。彼らの家族のある人は、「管理所の方々は本当の『人間の表情』を持っていました。私はそれまであんなに温かくやさしい人の表情を見たことがありませんでした」と言った。

別れる時、溝口氏が歓迎委員会を代表して言った。「我々は皆、過去に中国を侵略し、中国人民に計り知れない苦痛と損害をもたらした戦犯です。管理所でもはじめのうちは反抗ばかりしていました。しかし毛沢東、周恩来、朱徳、劉少奇ら、諸先生のような偉大な指導者たちが指導する中国共産党が、革命的人道主義政策を実施しました。我々はそれにより過去の罪を反省して、人としてあるべき姿を学ぶことができたのです」。

戦場では銃を持った敵同士、管理所では管理する側と管理される側であったが、紆余曲折を経て、双方は友人となり、さらには家族ぐるみの付き合いをするようになった。これはこの世の奇跡、歴史の奇跡である。しかし、この奇跡はどのようにして起こったのだろうか？

歴史を正しく認識している人なら分かるだろう、この奇跡は侵略の被害を受けた中国人民が起こしたものであり、元戦犯が侵略戦争に対して正しい認識をし、真摯に反省し、両者の関係が改善された結果なのである。中帰連のメンバーは、戦犯管理所での生活を振り返り、それは中国共産党の寛大政策のもと、世界に例を見ない「人に対する改造」による奇跡だった、と言った。

人道主義と寛大政策

五〇年代初期、撫順と太原の管理所には全部で一〇六二名の日本人戦犯が収監されていた。そのうち一〇一七名が起訴免除となり、一九五六年夏に三回に分けて釈放され帰国した。最高人民法院特別軍事法廷で有罪になったのはわずか四十五名で、しかも死刑となった者は一人もおらず、一九六四年にはすべての戦犯が釈放されて帰国した。

彼らはかつて「殺しつくし、焼きつくし、うばい尽くす」という侵略政策を忠実に行い、残忍な手段で無数の中国人を虐殺した。彼らの手には中国人民の鮮血がこびりついている。しかし、戦犯管理所では以前中国を侵略した日本軍が用いた方法とは違う、人道主義的見地で対応し、戦犯の人格を尊重し、彼らの生活と健康を保証したのである。数十年後の今日、元戦犯たちは自身の体験をもって中国の人道主義と寛大政策を実証しているのである。

中帰連の人々のほとんどが、管理所に入ったばかりの時は、露骨に中国人を敵視し、軽蔑し、「戦争中の殺人略奪は当たり前のことだ」と声高に叫んだ。しかし管理所の職員は彼らに人間としての理性と感情を呼び起こさせるよう努力した。「一貫して人道主義的待遇を受けたので、頑なだった我々も徐々に人間性を取り戻していった。戦争の本質を学習し、認識し、被害者の立場に立って自分の犯した罪を反省するようになった」と彼らは語った。

富永氏も同じである。彼は反省の態度を示さなかったので、地下室に閉じ込められたことがあった。その部屋は、以前、関東軍が抗日戦士を監禁した場所であった。彼は、「あの部屋で抗日の英雄たちが爪で壁上に書いた『打倒日本帝国主義』、『あくまでも戦いぬく』、『日本鬼子』などの文字を見た時、自分のしたことを思い起こし、初めて被害者の立場を理解するようになった。被害者の立場に立って自分の行為を振り返ってこそ何が侵略か認識できる」と言った。

中帰連のメンバーは、一九五六年の夏の光景を思い起こした。中国人民最高法院が重罪を犯した戦犯に対して判決を言い渡し、最高人民検察院が心から悔い改めた者に起訴免除を言い渡した時、被告席にはその都度泣き崩れる彼らの姿があった。それは罪に対する彼らの後悔の涙であり、中国人民の人道主義と寛大政策に対する感激の涙でもあった。証人席の証人の、怒りの眼差しと証言には、被害者である中国人の侵略戦争に対する恨みつらみが表れていた。すでに亡くなった、元中帰連会長であり元日本軍中将であった藤田茂氏が、帰国後、当時の気持ちを語った言論集の中で、彼が被告席に立った時のことを語っている。最初に証言を行なったのは一家を殺された張老人だった。老人は、怒り、苦しみ、恨みを露にして告発を行なった。それを聞いた時、彼は、「心は引き裂かれ、はらわたがちぎれそうになり、良心の呵責に苛まれた。私はいっそのことこの老婆に、打ちのめしてほしかった。極刑にしてほしかった」という。

私が最近富永氏の自宅を訪れた時、彼は自ら著した『あるB・C級戦犯の戦後史』という本を私にくれた。そしてそれを書いた当時の気持ちを聞かせてくれた。「六年の間、私たちは、殺すなら殺せ、という自暴自棄的な心理で抵抗していたが、中国人民を代表して我々を管理指導してくれた人々は、本人あるいは親戚、友人が被害に遭っているにもかかわらず、そのような個人的感情を抑えて国家の『罪を憎んで人を憎まず』という高尚な人道主義精神に則って辛抱強く温かく接してくれた。彼らのその態度、精神は我々の頑なだった心を、極地の氷が春の太陽に照らされ徐々に融けていくように融かし、我々の人間性を再び回復させくれた」。

中帰連のメンバーは、撫順の戦犯管理所を「再生の地」と呼んでいる。それは彼らが「悪魔から人間に変わった」所であり、また中国人民の大きな懐で親善関係を結んだ歴史的証拠でもある。昨年、元戦犯からなる代表団がまた「再生の地」を訪れた。その家族で結成された訪問団も管理所を見学し、管理所の元職員に会った。中帰連の代表者である大河原孝一氏は、長年の間ずっと、管理所の元所長である孫明斎氏、金源氏らと手紙のやりとりを続けていた。去年一家三代で撫順を訪れ「恩師」と友人に会ってきた。

中国の愛国烈士を哀悼し侵略戦争反対を表明するために、中帰連は最近「再生の地」に記念碑を建て、歴史の証とし、永久に後世に伝えることにした。

軍国主義を暴く

「あの戦争は中国の領土で行われ、我々日本兵は何の理由もなく中国人民を虐殺したが、我々もまた何の理由もなく中国へ行かされて戦争を行なった。これはすべて日本軍国主義の侵略政策がおこしたものである」。今回の取材で、中帰連のメンバーは、そう繰り返して述べた。中帰連のメンバーは、切実な体験の中から、日本軍国主義を告発し、中国侵略戦争に反対すること、それこそ中日友好の前提であるという結論に至った。

中帰連代表で、北海道在住の大河原氏は、「中帰連設立の目的は一つだけだ。それは侵略戦争に反対し、平和を追求する、日本人民と中国人民の永遠の友好だ。日本が過去の侵略の歴史事実を認め、深く反省して、初めて中国人民を理解でき、両国の友好関係を築くことができる。これによって、我々は自己の過去を反省することから始め、今後新たな道を歩もうということで、帰国前にこの組織の設立を決めた」と言った。

一九五七年九月二十二日、中帰連は東京で正式に成立した。会員は戦犯管理所で生活したすべての戦犯である。会の話によると、数十年来、ごく一部の人が約束を破り、中日友好運動に敵対するような態度を示している以外は、大多数の人は初志を変えることなく、侵略戦争に反対し、両国の友好のために積極的に活動しているとのことである。三十年来、彼らは中国を敵視する政策にはっきりと反対し、過去の中国に対する侵略行為を暴き、積極的に国交正常化を推し進める活動をしてきた。両国の国交が正常化された後も、彼らは引き続き自分自身の体験で侵略戦争の本質を告発し、日本軍国主義勢力台頭の傾向に反対している。さまざまな原因で、中帰連は一時期分裂したことがあったが、去年改めて統一してから、また各種の友好活動が活発になった。中帰連のメンバーは、中国側が撫順戦犯管理所に展覧館を建てると知り、帰国後の貴重な各種資料を千以上も展覧館に寄付した。また「七七盧溝橋事変」五十周年を記念して、中帰連は全国各地で各種の講演活動を行うことを決定した。

中帰連のメンバーは侵略戦争の参加者、証人として、自己の過去の行為に対する責任と後世に正しい歴史を伝えたいという気持ちから、自己の戦争体験を本にして、出版する人が増えている。『侵略』『三光』『天皇の軍隊』等、すでに数十に上る。これらの本は大量の血が流れたその事実で日本軍の暴行を暴き、日本社会を驚愕させた。『中国から帰った戦犯』

等の本は中国戦犯管理所での生活が記録されている。

元戦犯の鵜野氏は、小さい頃から日本ファシズム的軍国主義思想に毒されていて、「中国の領土はすべて日本に帰する。日本が全世界を征服する」というでたらめを信じこんでいた。彼は士官予備学校を卒業する時、「中国人を切り殺しに行け」と、二ふりの刀を貰った。彼は侵略戦争の四年間で、湖南、湖北等でたくさんの中国庶民を殺害し、累々たる血生ぐさい罪悪を行なった戦犯で、中国特別軍事法廷で十三年の刑を言い渡された。帰国後、彼は八年の歳月をかけて『菊と日本刀』を著した。自分がいかにして軍国主義の思想に毒されたか、どんな罪を犯したか、どんな寛大な裁きを受けたかが克明に書かれている。鵜野氏は、本を書いた動機を話してくれた。「私は社会に向かって自分が中国で何をやったか告白しなければならない、また若者に日本帝国主義の罪を教えなければならない」。今年の七月七日前後、鵜野氏は記念会で講演を行う予定だ。

中帰連のメンバーは積極的に侵略戦争の行為を告発し、日本国民の幅広い支持を得ているが、中日友好を敵視する人の破壊や、かく乱にもあっている。彼らは一時期、仕事にも様々な影響があったし、威嚇や脅迫も度々受けた。日本社会で一握りの人間が今もなお侵略戦争は「中国を欧米の手から解放した解放戦争である」、「日本が生存するためのやむを得ない行動だった」と叫んでいる。これは戦争の本質を完全にはき違えており、侵略戦争を弁護するものだ。従って多くの有識者がこれに反対し、警戒している。このような状況のもとで、中帰連のメンバーの正義に基づく行為は本当にすばらしいと思う。中帰連のメンバーは、やむことなく侵略戦争に反対し、平和を追求し続けている。日本が軍事大国の道を歩まず、軍国主義思想の再度の氾濫に警鐘を鳴らし続けることが、日本自身のためであり、同時にアジア世界平和に対する貢献になると彼らは信じているからである。

（一九八七年七月七日掲載）

過去を忘れず、未来に向けて

劉徳有

古川万太郎氏と知り合ってからおよそ二十年になる。私が日本で記者をしていたころのことだった。一九七一年の春、ある日本の友人の紹介で、私は古川氏と東京有楽町にあるレストランで初めて会った。灯りの下で、私たちは食事をしながら話をした。古川氏は素朴で飾らない言葉で、自分は朝日新聞で政界の取材を担当しており、自民党の古井喜実先生と親しく、その影響を受けて、日中関係の発展に関心を持つようになったのだと話した。また、会話の中で、日中関係の正常化の早期実現を願っている、と何度も強調した。そのときの光景が強く印象に残っている。

一九七八年夏、私は辞令を受けて帰国した。約三年後の一九八一年秋、古川氏から新著の『日中戦後関係史』が送られてきた。あれからあっという間にまた十年の歳月が流れていった。このたび、古川氏の『日中戦後関係史』が、陳喜儒氏らによって中国語に翻訳され、中日国交正常化二十周年を迎える直前に、遼寧人民出版社から刊行され、中国の多くの読者の目にふれることになり、私は大変喜ばしく思っている。古川氏の旧い友人として、心から祝意を表したい。

古川万太郎氏は一九五八年に早稲田大学政治経済学部政治学科を卒業後、朝日新聞に入社して記者となった。一九六二年から一九七三年まで、政治部記者として、日中関係の取材を続けた。現在、朝日新聞調査研究室主任研究員として、今なお日中関係を研究し、また、東京都日中友好協会副理事長兼事務局長を務めるなど、われを忘れたように、日中友好活動に熱意を注いでいる。忙しい公務と社会活動の合間に、古川氏は著作活動に励み、相次ぎ『ニイハオの国』、『毛沢東の軍隊——中国人民解放軍の50年』、『凍てつく大地の歌——人民解放軍日本人兵士たち』、『日中戦後関係史』、『近代日本の大陸政策』などを出版し、うち『凍てつく大地の歌』はすでに中国でも出版された。

私は日本滞在中も中国帰国後も、古川氏と接触を持ち続け、長い付き合いの中で、彼は一貫して日中関係の将来を真剣に考えている、と強く感じていた。近年の著作を総合して見ると、いずれも日中友好と日中関係といったテーマを中心にしていることが分かる。彼は政治記者の鋭さを駆使し、日中友好活動家の社会的責任感と歴史的責任感を持って、現実の研究、歴史の研究に臨んだ。日中両国民が歴史的経験を重視し、苦労して築き上げてきた今日の両国人民の友好関係を大事にして、世々代々にわたる友好のためにさらに努力し続けることが、古川氏の研究の目的であった。この意味からすると、歴史とは、過去を振り返りまとめることである以上に、さらに重要なのは、素晴らしい未来を展望するためにあるということである。

当然ながら、古川氏は歴史学研究の専門家ではない。あくまでも日本の一新聞記者として、日中関係に関心を寄せる一日本人の立場から戦後の中日関係の変遷をたどったため、著書は歴史の流れや一部の歴史上の事件に対する個人的な見解を示している。それらに対し、専門家は「仁者が見れば仁と言い、智者が見れば智と言う」という言葉のように、各々意見があろうが、古川氏自身は、第二次世界大戦後における中日両国の関係を反映した客観的事実をより適切に把握するため、著書の修正や補足を繰り返してきた。

つい最近の、一九九一年八月、古川氏の著書『近代日本の大陸政策』が出版されたのを、私は大変嬉しく思っている。著書は政治、経済、国際関係など多方面にわたって、近代日本の大陸政策の形成と発展を論じようと試みている。これは近代日中関係史の研究に大きく寄与するに違いない、意義ある試みである。

古川氏の社会活動と学術研究を通して、私は一人の日中友好事業に携わる友人の、熱く、ひたむきな心を見ることができた。

そして、幾千幾万もの日中友好活動のために奔走し、献身的に働いている日本人の存在を思った。この人たちは高所に立って歴史の流れを考察した結果、日中両国が長期にわたって友好を保つ重要性と必要性を認識したからこそ、わが身を顧みず、勇気をもって前進し、決して怯まず、数多くの人の心を揺り動かす立派な業績を残したのだ。

一九九二年は中日関係正常化二十周年である。

我々は現状の中日関係に立ちつつも、両国関係の過去を忘れることがあってはならない。さらに、明日に、未来に、二十一世紀に向かって進まなければならない。歴史の経験から我々は、中日関係が長期的に安定した発展を保つことは、必ず中日両国民にとって有益であり、さらにアジアひいては世界の平和と安定のためにも有益であることを学び取ったはずである。

中日国交回復二十周年を祝う際に、もう一度先人が通ってきた困難に満ちた道のりを見直し、第二次世界大戦後の中日関係を振り返ることは必要であろう。その際、古川氏の『日中戦後関係史』中国語版は詳細で確実な資料参考書となるだろう。本書の翻訳者、陳喜儒氏は中国作家協会の会員であり、長い間中日友好活動に関わってきたため、日本に詳しい。わけても日本文学に造詣が深く、日本の文学者たちと幅広く接触し、中日の文学界の交流を通じて古川氏とも親しい付き合いがある。陳喜儒氏こそは最も相応しい翻訳者であるといえよう。『日中戦後関係史』の中国語訳が現在の情勢の下で上梓されたことには、特別な意味がある。多くの人々がここ四十年あまりの中日関係の進展過程に対する理解を深めるだろう。そしてそれによって中日間の友好事業の重要性に対する認識を新たにし、両国民の子々孫々に至るまでの友好関係の維持発展に努めていくための大きな力になるであろう、と私は考える。


（一九九二年十一月十三日掲載）

中日友好の忘れ難い史話

——五〇年代における中国残留日本人集団帰国援助の記録

韓風　弓矢

一九七二年九月二十五日、日本政府首脳を乗せたジャンボジェット機が中華人民共和国の首都北京空港にゆっくりと着陸した。四日後、中国の周恩来総理と日本の田中角栄総理大臣は人民大会堂でそれぞれ本国政府を代表して、国交を回復する「中日共同声明」に署名した。これによって中日両国の長期にわたる不正常な状態は終わり、両国の善隣友好関係は新しい歴史段階に入った。この日の到来のために多くの人々が心血を注いだが、四十年前に中国が中国残留日本人の集団帰国を助けたことは、その中でも記念すべき歴史的な出来事であった。まさに、周恩来総理が一九五七年に日本の友好団体と接見した時、述べた通りである。「ここ数年、中日両国人民の関係は日に日に好転している。これは、中国紅十字会が努力して、中国に残っていた多くの日本人と一部の亡くなった方の遺骨を国に返し、戦犯を釈放して帰国させ、家族訪問を組織したことから始まったものです」。

一

日本は敗戦し、数万人の日本人が中国に残された。新中国成立後、日本政府はアメリカの反中国政策に追随し、機会をとらえて「引揚援護運動」を展開した。中国では全てが一からの復興という困難な条件の中で、毛沢東主席と周恩来総理は中国残留日本人の帰国を援助する決定を下し、日本の政府にも民間にも大きな反響を巻き起こした。

一九四五年八月、中国人民は八年間にわたる流血の奮戦を経て、ついに第二次世界大戦の最後の戦闘で勝利を収めた。中国の大地は沸いた。しかし同時に、中国の領土にいた日本軍捕虜と住民は、極度の恐慌の中にあり、その多くの人々の生活は困窮していた。翌年初めから中米日三か国の努力により、四百四十万人に近い日本人捕虜と移民を帰国させ、年末には戦後の第一次大規模引揚げを完了した。同時に、中国への残留を求めた日本人もいた。その中には、中国人と結婚して家庭を築いた女性が五千名以上いた。また中国に留まって働く日本の技術者とその家族や、父母を亡くして善良な中国人の一般大衆に引き取られた子どもたちもいた。

新中国成立後、中国に残留した日本人は三万四千人以上、その分布は東北約二三四〇〇人、華北約四七〇〇人、華東約一二〇〇人、中南約三八〇〇人、西北約千人、西南八十余人であった。

中華人民共和国成立以後、一部の国家は外交、軍事、経済面で新中国に対して、孤立や威嚇、封じ込めの政策をとった。一九五二年四月、日本政府は台湾の蒋介石政権と「外交関係」を結び、中日両国の関係は深刻な不正常状態に陥った。これは中国大陸に残留する日本人の帰国にとっても大きな障害となった。

中国共産党と中国政府及び中国人民は、一貫して日本軍国主義と日本の一般人民とを厳格に区別し、中国に居住している日本人にも友好的に接していた。日本人は外国人として法律上の保護を受ける外、国の企業や私企業に勤めている人はみな中国人の職員と同じ待遇を受けていた。中国政府は日本人の集中している都市に、日本人子弟のための小中学校を開き、日本人の大部分は中国の大都市、あるいはそれに準ずる都市に住んで、科学技術や教育、医学、工鉱業の企業などで仕事をしていた。農村に住んでいる人々は、中国の農民と同じように土地改革の中で家と土地を得た。

歳月の移り変わりにつれて、中国残留日本人たちは長年離別している日本の家族や親戚への思いを強めていった。新中国成立後、帰国を希望する日本人に対しては、中国政府も積極的な援助を行い、一九四九年から一九五二年までに帰国した日本人は五百人以上に及ぶ。しかし、中日両国には外交関係がなかったので、大多数の日本人にとって個人の力で祖国に帰ることは難しかった。中国政府は中国残留日本人の望郷の思いを深く理解しており、中国の復興に際して財政の困難な状況下だったが、一定期間に人力、財力を集中的に投入し、中国残留日本人の帰国を援助することを毅然として決定した。

一九五二年七月、周恩来総理は北京で二回の会議を召集して、特に残留日本人問題を検討し、関係部門に対して、迅速に残留日本人の帰国援助に関する早期計画案を出すよう指示した。周恩来総理の審査と決定を経て、毛沢東主席がこの計画を承認した。同時に、中国紅十字会、外交部、公安部、人事部、重工業部、衛生部、教育部、総理弁公室などの関係部門は中央残留日本人事務委員会を組織した。九月、政務院は北京で全国残留日本人帰国工作会議を召集し、各地の残留日本人の状況に関する報告を受けて、毛沢東主席、周恩来総理の指示と精神に基づき、「中共中央の中国残留日本人問題の処理に関する決定」「政務院の残留日本人における若干の問題に関する規定」などの文書を制定した。大まかな方針としては、少数の戦犯と刑事犯人を法に基づいて処分する以外、大多数の日本人を自己請願の原則に基づき、数回に分けて日本への帰国を援助することになった。各大行政区と関係する省、市は人民政府の指導のもとで残留日本人事務委員会を組織し、専門職幹部の一部を振り向けて具体的な仕事に当たらせた。物資面でも帰国する日本人を優遇し、色々な形で経済的な援助を行い、中国国内の食事や宿泊、交通費などは中国政府の全額負担とした。残留日本人は各自の財産を持って行くことも許され、工場や商店などは換金も認められた。当該各地の政府は力を尽くして援助した。文書は帰国する日本人の労働保険待遇についてや、安全と保護の問題についても具体的に規定していた。同時に、会議は中国政府の「公開声明」も起草した。

一九五二年十二月一日、「公開声明」は『中国残留日本人に関する各項の問題』について、中央人民政府の関係部門が新華社記者の質問に答える」と題して正式に日本及び全世界に発表された。声明は中国残留日本人の人数や生活状況、中国政府が合法的な日本人を保護し、帰国希望者を援助して日本へ帰すという一貫した立場を公表した。並びに日本側の当該機関或いは民間団体が中国へ人を派遣して、中国紅十字会と日本人集団帰国援助について具体策の協議を行うことを歓迎すると表明した。「公開声明」を出した次の日、日本の各主要新聞は続々と声明の全文と「声明は援護庁を揺るがした」というニュースを発表し、日本政府は「積極的に措置を取り、日本人を帰国させる」等と表明した。日本の各界の人々が手紙や電報を送り、毛沢東主席に歓迎と感謝の意を表した。

二

日本国政府は初めて、日本の代表団が中華人民共和国を訪れて協議することを許可し、中国政府は残留日本人の帰国のために各方面での準備をした。

中国政府が「公開声明」を発表したのち、日本政府は日本赤十字社、日中友好協会、日本平和連絡委員会に依託して、三団体が代表団を組織し、中国へ行って関係事項を話し合うことになった。代表団は、団長の島津忠承、副団長の平野義太郎、高良とみ、代表の内山完造、工藤忠夫、畑中政春、加島敏雄らの各氏によって構成されていた。

一九五三年一月三十一日、代表団は北京に到着し、中国紅十字会代表団と日本三団体代表団は第一回目の正式な会談を行なった。中国側の主席代表である廖承志氏がまず発言した。「日本軍国主義が発動した八年間の中国侵略戦争は、中国の人民に重大な災難をもたらしたのみならず、日本人民にも未だ癒されぬ種々の苦しみを与えました。日本政府はアメリカの意を受けて、全中国人民の唾棄する台湾の蒋介石グループといわゆる『中日和平条約』を締結し、中華人民共和国を敵視しました。そのため今に至るまで、両国の戦争状態はなお終結に到らず、極東と世界の平和を脅かしています。これは中国人民が断固として反対するところです。しかし中日両国の人民は互いに友好を願っており、もし残留日本人が帰国を望むならば、中国政府は彼ら全員を帰国させるための援助をします。もし残留を希望するなら、中国政府はこれも許可します」。また、次のように述べた。「中国紅十字会は残留日本人の窮状に配慮し、彼らを集めるところから中国を離れるまでの費用を援助する用意があります」。

廖承志氏の発言は完全に日本代表団の予想を超えていた。島津団長は起立して述べた。「本日、廖承志団長は残留日本人の帰国経費と携帯物品の問題について寛大な処理をしてくださり、私たちはとても感激しています。……過去、日本が中国で犯した罪は中国人民にとても大きな犠牲をもたらしました。私はこのことについて、特に遺憾の意を表します」。副団長の高良とみ女史もまた、感動とともにこう述べた。「廖団長がお話の中で『帰国する日本人が船に乗るまでの一切の費用は、中国紅十字会が援助する用意がある』とおっしゃったことに、島津先生と私は非常に感激しております。信じられないほどです」。会談が終わったのち、日本の代表団メンバーは「問題は解決する」「中国は大国の風格を持っている」と思ったという。

日本三団体代表団と協議している期間中、残留日本人帰国援助の準備をより完全にするために、政務院は二月三日に残留日本人帰国援助業務を急ぐよう緊急指示を出した。「各級政府は指導を強化し、幹部を速やかに配置し、内部組織を健全にして、各地の残留日本人事務委員会が種々の準備業務を速やかに行うよう促し、いい加減な仕事や各種の偏りの発生を防止せよ」。各地の残留日本人事務委員会は政務院の緊急指示を受けた後、これまでに築いた基盤の上に更に力を入れた。日本人がいる職場や町内、農村では様々な方法で帰国する日本人のために、財産や債務処理の支援、帰国する日本人のための衣服や生活用品の調達、一定の援助金の支給など、各種の困難を解決した。

残留日本人が出港する天津、上海、秦皇島の三つの都市では、準備はさらに緊迫し負担も大きかった。天津市では市内でもっとも良い数軒のホテルを空け、上海では設備の整った招待所を準備したが、秦皇島は日本人出港地に確定したのが比較的遅かったので、時間が切迫し、突貫準備となった。

様々な準備を行うと同時に、各地では残留日本人の帰国申請を登記する作業が始まった。残留日本人に向けた中国政府の関連政策を広く宣伝したことにより、大部分の残留日本人は帰国を希望した。しかし、長年生活した中国を離れることになると、彼らの心は去り難い気持ちで溢れた。中国第一軍医大学病理学教授稗田憲太郎氏は、帰国申請書を提出してのち、夜に日を継いで未完成の教材数冊を急いで書いた。彼は言った。「私はこれらの教材を学校と私の学生に残さなければなりません。私が中国で働いた八年間の日中の友情を記念するためです」。

大勢の残留日本人が帰国申請をしたと同時に、数千名の日本人が中国に残ることを望んだが、その大多数は中国人と結婚した女性だった。

三

帰国する残留日本人は、出港地となる街において、大変友好的なもてなしを受け、三万人以上の日本人は中国人民への感謝の気持ちを抱きつつ、去り難い気持ちで中国を離れた。彼らは別れに際して、中国人民の誠実さを深く感じたのである。

天津、上海、秦皇島の三つの港湾都市では、周恩来総理の「物質的に手厚く遇すること、組織的に仕事を行うこと」という指示に従いつつ、短期間の準備を経て、一九五三年三月三日から十六日まで、第一次の帰国残留日本人、四九三六人の受け入れを開始した。帰国する日本人は三都市に着いた後、すぐにきれいに片付いた居心地のよいホテルや招待所に迎え入れられ、中国の担当者が宿泊に関してなるべく日本人の生活習慣に合わせ、湯の提供、衛生、老人と子どもの世話などに気を配り、贈り物は受け取らないなどの厳しい規定に沿って、日本人たちがまるで家にいるのと同じような温かさや便利さを感じるように遇したので、日本人たちが去った後には毎回、称賛と感謝の手紙が大量に残された。飲食面ではよいメニューを手配し、肉と野菜の料理を組み合わせて、定期的にメニューを変え、食事の値段は一人一日標準で七千元（古い単位で換算、当時の都市住民の月平均生活費は約十万元）だった。ホテルや招待所はさらに残留日本人たちに意見を求め、改善に努めた。天津市は日本人の飲食習慣に配慮し、日本料理レストランに頼んで、毎日味噌汁を作って日本人が食事をする場所に届けた。帰国する日本人の中に病人がいれば、中国紅十字会が丁寧に診察し、すぐに治る病気ではないが帰国を強く求める人に対しては、帰国途中で危険な状態には到らないことを医者が証明した上で、また家族と日本に同行する医療人員が面倒を見るという条件で出国を許可し、彼らの順番を繰り上げて乗船させた。乳幼児で伝染病の患者は特に危険性が高いので、説得してしばらく国内に留め、病気が治るのを待ってから次の船で帰国させ、その他の乳幼児には予防措置をとった。臨月の妊婦については、病院で出産をさせ、病院と紅十字会が特別な配慮をして母子の無事な帰国を保証した。

毎回の送別はまた離別でもあり、毎回の離別は中日友好を記念する大切なことでもあった。日本人が中国を離れるときは、毎回各地で歓送行事が行われた。上海の人民は盛大な歓送会を催し、秦皇島市は数千名の学生、労働者、市民らが沿道で見送った。天津の新港では岸で見送る中国の群衆が船上の日本人たちに手を振って挨拶を送り、天津港の作業区の職員は「新港作業区の職員全員で日本人の帰国を歓送します」と書いた赤い旗を高く掲げ、長い列をつくった。

一九五二年七月から準備を始め、一九五八年に最後の日本人帰国団が天津新港を離れるまで、中国政府は六年の時間を費やし、千名近くの幹部を配置し、七百億人民元（旧通貨）の費用をかけ、帰国を望む三二〇七二名の日本人（元日本軍兵士五八三名、ベトナム在住日本人七十一名を含む）の帰国を援助した。そしてここに、中日友好関係史上の忘れられない一章を書き記すこととなった。

四

中国政府の残留日本人帰国援助は、戦後の中日相互交流の門を開き、中日国交正常化を推進する過程での大きな力となった。新中国成立後、中国政府は日本との善隣外交関係を発展させるために力を尽くしてきた。日本人の帰国を援助することは、中国が日本との国民外交を展開するための重要な一歩であり、日本人民に対する中国人民の真摯で友好的な感情を日本人民に正しく認識し理解してもらうと同時に、日本政府の新中国に対する態度を変化させることになった。

一九五四年八月、日本赤十字社、日中友好協会、日本平和擁護委員会、日本平和連絡委員会などの友好団体や日本人民の努力により、中国紅十字会の残留日本人及び元日本軍兵士帰国援助への感謝の印として、日本政府は、日本赤十字社が、李徳全を団長とし廖承志を副団長とする中国紅十字会代表団を日本に招くことを許可した。

中国紅十字会代表団は一九五四年十月三十日から十一月十二日までの十三日間、日本を友好訪問した。東京、名古屋、京都、大阪、神戸、横浜などの大都市を前後して訪ね、日本の工場労働者、青年、女性、農民など団体のメンバーと数多く面会し、また日本の経済界、新聞出版界、宗教界、医学界、商工界、政界及び皇室など各界の人々と広範囲に接触し、中国人民の日本人民に対する友好的な感情を伝えた。代表団が行くところ、すべての場所で、日本人民の熱烈な歓迎を受けた。歓迎大会に参加した人だけでも七、八万人、沿道では何十万人もの人々が歓迎してくれた。福岡県では知事、福岡市長、県議会、市議会、商工会議所及び各界が歓迎委員会を結成した。訪日は大成功をおさめた。日本のたくさんの団体や商業・工業・貿易界の人々が、中国の関連団体が訪問団を作って来日するよう続々と要請し、「日中友好」「国交回復」の声は日増しに高まった。

日本赤十字社、日中友好協会、日本平和連絡委員会及びその他の団体は、中日友好を促進するための大きな推進力となった。中国の残留日本人帰国援助の後、彼らは一九五三年から数千名の日本残留中国人の祖国への帰国を援助した。

日本が中国を侵略していた期間、大勢の中国人労働者は日本に連行されて各種の労役をさせられた。その残虐な扱いや苦役は七千名以上の中国人の命を奪い、彼らの遺骨は日本各地に散逸してしまった。中国が残留日本人の帰国を援助すると決定してから、日本の京都にある東本願寺の大谷宝潤法師（参議院議員）と日本の友好団体の友人たちは感謝の気持ちを表すために、一九五三年二月に「中国殉難者慰霊実行委員会」を発足させた。非常に困難な条件のもと、十年以上の努力を経て、一体ずつ遺骨を収集し、十回に分けて中国に返還した。こうして、無念のうちに亡くなった中国人労働者たちは、母国に抱かれて長い眠りについたのである。これらの意義ある活動において、日本政府は輸送船を提供するなどの人道的な支援をした。周恩来総理は日本の友好団体及び日本の「中国殉難者遺骨護送団」の代表と接見した際、中国人民を代表して感謝の言葉を述べた。彼は「これらの友誼が世代を継いで発展し、両国人民が皆さんのことを今後永遠に記憶するよう望みます」と言った。

一九五七年五月十八日、日本の与党である自民党の篠田弘作副幹事長は「中国殉難者遺骨護送団」の一員として周恩来総理と接見した際、中日友好関係をこのような比喩で言い表した。「現在、若い中国と若い日本は友好を熱望し、国交を熱望している時期です。これを人に例えると、結婚したいと思うレベルにまで達しています。これは日本国民の一致した心情であり、政治家もまた例外ではありません」。周総理は「北京空港は日本の首相、外相及びその他の政府関係者に対していつでも開かれています」と言った。

十五年後の一九七二年九月二十五日、日本国首相田中角栄、外相大平正芳は政治家の度量と気魄をもって、毅然として中国を訪問した。北京空港で両国総理は固い握手を交わし、中日友好事業は新しいスタートを切ったのである。

（一九九二年九月二十日掲載　一部削除あり）

中日仏教交流の回顧と展望

趙朴初〔中国仏教協会会長〕

今年は中日国交正常化二十周年である。二十年前に両国政府は重要な歴史的意義をもつ共同声明を発表した。この声明は、両国政府と人民が共に努力した結果であり、同時に両国人民の友好的交流を大きく促進した。各分野の交流の中でも、中日仏教界の交流は大きな役割を果たし、大きな影響を及ぼしており、私は中国側の関係者、証人として非常に喜ばしく思う。

中日仏教交流は中日友好関係史と不可分である。仏教が日本に伝来したのは千二百年前の鑑真和尚や、千百年前に前後して唐に渡った弘法大師と伝教大師の頃まで遡ることができる。長い交流の歴史の中で、両国には、交流や仏教の布教に大きな貢献をした高僧が現れた。例えば先に述べた鑑真、空海、最澄、それから今年生誕四百周年を迎えた隠元禅師など徳のある高僧たちは、中日の仏教交流の使者であり、また中日の文化交流の功労者でもある。なぜなら、中日の仏教交流は宗教的な交流であっただけでなく、二つの民族間における、宗教を媒体とした全面的な文化交流だったからである。それは文学、絵画、音楽、医学、建築などの多くの分野を包括しており、互いに学びあって、長所を伸ばし短所を補うものだった。現在日本文化の中で最も特色のある部分、たとえば茶道、華道などは、中日仏教の交流の中から広まり、発展したものである。つまりこのようなことが言える。中日仏教交流の歴史は、同時に両国が文化を交流し、ひいては共に文化を創造して人類の文明に光と彩りを添えた歴史なのである。

しかし、私たち両国の人民は劫火のような災禍を経てきた。戦争がもたらした傷は、兄弟国の人民同士の接触を中断させたのだ。一九五二年十月、アジア太平洋地域平和会議が北京で開かれ、私たち中国仏教界は会議に出席した日本代表に一体の観音像を託し、日本仏教界に贈った。この観音像を通じて私たちの友好の心を表したのである。次の年、私たちは日本仏教界の指導者から一通の心のこもった書簡を受け取った。そのときから、私たち両国の仏教徒は協力して中日友好を新たに築き上げる事業を始めたのである。

その時期、双方の多くの活動は、戦争の傷跡を消し去ることと、中日の平和友好を促進することを中心として徐々に展開していった。例えば、一九五三年に日本仏教界は「中国在日殉難烈士慰霊委員会」を設立し、大谷宝潤師と菅原恵慶師の指導のもとでさまざまな困難を克服し、日本で犠牲になった中国人烈士の遺骨三千体を収集して、九回にわたって中国に送り届けた。同時に、我が国はいろいろ手を尽くして、三万人以上の中国残留日本人の帰国を援助した。一九五五年から私たちは何度も日本へ行き、「原水爆禁止世界大会」に参加して、毎回日本の各界の人々と、特に仏教界の友人たちと広く接触し、平和友好事業について討議した。この分野では、日本仏教界の友人たちは知恵を絞って力を尽くし、貴重な貢献をしている。一九六一年、大西良慶師と大谷宝潤師の指導のもとで展開した「中日不戦の誓い」署名運動は、仏教界、文化界の多くの著名人を中日友好の旗印のもとに団結させた。この年の五月、大谷宝潤師と西川景文師が訪中し、日本人民の中国人民に対する友好の気持ちに満ちた「中日不戦の誓い」署名簿を中国仏教協会に送り届けている。

両国仏教界人士の努力の積み重ねによって、一九六二年、六三年には、両国の仏教界、文化界が共同で鑑真大師逝去千二百周年記念行事を行なった。記念行事の規模は非常に大きく、豊富で多彩な内容を持ち、その効果は著しく、中日友好促進ブームが起こった。当時、私は招待を受けて、中国仏教訪日友好代表団を率い、日本各地を訪問して、仏教、文学、芸術、学術など各界が行なった各種の記念行事に参加した。そして私は、その記念行事が、確かに中日友好を勝ち取るための日本人民による全国的な大衆運動へと発展し、両国の国交正常化に大きな役割を果たしたのをこの目で見たのである。

両国の国交正常化により、両国仏教界の交流はさらに広さと深まりを増す段階に入った。多くの中日友好仏教組織が次々に設立された。一九六七年と一九七五年に日本で「中日友好宗教者懇話会」と「中日友好仏教協会」が設立され、その後、日本の浄土宗の塚本善隆博士が率先して中日友好浄土宗協会の創立を提唱し、各宗派は相次いで各自の中日友好仏教組織を創立した。両国仏教界の交流は以前にも増して頻繁になった。中でも鑑真大師像の帰国巡回展を一九八〇年に行なったことは千載一遇の壮挙であった。当時副総理であった鄧小平氏と副委員長であった鄧穎超女史の二人の指導者は、訪日した際、この催しに歓迎の意を表して文章や題字を贈った。鄧穎超女史は鑑真像展覧会の開幕式でテープカットを行なった。日本の天皇は鑑真帰国に向けて唐招提寺に香炉を贈り、大平首相は祝電を打ち、日本の仏教界、文化界、マスコミと中国の文学、芸術、医学、建築、仏教、通信、報道などの部門は鑑真帰国歓迎に沸いた。この意義深い催しは、両国の仏教分野における友好関係をより深めたのみならず、文学、芸術、医薬などを含む文化界の友好協力を促した。

この十年来、我が国の改革開放政策の実施と、政府の宗教信仰の自由に対する政策の貫徹によって、我が国の仏教事業は望ましい発展を見せている。それはまた中日仏教の交流にとって非常に都合の良いものだったので、両国の仏教分野での往来は以前よりもっと頻繁かつ広範になった。双方は共同で法会を挙行し、寺院を修復し、石碑を建立し、図書を出版した。中でも重要なのは、香積寺の庭で挙行された善導大師入寂千三百年記念行事と善導・法然の二開祖の対面像の開眼供養法会、草堂寺で挙行された鳩摩羅什・三蔵法師像の開眼供養法会、天台山に建立した伝教大師の記念碑、河北で行なった臨済塔の修復、西安の青龍寺遺跡に建立された恵果・空海記念堂、寧波天童寺に建立された道遠禅師の得法霊跡碑などである。

また、私たちは、日本浄土宗の佛教大学との共催で、房山石碑拓本展と山西仏教彩色塑像撮影展を挙行した。一九八六年から一九九〇年まで、両国の仏教界は中日仏教学術交流会を三回催した。一九八一年からは、日本浄土宗の厚意により、我が国仏教界は日本の佛教大学に研修や留学で何度も人を派遣している。一九八二年、私は光栄にも日本仏教伝道協会から伝道功労賞を受け、佛教大学から名誉博士号を受けた。一九八五年には、日本に招待され庭野平和賞を受け、一九九〇年には、龍谷大学から文学博士の称号を受けた。また、今年五月、私は日本に招かれ、日中友好宗教者懇話会成立二十五周年記念行事に参加し、日本の各界の人々と共に中日国交正常化二十周年記念行事を祝った。日本では宮沢喜一首相と会見し、日本の各界の人々から熱烈で盛大な歓迎を受けた。ここ数年来、日本仏教界は高野山、比叡山、成田山などの地に、相ついで中国語で書いた私の俳句の碑を建立してくださった。これは私一人の栄誉ではなく、我が国宗教界全体の栄誉でもあると思う。それは日本仏教界の中国仏教界に対する深い友情のあらわれであり、日本の各界の人々の中国人民に対する友好的感情を真摯に表している。

そのほか特筆しなければならないのは、「世界宗教者平和会議」に中国宗教界から出席したことである。この会議は庭野日敬先生らが提唱し、日本、アメリカ及びインドの宗教界の人々が共同で発起して成立した。一九七〇年、一九七四年の両大会には中国は出席していなかった。庭野日敬先生は何度も連絡に奔走し、ついに一九七九年八月に開かれた第三回「世界宗教者平和会議」に、中国宗教代表団が出席できるようにしてくださった。この大会で、中国代表団の発言は広く歓迎され重視された。参加者はみな、中国代表団が参加して「世界宗教者平和会議」は名実共に世界平和に大きな貢献をしたと認識した。実はそこには日本の友人たちの尽力があったのだ。

現在、中日仏教交流はさらに深く広い段階にまで発展しており、中日友好における重要な要素となっている。中日仏教交流の歴史を振り返るとき、私は、中日仏教交流のために山を開き道をならし、苦心し、心血を注いだ日本の友人たちに、心からの感謝と敬意を表したい。特に、大谷宝潤師、菅原恵慶師、大西良慶師、西川景文師、椎尾弁匡師、及び山田恵諦師、庭野日敬先生など、彼らは苦労をいとわず地道な努力によって中日友好の往来の橋を架け、中日両国人民の心の橋渡しをし、世界平和を守るために貢献した。もちろん他にも多くの人々が中日友好事業に黙々と従事したことを、私たちは忘れてはならないし、尊敬と感謝の気持ちを表さなければならない。まさにこれらの友人たちの努力によって、中日友好という偉大な功績が打ちたてられたのである。

四十年の光陰は矢のごとく過ぎ去った。国交正常化からすでに二十年が経ったが、未来の道はまだまだ長い。昨今の揺れ動く世界情勢の中で、中日友好を促進し、世界平和を守ることは依然として中日仏教徒の今後の重要な任務である、と私は深く感じるのである。仏教徒として、私は社会と人心の平和と安定、民族間の尊重と理解が人類の平和の基礎であると考えている。中日両国の仏教徒はまさに仏陀の慈悲愛生の教義を発揚し、社会や人心を浄化し、民族間の隔たりを取り除くことによって、中日友好を促進し、世界平和擁護に貢献することができる。願わくば中日両国人民の友情が東海の水のように絶えず流れんことを！　私たちが永遠に心を通い合わせんことを！

（一九九二年九月二十五日掲載）

歴史滄桑

共に心の傷を癒す

――日本の民間団体が南京城壁の修復を援助

孫東民

日中友好協会会長平山郁夫先生が、年明け早々に訪問団を率いて訪中した。今回の訪問の目的はただ一つ、日中友好協会の戦後五十年記念行事を具体化することであった。帰国前夜、平山先生は北京でこう発表した。「中国側とは既に合意に到りました。日中友好協会は、中国が行う南京城壁の修復計画を援助することになります」。

記者会見の会場で、日中友好協会の機関紙である『日本と中国』の新年号が示された。その第一面には平山先生が南京の古城を写生した二点の絵がとりわけ目を引き、「戦後五十年の日中友好事業―南京城壁修復に参加」という大きな見出しが協会の今年の重要な活動を示していた。同時に示された一個十九キログラムもある明代の南京城壁の古い煉瓦がカメラマンたちの興味を引いた。平山先生は記者会見の席上で、南京城壁修復援助活動について心境を語った。

「私はユネスコの親善大使に任命されています。今まで、ユネスコでは日本政府が提供した遺跡修復のための特別支出金を利用して、トルファンの交河の古城や西安にある唐代の遺跡の含元殿の保存修復に当たってきました。南京城壁は中国がユネスコに修復援助を申請した中国の九十二か所の遺跡の一つです。ユネスコと連絡をとると同時に、南京城壁の修復計画をたてました」。

但し、平山先生はこう強調した。「南京城壁の修復に協力することは、決して単純に文化遺産の修復保護というだけではなく、普通の活動とは全く違った意味を持っているのです。第二次世界大戦が終結してから今年で五十年が経ち、私たちは歴史を正視するという態度で過去の戦争を見なくてはなりません。私たちは二度と再び侵略戦争を起こさないと誓いました。未来は若い人たちのものですが、彼らは過去の歴史をあまり理解していません。二十一世紀の日中友好の前途のために、さらに多くの若者たちが歴史を理解し、日中友好事業に参加することが必要です。南京城壁の修復を提案することは、日中友好のため戦後五十年の節目に行う一つの記念行事なのです」。

言うまでもなく、近代中日関係史の中で、南京城の名前は常に一九三七年に世界を震撼させた「南京大虐殺」と結びついている。この災禍の中で、三十万人以上の中国人が無惨に殺され、六百年の歴史のある南京城壁もこの災難を逃れることはできなかった。第二次世界大戦終結五十周年に際して、日中友好協会が南京城壁の修復援助を提唱するのは、特別な歴史的意義を含んでいるのである。

南京城壁は明代に建設された。南京市政府は五年間の修復計画を立て、同時に南京城壁保護委員会を成立させた。この両国の代々にわたる友好に有益な事業をよりよく進めるために、日中友好協会は資金とボランティア労働との両面からの援助を行うことを提案した。現在、三年間の「南京城壁修復保存協力事業」計画がすでに提出され、今年三月に正式に協力委員会が発足する予定である。城壁修復の着工式は、五月二十四日に南京で行われることになり、日中友好協会の代表団が参加する。

説明によると、日中友好協会は日本国民に広く参加を呼びかけ、政府の支持も取りつけるよう努力したいと考えている。資金面では、日中友好協会が日本各地で広く「浄財」を募り、三千円を一口、上限はなしとする。また歴史を学び、若い世代を教育するため、可能な限り多くの日本の若者に、南京を訪問しボランティア労働に参加して、中国の若者と共に南京城壁修復事業に当たるよう呼びかける。日本の多くの社会団体、特に青年団体はこれに積極的に呼応している。中国からの招きで、十年前に三千人の日本の青年が中国を訪問した。そのときの訪中から十周年を記念して、昨年は青年団体の代表三百人が日本で集会を開き、募金では百万円近くが集まった。平山先生は、さらに多くの日本国民の参加を得るためにと、各地で何度も講演をしたが、「毎回数千人の方が聞きに来てくださり、その反響は予想を超えるものでした」ということだった。

平山先生は、南京城壁修復は一つの象徴的な事業だと考えているという。歴史は忘れることができないものだ。「私は原子爆弾の被爆者です。当時は中学三年生で、十八名の先生と百八十名以上の学友が死んだ時の光景はそれ以来忘れたことがない。私は毎日彼らのために祈っています。戦争が終わってから五十年経ちますが、中国人の当時の苦しみはまだ心の底にしまわれています。日本国民に広くこの記念行事への参加を呼びかけたのは、歴史を正視し、忘れないようにすることが必要だからです」。「侵略戦争によって受けた中国人の心の傷を癒し、戦死者が安らかに眠れること、戦争に参加した日本人の心の『空洞』が埋められることを切望しています」。

南京城壁には重い歴史が刻まれている。当時日本軍は南京に侵攻し、城壁も破壊された。今、日本の民間団体が修復を援助する。城壁はまた中日関係の大きな変遷を知り尽くしている。今年は第二次世界大戦終結から五十年目、抗日戦争勝利から五十周年であり、中日関係の中では過去を受けて未来をひらく年である。二十一世紀を迎えるに当たり、中日両国は関係の発展を重視し、世界も中日関係の変化を注視している。「前事を忘れず、後事の戒めとする」。抗日戦争勝利五十周年に際し、人々が過去を振りかえると同時に、現在に立脚し、未来を展望することを願う。

（一九九五年一月十三日掲載）

ただ歴史の真実の追求のために

――本多勝一氏の印象

孫東民

手元に二冊の本がある。一冊は『中国の旅』、もう一冊は『南京への道』である。この書名を見ると観光や旅行の本のようだが、実は日本軍が中国を侵略した当時の中国での暴行をルポルタージュした記録であり、読む者に深く考えさせる。著者は日本の著名な記者であり、作家でもある本多勝一氏である。

本多先生と会ったのは数日前、北京のあるホテルでだった。彼は今回自費で訪中したが、名所も訪ねず、要人とも会わず、目的はただ一つであった。それは、東北の遼寧省へ行き、大石橋にある「万人坑」を再訪することだった。

本多先生は歴史家ではないが、中日関係の歴史問題を多く報道してきた。国際問題も本業ではないが、いつも国際的な視点で日本社会を観察してきた。中日国交正常化がまだ実現していなかった一九七一年の夏、本多先生は香港経由で中国へ入国し、遼寧省の平頂山、河北の潘家裕、南京などを続けざまに四十日間取材した。帰国後に朝日新聞紙上に長編連載の形で、日本侵略軍が起こした平頂山事件、大石橋万人坑、「三光作戦」、南京大虐殺事件などを報道し、日本社会に大きな反響を巻き起こした。彼に寄せられた読者の手紙だけでいくつものダンボール箱がいっぱいになったという。二年前、彼は長年勤めた朝日新聞の編集委員を定年退職し、別に「週刊金曜日」という「硬派」雑誌をたち上げて、編集と発行を兼任した。

「軍国主義者は侵略戦争を発動し、中国に数え切れない災厄をもたらしました。大石橋万人坑もその一つです。しかし五十年の時を経ても、日本にはまだ非を認めない人々がいて、そこは以前の墓場にすぎないと反論しています。今回大石橋に行くのは、もう一度事実を確認し、証人を訪問して、事実を語ってもらいたいからです」。本多先生は言葉少なく、とつとつと語った。筆者が訪問した時には、その日の午前中に取材したことを原稿にしていた。この正義感の強いベテラン記者は、かつての情熱を依然として持ち続けているのである。

歴史に対する尊重と新聞記者の使命感から、本多先生は歴史の真実を探究することを己の任務としている。彼は新聞紙上で日本の軍国主義による暴行を暴露しただけでなく、取材した文章を集めて出版し、『中国の旅』と名付けた。ある雑誌上で南京大虐殺を否定する文章が公開されたことから、彼はまた南京大虐殺の証人への取材を主要な内容とした『南京への道』を書いた。本多先生は、歴史的な原因や、一部の人たちが極力覆い隠そうとしていることにより、日本軍が過去に犯したたくさんの悪事を、普通の人々は初めはほとんど知らなかった、と言った。彼が中国へ取材に来たのは「過去の『日本軍国主義』の中国におけるイメージを理解したいと思った」からである。一人の日本の記者として、本多先生は報道から虚飾や自己の過剰な評論を排し、取材対象者を忠実に記録した。ただそれゆえに、この重いテーマが呼びかけたものは、過去の軍国主義者への告発や、現在と未来に向かって隣国と平和友好関係を持つという希望であった。この文章が発表されたのち、読者の大部分は軍国主義が作り出した罪悪に震撼し、戦争への反省と中日友好への願いを表した。ある教授は書評のなかでこう述べた。「人は己の目で己を見ることはできず、己の姿を見たいと思うなら、鏡の助けを借りるしかない。侵略者は、もし自分自身の真の姿を見たいと思うのなら、侵略された者の証言を聞くしかないのである」。

本多先生は正義のために公正な言論をしたにもかかわらず、一部の日本の右翼団体によって威嚇と脅迫を受けた。彼に

「売国」のレッテルを貼ったのである。余計な面倒をなるべく避けるために、彼は自宅の住所と電話番号は今も公開しておらず、表札も仮名にし、講演のため外出するときは変装する。しかし彼の初心は今でも変わってはいない。彼は日本軍国主義の罪を暴露したことこそ、愛国者的な行動であると考えている。「一部の政治家は声高に愛国を語り、歴史を正視することを『売国』であると言います。何が愛国で何が売国なのか、はっきりさせなければなりません。明白な悪事をあくまでも非と認めず、明らかな事実を全面否定することこそ、真の売国ではありませんか。もし愛国心があるなら、過去を正しく見据え、行動を正すことです。しかも、もう一刻の猶予も許されないのです」。

本多先生は一介の文士であり、手中には一本のペンがあるだけである。この還暦を超えてなお歴史の真実を絶えず探求する日本の友人に対して、粛然として襟を正さずにはいられない。

（一九九五年四月九日掲載）

历史沧桑

村山首相、抗日戦争記念館を見学

新華社記者　盧勁　羅輝

〈新華社北京五月三日電〉中国抗日戦争勝利五十周年に際して、いわゆる「盧溝橋事件」の勃発した地、宛平城にある中国人民抗日戦争記念館は、今日、非常に珍しい来訪者を迎えた。――日本の村山富市首相である。

ある時期から、日本国内では日本が第二次世界大戦中に発動した侵略戦争の性格を巡って激しい論争が行われ、侵略の性質を否定する勢力が台頭してきた。このような状況下において、村山氏が日本の首相として初めて抗日戦争記念館を訪れることは、特別な意味を持っており、国内外の幅広い注目を集めていた。

村山首相は見学の終わりに日本の記者に対して感想を述べた。「戦後五十年に際して、私はかつて中国人民に重大な損失を与えた戦争の象徴である土地の一つを訪ねました――盧溝橋は私に過去を思い起こさせ、平和への決意をさらに固めさせてくれました」。

今日の午後、村山首相は人民英雄記念碑に花輪を捧げたあと、二時半に北京市街地から十五キロメートルの盧溝橋のたもとに到着した。五十八年前、世間にその名を轟かせた盧溝橋事件がここで勃発し、八年間の長きにわたる中国人民の抗日戦争の幕が切って落とされたのであった。この事件をすべての中国人は永遠に忘れることができない。そして抗日戦争の最後は日本の侵略者の失敗という結末を見たのである。

村山首相一行は盧溝橋を見学したのち、すぐに盧溝橋の東、宛平城内にある中国人民抗日戦争記念館に行った。記念館の張承鈞館長らが首相一行を案内した。

村山首相は館内のホールに入ると、すぐに正面の壁に掲げられた中国人民の抗日戦争をテーマとするレリーフにひき付けられた。彼は見る人を深い考えに誘うそのレリーフを見つめた。張承鈞館長は言った。「今年は中国が抗日戦争及び世界反ファシスト戦争勝利五十周年です。『前事を忘れず、後事の戒めとする』、記念館の職員として私たちは、この精神のもと、中日両国人民の世々代々にわたる友好を実現したいと真摯に望んでいます」。

張館長はこう説明した。「一九八七年七月七日に落成したこの記念館は、『先人を偲び、後世の人を教育し、戦争に反対し、平和を護持する』ために建てられました。開館から八年間で、国内外から六百万人以上の見学者を迎え、その中には日本の各界の人々延べ十万人余りも含まれています」。

張館長らの案内で、村山首相は記念館の二つの展示室に陳列してある展示品を順に見て回った。その内容は、九・一八事変〔満州事変〕、盧溝橋事件、南京大虐殺、中国の軍隊と民衆の勇敢な戦い、中国の抗日戦争が世界反ファシスト戦争勝利に果たした貢献、中日国交正常化などに関連する図面や写真、実物、模型であった。

張館長は村山首相にこう説明した。一九三一年九月十八日、日本の関東軍は、まったく無抵抗の瀋陽中国駐屯軍に向かって突然襲撃を開始し、瀋陽城を占領した。一九三七年七月七日夜、日本軍は盧溝橋の中国軍が守備する区域内で軍事演習を行い、一人の兵士が失踪したことを名目に宛平城内での捜索を要求したが、それが拒絶されるとすぐに宛平に向かって砲火攻撃を開始した。中国守備軍も奮起して応戦した。日本政府はこれを導火線として、全面侵略戦争を発動した。同年十二月、日本軍は南京に進攻した。六週間の内に、日本軍は南京で中国の民衆三十万人を惨殺し、人類史上空前の大惨事を引き起こした。太平洋戦争勃発後、日本軍は中国共産党の指導する後方の戦場で大掃討を行い、「殺しつくし、焼きつくし、奪いつくす」三光作戦を実行した。中国の軍隊と民衆は極めて困難な状況のもとで闘争を続け、ついに日本軍の掃討を粉砕し、次第に反撃に転じた。第二次世界大戦期間中、中国の軍隊と民衆は自身の国土において、自力で日本侵略軍の七〇パーセント以上の兵力に反撃を加えた。中国人民は莫大な犠牲を払って、大平洋とヨーロッパ戦線への圧力を緩和させ、世界反ファシスト戦争の勝利のために不滅の貢献を果たした。

村山首相は、終始熱心に張館長の説明を聞き、何度も頷いた。

張館長は説明の最後で、一九七二年に日本の田中角栄首相が訪中して両国の関係正常化が実現したことや、その後の両国関係の発展について触れ、こう述べた。「中日両国は一衣帯水の隣国であり、人民の間の友情は深く長く続いています。私たちはこの展示によって人民、特に後代の人々を教育し、自分の国が侵略を受けたことを忘れず、歴史の悲劇を繰り返すことを防ぐようにしてほしいのです。同時に、人民が歴史を鏡として、もっと平和を大切にし、中日の友情を大切にすることで、両国人民に世々代々仲良くしていってほしいのです」。

ここまで話してから、館長は村山首相に記念館の感想ノートにメッセージを書くよう依頼した。村山首相は丁重に申し出を受けて筆を執り、「歴史を直視し　日中友好　永久の平和を祈る」と書き記した。この言葉はその場にいた両国の人々の熱烈な拍手を浴びた。

（一九九五年五月四日掲載）

緑の贖罪

南京大屠殺遇難同胞記念館館長　朱成山

緑は生命を象徴し、平和を象徴する。一九八六年以来、毎年春の花が咲き暖かくなる頃になると、日本の日中友好協会は日本国民に呼びかけて、南京大虐殺の犠牲者を悼む「緑の贖罪」植樹訪中団を結成する。十六年来、千名近くの日本各界の人々がこの活動に参加した。彼らが南京大虐殺記念館内に植えた二本の松は既に高くそびえ立ち、南京の珍珠泉公園内に植樹した五万株余りの梅、欅《けやき》、桃、山茶花《さざんか》などの樹木は、枝も葉も生い茂り、中日友好の象徴となっている。

植樹活動を提唱した中日友好人士である岡崎嘉平太先生、菊池善隆先生は亡くなったが、彼らの妻や子供たちが老人の遺影を掲げ、父親の遺骨の一部を携えて、引き続き南京に贖罪に訪れた。植樹訪中団の団員である谷川太郎さんも亡くなられたが、彼の娘である大澤愛子さんが父の遺言に沿って、日本から父親の遺骨の一部を携えて来て、樹を植える穴に撒き、夫とともに「南京紅」という名の梅の苗木一株を植えた。かつて南京大虐殺に参加した日本軍某部隊の元砲兵小隊長だった丸山政十さんは、何度も植樹活動に参加し、自分の懺悔の気持ちを表している。二十数歳の日本の大学生である植木鉄平さん、石角昌紀さんはこう言った。「南京での植樹活動への参加を通じて、日本侵略軍が当時南京で大虐殺をした歴史の真相を知り、日本の教科書では学べないことを学びました」。

今年四月二日、植樹訪中団のメンバーである野田契子さんは、父親の田口達雄さんが戦時中に着ていた絹の胴着を、南京大虐殺記念館に寄贈した。このあちこちに汗のしみを残す胴着には、前後にそれぞれ「天皇万歳」「武運長久」などの大きい字が書いてあり、田口さんが出征するときに故郷の人々が書いた名前で埋められていた。胸の左右には、幸運を願うための五円硬貨と十円硬貨が縫い込まれている。田口さんは当時日本侵略軍の上海派遣軍第三師団第五旅団歩兵第六十八連隊に所属し、南京大虐殺に参加したという。野田契子さんは「私の父は三年前に亡くなりましたが、私は娘として、父に代わって南京の人々に謝罪します」と言った。

植樹訪中団の副団長であり、元中国侵略日本軍の兵士である西村昭次さんはこう言った。「一九二七年に私が生まれたときは、ちょうど世界的な経済危機の時期にあたり、日本の人民の生活はかなり貧しかったのです。そこで政府は人々の不満を、中国や朝鮮などを敵として憎む方向に仕向け、ついに他国を侵略する戦争へと導いていったのです。現在の日本社会は当時の状況とそっくりで、特に『国威』『民族的感情』などを強調しています。このような状況が続けば、日本が当時他国を侵略したような間違いが起こるのではないかと、私はとても心配しています」。

日中協会の理事長で、植樹団の団長である白西紳一郎先生は日本の文部省が検定合格とした「新しい歴史教科書をつくる会」が編纂した日本の歴史教科書に触れてこう言った。「南京大虐殺の史実を否定するようなことは見過ごすことができません。現在日本国内では、教科書問題をめぐって激しい論争が起こっており、中には自発的に学校に行って、このような教科書を使わないよう説得したり要求したりする人もいます」。中日友好関係の未来を展望したとき、白西紳一郎先生は感慨深げにこう言った。「緑の贖罪運動は既に十六年続き、参加する人々もそのたびに入れ替わってきました。私はこのような運動が続いていくことを望んでいます。植樹訪中団のメンバーは皆民間人で、誠意と良心に基づいて『民を以て官を促す』という目的を達したいと思っています。私はいつの日にか、日本の首相が南京を訪れて、誠意をもって中国人民に謝罪すると信じています。同時に、多くの日本の青少年たちが南京を訪れて歴史を理解し、正しい歴史観を持つようになり、本当の日中友好を打ち立てるため、しっかりとした基礎を固めることを望んでいます」。

（二〇〇一年四月六日掲載）

謝罪　反省　約束

——日本の小泉首相の抗日戦争記念館見学を取材

于青　蒋安全

『鋼鉄の長城』という大きな彫像の前にかがんで花輪を捧げ黙とうし、「あの侵略戦争で犠牲になった中国の人々に心からお詫びと哀悼の意を表する」と述べた。日本の小泉純一郎首相が、十月八日、中国人民抗日戦争記念館を参観した際、その場にいた記者たちに強い印象を与えた言動だった。小泉首相はこの場所で献花した初めての日本の首相であり、また、ここを参観しにきた初めての自民党出身の首相である。

日帰り訪中の小泉首相は、本日午前、北京に到着し、その最初のスケジュールである盧溝橋と中国人民抗日戦争記念館参観を行なった。今日の北京はどんよりと曇っていた。

正午、阿南惟茂駐中国日本大使、武大偉駐日本中国大使とともに、まず国内外に知られている有名な盧溝橋を見学した。北京西南約十五キロメートルにある盧溝橋は、金時代の大定二十九年（西暦一一八九年）より建設が始まり、同じく金時代の明昌三年（西暦一一九二年）に完成した。北京地区に現存する最も古く、最も勇壮な、アーチの連なった石橋である。盧溝橋は盧溝河（現在は永定河）をまたいでいることからその名が付いたもので、かつては北京を出入りする交通の要所の一つだった。そして、盧溝橋はまた、英雄の橋でもある。一九三七年七月七日、ここで国内外を震撼させた「盧溝橋事変」が勃発した。中国人民の日本の侵略者に対する全面抗戦への第一声が鳴り響いたのである。小泉首相は「盧溝暁月」という御書〔皇帝の書〕を彫った碑や、弾痕の残る石獅子を神妙な面持ちで見つめていた。

その後、中国人民抗日記念館を参観した。小泉総理は記念館の大ホールに入り、中国人民が抗戦する雄姿をかたどった巨大な彫像に花輪を供えた。花輪に下がったリボンには、「祈求永久和平世代友好　日本内閣総理大臣小泉純一郎」と書かれていた。小泉首相は花を捧げた後、頭を垂れて黙とうした。そして、記念館の陳啓剛館長に案内され、記念館の第一、二、三展示館及び日本軍暴行館や人民戦争館を見て回った。陳館長は小泉首相に、南京大虐殺、大掃討、「三光」政策、万人坑、細菌戦、強制労働など日本軍の様々な暴行について、また、八年抗戦での中国の軍隊や人民の血を浴びるような奮戦、世界の人々の中国人民への公正無私の支援について説明した。小泉首相は真剣に耳を傾け、時折うなずいていた。見学終了後、小泉首相は筆をとり「忠恕」の二字を揮毫し、『論語』の中で曾子が『夫子の道は忠恕のみ』と言っている」と述べた。その言葉に含まれた意味は、日本人は、中国人民があの戦争中に受けた苦しみを理解し、誠心誠意相手の気持ちを尊重するというものである。

中国人民抗日戦争記念館を離れる時、小泉首相は記者に次のように話した。「本日盧溝橋を訪れたが、ここは以前から来たいと思っていた。私は歴史が好きで、よく歴史書を読むが、今日、記念館を見学する機会を得、当時の戦争の悲惨さを再認識した。あの侵略戦争で犠牲になった中国の人々に心からのお詫びと哀悼の意を表する」。彼は更に、日本は過去の歴史を見つめ反省しており、歴史を教訓として平和発展の道を歩み、国際社会との協調と協力を堅持していく、と述べた。

同じく『論語』から出た中国の昔からの教えにいわく「言必信、行必果〔言った以上は必ず実行し、行う以上は断固としてやる〕」というものがある。日本にも同じような意味の言葉がある。「信は万事の本」。世の人々は、小泉首相が抗日戦争記念館での約束を守るよう期待している。

（二〇〇一年十月九日掲載）

人生物語

人生物語

人生物語

北島さんの心を点した「あかりの花」

孫東民

風光明媚な伊豆半島に住む若い母親が、家庭の崩壊により世間の冷たさを感じ、一時は死を覚悟した。そんなとき、一篇の古い中国の民話が彼女に自殺を諦めさせ、生き続ける力を与えた。

三十四歳の北島トシエさんは二児の母。結婚後、夫とうまくいかず、四年前に離婚した。つらく悲しい日々に耐えきれず、自らの命を絶つことを決めた。子どもたちに残す遺書として、北島さんは以前に読んだ「あかりの花」という民話を思い出し、幼い二人のわが子にそこから幸せを見つけてほしいという思いを込めて、それを日記帳に書いた。

「あかりの花」は中国の民話である。昔、働き者の若者の流した汗が石の上に落ちて、そこから一本のユリの花が生えた。若者がユリの花を家に持ち帰ると、ユリの花は毎晩、あかりの下で竹かごを編む若者に美しい声で歌を聞かせた。ある晩、あかりの灯心が大きく揺らめき、ぱっと赤い花になって開いた。そのあかりの花の中から美しい娘が現れた。ユリの花はいつの間にか消えていた。娘と若者は夫婦になった。若者が畑を耕し、娘が刺繍をさし、二人は幸せに暮らした。ところが、暮らしに少し余裕が出てくると、若者は毎日毎日ぶらぶら遊び歩き、飲み歩くようになった。ある夜、ふいにあかりの灯心がきらめき、ぱっと赤い花になって開き、中から金鶏鳥が現れた。金鶏鳥は花から飛び降りると、悲しそうな娘を背中に乗せてさっさと飛び立った。その後若者は自らの欠点を改めたため、善良な娘はまた彼のもとに戻ってきた。

民話を書いていた時、北島さんは言いようのない感動を覚え、途中でペンをとめた。この民話は子どもにだけでなく、自分自身にも幸せになる道を教えてくれている、と悟ったのだ。「せっせと働けば、きっと報われる。暮らしが豊かになっても、無駄遣いをせず、節約をしなければならない。本当の幸せは毎日の平凡な生活の中にあるのだ」。こうして、この民話は北島さんに自殺を思いとどまらせた。それから北島さん一家は、この民話を支えに、「こつこつ働けば、きっと幸せの扉を開けることができる」と信じて、地道に働いて暮らした。

偶然にも、このことが日本の中国大使館に伝わり、大使館員は北島さん一家を大使館に招待した。大使館員はまだ小学校に通っている高広くん、明子ちゃん兄妹に、よく勉強をし、お母さんを大事にするよう励ました。またしっかりと子どもを育て、強く生きていくよう北島さんを激励した。さらに、大使館員は詩を書いて北島さんに贈った。「人間勤勉幸福来、灯花喜為勤勉開。莫道巾幗無大志、孟岳賢母育英才」〔人の世は勤勉に働けば幸福がやって来る、灯花は喜んで勤勉な人のために開く。女性に大志がないとなどと言ってはいけない、孟母や岳飛の母は英才を育てたのだ〕。符浩大使はまたこの民話が掲載されている本を一冊、記念に北島さんに贈った。

一篇の古い民話が二人の子を持つ母親を救ったのだ。父親のいない「母子家庭」の「人生の支え、指針となったのは中国の民話だった」。このことは伊東市で美談として広く伝わった。地震が頻発する伊豆半島で地震雲の研究にも携わっている辻村年雄さんは、この話を聞くと、民話を探し当てるために歩き回った。秦野市図書館の職員は日曜の休みを返上して、八万冊の図書から苦労してこの民話を見つけた。

中国の人々との交流は、北島さんとその周りの人をさらに感動させた。先に華国鋒総理が訪日した際、北島トシエさん、辻村年雄さん、そして高広くんと明子ちゃんを教える田中次恵先生は、心をこめて作った木の船の模型を、中国大使館を通じて華総理に贈った。船に「中日友好、海渡不滅」という八文字を書き込み、両国関係の順調な発展を願う気持ちを表した。

七月二十日、北島さんは「人民日報」編集部宛てに、家族と中国の人たちと一緒に撮ったカラー写真を同封して、一通の礼状を送った。「中国の人々の心温まる行動は、伊東市民の間で話題となり、未来を担う子どもたちによい影響を与えている」、「中国のみなさんと付き合う中で、中国の素晴らしさとその悠久の歴史を一層感じるようになった」、また、一日も早く憧れの中国を訪れたい、中国のみなさんに感謝しているという気持ちを新聞社を通じて伝えてほしい、と北島さんは手紙に書いたのだった。

（一九八〇年七月三十日掲載）

国境を越え　いま、咲きほこる『あかりの花』

あとがき

「北島さんの心を点した『あかりの花』」という記事は、中国の民話が日本人女性北島トシエさん母子三人の命を救ったという実話を紹介した。北島さんの努力の精神に人々は関心を寄せ、深い同情を寄せた。中国の読者は次々と北島さんに慰めと励ましの手紙を送り、温かい気持ちを伝えた。

（一）

「あかりの花」は北島さんの心を明るくしただけでなく、中国の読者の心をも明るくした。

大連に住む女性は心をこめて手紙を書き、新聞に掲載された北島さん母子三人の写真を封筒に貼って伊東市に郵送した。詳しい住所が書いていないこの手紙を預かった伊東市郵便局員は手を尽くして手紙を北島さんに届けた。手紙には「私の状況はあなたとよく似ている。ちょうど私が悩んでいる最中に、あなたが苦しみとの闘いに勝ち、子どもを育て、強く生きているという記事を読み、大変感動しました。あなたを尊敬します」と書いてあった。

ある上海の読者も北島さんに手紙を書いてきた。自分は結婚して三年になるが、「いろいろな事情があって、夫婦仲が次第に冷めた」が、北島さんの境遇を知り、その努力の精神に強く感動し、「夫婦で何回もじっくりと話し合い、互いの理解が深まり、妻とのわだかまりも解けました。これはあなたのおかげです。あなたに手紙を書いたのは、あなたを慰めたかったからなのですが、あなたにぜひお礼も申し上げたかったのです」。

日本では、朝日新聞、東京新聞、神奈川新聞と婦人生活などの新聞や雑誌に人民日報の記事が転載された。婦人生活十一月号は、「国境を越え　いま、咲きほこる『あかりの花』」というタイトルの文章に、「母子を絶望の淵から甦らせ、生きる希望を与えた一篇の中国民話『あかりの花』は「人々の心に愛の光を点した」と書いた。

「あかりの花」は苗《ミャオ》族の民話で、中国の少年出版社一九五六年出版の『龍牙顆顆釘満天』に収録されている。国立民族学博物館の君島久子教授によって日本語に翻訳され、日本の童心社が出版した『世界むかしむかし』に編入されている。

自分の翻訳した民話が思いがけず母子三人の家族を死の淵から立ち戻らせたことを新聞で知った君島教授は、大変喜び、わざわざ大阪から伊東市に駆けつけて北島さん母子に会った。中国の民話の研究と翻訳に携わって三十年近くになるが、自分の訳文が三人の命を助けたなどというのは初めてだ、中国の民話にこんなに大きな力があるとは思いもよらなかった、と君島教授は述べた。


（一九八〇年十月二十八日掲載、「灯花」結出友情果）

（二）

一九八〇年十月、北島さんと子どもたちは中国民間文芸研究会の招きを受けて中国を訪問し、中国の人々に温かく迎えられた。中国は土地が広いだけでなく、人の心も広い、と北島さんは感じた。素朴で無口なこの女性は、自分の気持ちを上手に表せなかったが、何度も感激の涙を流した。

十月八日、北島さん母子は一緒に来た日本「あかりの花」愛読者訪中団のメンバーと人民大会堂に入った。中国婦人連合会主席、中国人民保健衛生児童全国委員会副主席の康克清さんはここで一行に会った。高広くん、明子ちゃんは、康克清さんのために『ふるさと』などを歌った。子どもの好きな康克清さんは、北島さんは自らの意志で不幸を乗り越えた強い女性だと称賛した後、中国の民話が海を隔てた日本で人の役に立ったことは嬉しい、と述べ、両国の人々が協力して、「あかりの花」を更に美しい友好の花に変えていこう、と期待を述べた。

北島さん母子と「あかりの花」愛読者訪中団のメンバーは北京で天安門、故宮、万里の長城などの名所旧跡を見学し、大学や幼稚園、少年宮も見学し、さらに民間文芸研究会などと交流会を開いた。中国訪問中、一行は、中日両国の切っても切れない歴史的な関係を身にしみて感じた。「お豆腐は日本固有のものだと思っていたが、中国に来て、はじめてこれも中国から伝わってきたのだと知った」と北島さんは笑って話した。

十歳になる明子ちゃんは北京の感想を話した。「家族に希望をくれた『あかりの花』の国に来て、新しい発見が毎日たくさんあった。ここの人たちはとても優しい、このような優しい人のいる国だからあのようなお話があったのだと思う。北京を離れるのはつらいけれど、これからが楽しみです。私たちはお話の中のユリのように、心が綺麗で、優しくて、強い人間になって、日本と中国がいつまでも仲良くしていけるように何かをしたいです」。

（一九八一年十月十二日掲載、「灯花友誼満北京」）

地球の屋根に立った女性

閻乃華

地球の屋根――チョモランマの山頂に登る人と言えば、がっちりとした体格で、足腰の強い男性を想像するだろうが、一九七五年五月十六日に奇跡が起こった。ほっそりとして、静かな性格の日本人主婦、田部井淳子さんが、ただ一人で南東コースから海抜八八四八メートルある世界の最高峰――チョモランマ峰に登頂し、「世界最高の女性」の称賛を得た。ところが、田部井さんはこれで満足したわけではなかった。続いて今年四月三十日、中国側の協力者二名のサポートを得て、酸素を使用しないまま、再度中国のチベット境内にある海抜八〇一二メートルのシシャバンマを征服した。これで田部井さんは、外国の登山家の間で「神秘の山峰」と呼ばれる山に、はじめて女性の足跡を残して、八〇〇〇メートルを超える二つの山に登頂した世界唯一の女性登山家となったのである。

田部井さんが日本に帰るため北京を経由した際に、私たちは彼女の宿泊先に行き、世界中に名を馳せた女性登山家を訪ねた。ドアが開くと、小柄で、めがねをかけた中年女性が迎えに出た。私たちのいぶかしむ気持ちが表情にでたのだろう、彼女から、自分が田部井淳子だと名乗り出た。今年四十一歳、身長一五二センチ、体重四十三キロの田部井さんは、二児の母。一見してきゃしゃな体つきに見えるが、顔には凍傷の痕があちらこちらにある。日焼けした顔ときらきらと輝く目から、彼女の並ならぬ経歴と登山者としての頑強で剛毅な性格がうかがえる。早くも五〇年代、田部井さんはまだ中学生のときから登山愛好者だった。彼女は多くの日本の山々に登った。また、六〇年代、ヨーロッパに遠征し、有名なアルプス山脈に属する三つの山に登った。去年はアフリカ最高峰――キリマンジャロ（五八九五メートル）に登り、険山を征服する熟達した登山技術をもっていること、危険にひるまない気概を示したのだ。

　シシャバンマ登頂の過程を聞かれると、今回成功できたのは七〇パーセントが中国の皆さんのおかげだ、中国人スタッフの協力に感謝する、と田部井さんは何度も謝意を述べた。日本を出発する前、今回の登山について不安が多くあったが、中国に来てから、中国のスポーツ界の関係者から心温まる支援を受けた。一九六四年にシシャバンマを初めて征服した登山チームの許競隊長をわざわざ案内役兼通訳として、また、サポート役に登山家の仁青平措さんと加布さんを派遣してくれた。彼らはシシャバンマの気象状況や地理状況に詳しく、主峰にアタックするのに一番よい時期を選んでくれた、と田部井さんは言う。四月二十八日、田部井さんと北村節子さんは六六〇〇メートル地点にある四号キャンプから更に上に向かって出発し、七三五〇メートル地点に着いたとき、高山病で、北村さんは体力が続かなくなってしまった。田部井さんは一人で進み、七七〇〇メートルの地点にアタック・キャンプを作った。三十日朝、田部井さんと中国側の協力者は山頂アタックを開始した。氷は固くて滑る、その上、酸素と食糧を持っていない。そのような状況下において、彼らは助け合いながら、必死によじ登っていった。午後二時ころ、彼女はとうとう登頂に成功した。高く聳《そび》え立つシシャバンマは、この不屈の女性に頭を低くしたのだ。田部井さんと仁青平措さん、加布さんは、中国と日本の国旗を山頂に立て、中日両国人民とスポーツ選手の間の深い友情を示したのだ。

　なぜこれほどまでに登山に熱意をかけるのかと尋ねると、田部井さんは次のように答えた。山に登ることは、体を鍛え、意志を磨くだけでなく、それを通じて各国の風俗習慣を知ることもできるし、各地の美しい景色を観賞することもできる。もちろん、危険や困難と背中合わせのスポーツであることは言うまでもない。本田技研工業に勤める彼女の夫も登山愛好家で、二人は登山を通じて知り合い、一九六七年四月に結婚。ハネムーンは日本の山々を登る中で過ごした。そのため、夫は彼女の登山活動に協力的で、二人の子どもの世話を積極的に引き受けた。八歳の長女教子ちゃんは電話でお母さんの登頂成功の知らせを聞き、飛び上がって喜んだとか。

中日両国の人民の友情と登山界の交流を深めるために、将来的には、日中女子共同登山チームを結成して、中国で、前人未到の処女峰に挑戦したい、と彼女は夢を語った。

（一九八一年七月二十二日掲載）

人生物語

残躯永く抱く明倫の志

——日本の漢学者諸橋轍次博士

孫東民

世事茫々八十年、浮沈栄落似雲煙。如今三樂嗟何及、蘭菊盈門尚競妍。

流水高山聞遠韻、人心天理奈真縁。残躯永抱明倫志、不倣壺中方外仙。

〔世事茫々八十年、浮沈栄落雲煙に似たり。今三樂ああ何ぞ及ばん、蘭菊は門に盈ちて尚妍を競う。流水高山遠韻を聞くも、人心天理真縁を奈かんせん。残躯永く抱く明倫の志、倣わず壺中方外の仙〕

これは近代日本の著名な漢学者諸橋轍次博士が八十歳の誕生日に書いた漢詩である。学問研究や人生で幾たびもの浮き沈みを経験したあとに発せられた感慨であり、その志を表明した詩でもあった。諸橋博士は小さい時から体が弱く病気がちだったが、志を変えず、倦まずたゆまず漢学を研究してきた。彼の言う「明倫志」は、即ち「一生、漢字文化の理解と普及に努める」という意味であり、「残躯永抱明倫志」は、固い意志をもって学問研究に臨んできた諸橋博士の生涯を映したものといえよう。

昨年十二月八日、諸橋博士は九十九年と六ヶ月の生涯を東京の新宿の住まいで終え、この世を去った。日本の漢学者たちは相次いで弔意を表し、マスコミもその生涯を広く報道した。駐日中国大使館は鄭重に弔電を送り、中日の文化交流に貢献したこの学者の死を悼んだ。

諸橋博士は漢語、漢字研究において、驚くべき業績を残した。彼は漢詩に長け、中国の経、史、子、集を広く読みあさり、造詣が深い。わけても、諸橋博士の名を聞けば、なんと言っても真っ先に漢和辞典を思い出す。彼が三十五年間、精魂を尽くして編纂した『大漢和辞典』は、日本で文化勲章を受賞している。

諸橋博士はいかにして漢学者となったのか？　一八八三年六月、彼は新潟県下田村にある教育者の家に生まれた。父親は生涯漢学を大変愛好し、息子が漢学者になるよう強い期待をかけた。「轍次」という名も、宋の時代の文学者蘇轍への敬慕から、その名に因んで、息子につけた名前だった。父親の指導のもと、轍次は五歳から『三字経』を習い、七歳から四書五経の素読を教わり、十四歳から静修義塾に三年間通い、漢学を専門に学んだ。東京高等師範学校卒業後、更に中国哲学と文学を学ぶため、中国留学した。留学中は、当時北京大学学長であった蔡元培氏の世話になり、馬叙倫、沈尹黙、胡適、周作人などと詩詞の唱和もした。膨大な数の書籍を読みふけるうちに、日本人が中国文化を理解するために役に立つ辞典があれば、と痛感した。彼の考えは大修館出版社社長鈴木一平氏の賛助を得て、一九二五年から、全二巻の漢和辞典の編纂作業を始めることになった。

研究分野で大きな成果を出すには、献身的な精神で臨まなくてはならない。諸橋博士も漢学の研究のために、一生涯の力を注ぎ尽くした。辞書編纂の準備だけでも四年の歳月がかかった。漢学の名作を研究して積み重ねてきた数十種類の索引に加え、十三経、二十四史、老・荘・荀・韓などの諸子類および『楚辞』、『昭明文選』などにわたって広く資料を収集した。計二巻の辞典を編集するだけでは漢語学習時にぶつかる諸問題は解決し切れないと、集めた豊富な資料を見て彼は思った。そこで、大修館の賛同を得て、全十三巻の『大漢和辞典』を出版することになった。一九三四年になると、親字の漢字が六万字、熟語数百二十万語を選び抜いた編集をほぼ完成した。

『大漢和辞典』の編集のために、諸橋博士は精魂を傾けて働いた。毎日明け方四時には起床して、机に向かって筆を走らせ、編集に没頭した。彼自身の言葉を借りると、まさに「披芸林榛莽、拾辞海遺珠（芸林の榛莽を披き、辞海の遺珠を拾ふ）」だった。長い間積み重ねられた疲労で、彼の体は日ごとに弱まり、肺炎、肋膜炎などを患った。しかし、たとえ病中でも、彼は校正刷りを続けた。『大漢和辞典』はとうとう一九三七年に組版を開始し、一九四三年に第一巻を発行した。ところがこのあと、相次ぐ災難に見舞われた。一九四五年二月、空襲で火事が起こり、組み置き活字一万五千ページ分が瞬く間に焼かれ、その上、諸橋博士が数十年かけて集めた資料も灰燼に帰した。続いて肉体的な疲労と精神的なショックによって、還暦を超えた諸橋博士は、右目を失明、左眼もようやく明暗を弁ずる程度になってしまった。四人の有能な助手は、栄養失調と病気のため相前後して死亡した。それにもかかわらず、漢学に対する情熱と東洋文化を広めたいという使命感から、大変な苦痛にも耐え、大修館の支援のもと、再挙の決意を固めた。不幸中の幸いで、焼失を免れて残っていた一万五千ページの校正刷りをもとに仕事を再開した。志有る者は、必ず事を成す。三十五年間の苦労が実って、一九六〇年には、なんと五千万字にのぼる『大漢和辞典』がとうとう世に出されたのである。

『大漢和辞典』は全十三巻、一万五千ページ。採録された親字は四万九千七百、熟語数は五十二万六千五百ある。親字は『康熙字典』よりも多く、熟語数は『佩文韻府』を超えている。内容が豊かで、諺から人名まで、文学から宗教まで、幅広い内容を収集してある。文字、語彙について詳細に注釈を付けたばかりでなく、典故をもって大量に引証している。なんと膨大な仕事量であることか、またどれだけの精力を尽くしたことだろうか！　辞典の出版が、日本の漢学研究者に与えた裨益は計り知れない。日本ペンクラブ井上靖会長は次のように述べた。『大漢和辞典』をめくっていくと、「あたかも諸橋さんに連れられて中国文化を散歩するような心持ちだ」、「哲学の講義を聴き、宗教の講義を聴き、生活の講義を聴き、植物の講義を聴き……」。

百歳近くまで生きたこの老人は一生、学問の研究に力を注ぎ、厳しい学術研究態度を貫いた。『大漢和辞典』のほかに、七十八歳の時から二十年かけて、漢学者鎌田正氏、米山寅太郎氏などと有名な『広漢和辞典』（全四巻）を編集した。また昨年九月、九十九歳という高齢の諸橋博士が、孔子、老子、釈迦の思想を紹介する『三聖会談』を著わした。一生のうち、諸橋博士は合わせて十三回中国を訪れた。昨年八月、中国訪問から戻った弟子の鎌田正教授に対し、また中国に行ってみたいと話したという。

漢学の一代を築いた偉人が世を去った。しかし、彼は東洋文化を伝える輝かしい著作を数多く残してくれた。中日の文化交流のかけ橋を残してくれた。また友好の足跡を我々に残してくれた。彼は永遠に人々の心の中に生き続けるであろう。

（一九八三年一二月六日掲載）

人生物語

「橋を架ける人」風見章先生

孫東民

この秋行われた、中国と日本の若者によるこれまでにない規模の交流活動は、両国の人々が手を携えて二十一世紀に向けて邁進するための金のかけ橋となった。しかし、中日の友好関係が今日までに発展するのは決して容易いことではなかった。それは中日友好の橋を架けるため、地道に努力してきた先人たちが骨を折り、汗を流したからこそ叶えられたものである。先駆者の列には、日本の政治家、風見章先生がいた。まだ中日関係が低迷していた五〇年代から、両国関係の正常化を実現するため、風見章先生は正義感に基づく公正な言論を発表するため奔走した。周恩来総理は中日友好に対する彼の貢献を高く評価し、「中国人民のよき友」と称えた。

風見章先生は一八八六年二月に茨城県水海道市高野町に生まれ、学生時代、黄興や孫文が東京で結成した中国同志会に賛同した。早稲田大学卒業後、信濃毎日新聞に入社し、主筆を五年勤めた。自らの安全を顧みず、民衆の声を代弁して、「赤い社説」を書くことで名を知られていた。一九三〇年、政界入りしてからは、国会議員に連続して当選した。

三〇年代から第二次世界大戦が終了するまでは、日本軍国主義が横行した時代だった。一九三七年六月、歴史の流れの中で、風見先生は政府の中枢的地位に押し上げられ、第一次近衛内閣書記官長に就任した。「農村貧困の打開、日中間の戦争不拡大」という願いを持って入閣したが、一ヶ月も経たないうちに、日本軍による世界を震撼させた盧溝橋事変や、同年十二月、更に残酷を極めた南京大虐殺事件が起こり、風見先生はこれらの出来事のために迷い、悩み苦しんだ。友人の須田禎一氏の著書によると、海の向こうで中国の民衆が流した血が川となっていたとき、日本国内では「祝勝の旗の波がわきかえ」った。その夜、風見先生の頬はいたましくやつれ、戦勝とはうらはらの沈痛さを見せていた。彼は杜甫の『兵車行』を読んだ。その後、彼は政界の軋轢で意気消沈し、一種の挫折感を胸に、一九四二年に政界を離れて、故郷に戻った。

戦後、中国の駐日代表部にいた謝南光氏との偶然の出会いが、彼の後半の人生を変えた。彼は在日中国人陳輝川氏の橋渡しで謝南光氏と初会談をした。陳輝川氏の回想によると、風見先生は、中国に申し訳ないことをしたので、中国の人々に許してもらえるかどうか不安だった、という。謝南光氏は熱心に中国人民革命の過程と新中国の対日方針を説明し、中国人民は過去の恨みつらみを捨てるものであるから、中日友好のために尽力して欲しい、と彼に話した。還暦を過ぎた風見先生はその言葉を聞いたとき、流した涙で胸元を濡らした。その後、何度も講演会を開き、新中国の政策を宣伝した。彼の行動は、当時、一部の人を驚かせた。

一九五二年、引退から十年、風見先生は再び政界に戻る決心をし、戦後日本の初めての選挙で再度国会議員に当選したのである。「日本と中国の間に橋を架けたい」と彼は志を立てた。中日貿易の道を開くため、石橋湛山、村田省蔵、西園寺公一、帆足計ら諸氏と共に、一九五一年一月に国際経済懇談会を結成し、更に第一次中日貿易協定の締結、日中貿易促進会の設立および日中友好協会の創立などにおいて、重要な役割を果たした。

風見先生は責任感が強い。過去を隠さず、潔く自己反省をした。一九五三年九月、日中貿易促進議員連盟のメンバーとして中国を訪問した。解放後の新中国人民の誇らしげな態度に感心すると同時に、先の侵略戦争を恥じ入った。中日貿易の道が切り開かれると、日中関係は貿易の拡大にとどまっていてはいけない、日中両国の戦争状態を終わらせ、国交正常化の回復という大きな懸案を一日も早く解決すべきだ、と彼は考えるようになった。一九五四年十月、風見先生、南原繁、中島健蔵ら諸氏が発足させた日中・日ソ国交回復国民会議、また一九五七年に発足させた日中国交回復国民会議のいずれにおいても、風見先生は亡くなるまで理事長を務めた。

初期の中日友好活動は抵抗勢力を押し切って進めてきた。一九五八年、日本政府当局は中国を敵視する政策を採ったため、両者の往来は一時途絶えた。風見先生が率いる「日中国交回復国民会議」は中日友好の旗を掲げ、他の友好団体と共に、様々な形の抗議活動を行なった。同年七月、風見先生は中島健蔵、伊藤武雄、細川嘉六ら諸氏と連名で、有名な「日中反省の書」を発表した。文書の中で、「我々は過去の侵略戦争によって中国人民に与えた絶大な苦痛を忘れることはできない」と述べた。

一九五八年九月、風見先生は訪中団を率いて、彼の最後の中国訪問をし、中国人民外交学会と共同コミュニケを発表した。そこでは、過去において、日本人民が日本帝国主義によって発動された中国人民に対する侵略戦争を阻止できなかったことについて、再び謝罪し、日本はアジアの各民族と平和共存することこそが、新しい時代に生きる日本民族の繁栄を図る唯一の道だと指摘した上、あらゆる人為的な障害を排除すること、「二つの中国」政策に反対することで、中日関係打開と国交正常化のためのより堅い連帯を誓い合った。これらの主張は、今日にいたっても、依然として輝きを失っていない。

一九六〇年十一月、風見先生は再度国会議員当選を果したが、一九六一年十二月二十日、病のため、七十五歳で世を去った。周総理、廖承志氏および中国の各民間団体は弔電を送り、深い哀悼の意を表した。命のつきるまで、中日国交回復のために努めてきた風見章先生が、順調に発展を見せる今日の中日関係を知ったなら、さぞ喜び安心するに違いない。

（一九八四年十一月十八日掲載）

中日友好のために人材を育てる
――松本亀次郎先生を偲ぶ

駱為龍

中国が激動の中にあった苦難の時代に、日本の有名な教育者であった松本先生は、ひたむきに中国人留学生の日本語教育に力を注ぎ、大勢の優れた人材を育てあげた。秋瑾女史、魯迅先生および周恩来総理は、いずれも彼の教えのもとで育った。

三月三十日、静岡県大東町において、松本亀次郎先生の記念碑除幕式が盛大に行われ、人々は教育者としての松本亀次郎先生を偲び、尊敬の念を胸に抱いて、あの困難な時代に中国と日本の文化交流を推進し、中日友好のために大きく貢献した先人の功績を追想した。

松本先生は一八六六年に生まれ、若いときから中国文化に興味を持っていた。一九〇三年、招聘に応じて東京宏文学院で、中国人留学生の日本語教育を始めた。さらに一九〇八年から一九一二年まで、中国の京師大学堂（北京大学の前身）に招かれ、北京で講師を務めた。辛亥革命以降に帰国してからは、東京府立一中の教師を務めながら、湖南省出身の在日中国人留学生の要請に応じて、授業以外の時間を利用して日本語講習会を催した。その後、松本先生は中学校の仕事をやめて、東京神田猿楽町で「東亜高等予備学校」を創設し、もっぱら中国人留学生の日本語補習に取り組んだ。『中華留学生教育小史』の中で、当時のことを次のように書いた。「東亜学校は、他の同種類の学校が漸く閉鎖するような状態に立ち至っても、独り隆盛を極め、創立以来、常に一千名前後の学生を収容し、其の上級の学校に入る者の成績も極めて良好で、内外の信用を博して来た……」。ところが、一九二三年九月一日、関東大震災が発生した際、東亜高等予備学校も、松本先生の住む家も、灰燼に帰した。厳しい災難に直面したが、彼は決してくじけず、怯まなかった。松本先生の血のにじむような努力の結果、四十日後には、廃墟の上に仮校舎が建て直され、授業を再開した。その後、資金難のため、学校はやむを得ず「日華学会」に併合された。一九三一年、日本が「九・一八」事変〔満州事変〕を起こす少し前に、高齢と体が弱いことを理由に、松本先生は教壇を去った。

敬愛する周総理が一九一七年の日本留学中に書かれた『雨中嵐山』という漢詩はよく知られているが、詩を書いた背景については殆ど知られていない。日本人の友人である松本洋一郎氏が本年四月に発表した文章によると、松本亀次郎先生は毎年中国人留学生を連れて「修学旅行」に出かけた。周総理が東亜高等予備学校で勉強をしていたときも、「修学旅行」に参加し、京都、奈良などを訪れたとされている。時期からすると、『雨中嵐山』は、その旅行のときの傑作だと考えられる。一九七九年、鄧穎超同志が日本を訪問したとき、松本先生の遺族の神谷孝平氏に会い、かつて周総理が松本先生に指導を受けたことについて感謝の意を伝えた。

革命烈士、秋瑾が日本に留学したときも、松本先生に日本語を学んだことがある。関係者の回想によると、秋瑾は一九〇四年、封建的な家庭の反対を押し切って、日本に渡った後、「実践女学校」に通いながら、中国人留学生会館で松本先生の日本語の授業を受けていた。日本にいる間、秋瑾は孫文が中心となっていた同盟会に参加して、浙江省分会会長を務めた。その後帰国して、革命活動に進んで参加し、一九〇七年に逮捕され、同年七月十五日に斬首された。一九三〇年に教育視察で中国を訪れた松本先生は、西湖畔に赴き秋瑾の墓参りをし、その日のことを日記の中で次のように綴った。秋瑾は「憲兵の拷問に遭った時、『秋風秋雨愁煞人』〔秋風秋雨人を愁殺す〕の七文字を書し、又他を言はずして従容死に就いた」。「予が明治三十八年（一九〇五年）の頃、駿河台の留学生会館に於て、日本語を教授した事がある。……彼女は毎日欠かさず通学してきたものである。応答ははっきりして居て、質問なども鋭い方であった。……今親しく殺害された土地の墓前に来て、当時を追想すれば、……女史の風采が脳裏に浮んで、感慨に堪へぬものがある」。

宏文学院で日本語を教えていたときは、浙江省クラスの留学生の「予備教育」を担当した。魯迅先生はそのクラスで成績が一番よかった。当時の魯迅はまだ二十歳前だが、漢文に関してはかなりの教養を持っていたのに感心した、と松本先生は書き残している。

松本先生が留学生教育に取り組んでいる間に、時代はすでに明治から大正、そして昭和へと変わっていた。時代が大きく変わった四十年間だったが、彼は中日友好のためという教育理念を忠実に貫いてきた。「東亜高等予備学校」を創設したときから、「予備教育」は、ただ留学生に言葉を教えるにとどまってはいけない、日本人の風俗習慣を知ってもらい、日本人の気持ちを理解してもらうのが大事だ、と松本先生は考えた。この間に日本では反中勢力が台頭して、中国に対して侵略戦争を起こしたが、中国人差別や、侵略戦争に対して、松本先生は断固として反対する態度を示した。

「九・一八」事変〔満州事変〕が勃発する前の年の四、五月に、松本先生は上海、杭州、南京、青島、大連などを訪れた。帰国後にまとめた『中華五十日遊記』と『中華教育視察紀要』は、いま、中日文化交流に関する貴重な資料として残っている。

激しく揺れ動く歴史の流れの中で、中国の人々は目を覚まし、行動を始めた。このことについて、松本先生は深い理解と共感を示して、『中華教育視察紀要』の結びの部分に次のように書いた。「民国（当時の中国を指す）は今や民族的に目醒め、『民国は民国人の民国だ、民国内に於ては、領土・法権・政治・経済・文化・教育の全般に渡り、他国の侵略を許さぬと云う思想』約言すれば『打倒帝国主義』なる思想は、可成り濃厚に行き渡り、殊に小中学生徒に対して、鼓励が最も能く行き届いて居る。此の時に当たり、日本人が、僅に一日の長を恃み、依然として日清日露両役戦勝の夢より目醒めず、『民国人は個人主義だ』、『国家観念が乏しい』、『全国統一など出来るものか』、『憲法政治など河清を待つの類だ』などなど言って、見くびって居たら、大間違いである」。

留学生の教育に関して、松本先生は明確かつ素晴らしい方針を持っていた。これは『中華留学生教育小史』から読み取ることができる。「最も多くの人の念頭に存する者は、日華親善の四字に在るものである。日華親善固より可であるが、予が理想としては、留学生教育は、何等の求める所も無く、為にする事も無く……」、その主な目的は、学生が「卒業後に帰国して、悠揚迫らざるの大国民と成り、私を棄て公に殉ひ、協力一致して、国内の文化を進め、統一を計り、内には多年の私争を熄め、外は国際道徳を重んじて、独り日本のみならず、世界各国に対しても睦誼を篤くし、厳然たる一大文化国たるの域に達せしめるが目的で、日華親善は、求めずして得られる副産物であらねばならぬ」ということであった。

当時の日本において、松本先生のように中国に対して友好的な態度で接するのはめずらしいことだった。著作が出版されてから、わずか二ヶ月後に、日本は「九・一八」事変を起こし、武力を行使して中国の東北地方を占領した。そのような情勢の中、彼は対中友好を主旨とした自身の著作を、中国侵略に向かった関東軍の司令官、本庄繁中将などに送って、「日本が中国の民族革命と反帝闘争に干渉するのは、百害あって一利なし」と再三警告した。

日本が全面的な中国侵略戦争を発動してからも、松本先生は自らの立場を堅持した。彼は公の場でも、この戦争は間違っている、と戦争を批判し、中国人民は決して屈しないだろう、とはっきりと言い切った。そのため、彼は「反軍主義者」と見られ、一九四五年九月十二日に亡くなるまで、日本の特高警察に監視されていた。

松本先生が逝去してはや四十年。今日では、戦争で中断された両国留学生の交流が再開したばかりでなく、その発展は急速で、勢いのある成長ぶりを見せている。中日両国の友好協力関係が進展するにつれて、文化領域における両国の交流も華々しい時代を迎えつつある。松本先生が一生追い求めた理想は、今日、すでに現実となったのだ。往事を振り返ると、人々は一層、松本亀次郎先生が偲ばれた。中国と日本の間に、松本先生のような中日友好のために絶えず努力をしてきた大勢の人々が存在するが故に、中日友好の輝かしい今日が築かれたのである。彼らを偲ぶのは、中国と日本の友好を更に新しい段階に押し進めていくためなのである。

（一九八五年七月十四日掲載、本文は一部削除あり）

人生物語

八路軍の日本兵たち

趙安博〔中日関係史研究会副会長〕

抗日戦争と反ファッショ戦争勝利四十周年記念に、『八路軍中的日本兵〔日本書名は『八路軍の日本兵たち』〕』という本が解放軍出版社から出版される。これはまさしく意義深いものである。

この本は一九四五年「八・一五」の日本投降後、延安から日本に帰った香川孝志氏と前田光繁氏が共同で著したものである。この本は昨年東京で発行されてから、広く好評を博している。多くの人が、特に中日友好に携わっている人々が争って読む、一刻も早く手に入れて読んでみたい本である。この本を読んで、私も四十数年前の戦争中の宝塔山下で日本労農学校の学生たちと過ごした日々を思い起こさずにはいられなかった。

抗日戦争中、わが党の敵軍対策は正しく、大きな効果をあげ、成功を収めた。わが党は武器を捨てた日本兵の教育において、世界の戦争史上まれに見る奇跡を起こした。「日本労農学校」は党の敵軍政策の具体的な成果だった。この学校は王稼祥氏が主任を務めた総政治部が主に管理した。当時、日本共産党の指導者だった野坂参三氏が校長で、私は副校長だった。本書の作者、香川、前田両氏は、抗日戦争初期に八路軍にやってきた。前田氏は一九三九年十一月に最も初期の反戦団体「日本兵士覚醒連盟」を設立し、香川氏は後に労農学校の政治教員となった。このような事情により、彼らは当時の状況についてとても詳しい。

作者は本の中でまず日本兵が受けた日本ファッショ教育の欺瞞について述べている。一般に日本兵は小さい頃から皆「富国強兵、忠君愛国」教育を受けており、「戦前の日本軍の兵士にとって、交戦中の敵軍の捕虜になることは、最大の恥辱とされていた」「生きて虜囚の辱めを受けるより、死んで護国の鬼となれ」と思いこんでいたという。これについては、聶栄臻氏がかつて『首戦平型関』の中で、日本兵は「長期の訓練を受けているので精神が相当麻痺しており、頭の中を占めているのは、どのようにして中国を侵略するかということだけなので、残ったのがたった一人でも、なかなかしぶとい」と述べている。

このように、抗日戦争初期に、八路軍、新四軍が、華北・華中で何度か戦勝した際、殺傷した人数は多かったのに捕虜が思いのほか少なかったのは、捕虜の日本兵はあらゆる方法を講じて逃亡や自決をする者が多かったからだ。

『八路軍中的日本兵』は作者自身の体験を通じて、党や軍隊に対する考えなどから書き始められ、彼らが教育を受け、侵略戦争に反対し始め、平和、民主、中日友好のために努力するようになる過程が書き進められていく。

香川氏は書中、「そのときまでに、我々の気持ちや感情の変化をうながした大きな要素は、我々の接したかぎりの八路軍兵士の誠実で親身な態度であった」と書いている。山西省東南の八路軍野戦司令部から延安に来る途中、彼らは八路軍の厳しい規律や軍民の良好な関係を知った。前田氏は、彼が八路軍に参加した感想を述べる。彼は、「八路軍という軍隊は他に類例のない、まったく不思議な軍隊であった。いったんそのなかに入れば、その作風は人を魅惑し、離れがたくしてしまう軍隊であった」という。

『八路軍中的日本兵』を読むと、革命理論を学ぶことが、武器を捨てた日本兵の世界観を変えるのに大きな役割を果たしたことが分かる。香川氏は、彼は毛沢東主席の『持久戦を論ず』を読んだ後、このような卓越した思想家がいるとは思いもよらなかったと非常に驚いたという。前田氏も河上肇及び早川二郎が著したマルクスレーニン主義についての著作に感動した。香川氏は一年間に、何思敬教授の社会発展史や王学文氏の政治経済学講義など、二十万字を記録し、清書した。彼はこの教材を大切にした。そして一九八〇年五月、教材原稿を王学文氏に送った。王学文氏はこれを中国語に訳してもらい、『社会科学基礎知識』という書名で出版した。この本の序文で、王学文氏は特に「この記録原稿は……中日両国人民友好の証である」と述べている。

『八路軍中的日本兵』には広範な内容が書かれている。労農学校学生の学習や課外生活から、敵軍対策の進展についてまで記述がある。特に、一九四二年八月に、延安で開かれた「全華北反戦団体大会」と「華北日本兵士代表者大会」という二つの大会について述べている。当時、華北には八つの日本人反戦団体があったが、討論の結果「日本人反戦同盟華北連合会」に合併された。日本兵士代表大会は全部で十九の日本部隊の、一部の兵士及び下士官が参加した。書中に指摘のある通り、この二つの大会の召集は、「華北における反戦運動の発展にとって大きな推進力となった」。八路軍総政治部一九四〇年七月敵軍対策についての「指示書」の精神を体現し、日本兵の切実な願いに基づき、彼らの受け入れられる、行動できるスローガンを出した。日本兵代表大会が提出した「兵士の要求書」は我々の敵軍対策に更なる展開を見せた。『八路軍中的日本兵』を読むと、当時の革命家の崇高な風格や彼らの日本人生徒に対する思いやりがうかがえる。これらの日本人が後にどのようにして中国の若者や学生と友情を結んだかがわかる。

また、『八路軍中的日本兵』は、当時の国際情勢、例えばスターリンのソビエト軍の反撃、日本軍隊の太平洋ソロモン諸島での惨敗、イタリアファシズムの投降などと結びつけ、日本軍の士気が日増しに衰え、戦闘力が急速に低下していった情況を説明している。これらは読者を引き込む論述展開だ。

胡燿邦総書記が一昨年日本を訪問した時に、「中日両国の対立、敵対した時代は我々の世代で終わった。中日間においては、すでに『平和友好　平等互恵　相互信頼　長期安定』の新しい関係が樹立されている。しかし、歴史は忘れてはならない。日本の若者がこの歴史を理解する必要があるだけでなく、中国の若者もこれを知る必要があり、それにより両国人民は自信を持って中日友好を二十一世紀まで推し進めることができる」と述べているが、『八路軍中的日本兵』はこの面において、疑うべくもなく、読む価値のある、大変意義のある本である。

（一九八五年九月一日掲載）

人生物語

東山魁夷画伯の道

――『探索日本的美』を読んで

李瑛〔詩人〕

一九七八年、東山魁夷先生が北京に来て作品展を開いた時、私は三回も見に行った。日本的情調に溢れた作品の、シンプルながらも豊かな美感に深く感動させられた。絵を見て、この絵の制作者はなんと崇高な精神的世界、素晴らしい情感、人格的な魅力に富んだ日本の芸術家だろうと感じ、その人物に会ってみたいと思った。それ以後、絵の中の山水、草木、そしてそれらを育成した太陽や月、大地は、独特の音と色とリズムをもって、常に私の目の前に浮かび、一つの清純な世界を作り出していた。

一九八六年、東山先生と夫人が中国を訪問した際、私はこの芸術の巨匠に会う機会を得た上、大型画集までいただいた。この画集は今も大切にしている。その後、私は雑誌「人民文学」に『詩美』と題する詩を発表し、東山先生への崇敬の心と彼の絵に対する敬服の気持ちを表した。

一九八八年、招かれて日本を訪れた際、奈良の唐招提寺へ行き、先生が十年の歳月をかけ、心を込めて完成させた障壁画を見た。『山雲』、『濤声』に心が震えた。そこで、私は東京に戻ってから再び東山先生を尋ねた。先生との間に真摯な友情が生まれたのはその時からだった。東山先生は寛大で温かい先輩である。私は心底、先生の絵画に敬服し、その人となりを尊敬している。

周知のとおり、東山先生は世界的に名を知られている日本の風景画家であるが、そのかたわらで、エッセーの創作も続けていた。ただ、先生は絵のイメージがあまりにも大きいため、そのエッセーは往々にして絵の陰に隠れ、注目されないというきらいがあった。私自身も先生の絵を見てからはじめてその経歴を知り、四苦八苦して探し当てた彼のエッセーの中国語訳本を読んだのだ。絵の制作と平行して、先生はすでに詩情画意の溢れたエッセー集を幾冊も出版しているということも後で知った。井上靖先生が小説を書く一方、日本の伝統の深層に秘められた優れた気質、深い思想的涵養と強い芸術的魅力を表した詩を書いていたのと同じである。最近、唐月梅さんによって中国語に翻訳された東山先生のエッセー集『探索日本的美』(中国青年出版社出版)を読むことができ、大変嬉しく思った。懐かしさと尊敬の気持ちを抱きながら、丁寧にその本を拝読した。私にとって、まさに一種の幸せであり楽しみであった。

東山先生の絵には言葉では語り尽くせない絶妙な素晴らしさがある。その絵を読みとるとき、先生が筆を走らせて描き出した優美な世界に傾倒せずにはいられなかった。そこから自然の変化、色彩や光と影の変化を楽しみ、人と自然との結びつきを悟り、彼が魂の奥深いところで世界と対話しているのに耳を傾けることができる。彼の絵の世界は、見渡せないほど雄大で、また果てしない静寂の世界である。清幽で、シンプルで、柔らかくて美しい世界であり、強い生命力の躍動する、万物が生き生きとした世界でもある。日本民族特有の侘び寂びを好む伝統的な性格と物静かな気質を東山先生も持っていた。生活の中の先生は、謙虚で優しく、実直で温かく、素朴である。世俗に流されず、華美を好まない。友人や周囲の人に対して常に寛容で、気さくで、思いやりがある。すでに八十歳という高齢にもかかわらず、赤子の心、愛と美に充ちた詩人の心を失わない。ある時、先生は自宅に、中国から来た文芸界の友人を招待した。歓迎の意を表すため、客が通る閑静な庭の木々の間の小道に数葉のもみじを散らした。このようなことにも、自然を愛する先生の気持ちが表れていた。豪華なじゅうたんを敷くより、はるかに詩的で自然な趣きがあり、純朴で心がこもっており、より感動的ではなかろうか。東山先生はこのように穏やかで温かい雰囲気の中で、調和を追求していた。また美を追求し、発見し、作り出していたのだ。慈愛溢れるこの芸術家は、自らの生命を、人々の生活すべてにおける幸せや安らぎと融合させ、そこに自らの生き甲斐を見つけたのである。

今回のエッセー集所収の作品は、これまでの多くの出版物からの抜粋であった。いずれも日本的美の探究にまつわる作品だったが、内容は極めて多様で豊富である。先生の感動的なスピーチ原稿をはじめ、彼の目に映った日本の大自然の美、そしてその美しい自然に囲まれて画家に成長した道のりや感想、彼の見た生活の世界、芸術の世界、彼の理想や胸中を綴ったものの数々が収められていた。作画の具体的な経験や悟りから、日本と日本文化、日本的美の追究に力を注いできた過程までを記録した作品は、彼の芸術目標や東洋芸術の美に抱く激しく燃えるような感情が克明に表されていた。また、東山先生は、若い頃ドイツ留学の経験があり、北欧やフランス、イタリアなどの国を訪れたこともあったため、東西文化を深く掘り下げて比較対照することができた。彼は東洋美術と西洋美術の交流、融和、そして浸透し合う過程や、古今の文化継承、南北（南北ヨーロッパ、南北日本）地域の特徴など、いろいろな視点から日本の芸術の考察にアプローチした。それらを通して、近代以降に導入した西洋文化をいかに扱うか、その不安定で形の定まらない新しい傾向をいかに認識し理解するかなどに関する彼の考えを知ることもできる。真に独自のものを作り出したければ、地道に懸命に臨む態度がなければならない、というのが東山先生の考えである。伝統を継承した上に西洋の技法を取り入れることや、日本画の斬新な美の創造について、民族性や伝統の表現および如何にして自然と心の体験を一体化させ、また感覚的な要素を通して精神的なものを追求していくかなどについて、極めて素晴らしい見解を示しており、実際の絵画創作においても卓越した貢献をしている。このエッセー集を読むと、先生の精神世界——哲学思想や、創作の実践、決して妥協せずに美学を追求してきた過程をより一層深く理解することができる。

エッセー集にはまた先生の有名な『古都讃歌』――『京洛四季』という京都の風物を描いた優美な抒情短詩と精緻な絵画小品のような短編三十四編が収められている。これらの作品は、京都の生活に目を据えて、さまざまな角度からその自然や暮らしの美を鋭く表現している。このほかに編入された作品には、歴史の声を再生したかのような内容もあれば、美しい未来への熱い呼びかけや憧れを表したものもあった。また伝統的現代的美意識についての考察、社会や人生を語る内容もあった。どの一篇を取り上げてみても、詩的抒情の手法と絵画的色彩や律動で練り上げたものである。東山先生の文章は過度に飾ることなく、非常に自然かつ上品である。読んでみると、まるで温厚な長者が弁舌爽やかに自らの所思所見所感すべてを語りかけてくれているのを聞くような親しみと温かさを感じるものであった。

大自然と向き合った時、東山先生は画家であり、エッセイストである。それ以上に、詩人だと私は見ている。この三者は異なった表現方法をとるものの、根源においては同じである。東山先生は紛れもなく高い芸術的素養と造詣を備えた詩人であり、より高次の意味での詩人であり、真の詩人である。見ていただきたい、彼のエッセーや絵画は、詩に要求される構想や律動、シンプルさや内在的な情緒、また、中国詩歌に一貫して重んじられてきた詩の情趣作りなど、重要な美学的特徴がすべて備わっているではないか。しかも濃厚な民族的伝統や特色を持ち、素晴らしい情感が託され、社会や人生の哲理に対する追究がある。それが故に、私は絵を読んだ時も、のちにエッセーを読んだ時も、それらを優美な詩として読んだのだ。たぶん東山先生の静かな性格によるものであろう、ほとばしるような感情は、彼のエッセーのなかでは、一般の詩と違って、噴出し爆発するような表現方法を取らず、理性的な思考の中に深く潜ませて滲み出させていた。だからこそ、作者の心のうちに抱く激しい感情は、より深みのある、より成熟した、またより確実で力強いものとして反映され、芸術の巨匠にのみ見られる比類なき精神的魅力や、一層深みのある独特の美として表れたのだと私は考える。

（一九九〇年七月三十日掲載）

人生物語

卓球の魅力をさらに

──国際卓球連盟会長　荻村伊智朗氏にインタビュー

于青

四月二十四日から五月六日まで、第四十一回世界卓球選手権大会は日本の千葉県にある幕張メッセで開催される予定だ。大会直前、私は東京で国際卓球連盟会長、大会組織委員長の荻村伊智朗氏にインタビューし、大会の特徴や参加選手の話題について話を伺った。

最大で最少

「四月十二日まで、国際卓球連盟所属の一四四協会のうち、すでに九十七ヶ国と地域の卓球協会が参加を表明しており、これまでで最も規模が大きく、盛会になるだろう。一つの競技種目で見れば、日本では史上最大規模の大会となる」。

「試合会場も東京ドームの二倍の広さで、こちらもこれまで最大規模となっている。第一試合会場には卓球台が四台、第二会場には二十六台が設置された。試合会場が広々としている上に、照明や音響効果も大変よい」。

最少とは所要時間が最少だということだ。「主に男子団体戦に反映される。以前、この種目は九試合中五勝制で、最長で五時間半もかかった。参加選手の疲労は言うまでもないが、観客も疲れる。またテレビ中継もそれだけ長時間放送はできない。それを今大会から男子団体戦において、ダブルスを含む五試合中三勝したチームが勝つ、という新しいルールが導入されることになり、約二時間で試合できる。これによって、試合のテレビ中継がしやすくなるし、卓球に対する人々の関心を高めることができるだろう」。

予測が最も難しい

「新しい男子団体戦ルールを導入することによって、どのチームが優勝するか、予測が難しくなった。たとえば、ドイツチームには大変優秀なダブルスの選手がいて、優勝する可能性は大いにある。またソ連やハンガリー、フランス、オランダ、ベルギー、香港などのチームも、男子団体戦でトップに出る可能性がある。スウェーデン、中国、韓国と北朝鮮の南北統一チームといった三チームは相対的に強く、日本チームの実力も高まっているから、優勝争いはたぶん十チームの間で行われるだろう。女子団体戦の三強は中国チーム、南北統一チーム、香港チームだ。オランダチームとハンガリーチームも優勝を勝ち取る実力を持っている」。

「シングルスの優勝について、私の予想では、中国の鄧亜萍選手が最有力候補だ。ほか五、六名の選手にも見込みがあるが、やはり中国選手が勝つ可能性が最も大きい。男子シングルスを見ると、五強の一人は中国の馬文革選手で、残り四人はスウェーデンのワルドナー、リンドウ、パーソンと南北統一チームの李根相選手だ。全部で十名の男子選手に優勝するチャンスがある。はっきりと予想できることは、今大会は選手のレベルが相当に高いため、激しい優勝争いになるだろう、ということだ」。

平和と友好

「スポーツ競技大会は、技能や体力や意志を競うのみでなく、平和友好のための集いとなるべきだ。二十年前、名古屋で開催された第三十一回世界卓球選手権大会で行われたいわゆる『ピンポン外交』は、中国とアメリカの関係改善のきっかけとなった。二十年後の第四十一回大会では、韓国と北朝鮮が統一チームを結成して出場することが話題となっている。世界の平和と国際政治のために卓球というスポーツが積極的な役割を果たすことを願っている」。

荻村氏はこんな情報も漏らしてくれた。今大会には中国国家体育委員会の伍紹祖主任も出席する予定となっている。これは中日両国のスポーツ業界の交流にとって極めて意義あることだ。昨年十一月には七十六組の友好都市が参加した卓球大会が北京で開催された。来年の日中国交正常化二十周年という節目には、日本卓球協会と中国卓球協会、および両国の友好団体が話し合って、第二回日中友好都市卓球大会を開く予定となっている。その折に、日本からは一四〇都市の約千名の選手が中国に行くことになっている。伍紹祖主任は今回の日本滞在中に、諸外国や地域の代表と接触し、二〇〇〇年オリンピックの北京誘致をアピールすることもできる。

現状と展望

卓球界の現状と展望について、荻村氏は次のように述べた。「現在の卓球競技用器材やルールから言うと、今の卓球レベルはすでに頂点に達している。昨年のデータによると、試合中、最大球速は一九六キロに達し、球の最高回転速度は一分間九〇〇〇回転に達した。球の速さと回転数の多さにより、一つの対戦のラリーが平均して三、四回しか続かない。このような状況では、観客は卓球競技の面白さを充分に味わえない。大衆が喜ばないスポーツ競技は将来性がない」。

「球速と回転のスピードをいかに落とすか、ラリーをいかに増やすか、技術水準の向上に伴って卓球というスポーツの魅力をいかに増進させるか、今後、我々はこれらのことを考えなければならない」、と荻村氏は強調した。

インタビューを終えて、別れの握手をした私がまだ応接間を出る前に、荻村氏はすでに準備されていた日本のテレビ局の撮影カメラの前に座った。今大会開幕日である二十四日を控えているにもかかわらず、荻村氏はまた一度バルセロナに飛ばなければならない。ご多忙中、インタビューに応じてくれた荻村氏に感謝する。

（一九九一年四月十八日掲載）

人生物語

桂由美の世界

于寧

東京都港区南青山の街頭に、独特の形をした建築物がそびえ建っている。円柱型の七階建てビルと、角柱型の七階建てのビルが肩を並べ連なっている。純白で、抜きん出て高く、威風堂々としている。これが有名な桂由美ブライダルハウスである。

桂由実さんは現在、花嫁衣装デザインにおける世界的権威の一人である。彼女は一九六四年に桂由美ブライダルハウスを設立後、毎年一回ファッションショーを開き、二百点前後の新しいデザインを発表し、日本の花嫁衣装デザインの流れをリードしている。二十数年来、日本国内だけでも彼女がデザインした衣装で結婚式を挙げた花嫁は十万人以上に達している。彼女の作品はアメリカやヨーロッパの高級ファッション店でも販売され、多くの新婦の心を引きつけている。

ビルの下の階はショールームになっていて、新婦の着る各種の新作衣装だけではなく、新郎が着る典雅で高貴な礼服、それから結婚式に参列する客や子どもの礼服、引き出物、装飾品など、婚礼に必要な品物が、十分に行き届いた品揃えである。私たちがエレベーターで六階に行くと、ホールでは数人の男性がライトの調整を行い、ウェディングドレスを着た一人の若い女性が大きな鏡に向かって装いを整えていた。そこは広告写真を撮影するスタジオなのであった。階段で七階まで上がると、そこは桂由美さんの事務所兼応接室であった。

桂由美さんは頭に赤いターバンを巻き、黒地に赤い花柄の上着を着て、首には白い長いネックレスをつけ、若々しく生気にあふれた様子であった。彼女は私たちが中国の北京から来たことを聞いて、非常に喜んで私たちにこう述べた。一九八七年、彼女は中国の対外友好協会の招きにより、北京で第一回桂由美ウェディングドレスファッションショーを開催し、大歓迎された。その後、彼女と中国側との合弁で、北京の王府井に「紫房子桂由美婚礼服装店」がオープンし、ドレスのサンプルとモデルはすべて彼女が提供した。中国の友人が彼女に手紙で伝えたところによると、一昨年の六月から去年の五月まで紫房子で結婚式を挙げたカップルは七百五十組で、その内桂由美さんがデザインした白いウェディングドレスで挙式したのは百四十九組、多くの若者がこのような高級な衣装に身を包み、自分の一生の大事である婚礼を挙げたいと考えているということだ。中国の友人は彼女に婚礼のビデオテープも送ってくれた。彼女は婚礼パーティーの温かく楽し気な情景を見て、非常に感じるところがあり、それに比べて日本の披露宴は堅苦しいと思ったそうだ。

桂由美さんが言うには、二十八年前の日本は五年前の中国と同じで、若い人が結婚する時、大部分は民族衣装を着ていた。中国で新婦が真紅の上下服を着るように、日本の新婦は金糸銀糸も華やかな和服をまとっていた。しかし白いウェディングドレスは世界的なものなので、彼女は白いウェディングドレスを日本に紹介することに力を入れた。現在、若い人の多くは結婚する時に西欧風の白いウェディングドレスを着ることを好み、色鮮やかな着物を着ようとしない。彼女は民族の特色が鮮明にあらわれているものを無くすのは惜しいと感じて、特別に洋式と和式の婚礼衣装を各一セット、デザインした。結婚式のときは西欧式のドレスを着て、披露宴のときは和式の着物を着るように。彼女は将来中国で白いウェディングドレスが広まった後も、チャイナドレスのような民族服を無くさないでほしい、もし全世界の婚礼で白い礼服しか着ないとしたら、あまりに単調過ぎるから、という。

（一九九三年一月十六日掲載）

人生物語

私は女性のために発言する

——衆議院議長　土井たか子女史を訪ねて

木雅　馬小寧

大柄な体、きびしい表情、しっかりとした足取り、土井たか子女史の第一印象は、一部で報道されている、いわゆる「鉄の女」であった。しかし、落ち着いて話をしてみると、笑みをたたえ、穏やかな口調で話す、気さくな人物だった。

九月三日、北京に着いたその日、私たちは彼女を取材した。偶然にも、この日は中国人民抗日戦争及び世界ファシズム戦争勝利五十周年記念日だった。この特別な意義を持つ日、話題は自然に、「女性と平和」「女性と発展」この全世界が注目する二つの重要問題に関するものとなった。

土井女史は少女時代を振り返った。「五十年前、日本が敗北した当時、私はまだ少女だったが、私はあの戦争を体験し、戦争が人民にもたらす苦しみ、悲しみを深く感じた」。戦後、土井女史は心に傷を抱いて護憲運動に積極的に身を投じた。そして、日本国憲法中の戦争放棄と戦力不保持の条文を断固として擁護した。彼女は大学で長年、日本国憲法を教えた。「日本国憲法は戦後の一里塚」と彼女は考えている。彼女の願いは平和の種を次世代の人々の心の中に植えることである。これらの経歴は彼女のその後の政治姿勢に大きく影響した。「女性は平和を守る責任があり、この面に関して自信を持たなければならない」と彼女は考えている。

政界に入る前の土井女史の経歴はそれほど特殊なものでなかった。彼女は一九二八年十一月三十日に兵庫県神戸市の医者の家に生まれた。京都女子大学英文科に学び、その後一九五六年に同志社大学の大学院法学科に進んだ。一九五八年に卒業後、大学に残り、教壇に立つ身となった。政治参加は彼女の人生の一つの転機だった。彼女が教職を捨て、政界に入ったわけは、平和を促進したいという以外に、日本の政界に女性の声を反映させたい、女性の地位向上のために闘いたい、と思ったからだという。日本の女性が政治活動に参加する権利が与えられたのは戦後からである。「私が政治活動に参加したのは一九六九年。当時、日本の政界に女性は少なかった。一九七二年一月、初めて中国を訪問した時、私は幸運にも人民大会堂で周恩来総理と会うことができた。その時周総理は私に、日本の国会に女性議員は何人いるか、と質問した。というのは、その場にいた議員で女性議員は私一人だけだったからだ。あの時のことは一生忘れられない」。そして、土井女史は女性のためにがんばろうと決意した。彼女は一九六九年に衆議院議員に当選し、以後連続七回当選している。一九八六年九月に社会党第十代委員長に任命され、日本で初めて女性の政党党首が生まれた。一九九三年八月、彼女は今度は衆議院議長に選ばれ、日本憲政史上初の女性議長という先例をつくった。また、政治活動を始めてから、女性の地位を高めるためにさまざまな活動をした。まず社会党内で行動を起こし、女性議員に比較的高い職務を与えた。そういった行動は、日本の女性の間に大きな影響をもたらし、女性参政の声がますます高まった。

土井議長は今回の世界女性大会〔北京開催〕に期待している。彼女は、今回の大会を契機として、平等、発展、平和等の面で、もっと進展を図らなくては、と考えたという。彼女はまた、中国側に、今回の大会開催について感謝の意を表した。

（一九九五年九月七日 掲載）

人生物語

日中友好に精魂を尽くしてきた人

——二階堂進先生にインタビュー

張国成　江治

二階堂進先生が近日中に中国を訪問する予定だと聞いたので、先生が出発する前に、私は降りしきる秋雨の中、先生の東京事務所を尋ねた。

二階堂進先生といえば、七〇年代を経験してきた人なら誰もが彼の名を知っているはずだ。当時、田中内閣の官房長官として、田中角栄首相や大平正芳外相らに同行して、一九七二年九月に中国を訪問した。北京において、田中首相、大平外相と毛沢東主席、周恩来総理ら中国の革命家とともに、中日国交正常化を実現させ、中日関係の新しい時代を切り開いた人物であった。二階堂先生はこの偉業に寄与し、その名はすでに中日友好関係史に書き加えられた。

本年九月、八十七歳という高齢の二階堂先生は、政界を退くと直ちに日中間の経済、科学技術および文化交流を強め、両国の友好関係を促進することを目的とした民間団体——日中進交会を結成した。先生は自ら名誉顧問を務め、余生を中日友好事業に捧げる決意をしたのである。

先生の事務室は質素な部屋だった。殆ど何の飾りもない壁に、毛沢東、周恩来、鄧小平といった中国の指導者との記念写真が掛けてあった。黒髪はすでに歳月により真っ白に染めあげられたものの、先生は依然として頭脳明晰で、記憶力も衰えず、舌鋒鋭い。

中日国交正常化当時の状況に触れると、二階堂先生は往事を追想した。「当時の日本、特に与党の自民党内には、日中国交正常化についてまだ多くの抵抗勢力が存在していました。私自身も何度もいろいろと脅迫されました。しかし、そのような厳しい状況において、田中先生、大平先生と私は、日中国交正常化を急がなければならないという共通の認識と信念を確認し合意しました。そこで、我々は一九七二年九月に中国を訪問したのです。田中首相と周恩来総理は会談を通じて、日中両国の間に『小異』は残っているものの、前向きに両国の国交正常化を実現し、両国の友好関係を樹立し発展させていくことが双方の『大同』だ、という共通認識に達しました。田中・周恩来会談の成果として、両国政府は共同声明を発表し、両国の友好関係に新たな一頁を開きました」。

今年に入ってから、中日間のギクシャクした問題について、二階堂先生は自らの意見を表明した。台湾問題は完全に中国の内政問題で、アメリカなど他の外国とは全く関係ないことだ、ときっぱりと話した。

釣魚島〔＝尖閣諸島〕問題について、二階堂先生は、二十四年前、両国の指導者がこの問題に触れたときの情景を振り返って語った。「会談の中で、田中首相のほうからこの問題をどう扱うべきかと周恩来総理に質問しました。周恩来総理は少し考えた後、『この問題は今後の課題として、今回は取り上げないことにしましょう』とおっしゃいました。田中首相も、『では、今後話すことにしましょう』と賛成しました。これは事実上、双方の指導者の意見が一致したことになります。即ち、この問題について、今後ゆっくり解決しましょう、ということで合意したのです。今の一部の若い人は歴史を知らず、歴史を尊重しない。問題が生じると、その問題だけを取り上げていろいろと議論しています。たとえば、円借款問題、中国の核実験問題など。私は繰り返し強調してきましたが、このようなやりかたで日中関係を処理してはいけない。問題が生じたら、話し合いを通じて解決すべきだ、それらのトラブルで日中関係の大局を損なってはいけない」。

先生の話はさらに続いた。「近年、中国経済はすさまじい発展を遂げました。日本は中国のような大国を無視してはいけない、それどころか、文化、経済などの分野で相互依存の関係を築かねばいけない。それこそ両国の利益に適ったものです。田中先生も、大平先生も亡くなられ、当時直接国交回復に関与した日本側の最高責任者は、私しか残っていません。私は日中友好関係の発展を推進していくために全身全霊を捧げるつもりです」。

その決意のとおりに二階堂先生は着実に行動している。中国訪問を控えてのこともあり、彼の机の上には中国関係の資料が置いてあった。今回は二階堂先生の十五回目の訪中となる。徳望の高い政治家、二階堂先生が、中日両国の友好関係の発展を推し進めるために、八十七歳という高齢にもかかわらず、疲れをいとわず、日本と中国の間を奔走していることを思うと、我々は心底から彼に敬服の念を表したい気持ちになったのである。（東京十一月十二日）

（一九九六年十一月十四日掲載）

高く飛ぶ蝶

——日本の著名なファッションデザイナー　森英恵を訪ねて

于青

かつて、ある日本のファッション界の人が、森英恵をこうプロファイルした。「彼女はパリ・オートクチュール組合に加盟する二十二人の国際的デザイナーのうち、ただ一人のアジア人である」。

九月十二日、北京飯店の宴会ホールの外に「紀念中日国交正常化25周年森英恵時装展示会（日中国交正常化二十五周年記念森英恵ファッションショー）」と書かれた横断幕が掲げられた。ホールにはT字型の大きな舞台が設置された。これは森英恵さんが中国で開く初めてのファッションショーであった。私はファッションについては門外漢であるが、ただ彼女の経歴と彼女がファッションデザインに対して持っている考え方をもっと理解し、報道を通じて、ファッションデザイナーを志す若者たちに彼女の本音と考え方を少しでも伝えたいと思っていた。森英恵さんは滞在していた貴賓楼飯店で私の取材を受けてくれた。

森英恵さんは、自分がファッション業界に入ったのはまったくの偶然だったと言った。「私は一九二六年に島根県の小さな町で生まれました。小さい頃は絵が好きでしたが、父は私が美術を学ぶことに反対で、医学を学ばせようとしました。一九四九年に東京女子大学を卒業して間もなく結婚しましたが、家で主婦業をしているのは味気ないと思い、洋裁を勉強し始めました。ドレスメーカー学院で二年間勉強したあと卒業し、何人かの友人と新宿駅の近くに洋装店を開きました。店はにぎわって、収入はどんどん増えました。夫は会社員を辞めて、店の経営を助けてくれました」。

裁縫ができれば必ずファッションデザイナーになれるというわけではない。森英恵さんは記者に、ファッションデザイナーの最も基本的な素質は、ファッションを通じて世の中の人々と対話をしたいという欲望と衝動だと言った。「一九五〇年代中ごろの日本で『ファッションショー』を知っている人は多くはありませんでした。私はもっと多くの人に私の作品を見てもらいたくて、洋装店の近くにある喫茶店で初めてのファッションショーを開きました。流行の音楽にのって、モデルがテーブルの間の通路を歩いたのですが、ドレスは生命力あふれる女性の体の上で、ハンガーに架けてあるときとはまったく違って見えました。ショーは毎日二回開催で、毎回三十点の作品を出品し、同時に値段も公表して、ショーが終わったあと注文を取りました。ショーの規模は決して大きくはなかったのですが、大反響を呼んで、それからファッションショーを開催するたびに人でいっぱいになり、必ず警察が出動して秩序維持にあたりました。ファッションショーで名が出たもので、ある映画会社の衣装部の方が私を訪ねてこられて、映画の衣装に興味があるかと私に尋ねました。私は目新しいことはいつも試してみたくなるので、すぐに承知しました。一度始めるとやめられなくなり、連続して数百本の映画の衣装をデザインし製作しました。映画界は私がファッションデザイナーとして成功するための得難い学校であり、ここで私は様々なタイプの女性を観察し、表現する能力を鍛えたのです」。

ファッションは一種の文化であり、似通った文化的背景を持つ人々からは認められ易い。言い換えれば、ファッションデザイナーが世界に出て行くのは決して生易しいことではない。森英恵さんはこう述べた。「一九六〇年、私は日本ファッション編集クラブ賞を受賞しました。その頃私は心身共に疲れきっていて、この仕事もここで一段落したいと思ったのです。友人が私にパリでの休暇を勧めてくれました。四十日を超える休暇は充電期間になり、パリのファッションの薫陶を受け、少なからぬ収穫を得ました。日本に帰る時には心境はすっかり変わり、一生ファッションデザインをやっていこう、いつか必ず欧米の大デザイナーたちと同じステージで作品を披露しようと決意したのです。しかしそれに附随して出てきた問題は、世界に出て行くに当たってどこに足場を築くかということでした。一九六一年の初めに私はパリに行き、八月にはニューヨークに行きました。パリのファッションは歴史も長く、実力もありましたが、保守的で閉鎖的でもありました。ニューヨークは歴史は浅くても、包容力があり、比較的開放的でもあったので、私はニューヨークを選びました。ニューヨークを選んだもう一つの動機は、日本のファッションに対するアメリカ人の見方を変えようと決心したことでした。当時は、値段は安いけど質が悪いというのが、アメリカ人の日本のファッションに対する一般的な見方だったのです。それで、私は一〇〇パーセント日本で生産された材料で製作しようと考え、他の日本人職員と力を合わせ、目新しいデザインのファッションを作り出し、日本人モデルに着せて外国人に見せたのです。一九六五年一月、私が初めて海外で開いたファッションショーはニューヨークで成功を収めました。その後、注文が次々にやってきて、ニューヨークでの活動は八年近くに及びました」。

パリのシャンゼリゼ通りに森英恵さんのブティックがあることは聞いていたが、彼女がどうしてニューヨークからパリに移ったのかは知らなかった。「ニューヨークで非常に早く局面を打開できたことは、私の予想を超えていました。ただ七、八年後に言い様のない焦燥感と、ビジネスの雰囲気に染まって抜けだせなくなるのではという不安感にかられるようになりました。迷った末、私は思い至りました。ヨーロッパへ行く時期が来たのだと。一九七五年、モナコのグレース王妃が私を招いてチャリティーショーを開催しました。帰る途中、パリのモーリスホテルでファッションショーを開催しましたが、これが私が初めてパリで発表した作品で、観客席には映画スターのソフィア・ローレンさんや指揮者の小澤征爾さんなどの有名人も来てくださって、ショーは成功を収めました。友人たちにパリに来るように勧められ、私は説得されてしまいました。一年間の準備期間を経て、一九七七年一月にパリのオートクチュール界にデビューし、その年にパリ・オートクチュール組合の正式な会員になり、今年でちょうど二十年が経ちました。パリにメゾンを持つときには、多くの規定を守らなければなりません。たとえば、一シーズンにつき七十五点以上の新作を発表しなければならない、専属モデルを二、三人以上は抱えなければならない、フランス国籍の職員を二十人以上雇用しなければならないなど、これらは全て、ファッションデザイナーにとってはさらに高いレベルの、より全面的な試練でした」。欧米の豪華で精緻を尽くした美しさと比べると、森英恵さんの作品はシンプルで奥が深く、東洋文化の伝統が作品の随所に見られる。

森英恵さんの北京でのファッションショーのラストシーンは、七人の色違いのロングドレスをまとったモデルが舞台上に同時に現れ、ドレスの上にはそれぞれ色の異なる蝶がちりばめられていた。たちまち、舞台上には無数の色鮮やかな蝶たちが舞い踊り、遊び戯れ、観客をうっとりとさせた。蝶は森英恵さんの作品のシンボルマークで、彼女の少女時代の故郷への美しい記憶に端を発しているという。青い空に白い雲、満開の蓮の花、飛び交う色とりどりの蝶。蝶と彼女はいつも離れることがなく、彼女が北京でオープンした中日合資のブティックの名前は「華蝶」という。彼女は『ファッション――蝶は国境をこえる』という本を書いている。蝶と彼女の共通点はこの世に美を運ぶことであるが、違うところは、彼女はさらに高くさらに遠くへ飛び、さらに多くの人のまぶたに美を焼きつけることである。

（一九九七年十一月十六日掲載）

「生逢其時」二度の春

日中友好協会顧問　島田政雄

五十年前の十月十日、東京神田の共立講堂で、中華人民共和国誕生を祝うため、我々は在日華僑とともに盛大な祝賀会を開いた。その時最も圧巻だったのは、華僑代表の「緊急動議」であった。その内容は、中華人民共和国政府を積極的に支持し擁護する、台湾に逃げ込んだ国民党政権は無条件に内戦を停止して連合政府に参加しなければならない、というものだった。この動議は満場一致で決議された。また、祝賀会でもう一つ決まったことは、その日から日中友好の民間組織設立の準備をする、というものだった。

私は、希望通り準備委員会のメンバーに推薦され、大変嬉しかった。「生逢其時〔自分の活躍すべき時代にめぐりあえた〕」と感じたのは二度目だった。初めてそう感じたのは、一九四五年八月十五日、上海でラジオ放送を聞いている時、昭和天皇が連合国のポツダム宣言を受け入れ、日本が投降したのを聞いた時だ。それより以前に、私は日本天皇制軍国主義統治に反対したため、三年間獄中で暮らし、出獄後も日本国内では依然として警察の監視が続いた。そこで、ファッショ統治に反対するため、日本を離れて上海に渡った。当時、日本は侵略戦争を拡大しており、私は多くの日本軍の暴行をこの目で見てきた。だが、日本軍は恥ずかし気もなく、侵略戦争は「アジアの民族を解放するための聖戦」と言い、さらには侵略戦争を賛美する「大東亜文学者会議」を計画し、売国文学者を集め、猿芝居を演じていた。私はもう黙っていられなかった。上海の新聞社に投稿し、日本軍が上海を占領した後に犯した罪の数々を暴露した。すると上海領事館の警察は治安維持法違反の嫌疑で私を地下の拘留所に閉じ込め、約一年の間、拷問的な調査を行なった。このようなことがあったため、天皇制軍国主義の足かせが解かれたことを知った後、私は初めて「生逢其時」を実感したのだ。

五十年来、私は幸運にも日中友好の大きな潮の中で、両国の無数の友人たちと手を取り合い肩を組み、苦楽を共にしてきた。日中両国関係は山あり、谷あり、喜びがあり、悲しみがあり、多くの忘れ難い人や出来事がある。

日本が投降、敗戦した後、私は志を同じくする仲間の日本人と共に中国側に継続雇用され、上海の日本語新聞『改造日報』で編集を務めた。

一九五〇年十月、日中友好協会が成立し、第一回全国代表大会が開かれたが、しばらくして妨害にあった。大阪支部は米軍の捜査により、事務局の二人が捕まった。続いて、東京神田にある日中友好協会本部事務所が捜査され、大量の人民日報が没収され、資料部部長赤津益造が逮捕された。

当時米国占領軍の出版物に対する検閲は非常に厳しかった。外国人の言論、著作については、掲載、翻訳に関する作者自筆の授権証明書がなければ出版が許されなかった。このようにして、中国の指導者の言論や著作は翻訳出版することができなくなった。私は中国の友人に手紙を書いて、何とかしてくれるよう頼んだ。するとすぐに返事が来た。周恩来総理をはじめ多くの中国の指導者や著名な文化人自筆の翻訳授権証明書を送ってきてくれた。日中友好協会と講談社、岩波書店等主な出版社は中国の学者、翻訳家を集めて、翻訳出版懇談会をつくった。米占領軍当局と交渉し、最終的に米軍検査部門の同意を得た。そして中国文献の翻訳出版は活発になっていったのだった。

『人民日報』の中のコラム、「東京通信〔原題「東京通訊」〕」も中国の友人による協力の成果である。当時、私は、激動の日本の状況を中国の人々に知らせたかった。手紙の内容は「東京通信」として人民日報に連載され、ペンネーム「藍海」

と署名された。後に「人民日報」は私に直接連絡をしてきて、テーマを指定したりして、連載はさらに活発になっていった。一九五八年三月十一日の「祖国に再び帰るという希望が彼に生きる気力を与えた（原題「重回祖国的希望使他活下来」）」は評判になった。これは、山東省出身の農民、劉連仁さんが、日本侵略軍に連行されて日本へ来たが、鉱山での苦役から逃亡し、北海道の荒野の穴居で十四年過ごしたという悲惨な経験を報道したものだった。藍海の通信は一九六四年九月に日中両国が記者交換を実現するまでの空白の期間を埋め、一定の貢献ができたと思う。心から嬉しく思っている。

（一九九九年九月二十四日掲載　当日の掲載文は于青氏の中国語訳）

島田政雄略歴　島田政雄、一九一二年生まれ。中日友好活動において著名な人物である。一九二九年、プロレタリア作家同盟の機関誌『戦旗』社を設立。一九三三年に入獄し、出獄後文学創作活動に従事。一九三八年、上海に渡り中国文学を学ぶ。一九四四年、上海「大陸新報」で日本の「大東亜文学」運動の欺瞞性を暴露し、投獄される。一九四五年、日本敗戦後、自由を取り戻し、一九四六年に帰国。一九四九年、日中友好協会の発足準備に参与。現在は日中友好協会顧問。中日友好協会から「中日友好の使者」の称号を授与される。

人生物語

毛沢東の著作を翻訳した最初の日本人

——八木寛先生

孫東民

近代の中日関係史には、世界が驚くような史実が記録されている。一九四五年、日本が敗戦を宣言した後も、百万を超す日本人が中国の東北地方に残留した。彼らは中国共産党の政策に感化され、その大部分の人は日本帰国後も日中友好を唱えた。また自発的に中国に残って新中国の建設を支援した人も少なくなかった。本文で紹介する八木寛先生もその一人である。国慶節の前夜、私は元駐日公使丁民同志とともに、新中国の放送事業に貢献した専門家の八木寛先生を尋ねた。

すでに八十四歳になる八木先生は、中国と切っても切れない縁で結ばれ、人生の最も華やかな時期を中国で過ごした。往事を振り返って八木先生は語ってくれた。若いころ、日本帝国主義の影響を受け、異国の生活に憧れて、二十歳そこそこで、中国の東北地方にやってきた。日本の国策会社としての「満州映画協会」で脚本を書いたこともある。一九四五年八月、長春で日本の敗戦を迎えた。同年十月、「満映」が中国共産党の接収管理下に移された後、中国共産党東北局日本管理委員会の責任者趙安博の指導のもと、大塚有章や内田吐夢監督ほか八十名以上の日本人と共に、中国共産党の指導下にある東北電影公司に入った。一九四八年、八木先生は東北人民広播電台（新華広播電台）に編入され、同年八月十五日、日本語放送の創設準備に加わった。一九四九年、周恩来の指示を受けて、北平新華広播電台は海外向け放送の準備を始めた。八木夫妻も辞令を受けて、新中国が成立した錦秋の十月に北京入りし、新中国の国際放送事業に加わった。

誰の人生にも光を放つ瞬間がある。八木先生の場合、一つは、毛沢東の著作を翻訳したのがその時であった。彼は比較的早い時期に毛沢東の『新民主主義論』、『持久戦について』、『連合政府について』などの著作を読んでいた。一九四五年、東北在住の日本人の学習会を組織するため、毛沢東の『延安文芸座談会における講話』の翻訳に着手した。翻訳文は日本人が瀋陽で営んでいた民主新聞社から出版された。そして、八木先生は毛沢東の著作を正式に翻訳した最初の日本人として、中日関係史に記載されることになった。

長期にわたって新中国の対外放送事業に関わるとは、当初、八木先生自身も想像していなかった。自らの心の遍歴を分析したある回顧録で次のように明かしている。一九四六年春、東北民主聯軍が長春に進攻した時、ある前線指令部を八木家の二階に設置した。最初、彼は「自分が文化の面で日本帝国主義の中国侵略のために協力した」という後ろめたさと恐怖心さえ抱いた。ところが、若い兵士と接するうちに、不安が徐々に解消された。山東省出身の少年兵士がいた。両親や兄弟ともに日本軍に殺されたが、「両親を殺し、中国を侵略したのは日本帝国主義者であり、日本人民もまた日本帝国主義者に抑圧されていた」と、若い兵士は理解していた。「私は今、あなたたちを敵とは思っていない。あなたたちは部屋を貸してくれたので、感謝している、あなたたちは私たちの友人だ」という若い兵士の言葉を聞いたとき、八木先生は思わず彼の手をしっかりと握り締めた。「私は涙が止まらなかった、このような気持ちになったのは初めてのことだった」、とそのときの感動を記した。

大勢の日本人が相次ぎ本国に引き揚げる中、毛沢東の先見の明と卓識に対する尊敬の気持ちと新中国に寄せる期待から、八木先生は新中国の建設に参加するため中国に留まることを決意した。一九五三年、日本人引き揚げの最後のチャンスだった時も、彼は新中国の放送事業に貢献したいという決心を変えなかった。

戦後長い間、日本政府は中国敵視政策をとり、新中国に関する情報を意図的に封じ込もうとした。そのような状況下で、日本向け放送は日本人と在日華僑にとって、新中国を知る重要なルートとなった。中国の対日放送史に、八木先生は極めて大きな足跡を残した。当時を振り返って、中国の同僚たちは、「八木先生は、人に優しく、仕事に厳しかった。創意性に富み、文章力に優れていた。仕事がはやく、言葉は活力にあふれ、頭脳は鋭敏だった」と語った。五〇年代、八木先生は日本語班長を務め、翻訳や原稿書き、編集、制作のみでなく、原稿の最終決定やアナウンサーの養成といった重要な任務を任された。中国の唐家璇外相や徐敦信前駐日大使などは、八木先生の下で実習をした秀才である。また八木先生が手がけた報道シリーズ『北京の町角』、『鑑真和尚の歩んだ道』、ラジオドラマ『水滸伝』などは、大いに日本の聴取者の好評を博した。八木先生は豊かな学識を駆使し、大きな熱意をもって日本人に中国文化を伝えてきた。それ故、日本の聴衆は彼を「中国文化の先生」と呼んだ。

一九七〇年、「文革」などの原因で、八木夫妻は日本帰国を決めた。帰国後、日中友好活動に携わる安井正幸氏の要請により、「東方書店」で出版の責任者を務めた。中日関係が険悪ムードに包まれていたあの時代、八木先生は警察の尾行や右翼の脅迫を顧みず、長年仕事の余暇を利用して、無報酬で「北京放送を聞く会」の会報を編集して、中国の状況を熱心に日本の各界に紹介し、より多くの日本人に北京放送を聞いてもらうために奔走した。一九七三年、国際放送局は周総理の指示を徹底して実行し、文革時に中国にいた外国籍従業員に猜疑をかけたことを改めるため、専門家として再度中国に戻るよう誠意を持って八木先生夫妻に要請した。彼は、高齢だったこと、中国に負担をかけたくないということで、この招聘に応じなかったが、放送を聞く聴衆を増やすため、また日中友好事業のため、相変わらず力を惜しまなかった。

古稀を迎えてから、八木先生は以前にもまして中国への思いが募り、お子さんが北京で中国関係の仕事に就いていることもあり、五年前、夫人を伴ってまた北京に戻り、郊外にある龍城花園別荘で天寿を養っている。新中国誕生五十周年を北京で迎えられたことに、八木先生は大変感激し、「中国人民に熱烈にお祝いの気持ちを表したい」と話した。

（一九九九年十月十日掲載）

渡辺弥栄司先生を訪ねて

王琦

渡辺弥栄司先生は現在、日本ビジネスコミュニケーション協会の会長で、日中経済協会の顧問であり、中日友好交流のためにもう四十年間も仕事をされている。日中経済協会の訪中の機会を利用して、私たちは中日関係の発展におけるエピソードを話してくださるよう渡辺先生にお願いした。

中国のビニロン設備導入を援助

一九六三年以前、中国には化学繊維の原料を生産する設備がなかったので、庶民の服はみな綿製品だった。化学繊維を生産する技術を習得し、人民の衣服の問題を解決するため、周総理は一九六三年に孫平化氏に全権委任して、蘭花代表団の名の下に日本へ行き、化学繊維の原料であるビニロンの生産プラントを獲得するよう指示した。孫平化氏は日本到着後に渡辺先生と知り合い、日本からビニロンの生産プラントを輸入したいという意向を示し、ついては輸出貸付方式の十年分割払いで費用を支払えないかと希望を述べた。渡辺先生は記者にこう言った。「一九六三年、私は四十五歳で日本の通産省の官房長でした。私はその時初めて孫平化氏に会いましたが、彼が好人物であると直感し、一生付き合える友人になるだろうと思いました」。「当時、日中間にはまだ外交関係が確立していなかったので、輸出貸付方式は不可能でしたし、日本政府にとってはなんの利益もなかったので、非常に難しかったのです」。それでも彼を決意させた人物は、一人は孫平化氏であり、もう一人は周総理であった。「私は周総理を非常に崇拝していました。お会いしたことはありませんでしたが、周総理は普通の人間と神様の間に位置するような神秘的な人物だと思っていました。私は中国のためにこのことを成し遂げようと決めました」。

「当時、私に可能だったのは、通産大臣には黙って、私の権限でこのプラントの輸出を許可してしまうことでした。通産大臣が知ったら絶対に禁止したでしょうからね。私はその時、もし調べられて発覚したら、官房長官を辞して市井の人になろうと考えを決めました」。

「三週間後、通産大臣にこのことが発覚し、彼はまるで家に火がついたように慌てましたが、国際的慣例に基けば、この文書はすでに効力が発生してしまっていました。しかし大臣は私を辞職させませんでした。彼は私を理解してくれたのです」。渡辺先生は得意そうに笑った。

このプラントの輸出は、当時中国に実質的な利益をもたらした外、その後の中日国交正常化に積極的な作用を及ぼした。この件で周恩来総理や廖承志氏は、当時の条件下でも日本政府内には個人の利益を犠牲にできる人物がいることを知り、中日の友好を発展させる希望を見い出した。

「一九六六年、私は四十九歳でした。当時日中民間交流に従事されていた岡崎嘉平太先生が私を訪ねてこられ、私に彼の仕事に協力して一緒に中国を訪問するよう要請しました。そのときは政府の役人は中国へ行くことができなかったので、私は再三考慮した末、辞職して日中交流事業に従事しようと決めました」。一九六六年、ビニロンプラント輸出から三年を経て、渡辺先生は民間人として初めて中国を訪れ、周総理とも初めて面会した。「周総理は私におっしゃいました。『私は貴方を存じています。私たちがビニロンプラントを輸入するとき助けてくださいましたね』、と」。

「このとき以来、私は毎年中国を二、三回訪れ、そのたびに周総理や廖承志氏、孫平化氏などとお会いしました。昼間は大体、廖氏や孫氏と具体的な問題について話し合い、仕事が終わった後に周総理が私たちを訪ねてさらに情況を把握しました。私は周総理に七回お会いしましたが、毎回夜中の十二時から話して一時半まで及びました」。

「私と周総理は両国関係を発展させる上での障害について話しましたが、彼は一つは台湾問題であり、もう一つは戦争問題であると考えていました。しかし、キーポイントは両国が誠意を持った対応や相互理解ができるかどうかです。私は周総理の立場がはっきりわかりましたし、この二つの問題に関しては私の見方は中国と一致していました。私は自分が日本国内で宣伝して、人々に真実を知らせる必要があると思いました」。

長期にわたって話し合い、共に努力した結果、中日両国は一九七二年、ついに握手を交わした。渡辺先生は、最終的には政府が表に立って解決したが、日本の民間人がその中で大きな役割を果たしたと考えている。

中国西部大開発に関与

日中経済協会は、渡辺先生が中日国交正常化後に創設した経済交流組織である。二十六年前に渡辺先生が理事長であったとき、初めて日本の財界人を率いて訪中し、その後訪中は慣例化され、今年ですでに二十六回目を数える。訪中団の今回の重要な内容の一つは、西部環境の視察であり、「西部大開発戦略」に呼応することだった。

「西部の開発は、貧困層の人々の生活水準を引き上げることになり、このことは世界に対しても積極的な意義をもっています。地域的な発展格差を抱える他の国にとっても参考になるでしょう。特に新疆では朱鎔基総理の説明を聞き、私たちは中国政府が西部大開発に十分な自信を持っていること、決心も固いことを知りました。これは二、三十年にわたって実行していくべき壮大なプロジェクトです」。

日本側の西部大開発に対する具体的な考えを尋ねたとき、渡辺先生は日本も壮大な計画を持っていると話した。「日本のできることは非常に多く、今回は突出した成果はなくても、自らの目で見たあとは、西部開発に対する理解も深まり、今後の多くの話し合いと協力の起点となるでしょう。十月の朱総理の来日に合わせて、私たちの会は引き続き彼の提案について検討します」。

百三十二歳で訪中し、建国百年の式典に参加する

渡辺先生は耳も遠くなく、目もよく見え、背中も曲がっておらず、このことは八十三歳の老人としては誇るに値する。しかし、その健康であるという説明のやり方に、本当に飛び上がるほどびっくりさせられた。私たちがメモをしようとしていると、渡辺先生は突然立ち上がり、私たちの目の前で体操のような動作を始めたのだが、それは、真直ぐ立って膝を抱えるように体を曲げ、頭を足にぴたりとつけるような動作だったのだ。私たちの驚きがさめやらぬ間に、老先生ははつらつとした顔で椅子に座り直し、健康宣言を始めた。「私は今年八十三歳ですが、自分はまだ成長し続けていると思っています。百歳、百十歳、百二十歳……私は今後も多くの成長過程を経ていきます。あなたも見たように、私の体の柔軟性は十七、八歳の若者に相当すると思いませんか？　私は若い人と同じように、毎日三十分早足で歩きますが、これは三十年間続いています。そのほかに詩の朗読などいくつかの活動をしており、それも私には欠かせないものです。私は二〇四九年の新中国成立百周年のときに、百三十二歳で健康な体で祝賀式典に参加したいと思っています」。老先生は一気呵成に話し、顔を輝かせた。

九月二十五日、渡辺先生が資金を援助して「漢詩・短歌朗読会」が日本大使館で行われた。プログラムの最後は漢詩の朗読で、司会者はその場にいた中日の来賓を促して、共に中国語で唐詩『春暁』『山中与幽人対酌』を吟じた。朗々とした声は、軒を貫き、塀を飛び越え、波のように遠くへと広がっていった。

（二〇〇〇年十月十八日掲載）

中国武術にかける愛情

――アジア武術連盟事務総長　村岡久平さんを訪問

王霞光　王友唐

ハノイで第五回アジア武術選手権大会を取材した。アジア武術連盟事務総長村岡久平さんの忙しく働く姿が毎日見られた。彼は年配の日本人で、齢七十を経ているが、精力旺盛で、アジア武術連盟の様々なことのために、疲れを知らずに喜んで働いている。村岡さんは、連盟は、一九八七年から今世紀末までは初歩段階で、二十一世紀に大きく発展するという。また、南アジアや西アジアで中国武術を広めることが今後の活動の重点であり、難点でもあるというが、彼はこれについて自信いっぱいである。村岡さんは、連盟に十分な資金がなければ、中国武術を効果的に広めることはできない、と強調する。しかし、散打アジア大会といったような商業的な試合や、アジア武術連盟基金会によって、この資金問題を解決できるという。また、国際武術連合会の李傑事務総長が提案した、アジア・ヨーロッパ・アメリカ散打勝ち抜き戦という企画に賛同している。

連盟の事務所は東京に設けられており、実行委員会や代表大会の休会の期間は、事務所が日常業務の処理を行う。大量の事務業務が村岡さんにのしかかるが、彼にとって、中日友好を発展させること、武術を広めることは、生涯の夢であり目標なのだ。

アジア武術連盟第五回代表大会で、村岡さんは、連盟の全ての会員が、二〇〇八年オリンピックの北京誘致に全力を尽くして協力することを提唱し、満場の喝采を浴びた。村岡さんは、北京オリンピック誘致が成功すれば、武術を種目に加えることができるかもしれないと考えている。村岡久平さんは武術に対する深い愛情を持っているのである。（十一月一日　ハノイ）

（二〇〇〇年十一月二日掲載）

中国外国語放送最初の人

——原清志女史

孫建和

二十世紀末最後の春、現在、瀋陽市に住む八十八歳の原清志さんは、中国国際放送局（中国国際広播電台）幹部の心のこもった招待を受けて、国際放送局に来て新しいオフィスビルを見学した。写真に写っているのは原さんが録音室を見学したときの様子だった。

写真を見て、私たちは六十年前の十二月三日に記憶が遡っていった。延安の粗末な窰洞〔洞穴住居〕の中で、「こちらは延安新華放送局です」、と日本から来た二十九歳の女性原清志さんが日本語で放送を始めた。この一声で原さんが中国における外国語放送の最初の人となるとは、このときの彼女は思ってもいなかった。

原さんが現れたことにより、中国国際放送局の歴史は書き換えられた。しかし彼女は偶然私たちの前に現れたわけではない。

七〇年代まで、外国語放送開始日は一九四九年四月十日だというのが通説であったが、八〇年代初めに、一九四七年九月十一日付の英語放送が開始したときの原稿が見つかり、その日を外国語放送開始日に改めた。しかし、当時の関係者の一部は、そうではない、実はそれ以前に延安で日本語放送は始まっていたのだ、と主張したが、関係する証人が見つからなかった。

一九九二年、中日国交正常化二十周年に際して、国際局日本語部は特別記念番組の制作を企画していた。そんなところに、一九三七年に八路軍に入隊し、のち延安八路軍総部でも働いた中国国籍の日本人原さんがかつて延安新華放送局で日本語のアナウンサーをしていた、という思わぬ情報が飛び込んできたのだ。取材記者は早速瀋陽に出かけて行った。国際局の幹部は直接指示を出し、当時の胡耀亭副局長も調査のために自ら瀋陽に出向き、延安時代の新華放送局に勤めた旧い人たちを尋ねて話を聞いたり、大量の文献を調べたりして、ついに確実な証拠を見つけた。このようにしてほぼ封印されようとしていた歴史の蓋を再び開けたのであった。

一九九五年三月五日、広播電影電視部党組織は、中国の外国語放送開始日を従来の一九四七年九月十一日から一九四一年十二月三日に繰り上げたことを認めた。さらに中国人民抗日戦争勝利五十周年記念の際に、一九九六年十二月三日が中国外国語放送事業五十五周年記念日だ、と初めて公に発表した。

一九九五年十二月の初め頃、原さんは招きを受けて国際局を訪問した。復興門外大街にある広播電影電視部ビルに足を踏み入れたとき、原さんは感動を隠せない様子だった。特に録音室に入ってマイクの前に座ると、彼女の胸にさまざまな思いが込み上げてきた。延安地区に創設した放送局は、延安城から北西二十キロにある王皮湾村に新たに掘った数個の窰洞の中に設置された。辺鄙で、交通が大変不便なため、毎日駐屯地から王皮湾村には馬で移動しなければならなかった。アナウンス室は六平方メートル位しかない窰洞を利用した。放送用器材は粗末で、電力の提供もできない。発電機代わりに利用したのは、ぼろぼろになった車のエンジンだった。そしてガソリンの代わりに、木炭を燃やしたときに発生するタールを燃料として利用した。アンテナは数本の木の棒を組み立ててつくられたもので、パワーは僅かに三〇〇ワット位。このような寄せ集めの設備で、延安新華放送局が創設され、中国の外国語放送はスタートを切ったのである。

二〇〇〇年二月八日、国際局の幹部の指示を受けた関係者は瀋陽に向かい、すでに八十八歳という高齢の原さんに会い、時期を見て国際局の新築オフィスビルを見に来て欲しいと招待した。その後、原さんは家族同伴で国際局に来た。広々とした明るい大会議室に座り、彼女は些か緊張気味だった。たぶんこのように大勢の前に出るのに慣れていなかったのだろう。その席で彼女は繰り返し謙虚に話した。「国際局の招待に感謝します。私は教養があまりないし、年を取り記憶力も悪くなったので、上手に話せませんが、どうかお許しください」、と。

原さんは日本のある貧しい家庭に生まれた。父親に早くに死なれ、十五歳のとき、貧しさと病気のせいで母親もこの世を去った。家の中は飯を炊く米もない状態だったので、彼女は働きに出るしかなかった。その後、社会主義運動に参加していた人の影響で、原さんも思い切って熱気溢れる闘争に身を投じた。十八歳のその年、一人の活動家と恋愛し、結婚して、子どもを授かった。その年のメーデー、夫と一緒にデモ集会に参加したとき、特高に目を付けられた。夫は宣伝活動で農村に行ったとき、当局に逮捕された。獄中で肺結核を患い、地下組織と農民たちの努力の末釈放されたが、とうとう長患いで治療の甲斐も無く世を去った。その年、原さんはまだ二十三歳だった。

数年後、早稲田大学で勉強していた中国人留学生と出会い、彼を愛し、結婚した。この中国人留学生は卒業後に帰国した。生活が落ち着いたら原さんを中国に迎える予定だった。ところが、間もなく西安事変が起こり、続いて日本軍国主義が中国の東北の三つの省を占領して、さらに一気に進軍して他の地方も侵略しようともくろんだ。中国人留学生たちは助言をしてくれた。「すぐに中国のご主人のそばに行ったほうがいい、遅くなったら行けなくなるかもしれない」、と。原さんは急いで荷物をまとめ、子どもを連れて、一九三七年三月に中国に渡った。幼い子どもを夫の実家に預けて、夫婦ともに八路軍に入隊した。

ちょうど抗日戦争が厳しい時代だった。原さんは、戦争が毎日のように続く戦場をか弱い体で駆け回った。一九四〇年、八路軍は中原で百団大戦を発動したとき、原さんは重い胃病に苦しめられ、体がひどく衰弱していた。敵陣と渡り合う中、陳賡将軍は彼女をいたわって馬を使わせてくれた。この馬のおかげで、原さんは幾たびも危険を免れ、巧みに敵陣の包囲や追跡、正面衝突を避けることができた。馬に乗ったまま、原さんは八路軍の士官と共に、百団大戦の最終勝利を迎えた。ところが、凱旋途中、不意に馬から落ちて、けがをしたため、仲間の兵士たちに担架で担いでもらった。あれから数十年が経った今でも、原さんはそのことを気にして仲間たちに申し訳なかったと思っている。戦時中、幾たびもの死線をくぐりぬけ、また幾たびも危険を乗り越えてきた。そのような体験を通して、中国人民と、子弟兵と呼ばれるその軍隊の持つ、勇敢で困難に屈しない、己を捨てて人を助ける、といった崇高な精神を、彼女は身をもって感じた。一九四一年、朱徳総司令の指示で、彭徳懐氏は自ら原さんに会い、彼女の能力が発揮できる八路軍総政敵工部への異動を命じた。原さんは快く党組織の命令に従い、一九四一年十月、夫と共に延安に赴いた。そこで日本語放送の準備作業に加わり、同年十二月三日、日本語放送の幕を開いたのである。同じ年に、原さんはめでたく中国共産党に入党した。

国際局の新築ビルに来たとき、原さんは大変興奮していた。特に日本語部に来ると、まるでわが家に戻ったようで、大会議室にいたときの堅苦しさがとれた。職員と日本語で親しく話し合い、職員は彼女にいろいろと尋ねた。幼少時のことに触れたとき、彼女は思わず、子供のころ歌っていた童謡を口ずさんだ。また、八年にわたった抗日戦争時代を振り返ったときには、原さんはまた当時の戦場に呼び戻されたように、『インタナショナルの歌』を熱っぽく歌い出した。……

その日、世の転変を幾つも経験してきた原清志さんの顔には笑みが絶えなかった。彼女がこんなに嬉しそうに、こんなにたくさんの歌を歌うのはめったにない、と同伴の家族が言った。こうして楽しい時間が流れていった。彼女の疲れを気遣って、職員から提案があった。「録音室で原さんの声を録音してお開きにしよう。資料として残すためでもあるし、意義ある記念番組も作れる」、と。このような経緯があって、掲載の写真が撮れたのである。

（二〇〇一年五月十六日人民日報・海外版掲載）

生命の緑色を植える人

――遠山正瑛先生と沙漠開発協力隊

孫東民　于宏建

三月末のオルドス地区はまだ寒さが残っていた。パオトウから車で南へ向かうと、道路側の景色は次第にもの寂しさを増し、タイヤが巻き上げる黄沙は地面近くで漂っていた。ところが、エングベー生態開発モデル地区に一歩踏み入ると、全く違う景色が開けた。整然と立ち並ぶポプラの木、たくましく黄沙に立ち向かう潅木林、遠方に見える防護林、果樹園、水揚げポンプ施設などが、北国の田園風景を織り成している。

エングベーは、中国の八大沙漠の一つであるクブチ沙漠の中央部に位置し、黄河を北に臨み、オルドス高原が南に広がっている。かつてこの地域は水も草も豊富で、牛や羊が群れを成す楽土だったが、人類の無謀な開発により、草木は枯れ果て、人気の少ない不毛の地と化してしまったのだ。

エングベーとは、もともとモンゴル語で「吉祥平安」という意味だった。今、そこはまさにクブチ沙漠に奇跡的に現れたオアシスである。これはエングベーの沙漠改造に取り組んだ人々が汗を流し、強靭な意志を持って描きあげた吉祥の絵巻なのだ。沙漠という悪魔と闘った人々の隊列には、一人の日本の老人が歩いていた。その名は遠山正瑛。

遠山正瑛先生は日本の著名な農学博士である。九十六歳になる遠山先生は学生時代から中国の沙漠開発に強い関心を示していた。三十数年前、大学を定年退職後、沙漠の改造と開発の研究に専念した。十五年前に、記者は先生が教鞭を執っていた鳥取大学に行き、彼にインタビューしたことがある。その時遠山先生は、自分は一九八〇年に王震将軍に出会ったことがきっかけで中国に目を向けたのだと話した。先生は「沙漠を緑に」という夢を胸に抱き、自らが結成した中国沙漠開発日本協力隊を率いて、甘粛省、寧夏省などの黄河流域を駆け回り、沙漠開発緑化運動に携わった。

一九八九年、オルドスカシミヤグループの副総裁だった王明海氏は労働者の一団を連れてエングベーにやってきて、木を植え、牧草地を囲んで牧草の生産を始めた。遠山先生は王明海氏の沙漠綜合開発モデル地区構想に引かれて、一九九〇年、エングベーの実地調査に立ち入った。当時先生はすでに八十四歳という高齢だった。

沙漠開発に誠意をもっていた遠山先生と執念をもっていた王明海氏は、手を取り合うようになった。数年後、王明海氏は思い切って副総裁の職を辞し、エングベーの開発を請け負うことになった。遠山先生も「沙漠の緑化は世界の平和に通じる道だ」という信念に基づき、生ある限りエングベーの改造に尽力すると誓った。そうして、中日両国民の友情が注がれた生命の象徴としての緑色は、クブチ沙漠に根をはるようになったのである。

もう一度遠山老人に会いたい。私たちは日本沙漠緑化実践協会の電話番号をダイヤルした。先生はあいにく、日本の福島で中国のポプラの並木をつくるための活動や、沙漠緑化に関する講演会などで忙しく、訪中日程をずらした、と告げられた。エングベーで直接先生に会えないのを残念に思ったが、モデル地区では、あらゆる人々がこの「緑の使者」に崇敬の念を抱いていることが分かった。

エングベー賓館の前には遠山老人の銅像が建てられていた。台座には次のような内容が刻まれている。「遠山先生は沙漠の緑化を世界の平和に通じる道と考え、九十歳というご高齢にもかかわらず、孜孜《もくもく》として励み、その志を貫いた。その情熱は敬服すべし、その志は鑑とすべし、その功は顕彰すべし」。

モデル地区の小高い処に立って遠くを眺めると、植林した地域と沙漠の間にできた境の「沙線」がくっきりと見えた。これはエングベーの人がクブチ沙漠を征服するために創り上げた奇跡であり、沙漠は、人が前進すれば後退し、人が後退すれば向かってくるものだ、沙漠は今も人類を脅かしている、と人々に警鐘を鳴らしているのだ。

生態環境が極めて悪いため、エングベーは対処の難しい「癌」と考えられていた。ところが遠山先生は、どんな沙漠でも緑化は可能だと確信を持っていた。沙漠の改造は開発に重点を置くべきであり、沙漠を生かして実利をあげるべきだと考えた。先生の唱導により、モデル地区に沙漠産業開発研究所が建てられた。エングベーで沙漠緑化のための大学を作りたい、そこで沙漠緑化のノウハウを学んだ人材を世界各地に送り出したい、これは遠山先生が心に描いた大きな夢である。

今日、エングベーの沙漠の緑化と開発の成果が次第に現れ始めた。モデル地区内に植えたポプラ、柳などの潅木は三百万本以上になり、一面に広がっている。請け負った約二〇〇万ヘクタールの砂丘地の三分の一に緑のドレスを着せた。エングベーの人はモデル地区にダムも造り、優良な種羊の育成、ダチョウの飼育、医薬用材料や果樹の栽培、花の種や草の種の育成にも取り組んだ。また、中国緑色食品発展センターの検証認定を経て、沙漠の湧き水を利用して製造したミネラルウォーターはすでに「緑色食品」〔エコロジーを考えた食品〕マークの使用を認定された。エングベーの人は、防風と流沙防止から「砂産業」の開発にわたる沙漠の社会的効果、生態的効果、そして経済的効果を同時に求める開発・実用の道を歩んでいるのだ。

ここ十一年の間、遠山先生は中日両国を往復し、クブチ沙漠で労苦を惜しまず、一年の半分以上エングベーにとどまった。頭にひさし帽、身に作業服をまとい、足に長ぐつ、肩には道具を入れたバッグと鉄の鍬、そして手に剪定ばさみ、このような格好をした遠山老人の姿を人々はよく見かけたという。エングベーは第二のふるさとだ、ここに骨を埋めるのだ、と遠山先生が幾度も話した、と開発区の王文清経理が話してくれた。

エングベーから日本に帰国すると、遠山先生は新聞、テレビ、講演会などを通じて沙漠の開発緑化をアピールするため奔走し、募金活動を精力的に行なった。感銘した大勢の日本の協力隊員は次々にエングベーに赴き、中日両国民の友好のシンボルとしての樹木を植えた。

私たちが着いた日は、ちょうど今年の第一次日本協力隊員二十数名がエングベーに到着した日と重なった。中国沙漠開発協力隊第一〇六次隊であった。ボランティア隊員には年配の方もいれば、子どももいたが、最も多かったのは現役の学生だった。「中国沙漠開発日本協力隊」と書かれた緑色の腕章をした隊員が車から降りると、盛大な歓迎を受けた。民族衣装を着たモンゴル族の娘たちは、隊員一人ずつにお酒と尊敬のしるしとして献ずるハタと呼ばれる長い薄絹を差し出し、モンゴル族の最敬礼で遠路はるばるやってきた日本の友人を迎えた。

内蒙古自治区政府は、遠山先生に「栄誉公民」の称号を授与した。また北京では、江沢民主席は彼に会見し、中国の沙漠緑化に対する彼の輝かしい業績を称えた。

二〇〇二年四月二十日、遠山先生は再度中国に来た。植樹のために中国に来たボランティア二十名も同行していた。筆者が北京で再び遠山先生に会ったとき、彼はとても元気そうだった。この緑の使者が沙漠や荒原の緑化にかける情熱は昔と少しも変わらなかった。彼は中国の沙漠化に気がせいて、「もし、毎年一〇〇〇万本の植樹ができなければ、沙漠化はさらにひどくなるだろうから、中国にもっと植林に力を入れて欲しい」、と記者に絶えず話していた。

四月二十五日、中日友好協会の宋健会長は北京において、遠山先生に「中日友好使者」の称号を授与した。

（二〇〇二年四月十九日掲載）

関連記事

1、送給黄龍一件緑衣〔黄色い龍に緑衣を〕（一九八七年五月二十一日掲載）
2、遠山的事業〔遠山さんの事業〕（一九九八年十月二十五日掲載）
3、オルドス物語③　緑色長城（一九九八年六月二十九日　朝日新聞掲載）
4、我給遠山正瑛先生当翻訳〔遠山正瑛先生の通訳を務めて〕（一九九八年十一月七日掲載）

心香一瓣

先賢の冥福を祈る

心香一瓣

中島健蔵先生を悼む

中国文聯副主席　中国作家協会副主席　周揚

中島健蔵先生がこの世を去った。彼は近代日本における優れた作家であり、評論家であった。博学で、多芸多才の学者であると同時に、誰もが敬服する優れた社会活動家でもあった。彼は中国人民の真の友人であり、中日両国人民の友好と文化交流という偉大な事業のために、後半の人生すべてを捧げた人であった。彼を亡くしたことは、中日両国人民と文芸界にとって極めて大きな損失である。

私が中島先生に最後に会ったのは、今年五月十二日午後――中国作家代表団が日本に到着した翌日のことだった。なんとこの日が私たちの永遠の別れの日となるとは夢にも思わなかった。翌日、日本からの帰国を控えたその晩、私たちが再会してちょうど一ヵ月となる六月十二日の午前一時、中島先生の訃報を知らされた。私は、蘇霊揚、王暁雲、周斌ら諸同志と大阪から直ちに彼の住まいがある東京に駆けつけ、中国人民の古い友人であり、個人的にもよき友だった彼に別れを告げ、中島夫人、宮川寅雄氏、白土吾夫氏など中島先生の親族や生前の友人に深い哀悼の言葉を述べた。私たちはみんな静かに涙を流した。

一ヶ月前、欧陽山、結牧など諸同志と中島先生の病床の前で彼と再会し、十年ぶりに会った懐かしさを語り合った。彼はすでに病膏肓に入るという状態にあったが、その日は大変に元気そうだった。「一日も早く回復されるように願っている、北京でお待ちしている」と私が言うと、彼は感慨深そうに話した。「あなたは癌を克服したし、林彪、『四人組』から迫害を受けてもめげなかった。だから、私も必ず病魔を克服できる。病気が治ったら、すぐに北京に行って、『四人組』を一掃したあとの中国の新しい顔を見たい」。これはたぶん果たせないだろうと誰もが心の中で思っていたが、みんな涙をこらえて笑顔を見せながら、彼に別れを告げた。

中島健蔵先生が中日友好活動や文化交流に精力的に取り組んでおよそ三十年が経った。彼とは、一九五六年、彼が中国を訪問したときに知り合い、それから一九六六年までの十年間、私たちは何度も北京で会った。彼が中国に来るたびに、私たちは必ず会っていた。初めて腹を割って話したのは一九五八年、タジケント・アジア・アフリカ作家会議に出席して帰国した直後だったと思う。その日、私たちは、中日両国の文化交流をいかにして推進すべきか、アジア・アフリカの新しい人民の文化をいかにして展開していくべきか、について話し合った。ヨーロッパは数百年前にあの偉大なルネッサンスを経たが故に、その後長い間、アジアを凌ぐ存在となり得たのだった。しかし今日、アジアの人々はもはや目を覚ました。アジアでも偉大なルネッサンスを巻き起こすべきだ、新しい民主主義と社会主義のルネッサンスを。中日両国の間には千年以上続く友好的な往来と文化的なつながりがある。間もなく到来するルネッサンスの中で、両国は独自の役割を果たすべきだ……。私たちの話は和やかだった。共通の見解を持っていたからこそ、私たちの友情に思想的基礎が築かれたのであった。

中島先生は新中国建国後における中日両国の文化交流活動に取り組んだ開拓者の一人であった。彼の人となりは正直で、強暴な勢力を恐れず、自らの考えを包み隠さず表現するという性格であった。あらゆる困難と危険を排して、両国人民の友好と文化事業を積極的かつ献身的に行なった、と人々は称える。話によると、六〇年代初期、一握りの右翼に幾度も恫喝、脅迫されたにもかかわらず、身の危険を顧みず、彼は「両国人民の間に橋をかける」と称する崇高な事業に一層力を入れたのである。ある時、「匿名の手紙や匿名電話で脅してきても、私は全然怖くないが、ただ、何かあった時には、中国のみなさんに家内の面倒を頼むよ」、と彼は冗談交じりに中国の友人に話したという。邪悪な勢力を蔑む勇敢で楽観的な気概と剛毅な性格は、私たちを強く感動させ、消えることのない印象を残した。

中国で、林彪、「四人組」が横行した時期、中島先生は極めて苦しい状況下においても、中日文化交流活動に一貫して力を入れてきた。「四人組」と渡り合う一方、根気よく日本の人々に中国の事情を説明し、理解してもらうように努めた。「私は中国人民を理解している、中国の先見の明のある指導者を信じている。今のような状況は長くは続かない」と、彼は話した。

最後に中島先生に会った時、彼は嬉しそうに話した。「中国の人々は大きな災難を経て、やっと春を迎えた」。紛れもなく、春が来た。中島先生と日本の人々が労苦を厭わず、心をこめて培ってきた中日友好の花は、より豊かな果実を実らせるに違いない。中日両国民の友誼は末永く、世々代々続き、何ものにも阻まれたり壊されたりはしない。人々の友情は永遠不滅なものである。

友には真の友と偽の友がある。偽の友は、笑いの中に剣を隠し、井戸に落ちた人に石を投げ入れる。これは「うわべだけの友」、「悪友」である。真の友は、肝胆相照らし、助け合い励ましあう。これは「畏友」、「益友」である。中島健蔵先生は中国人民の尊敬すべき無二の真の友である。中国人民は先生のことを深く心に刻み、永遠に忘れることはないだろう。

（一九七九年七月二日掲載）

同窓の友人のあの頃を回想して

孫東民

廖承志副委員長が不幸にも逝去してのち、日本政府首脳から各界人士に至るまで、我が国の駐日大使館には二千人を超える人々が弔問に訪れた。その中に一人のやせた老人がいて、廖承志同志の遺影の前に立ち尽くして長く黙祷を捧げた。そこを離れるとき、老人はただ一言こう言った。「私たちは五十年以上も親友だったのですよ！」後の言葉は続かなかった。彼は目に涙をため、悲痛の中に沈んだ。

彼は廖承志同志が早稲田大学で学んでいた時の同窓生で、現在は東京都大田区の日中友好協会会長、川村統一郎氏であった。

川村氏は現在ある会社の社長である。彼は社長室で記者に自分と廖承志同志との早稲田大学時代の交流について語った。社長室の正面には、彼が訪中した時に持ち帰った「純正不曲」〔純粋で曲ったところがない〕という大きな四文字の書かれた拓本が掲げられており、その大きな四文字の下に彼と廖承志同志が一緒に写っている写真が飾ってある。それは彼が長年にわたって飾ってきたものである。このことからも、彼の心の中で廖承志同志が占めてきた位置をうかがい知ることができるだろう。

彼は廖承志同志の写真をしみじみと眺め、五十年以上の昔に思いを馳せた。当時彼は早稲田第一高等学院の学生であった。正義を唱えることが難しかった二〇年代にあって、彼は日本軍部の中国侵略に反対して停学処分になった。思想上の苦悩を解消するために、彼はマルクス主義を研究する組織である「文化思潮研究会」に加入した。彼は回想して言った。「一九二八年の春あたりだったでしょうか、文化思潮研究会が『無産者教程』の学習会を開催したとき、がっしりした体つきで坊主頭の、きらきらと輝く目をした青年が参加してきました。後になってようやく、彼が廖仲愷先生の御子息である廖承志君であると知りました。廖君は標準的な東京の言葉で話すので、ふつうの人は彼が中国からの留学生であるとは知りませんでした。私たちは知り合ってからのち、いつも一緒に語り合い、議論をしました。彼は日本文化を良く知っていて、日本の和歌、川柳、俳句などに通じており、多くの日本の小説を読破していました」。

廖承志同志は一九二五年に再来日し、早稲田大学第一高等学院に入学した。在学中、革命運動に従事したため日本政府に逮捕されて国外退去処分となり、また中国に帰った。

川村氏はこう言った。「廖君は性格が豪放でユーモアにあふれ、人に対しては誠実で、また固い意思を持っていました。彼は私にこう言いました。学校で学問を研究してばかりいてはいけない。中国革命のために、まだ戦い続けなければいけないんだと。私ははっきりと記憶しています。ある年の五月の一日のこと、私たちは当時の第一高等学院の校内にあったプール脇の草地に座って、様々に形を変える空の雲を見上げながら、中国革命に思いを馳せていました。私たちは話しながら校門を出て、山吹町、神楽坂、神田を通り過ぎ、日本橋に着くまでずっと語り合っていました」。川村氏は中国革命に共感し、廖承志同志が胸に抱く大志に大きな尊敬と感動を感じていた。彼は何度も廖承志同志の依頼を受け、危険を冒して「無産者新聞」など当時の進歩的刊行物を東京の中国革命の志士や留学生に届けた。川村氏は回想して言った。「私は当時、廖承志君が中国革命運動に携わっていることは知っていましたが、それも承知の上で、誰にも言いませんでした」。

廖承志同志が日本で革命運動に携わっていたことは、自然に当局の注意を引くこととなり、彼は日本で二回逮捕された。川村氏は言う。「私も後に監獄に入れられてしまったので、廖君がいつ帰国したのかは知りませんでした。ただ、ある日神楽坂の店で食事をしているとき、彼が突然私にこう言ったのを覚えています。現在はこんな情勢だから、私はいつ帰国するかわからない。今日が最後に会う日であるかもしれない。ただ、私は今後も会えると信じている」と。戦争という不幸のために、その後二十年以上、川村氏は廖承志同志の行方を知ることはなかった。二十年以上後の一九五三年、廖承志同志は中国紅十字会の代表団副団長として日本を訪問した際、長い間会わなかったこの同窓の親友に会うことができた。一九六五年、廖承志同志は川村氏を中国に招待した。その時、廖承志同志は陳毅副総理に同行して、ある国際会議に参加し帰国したばかりだった。廖承志同志は王暁雲同志と一緒に、川村氏に同行して北京、上海、杭州を訪問した。川村氏は当時廖承志同志の家で一緒に撮影した写真を思いを込めて眺め、再度心に湧き上がる感情を抑えきれなかった。

「廖先生は義理人情を重んじる人で、第一高等学院に在学していたときの恩師である中谷博先生を偲んでおり、一九六六年春、中谷先生御夫妻を特別に彼の友人として中国に招待したのです」。

川村氏は一九六五年以降、十回以上も訪中し、機会さえあればいつも彼の同窓の親友を訪ねた。彼は今年の秋にも、もう一度北京を訪れようと考えていた。

彼は言った。「廖先生が亡くなられる前日の夜（六月九日）、私たちは同窓会『停雲会』を池袋のあるレストランで開催していました。私たちと宮川寅雄先生は色紙に自分たちの名前を書き、二十一日に訪中する中林先生に託して廖先生に渡してもらうつもりだったんです。これが終生の心残りになるとは考えてもいませんでした」。

「廖先生が亡くなったのを知った夜、私は心の中の悲しみを抑えることはできませんでした。なぜなら私たちは普通の友人ではなく、『同志』的な感情を持っていたからです。廖先生がこの世を去って、私は更に余生を日中友好に費やす決心を固めました」。そのとき、川村氏は筆を取り、記者が持っていたノートに「烈士暮年、壮心不己」と詩句を書き、今後の決心を表した。彼は、これが廖承志同志に対する最も良い追悼となると考えたのだ。

川村氏に別れを告げた後、私は、日本各界の友人たちがここ数日の間に、廖承志副委員長の逝去に対して示した真摯な友情が思い出された。日本の友人たちは、廖承志同志の遺影の周りに五百以上の花束を贈ったが、このことは中日友好事業が日本に広く行き渡り、確固たる基礎を築いているということの象徴である。廖承志同志は逝去したけれども、更に多くの人々が、彼がまいた友好の種や鮮やかな花を、苦労して育てている。中日友好運動の隊列はこれからも続いていくが、彼の生前の親友であった川村統一郎氏もその中の一人なのである。

（一九八三年六月十九日掲載）

有吉佐和子さん、何故こんなに早く

胡絜青〔画家・老舎夫人〕
舒乙〔文学者・老舎子息〕

今日は不幸な日である。

昼食の前に、北京人民芸術劇院の俳優が慌てて走ってきて、不幸なニュースがあると言う。有吉佐和子さんが亡くなった。中国にいる日本人専門家から電話があり、朝の日本のテレビで有吉佐和子さんが急性心不全のため亡くなったというニュースが報道されたのだ、と言う。私たちはどうしても信じられず、とにかくすぐに対外友好協会に確認の電話を入れた。すると、「日本のある作家が亡くなったのは間違いない、もう新聞でも報道されている」と告げられた。早速新聞を片端から探したところ、光明日報に悲しい三行の小さな見出しが目に入った。「日本の著名な女流作家有吉佐和子が今朝(三十日)病気のため突然死去。享年五十三歳」。

それでも私たちには信じられなかった。心の中は彼女のことばかりで、口では同じ言葉をしきりに繰り返した。「早過ぎる、早過ぎるよ……」。

私たちの家族は有吉さんと親しい付き合いをしていた。わが家で、彼女は家族のような存在だった。

有吉さんが初めて中国を訪れたのは一九六一年七月。訪中団の中には、亀井勝一郎先生、井上靖先生、平野謙先生など有名な日本の作家たちがいた。彼女は一行の中では唯一の女性で、三十歳という若さだった。ほっそりしていて背が高く、短髪で、額が広く、現代的な雰囲気の日本美人だった。立ち居振る舞いが落ち着いており、優しく、知的で、機敏であるという印象を受けた。レディファーストという男性の先生方の気遣いからか、有吉さん本人が目だっているためか、彼女は常に最も注目される場所にいて、記念撮影するときも中央にいた。

有吉さんはスターだった。日本人の心に輝く、誇るべきスターだった。現代日本における最も著名な女流作家だった。才女で、溢れんばかりの才気を持ち、今がまさに働き盛りで、創作活動旺盛な時期のはずだった。

有吉さんは、老舎とはまるで旧知のようであった。尊敬を表現しつつ、屈託のない性格で、老舎を父と呼び、老舎の子どもたちとは兄弟姉妹の関係で呼び合った。

一九六二年十月、有吉さんは、中島健蔵先生に同行して、二回目の中国訪問をした。そのとき、老舎は自宅の菊花の観賞会に彼女を招き、私たち家族に紹介してくれ、楽しいひと時を過ごしたのだった。

一九六四年、老舎に孫娘が生まれたのを知った有吉さんは、自分の娘の誕生と同じ年だといって、お祝いにわざわざ日本からベビー服を何着も持って来てくれた。そのうちの一枚は、ピンク色のコートで、えりに黒い毛が付いていて、とても上品な感じのものだったと記憶している。彼女は感情の細やかな女性で、接していると、他人に対して細心の気配りをしていることがよく分かった。

一九六五年三月から四月の間、老舎は劉白羽さんとともに中国作家代表団を引率して訪日した。日本滞在中、何度も有吉佐和子さんと会い、率直に意見交換をした。有吉さんは老舎に新作の長編小説『有田川』を贈り、また老舎を芸術座に案内して、この小説を脚色した同名の新劇を鑑賞した。四月十五日、老舎は有吉さんを訪ね、モンゴル風のレストランのパオで食事を一緒にとった。翌日の晩、今度は彼女が老舎を訪ねた。この日、彼女は和服姿の正装だった。老舎に字を書いて欲しいと頼んだので、老舎は彼女の和服の帯に筆で詩を書いた。

有吉女文豪、神清筆墨驕。驚心発硬語、放眼看明朝。紫塞笳辺酒、橘林月下簫。悲昂千代史、白髪戦狂潮。

（注 「紫塞笳辺酒」…たぶん、モンゴル風レストランのパオで飲んだことであろう。「橘林月下簫」…鑑賞した新劇『有田川』は蜜柑《みかん》作りにまつわる話だった。「千代」…劇のヒロインの名前。「白髪戦狂潮」…台風がきて蜜柑畑が被害に遭う。年老いた千代が復旧作業に奮闘した）

同年五月、有吉さんは四度目の訪中をした。その折、老舎は、胡絜青の絵と老舎の字が書かれた団扇を贈った。それが老舎と会う最後の機会となった。それから十三年、「四人組」が打倒された後に、有吉さんはやっと五度目の訪中の機会を得た。私たちは北京飯店で彼女と再会し、悲しみと喜びを同時に味わうこととなった。彼女は旧い友人たちのことを尋ねた。そして、老舎の悲惨な結末を知り、感情を高ぶらせた。帰国後、「老舎の死の謎」という長文を書いた。

有吉さんは善良で、正義感の強い人間だった。五度目の訪中時に耳にしたさまざまなことにどうしても納得できず、困惑した。彼女の強い同情心は、悪を憎み仇敵を憎むような正義感と同じく強烈なものだった。文章には彼女の憤慨と正義感が脈打っていた。その文章は、道理正しく、言葉厳しく、決起を促す檄文であり、人々を深く感動させる詩でもあった。

彼女は火の玉のようだった。壮年だからこその活力があり、めらめらと燃えていた。

一九八一年、私たち二人は日本を訪れた。受け入れ側に有吉佐和子さんに会いたいと希望を出したが、初日のパーティーで、彼女の姿は見えなかった。病気だと聞かされた。一日おいて次の朝、有吉さんは私たちが宿泊している帝国ホテルに突然姿を現した。彼女は相変わらず若々しく、元気そうで、病気の気配が全く感じられなかった。ほっとして、「もう回復されたのですか」と聞くと、彼女は驚いて、大きな声で叫んだ。「病気ですって、してない、してない。私が病気だと誰が言ったのよ。外国を回ってきたばっかり、丈夫ですよ」。彼女が明るく笑い出したので、周りにいる私たちも嬉しくなり笑い出した。ひとしきり笑った後、彼女は胸のうちを語り始めた。私たちが東京に到着したのを知った彼女は、最初の日にはきっと歓迎パーティーがあるだろう、自分も呼ばれるであろうと考え、仕度を始め、帯に老舎の詩が書かれたあの和服を着付けた。これは自分の「家宝」で、重要な行事以外には決して人に見せないでおいた。今回、みんなをびっくりさせよう、と張り切っていた。ところがあいにくなことに、彼女への通知が漏れた。彼女がどんなにがっかりしたか、想像にかたくない。

この日、有吉さんは洋服だった。真っ白なジャケットに裾が大きく広がったパンツ姿。黒髪はまっすぐに後ろに伸ばしたままだが、頭のてっぺんで小さな渦状に髪を巻いてあった。とてもしゃれた感じがした。血色がよくて元気がいいですね、と私たちが褒めると、彼女は満足げに笑った。

中国流で考えると、有吉さんは中年作家だが、すでに何十作もの小説も出している。私たちの目にとまった選集も十五冊という分厚いものだった。残念なことに、私たちが読んだのは中国語に翻訳された小説選集一冊のみ。彼女の文筆は淡々として、わざとらしい修飾を使わない。ある日本の芸人の物語だったが、読んでみると、まるで中国の講談師たちが伝える伝奇風の物語のような感じで、東洋の伝統文化に対する称賛と愛慕の情が行間に溢れていた。著者本人を知らなければ、話好きなご隠居が書いたものだと思うかもしれない。ただ、物語の登場人物の殆どが女性であり、さらに、緻密な心理描写が多いところから、女流作家の特徴がうかがわれた。

全体的な印象からすると、彼女の小説と本人の性格とは多少違うような感じだ。彼女はとても活発な性格らしい。

有吉さんはまた次のようなことを話してくれた。一九七八年に、彼女は中国の農村に入って生活体験をした、農民と同じ食事をとり、同じ屋根の下で寝泊りし、同じ労働をする、いわゆる「三同」生活を実行した。また中国の多くの地域で

「複合汚染」というテーマで講演をし、化学肥料の使い過ぎや、毒性農薬の使用に反対することをアピールした上、「複合汚染」をテーマにした小説も書いたという。

さすが現代日本に生きる女流作家で、伝統的な部分と現代的な部分を巧みに融合させている。科学も解し、技術も解す。外国語が分かるので、たびたび海外にも出て行く。社会の敏感な問題にも大胆に論及できるし、物事をはっきりさせるためには、深入りして、とことんまで問題追究をしようとするしたたかさも持っていた。華麗な和服も裾の広がったパンツも、彼女はどちらも同じように気に入っていた。複雑な化学方程式の計算をするのと、中国の農民と並んで汗を流しながら鎌で稲刈りをするのとは、彼女にとってどちらも魅力を感じるものだった。静かに思索する性質を持ちながら、はつらつとしていた。自由奔放にして、また堅実な一面も持っていた。日本的でありながら世界的で、伝統的でありながら現代的でもあった。彼女はすべてを調和させた抜きん出た統一体であった。

その有吉さんがあっけなく亡くなってしまった。どうして信じることができよう。

「お体はどう」と有吉さんに聞かれた胡絜青が、「年をとった、もうだめだ、いつも足腰が痛い」と答えると、「おや、母も同じだ、あっちこっち痛いといつもぶつぶつ言っている」と彼女はすぐさま言った。お嬢さんのことを聞くと、大学受験の準備をしている、絵を書くのが好きで、印鑑を彫るのも好きだ、と彼女は話した。お土産に北京で彫った印鑑を一つ有吉さんに贈ると、彼女は喜んで受け取ってくれた。そのお返しにネクタイを二本プレゼントしてくれた。「有名なデザイナーの作品ですよ、ほら、蝶々がいっぱいあるでしょ、これがしるしなのよ」と彼女は説明した。そこから私たちの話はまた美術に及んだ。彼女の姪は現代派の画家だが、「姪の絵は私には全くわからないわ」と彼女は話した。ああ、これがまた紛れもなく東洋的な考えだった。ときどき老舎を思い出すと彼女は言った。「菊花の観賞会に誘われたとき、すらりと伸びた菊を指差して、高く伸び過ぎた、失敗だ、と彼は言ったのよ。あれが彼の性格なのね」。有吉さんの声は低く、歌うときのアルトのような声だった。私たちの会話は完全に家族の間の会話だった。彼女はとめどなく、家族にありふれた話を、四方山話を、あれもこれもとよく話した。三日後、パーティーに欠席した埋め合わせとして、一緒に中華料理を食べようと有吉さんが言ってきた。あのとき招待されなかったのをかなり気にしていたようだった。「私が会いたかった人ですよ。これからは私が会いたいと思うならば、絶対に最期まで意見を押し通すわ」と不満をもらした。まだ先が長いから、いくらでもチャンスはあるよ、と私たちは彼女をなだめた。

ところが、もう二度と彼女に会うことができなくなったのだ、二度とチャンスはなくなってしまったのだ。

有吉佐和子さんの物語は典型的であった。彼女は幾千幾万の中日の永遠の友好を祈る日本人、特に日本の女性、日本の母親の代表と言えるだろう。その一見穏やかな心の奥には、崇高で偉大な友情が激しく脈打っていたのであった。一九八四年八月三十一日北京にて。

（一九八四年十月九日掲載）

関連記事「人去文采在——悼有吉佐和子女士〔人は去れど文才は残る——有吉佐和子女史を悼む〕」（一九八四年十一月九日掲載、作者林林）

藤山愛一郎先生、安らかにお眠りください

中日友好協会会長　孫平化

春節の休み中なので、情報もなかなか入ってこなかった。二十三日の晩、ラジオのニュース番組で、思いもかけず、藤山愛一郎先生が病気のため逝去したという放送を聞き、私は驚きを隠せず、深い悲しみが止まらなかった。

敬愛する藤山愛一郎先生。昨年十一月二十八日午前十一時、先生の事務所へ挨拶に伺ったとき、先生は車椅子に座り、血色がよく、大変元気そうに見えた。先生の側に座って膝を交えて親しく話したときも、足が悪い以外に、ほかはどこも病気はないと言っていた。車椅子でもう一度中国訪問に来てください、北京でお待ちしています、と私は先生に勧めたのに。あの時の対面が永遠の別れになるとは、全く思いも寄らなかった。

藤山先生と周恩来総理や廖承志氏とはバンドン会議で知り合った。一九七三年春、廖公〔＝廖承志氏〕が訪日した際、私を含めた数人が同行してホテルニュージャパン十階にある先生の事務所を尋ねた。そのとき、先生はバンドン会議で日本人代表数人と周総理、廖公と一緒に撮った写真を取り出して見せてくれた。指を弾くほどの瞬く間に、三十年が過ぎ去った。決して平坦ではなかった中日友好の道のりを三十年間共に歩んできた旧友は、なんと得難く、なんとかけがえのないものであったことか。このような旧友を失うことはまたなんと大きな損失であろう！

藤山先生は有名な政治家であり、実業家であり、画家でもあった。一九七三年春、パーティーに招待されて、廖公に同

行して先生宅を尋ねたとき、玄関に入ってすぐ両側の壁いっぱいに掛けてある絵が目に入った。先生自筆の油絵だった。中国の友人には決して自分の作品を贈らなかったにもかかわらず、あるとき廖公に一枚プレゼントしたのを私ははっきりと記憶している。この絵は今となっては貴重な文化遺産である。

六〇年代の初め頃、先生の訪中に先立って、松村謙三先生が周総理に対して、「日中国交回復するまでの双方の往来において、日本側のパイプ役となっている私の後任は藤山さんだ」と紹介した。その後間もなく、松村先生と一緒に藤山先生も中国を訪問し、周総理や廖公と北京で再会して、中日関係を発展させていくための大きな案件について協議した。松村先生の死後、藤山先生と中国との接触はいよいよ増えていった。藤山先生が北京に来たときには、廖公は必ず宿泊先のホテルを訪ね、日本の政局や中日関係についての先生の分析と意見に耳を傾けた。今ではこれも過去の歴史となり、二度と再び実現できないこととなってしまった。

一九七二年夏、田中角栄内閣誕生後、私は上海舞劇団を引率して日本を訪問した。政治に関する先見性の高い卓越した知識を持った藤山先生の企画で、ホテルニュージャパンにおいて、私と中日覚書貿易弁事処駐東京連絡所の蕭向前首席代表の歓迎パーティーが催された。パーティーには大平外相、各閣僚、与野党の面々など政界メンバー、経済界の巨頭も出席し、マスコミを賑わせた。このことは到来した中日友好の好ましい潮流に乗った田中首相の訪中を後押しするという重要な出来事の一つとなった。また、上海舞劇団の帰国の際、藤山先生は日本航空と全日空から特別機を一機ずつチャーターして直行便で上海まで送ることを提案し、周総理の積極的な賛同を得た。もしこの時のフライトが中国と日本の定期航空路開通のきっかけを作り、田中訪中特別機の試験飛行となったというのであれば、まずは藤山先生の努力のたまものだと言うほかはない。一九七四年、ホテルニュージャパン内の藤山先生の事務所において、先生は伊東正義衆議院議員などと「青空会」を結成し、中国との航空協定の締結に取り組んでいた大平外相を積極的に支持し協力した。中日間の航空路は今日ではもはや利用者の最も多い「ゴールデンライン」となっているが、これは開拓者としての藤山先生の労苦があって実現されたものである。

中日の通航が実現した後、いつの年だったか、藤山先生は北京に来た。私がホテルを訪れたとき、中国の解放前の新聞や刊行物を影印本でもいいから集めてもらえないかと言われた。私費で中国および中日関係に関する書籍などを買い集めて、藤山文庫を作って後世の人に残したいとのことだった。その後日本を訪れたとき、ホテルニュージャパンの十階か九階に案内され、書籍がきちんと並べられた、かなりの規模を備えた文庫を見学させてもらった。先生の事務所は文庫の奥にある一室に設けてあった。ところが数年前、ホテルニュージャパンに大火災が起こり、心血を注ぎ、苦心して作り上げた文庫が灰と化す、という大きな不運に見舞われた。このことを知った中国と日本の友人たちで残念に思わない者はなかった。恐らく藤山先生の生涯において、埋め合わせることのできない最大の損失であったろう。当時の先生の心痛がいかばかりであったかは察するに余りある。

幸いなことは、今日、中日関係が最も良好な段階に発展してきていることを、藤山先生が自らの目で確認していたことだ。これはまさに先生が生前繰り返し私たちに話し、願っていたことである。

藤山先生、ご安心ください、必ずより多くの日本の人々があなたの歩んで来た道に沿って着実に歩んで行くことでしょう。中日友好事業のために尽くしてきた先生の功績はきっと歴史に残ることでしょう。藤山愛一郎先生、安らかにお眠りください。

（一九八五年二月二十六日掲載）

心香一瓣

傑出した学者の深い友情

——有沢広巳先生とその寄贈書について

何方〔元中国社会科学院日本研究所所長〕

有沢広巳先生は現代日本における高名な経済学者、統計学者であり、現在、日本学士院院長および日中人文社会科学交流協会会長を務めている。先頃、有沢先生は長年にわたって収蔵した貴重な蔵書一万三〇〇〇冊を中国社会科学院日本研究所に寄贈した。日本研究所は「有沢広巳文庫」の設立をすでに決めており、いま、図書の分類整理を手がけて、準備が整い次第、学術研究界に公開する見込みである。これを機に、有沢先生とその寄贈書について紹介することは、大変意義あることと考える。

有沢広巳先生は現在九十一歳、日本において、比較的早い時期からマルクス経済理論を研究した学者の一人である。戦前、日本のマルクス主義理論界に展開された論戦の中で、「労農派」に賛同する一方、「講座派」の論説も重視した。日本軍国主義による対外侵略に反対し、早くも一九三六年に論文を発表し、これからの戦争は世界を巻き込むものであろう、その際、経済力の弱い日本は必ず失敗するだろう、と論証した。日本が中国に対する侵略戦争を発動すると、有沢先生は直ちに迫害を受けた。一九三八年二月、いわゆる「労農派教授グループ事件」で検挙され投獄された。拘留十四ヶ月後に保釈、一九四四年九月、二審裁判で無罪の判決を言い渡されたにもかかわらず、大学側に休職を強制的に命じられ、戦争が終わるまで、とうとう大学に戻ることができなかった。

日本が戦争に負けてから、有沢先生は再び東大の教壇に復帰した。一方では、主として戦後の日本経済の再建に着目して研究を始めた。著名な「傾斜生産方式」と日本経済の「二重構造」論を唱導した。労働雇用、労働賃金、社会保障、資源の開発、中小企業の振興、経済構造の調整および貿易の自由化などの課題について、鋭い見解を示し、かつ提案をした。戦後の日本経済の復興と発展に、有沢先生の理論は重要な役割を果たし、大きく貢献したのである。彼の学術面での業績と政策面での構想は、学界で高い評価を得たのみでなく、政府と経済界からも大きく注目された。有沢先生は戦後の復興期から、要請を受けて、官庁の各種の諮問機関に参加し、さまざまな経済政策と企画の策定に直接参与した。官庁の経済、企画部門の顧問や二十以上にのぼる審議会の委員あるいは会長を務めた。また日本原子力産業会議の会長も務めた。あるとき、雑談の中で原子力産業会議の話題に触れた。自分は長年会長をしていたが、大したことはしなかった。一度だけ少し役目を果たした。それは日本で原子力潜水艦を造る意見が出されたとき、自分の反対で取りやめさせたことだ、と有沢先生は謙虚に語った。戦後になって有沢先生は幅広く社会活動で活躍しながらも、自らの教育者、研究者としての志を変えなかった。政府の職に付くことなく、教授として学者としての生き方を貫いた。戦後の経済、教育および研究上における卓越した貢献により、有沢先生は計三回、勲一等端宝章、勲一等旭日大綬章、文化功労賞といった国家勲章を授与されたのである。

経済学と統計学について、有沢先生は造詣が深く、独自の見解を持っている。一生黙々と著作を続け、今は『ワイマール共和国物語』の続編を執筆中である。厳しい研究態度、倦まず教え諭す教育態度、質朴な作風、寛大で温厚な人との接し方、このような有沢先生は、日本の学界で高い威信を博している。たくさんの人が彼を敬い、「恩師」と仰いで、彼の教え子であることを誇りとしている。

有沢先生は一貫して中日友好を強調してきた。一九七九年以降は一層、中日文化と学術交流事業に力を注いだ。中国の学術研究の動きに関心を持ち、特に中国の経済学研究には強い期待をかけ、社会主義経済理論を中国で打ち立てることを望んで、次のように話した。マルクスは『資本論』を書いたが、中国の経済学者は『資本論』に匹敵する社会主義経済理論の著作を書くべきだ。明確な理論をもって社会主義建設が指導できるように、少なくとも一つの基本的な枠組みを作ることが必要だ、と。一九七九年初めて中国を訪れてから、有沢先生と彼が率いる日中人文社会科学交流協会は、中国社会科学院と密接な関係を築き上げた。一九八五年、中国科学院は、国務院の批准を得て、彼に名誉博士号を贈った。彼はこの栄誉称号を授与された最初の外国人学者となったのである。

中国社会科学院日本研究所が創設された日から、有沢先生はずっと支援し続けてきた。研究所の研究活動や研究者の養成に強い関心を寄せ、研究者たちと深い友情を結んだ。日本研究所の研究をバックアップし、それに協力するため、生涯集めてきた蔵書を贈与すると申し出た。古本ばかりで、数もさほどないが、受け取っていただければありがたい、自分のことを絶対に世間には大げさに報道して欲しくない、と謙虚に語った。昨年七月、彼の教え子の石井和夫、浜地一樹、石川治良ら諸先生が書籍を整理して、三〇〇以上のダンボールに詰め、北京に運んだ。

中国社会科学院日本研究所に寄贈された書籍と雑誌は、極めて貴重なものばかりである。中には、日本政府の各経済部門から毎年刊行された白書や、戦後日本経済の各種の統計資料、調査報告、年鑑、年報などが含まれている。また入手困難な珍本や善本も含まれていた。たとえば、『資本論』第一巻のドイツ語版第一刷（一八六七年）と第二版（一八七二年）や、『資本論』第二巻（一八八五年）、第三巻（一八九四年）、『余剰価値理論』（一九〇五年）のドイツ語版第一刷や、数種類のマルクスとエンゲルスの著作の早期刊行版があった。

日本研究所は、これらの貴重な図書がよく保管され、充分に利用されるために、また中日友好の増進と両国の学術交流の促進に力を注いだ有沢先生を記念するために、「有沢広巳文庫」の設立を決定したのである。

一九八六年六月、中国社会科学院胡縄院長が日本を訪問した際、有沢先生を訪ねて、深い感謝の意を表し、更に五月に行われる「有沢広巳文庫」の除幕式に出席するよう、有沢先生の訪中を招請した。有沢先生の再度の訪中を心待ちにすると同時に、今後も中日両国人民の友好と両国の学術交流のため、引き続き力添えをしていただくことを願ってやまない。

（一九八七年二月二十一日掲載）

心香一瓣

稲山嘉寛先生の逝去に驚く

中日友好協会会長　孫平化

一九八七年十月九日は普段通りの平日だった。私はいつもと同様に歩いて事務所に行き、腰を下ろすと同時に電話が鳴り出した。電話の呼び出し音はいつもと少しも変わりがなかったが、受話器の向こうから伝わってきたのは不意をつく悲しいニュースだった——日本の友人、稲山嘉寛先生が今朝七時頃逝去した。享年八十三歳。私は言葉を失い、どうしても信じたくなかったが、残念なことに、それは否定できない確かな事実だった。稲山先生は去っていった、こんなにも早く!

昨年の秋、稲山先生が病気で寝込んだという風の便りを時々耳にした。その後、足が不自由なだけで、車椅子に頼っているが、ほかに大した病気はないとも聞いた。それだけに、彼がその一年後に慌しくこの世を去るとは、誰が予想できただろう。

私が最後に稲山先生に会ったのは、一九八四年の春、王震氏に同行して訪日したときだった。稲山先生はある高級日本料理店に王震氏一行を招待した。血色がよく、元気に満ち溢れていた彼は、すでに八十歳を超えた老人には全く見えなかった。同席した画家の黄永玉氏は、誰にも気付かれないよう彼をスケッチした。スケッチを見た稲山先生は大喜びし、しきりに褒めた。稲山先生と王震氏は親しい間柄であるため、席上は和やかな雰囲気に包まれた。あの時のことは今でも忘れられない。しかし、まさかあのときの対面が永遠の別れとなるとは、思ってもみなかった。

十五年前、中日国交正常化が実現された際、周恩来総理も田中角栄首相も、両国民が心待ちにしたこの日を迎えられたのは、多くの先人や友人が長期にわたって奮闘し、確固たる基礎を打ち立てたからだと強調した。周総理はかつて「水を飲むときに、井戸を掘った人を忘れない」という中国の言葉を引用した。稲山先生は井戸掘り人と呼ばれるに恥じない一人であり、長年、中日友好関係を築いた先達として両国人民に敬われてきた。私の記憶のなかでは、現在の日本経済界トップの中で、最初に中国に接近したのが稲山先生だった。一九五八年、まだ中日関係に暗雲が立ち込めていた時代、岸信介内閣が中国敵視政策を強めたため、第四次中日民間貿易協定の交渉は難航を重ね、合意が遅れていた。当時、稲山先生は八幡製鉄所の常務取締役を務めており、二月には、困難を乗り越えて日本鋼鉄訪中団を引率して中国に渡り、中国五金進出口公司を相手に、日本の鉄鋼と中国の鉄鉱石や石炭のバーター貿易協議に臨んだ。朝鮮から帰国した周総理は彼と会見し、中日鉄鋼五ヵ年長期協定は周総理の仲介で、二月二十六日にようやく正式に調印された。「共産圏」国家と接触するだけで異端者と見なされた時代にこのような行動に出られるとは、本当に感服させられた。鉄鋼長期協定はその後に起きた「長崎国旗事件」によって実施に移せなかったが、善後処理に当たった稲山先生は、協定は「廃棄」ではなく、「中断」だという言葉にこだわった。今日、中国と日本の鉄鋼業界間に起きた貿易や協力関係の大きな変化は、あのとき一旦中断したものの再開と言えるだろう。その原点を遡れば、あの極めて困難な時代に心血を注いだ稲山先生をどうして忘れることができよう。まさにあれこそが彼の先見卓識の表れであった。今日においてごく当然のことであるとしても、当時の歴史的背景に照らして考えた場合に、はじめて開拓者の有り難さが分かるものだ。

一九六四年、中日双方は東京と北京にそれぞれ廖承志弁事処と高碕事務所を設置した。私は東京の廖承志弁事処で働いた。その間、稲山先生と時々接触することがあった。当時、彼はすでに八幡製鉄所社長の要職にあったにもかかわらず、中国の客人に対しては相変わらず親しく接した。用事で面会を頼む私たちに対し、必ず応じて事務室に通してくれた。当時は今と情況が全く異なり、中国の民間駐在機構の代表である私たちが、日本の財界巨頭に接触しようとすることは決して容易ではなかった。

七〇年代後期から、稲山嘉寛先生の名前はまた上海宝鋼集団の建設と結び付いていた。一九七七年の冬、稲山先生が日中長期貿易協議推進委員会訪中団を率いて北京に来たとき、中国が先進的な大型鉄鋼連合企業を建設するのに、稲山先生のお力を貸していただけないか、と李先念副総理は彼に話した。稲山先生は快く承諾し、翌年五月、中国技術進出口総公司と新日本製鉄株式会社は宝鋼建設に関する文書に調印した。この大型プロジェクトが全面的に始動するにあたり、思わぬ難題が相次ぎ、一時、宝鋼をめぐる激しい論争があった。一部では稲山先生に対する誤解もあった。しかし彼がなんらかの弁解をしたということを私は一切聞いたことがなかった。それは、彼が自らの行動に自信を持ち、歴史は必ず公正な判断を下してくれると信じていたからに違いない。一九八五年の冬、宝鋼第一期プロジェクトは竣工し、操業を開始して、中国内外を賑わした。寒波がようやく通り過ぎたのだ。今、わが国の鉄鋼生産がすでに五〇〇〇万トンを突破しているのは、揚子江のほとりにそびえ立つ宝鋼の発展と分けて考えられないのは言うまでもない。宝鋼の果たした役割は、鉄鋼の製造量を増産させたというばかりではない。本年九月二十一日付け人民日報の報道によると、宝鋼第一期プロジェクトは、完備された設備、高水準のテクノロジー、斬新な工芸デザイン、といった条件の有利さを十分に活かし、飛躍的な発展を遂げているという。稲山先生も生前このような情報を耳にして、きっと心の中で喜んだであろう、と私は信じている。

稲山先生はかつて国際石油株式会社社長を務めたことがあり、中国から石油を輸入するルートを拓くのにも多くの力を注いだ。

鉄鋼業一筋六十余年、稲山先生は日本の「鉄鋼王」の称号を博し、日本経済団体連合会代表を務めてから、「財界総理」とも呼ばれた。日本経済の発展を推進する重責を担いながら、中日経済貿易交流と協力を進めるために努力し続けた。周恩来総理、鄧小平主任、李先念主席ら先輩の中国指導者と幅広い接触を持っており、わが国の指導者が日本の財界に言及するとき、往々にして稲山先生のことに触れた。

近年、中日間の政治、経済関係が幾つかの障害にぶつかったことを、稲山先生は生前当然知っていたはずだ。もしかすると、彼はこの状況について残念に思いながら世を去ったかもしれない。しかしながら今後、より大勢の人々が、先人たちが骨を折って築き上げた中日関係に関する友好条約を維持し、障害となるものを取り除いていくだろう。両国民は中日関係の後退を決して許さないだろう。

雨が過ぎて空がまた晴れたとき、人々はきっと再び杯を挙げ、笑い合い、黄泉の世界にいる故人を慰めるであろう。

（一九八七年十月十三日掲載）

関連記事「鋼鉄、石油、囲棋、友誼」（一九八八年八月二十五日掲載、唐克）

心香一瓣

著名な物理学者茅誠司先生を悼む

中日友好協会会長　孫平化

一九八八年十一月九日午前、茅誠司先生が逝去したとの訃報を受け、私はひどく驚いた。つい最近、茅伊登子夫人から手紙を受け取ったばかりだったのだ。茅誠司の健康は回復に向かっている、いま自宅療養中だ、たまには東京の近くにある別荘で週末を過ごすこともある、と手紙に書いてあった。ところが、いま、先生が永遠にこの世を去ったという不幸な知らせが届いた。どうして驚き悲嘆せずにいられるだろうか。

茅誠司先生は学術的貢献のあった世界的にも著名な物理学者であり、大学教授であった。また日本の最高学府東京大学の総長も務めた。一方、極めて影響力を持った社会活動家であり、数十にのぼる社会団体の責任者を兼任し、晩年に入ってからは日中友好六団体のひとつである日中協会会長をずっと務めていた。また彼は、日本の自然科学の分野において日中友好活動に携わった先駆者でもあった。先生と長い付き合いのあった中国科学院の人々は、茅誠司先生の話に触れると、異口同音に、「尊敬できる親しみ易い老人だ」、「中国人民の得難い良き友だ」、と言う。先生は蔵前高等工業学校を卒業後、仙台にある東北大学に入学した。私はかつて蔵前高工が東京工業大学と名称を変えたあと、そこで数年間勉学したことがあったので、先生は正真正銘私の先輩になるわけだ。同じ母校の先輩と後輩という縁もあって、私たちは深い友情で結ばれ、顔を合わせれば非常な親しみを感じた。

何事によらず初手は難しい。開拓者は決まって後に来る人より多くの努力をしなくてはならない。今日、中日双方の科学者たちは、しばしば両国間を行き来したり、或いは国際会議に集まって討論を繰り広げたりしているが、三十年前の日本ではこのような活動は許されなかった。五〇年代半ば頃、中国科学院の要請で茅誠司先生が日本物理訪中団を率いて来訪したのを受けて、当時中国科学院の郭沫若院長は中国の科学者を引率して日本を答礼訪問した。これが口火となり、以来、中日民間学術交流の道が切り開かれた。中日科学技術学術交流のために先頭に立ち、貴重な貢献をした茅誠司先生や朝永振一郎氏、坂田昌一氏および有山兼孝氏ら著名な物理学者を、我々は永遠に忘れることはない。

中国の科学技術の発展について、茅誠司先生は一貫して関心を寄せ、日本は協力し援助すべきだと積極的に主張した。福田赳夫内閣の後期だったと記憶しているが、先生は北京を訪問中に、中日科学技術交流の推進に関する新しい構想を提起した。即ち、中日双方が共同運営し、日本政府が出資するという形で、北京で中日科学技術交流会館を建て、中日双方が科学技術の交流、学術の研究討論、資料の提供サービスなど、さまざまな活動を行う場所としたいというものであった。提案は、当時の中日友好協会会長であった廖承志氏の積極的な後押しを受けて、周培源氏と茅誠司先生は正式に文書の交換もした。先生の北京提案は、誠意をもって真剣に提起されたものであり、事前準備もしていた。出発する前、福田首相に相談したところ、福田首相は支持する態度を示した、と彼は述べた。残念ながら、その後事態が二転三転したため、実現はとうとう果たされなかった。しかし、先生が片時も忘れず、思案をめぐらして果たそうとした中日科学技術交流の促進という願いは、必ずさまざまなルートで、多種多様の形で、次第に実現されていくだろう。中日科学技術交流に寄せた茅誠司先生の熱意に、我々は大変敬服していた。

先生は学術的貢献のあった著名な物理学者であるばかりでなく、日中友好活動を指導し、中日関係を発展させるための井戸掘り人であった。先生は日本の一般社会においても学界においても高い地位にあったにもかかわらず、ごく普通の日本式の住宅に、大変つましく暮らしていた。私は何度も先生の自宅で朝食をともにしたが、彼の普段通りの朝食を一緒に食べていると、自分が客であるという感じが全くしなかった。先生の側に座って、食事を進めながら話笑していると、まるで学生が親しい先生の自宅を訪ねているようだった。ところが、このような特別な友情の温かさを感じることは、これからはもうできない。茅誠司先生は静かに逝った、私に永遠の別れを告げた。しかし、先生の笑顔や笑い声、ユーモアあふれる話し方は、いつまでも我々の心に残るだろう。

敬愛する茅誠司先生、どうぞ安らかにお眠りください！

（一九八八年十一月二十一日掲載）

岡崎嘉平太先生の死を悼む

中日友好協会会長　孫平化

九月二十二日早朝、日本のテレビで、岡崎嘉平太先生が明け方二時に逝去したことを知った。本当に信じられなかった。それはあまりに突然だった。

私は九月二十八日の王震副主席が主催する岡崎先生の招宴の招待状を受け取っていた。また、先生は我が国の建国四十周年記念の活動に参加する予定になっていたし、中国国際信託投資公司の創業十周年を記念する経済シンポジウムにも出席する予定だったから、数日後には、北京でお会いするはずだったのだ。私は非常にショックを受け、大きな悲しみに包まれた。

「水を飲むときに井戸を掘った人のことを忘れてはいけない」。中日友好に大きな貢献をした、健在する日本人といえば、中国でも日本でも、まず思いつくのは岡崎先生の名前だった。

私は一九五五年、初めて岡崎先生にお会いした。その年の四月五月は、第三次中日民間貿易協定の折衝のため、雷任民氏が率いる中国貿易代表団が日本に訪れていた。東京滞在中、岡崎先生が旅館に来て雷団長と会見した。私は連絡係で、会見の時はずっとその場にいた。

あれ以来、長い月日の中で、中日関係は激しく変化し、幾度もの紆余曲折を経たが、そんな中で、私と岡崎先生との友情はしだいに深まっていった。私は、岡崎先生が、中日友好の発展を自分の一生の政治的信条としていることをよく知っていた。先生はよく、中国の発展がなければ日本の繁栄はない、長期的に考えても、日本が中国から離れて生きていくのは難しい、日中友好がなければアジアと太平洋地区の平和と安定の維持も困難である、と強調していた。数十年来、日本当局はずっと日米関係を日本外交の「基軸」と考えていたが、岡崎先生はずっと、日中関係を日本外交の最も重要な位置に置くべきだと主張していた。そして度々日本国内各地の講演要請に応じ、そこでいつも述べていたのは、日本が過去において中国に多大な災厄をもたらしたが、中国は日本に寛大な態度をとり、国交が開かれた時には進んで日本への賠償請求権を放棄した、だからこそ、日本は全力を尽くして中国の建設を助けなくてはならないということだった。

中日友好事業において、岡崎先生の貢献が最も目立っていたのは六〇年代初めである。先生は、松村謙三、高碕達之助、石橋湛山等諸氏と共に中日関係を民間から半官半民のレベルにまで引き上げた。中日双方は互いに、形式は民間、実際には官、という常駐機関を設け、互いに常駐記者を派遣した。

一九六二年晩秋、松村先生一行が北京に来て、周恩来総理と積み上げ方式で中日関係を発展させるためのいくつかの主要な原則について話し合った後、今度は高碕先生が大規模な経済代表団を引き連れて北京にやってきた。岡崎先生はその代表団の主要な構成員だった。十一月九日、廖承志同志が高碕先生と「中日長期総合貿易覚書」に調印したことにより、この時、中日間で一時期大いに名を馳せた覚書貿易が誕生し、両国間の新たな道が開けたのである。両国は各々、政治的な方面の窓口に廖承志・松村謙三の両氏を、経済的な方面の窓口に廖承志、劉希文、高碕達之助、岡崎嘉平太の各氏を指名した。時間の経過と情況の変化発展に伴い、後に岡崎先生と古井喜実先生がこの掛け橋の日本側責任者となった。

岡崎先生は常に、できるだけ早く日中の空の掛け橋を、と望んでいた。先生は中日間の行き来が香港回りであることにとても不満を持っていた。日本から直接中国に行けるようにするために、一九六四年四月、松村先生、岡崎先生、古井先生の一行は、日本の貨客船、「玄海丸」をチャーターして、日本の門司港から秦皇島に直行し、北京で、両国が互いに貿易事務所を設け、常駐記者を交換する覚書に調印した。同年の夏から秋に、「廖承志事務所東京駐在連絡所」と「高碕弁事処駐北京聯絡所」が相継いで設立され、双方各八、九名の記者を互いの首都に常駐させた。これより、中日は各々互いの国家に半官半民の常設機関と常駐記者を持つことになった。中日関係は新しい階段を一つのぼったのである。人々はこの階段に立ち、未来の中日関係正常化に続く一筋の光明を見ることができた。

その後、中日関係はまた思いもかけないような様々な困難に見舞われたけれども、岡崎先生は困難を打開するため、毎年関係者を引率して北京に来て、覚書貿易定期年度会議を行なった。中日関係は新たな局面を迎えていった。中日国交正常化ののち、日本側の覚書貿易事務所はその役目を終え、新たに日中経済協会が設立され、岡崎さんは今日にいたるまで協会の常任顧問を務めてきた。三十有余年の中日友好関係の発展と変遷の過程の中に、岡崎先生の足跡が数多く残されている。岡崎先生はまごうかたなき、戦後の中日関係史の証人なのである。

私は覚書貿易の仕事に直接参与した中国側の主要な構成員の一人であった。私はよく、岡崎先生は私が日本で仕事をする際の保証人なのだと言っていたが、これは本当のことである。

一九六四年四月、覚書調印後まもなく、私は中国側の東京駐在事務所の首席代表に任命されたが、入国ビザに問題が発生した。日本の役所側が条件を出してきて、私が日本で政治活動を行わないことを保証しろというのだ。中国側は当然、こんな道理の無い保証をするつもりはなかった。結局、何回かの交渉を経、数ヵ月かけて、ようやく解決した。後日分かったのであるが、実は岡崎先生が背後で、日本政府に保証の書類を提出していたのだ。

私は日本で三年仕事をしたが、岡崎先生は一度も私が行う活動に対して何か意見するというようなことはなかった。逆に、たまに座談会へ一緒に出席するように誘い、中日関係について意見を述べさせた。事実上、岡崎先生は、日本での私が行う正常な政治活動を保護してくれていたのだ。考えてみればおかしな話だ。中日国交正常化以前に両国が相互に常駐機関を作り、記者を交換すること自体、すでに大きな政治活動ではなかっただろうか。岡崎先生は、この問題にどのように対処すべきか、ご存知だったのだ。

少し前、鄧小平主席が伊東正義先生の一行と会見した時、次のように述べた。「日本国内でどんな変化が起きたとしても、また中国国内でどんな変化が起きたとしても、中日友好は変えることはできない、変わることはありえない」。私はこれが中日両国民の声を代表していると思っている。私は岡崎先生もこれと同じ考えを持っていたと信じている。だから、岡崎先生はこの時期、つまり中国の建国四十周年の前夜に、高齢を顧みず訪中することを決めたのだろう。私たちは本当に先生が来るのを待っていた。先生が中日関係の新しい局面をつくり出すために、新たな貢献をしてくれるであろうことを期待していた。一晩のうちに、黙って逝ってしまうなんて、考えもしなかった。

先生の死は中日友好にとって埋めようのない損失である。それを思うと、悲しくて仕方がない。しかし、私は信じている。中日両国民が永遠に岡崎先生のことを忘れず、岡崎嘉平太、この名が永遠に中日友好を推し進める力になるであろうことを。

（一九八九年十月三日掲載）

その名は歴史に刻まれて

孫東民

飛行機は徐々に高度を下げた。瀬戸内海の水面は鏡の如く穏やかで、東西に架かる瀬戸大橋は、あたかも虹のように見えた。橋の一端は四国に伸び、そこが香川県であった。機内から見下ろす大地に、私は思いを馳せた。

有名人が出て、香川県は有名になった。香川と聞くと、中国人は、歴史に名を残した二人の人物を思い出す。古代の人なら、唐の時代に留学した弘法大師空海、現代の人なら、大平正芳元首相である。大平先生がこの世を去ってから早くも十年の歳月が流れようとしている。しかし時間は過ぎ去っても、人々の彼に対する思いは少しも薄れることはなかった。中日国交正常化二十周年を記念して、大平先生の生涯と思想を紹介する著作、『大平正芳』が中国でこのほど出版された。本が刊行される直前、私は幸いなことに、脇信男高松市長に招待されて、大平記念館を見学し、大平墓地に行って墓参りをしてきた。

大平記念館は観音寺市にある。大平先生は中学校時代を観音寺市で過ごし、政治家になってから、ここは彼の選挙区となったのだ。記念館は二階建ての洋式の建物で、地元で政治活動をするときの拠点であり、選挙事務所の所在地だった。大平先生が亡くなってから、事務所は彼の遺品や関係資料を展示する「大平正芳記念館」となった。記念館の一階には、彼が生前使用した文房具、手稿が展示されていた。当選を祝うダルマが目のつく位置においてあった。「天時不如地利、地利不如人和」や、「呑舟之魚、不游枝流」という彼の書からは、一人の政治家としての風格がうかがえる。大平先生は限りなく読書を愛したため、記念館には一万二千冊を超える図書が収蔵されており、その九〇パーセント以上を彼は読んだと言われている。収蔵した図書は広く政治、経済、哲学、文化の分野にわたっている。『論語』、『戦国策』など、大量の中国古典は、書籍の持ち主が生前、中国文化についてかなりの教養を持っていたことを物語っている。

記念館の二階には多くの貴重な遺品が展示されている。外国人からの贈り物も数多くあった。大平先生が生前に使っていた部屋の床の間には、何香凝女史の描いた『梅花盛開図』が掛けてあった。日本の習慣では、床の間は部屋の最も中心的な場所だ。梅花図は一九七九年、廖承志先生が、訪日する鄧穎超女史を通じて大平先生に贈ったものだ。展示室には大平先生が副総理時代に訪日した鄧小平氏との記念写真もあった。鍵のかかったショーケースに展示してある『懐素自叙帖真迹』は、一九七二年に中日国交正常化交渉のために中国を訪れた大平外相に、毛沢東主席が贈ったものであり、宝として桐箱にしまわれ、「毛沢東主席より贈られた」と書かれてあった。今日の中日関係に際して昔を思うと、国交正常化に対する大平先生の貢献を思い起こさずにはいられなかった。

一九七二年田中首相に同行して中国を訪問した経緯について、大平先生の著作である『風塵雑俎』に収録された演説原稿「日中正常化交渉を終えて」の中で、大平先生は「一身の安全を賭して」「無我夢中」で北京入りしたことを振り返っている。彼は、中日国交回復を成し遂げたことを自らの政治的生涯における最も輝かしい外交業績だとしている。ここで彼は真の政治指導者に成長していく大きな飛躍を成し遂げたのだ。早くも六〇年代に、池田内閣の外相時代から、大平先生は中国関係の進展に注目していた。七〇年代に入ると、政治家としての鋭い洞察力に裏打ちされた先見性をもって歴史の流れをとらえた。「潮の流れを変えよう」と題する演説の中で、日中友好の精神と原則を踏まえて、なるべく速やかに中国との間に政府間の接触を開始することについて述べ、「日中国交正常化は機が熟している」と呼びかけて、日本政府を促した。田中内閣が組閣したとき、大平先生は外相に就任し、「外相として、万難を排して、やり通すことを決意した」。わずか二ヶ月のうちに、「超スピード」で田中訪中の地ならしはほぼ整ったのだ。『大平正芳』の中では次のことも明らかになった。田中内閣が国交正常化の実現に向けて努力していたころ、反対する勢力の動きも日一日と強まり、大平先生の身の安全が常に脅かされる状況だった。「ボクは（反対勢力に）いつ殺されるかわからないのだ。もし天がボクを助けてくださるなら、この交渉は成功するだろう」とある記者に話したという。中国訪問を決意した直後、なぜ国交正常化を実現しなければならないか、といった真実を綴った遺書を大平先生は書き残したと言われている。周総理は、「大平は誠実で嘘を言わない。言葉遣いはあまりうまくないが、内秀で博学である。誠心誠意田中を補佐し、大平あっての田中であり、大平あっての中日国交回復である」と大平先生の功績について、高く評価した。

一九八〇年六月、大平先生は首相として在職中、突然病気で逝去した。死後、故郷の浜豊町に葬られた。大平墓地は松に囲まれた高い丘の上につくられ、そこに立つと、瀬戸内海を一望することができる。墓地の周りにはきちんと整えられた新緑の美しいツゲの木が植えられており、墓の前には常に花が供えられ、線香が立てられていた。私も尊敬の念を胸に、花束を捧げた。その土地の習慣に従って、水を汲んで墓石を洗ってから、墓の前に佇み、中日友好のために井戸を掘ったこの人物に敬意を表した。

大平先生の墓石には、親友の伊東正義先生の詩が刻まれていた。「君は永遠の今に生き、現職総理として死す、理想を求めて倦まず、斃《たお》れて後已《や》まざりき」。政治家としての大平先生について、その政策上の業績に関する評価は歴史学者に任せることとするが、中国人民の偉大な友としての彼は、中日関係史に紛れもなく名を残したのである。

（一九九一年九月二十一日掲載）

心香一瓣

傑出した日中友好の使者

――伊東正義先生を悼む

中日友好協会会長　孫平化

五月二十日朝方、突然鳴り出した電話のベルで目が覚めた。東京の篠田悠子さんからだった。「一時間くらい前におじの伊東正義が永眠した」という不幸なニュースを知らせてきた。伝えられた訃報に、私は言葉も出ないほどの悲しみを感じた。来て欲しくなかったこの日がついにやってきてしまった。

伊東正義先生は病臥してもう数年になる。不必要な憶測を避けるため、親族以外の人との面会を断っていたが、私だけは例外だった。先生は半身不随の状態にあったが、意識ははっきりしていた。誠心誠意、中日友好関係の推進のために全力を尽くしてきたこの大政治家は、中日関係の進展を片時も目を離さず見守ってきた。あるとき、面会に行くと、彼と比較的接触の多かった彭真氏や王震氏ら中国の先輩指導者たちに、自分の気持ちを伝えて欲しいと伝言を頼まれた。

一昨年の秋、伊東先生の自宅に見舞いに行ったときのことは忘れられない。彼は私の手をしっかりと握って放そうとしなかった。私は中日民間交流の現状を簡単に話した後、先生の病気が回復するまでの間、中日民間人会議のことをどなたに相談すればよいのか、と意見を求めたところ、「林義郎君だ」と彼は即座に答えた。その後、伊東先生を引継いで林義郎先生が日中友好議員連盟会長を務めることになった。伊東先生は政界の要職から引退した後、これからは日中友好活動に全力を注ぎたい、と心の内を表明した。その後はたとえ療養中であっても、常に日中関係に関心を寄せ、その上適切な指示を出していた。

伊東先生とは、七〇年代半ばころ、中日友好協会が宏池会議員訪中団を接待したのがきっかけで初めて会った。先生は若いときから大平元首相と親密な間柄で、兄弟のような仲だった。大平内閣時代、伊東先生は官房長官を務めた。大平首相が突然の病で逝去した後、内閣総理大臣臨時代理を務めたこともあった。伊東先生は、誠意をもって人と接し、素朴で親しみやすい方だった。私は最初の接触から彼のそのような高尚な人徳を感じ取り、心から尊敬した。ここ三十年間、彼は中日民間人会議の日本側首席代表、日中友好議員連盟会長を務めた。日中関係における日本側の「窓口」、或いは総代表とも呼ぼうか——として、わが党や国家の指導者と多くの接触をしてきた。わが国の指導者に信頼され、鄧小平氏にも高く評価され、また中国人民に尊敬されていた。伊東先生は、日中友好に対する貢献により、中国人民対外友好協会および中日友好協会からそれぞれ、「人民友好使者」と「中日友好使者」の称号を授与された。

大勢の日本の友人と話してみると、皆一つの共通認識を持っていることが分かった。即ち、中日民間人会議が継続できていたのは、日本側について言うと、伊東先生が先頭に立っていたからだ、彼の声望と影響力が極めて重要な役割を果たしたという認識であった。私は伊東先生との間では、中日民間人会議をシステム上から軌道に乗せ、操作し易くするために、日本では官民協力の必要があるので、日中友好基金会を創設して、当面は民間人会議を基金会の主な業務とし、中日友好協会を基金会の中国側窓口にする、という構想があった。伊東先生はそのため東京で具体的な取り組みを行い、関係者の賛同と支持も得ることに成功した。まさにこの構想の実現が見込まれ、スタートを切ろうとした矢先に、先生は病で倒れた。その後の日本側の情況変化が追い討ちをかけるように、今日に至っても、この構想はまだ構想の段階にとどまったままでいる。我々はこの良き師・良き盟友を失い、有力な支持者を失ったのだ。どうして天は人の願いを叶えてくれなかったのだろう。

一九八九年に起きた「政治風波」の九月のことを我々は永遠に忘れられない。伊東先生は、中日友好協会の来賓として、実質上は日本政府の特使として、毅然として北京を訪れ、わが党と国家の指導者と有益な意見交換をし、また北京の安定した情勢を自らの目で確認した。帰国後、中国に対する西側諸国の制裁と孤立政策を打ち破るため、極めて大きな具体的な貢献をした。中日関係に困難が立ち塞がったとき、伊東先生は常に局面の挽回に身を挺して、大事なときに重要な働きかけをした、実に得難い人物であった。

生前、伊東先生は自宅で客に面会するのを嫌っていたにもかかわらず、彼の自宅療養中、私は病に臥した後の彼に会う一人目の面会者となった。質素な彼の住居を拝見して、私は大変意外に感じた。首相の就任要請を何度も断り、かつて内閣の重要ポストにいた著名な政治家は、なんと一般庶民の中でも中流家庭同様の家に住んでいた。既に設備も旧くなった狭い応接間に病床が置かれ、長く自宅療養に使われたものと見られた。日本国民が長い間金権政治や政界の金銭スキャンダルを批判してきたことを思うと、伊東先生こそ清廉の名に恥じない政治家の手本だと私は一層強く感じた。

中日友好事業は任重くして道遠し、伊東先生が取り組んでいきたかった仕事はまだたくさん残っていたはずだ。ところが、病魔は彼に時間とチャンスを与えなかった。しかし、後の人が必ず先生の遺志を引き継ぎ、先生が達成できなかった事を成し遂げるだろう、と我々は信じてやまない。

（一九九四年五月二十六日掲載）

青山杉雨先生の思い出

邵華沢〔人民日報元社長〕

時間の経つのは本当に早い。この二月十三日で日本の著名な書道家青山杉雨先生が逝去してもう二年になるが、何かにつけて昔のことへの思いは尽きない。

一九九〇年夏、私は読売新聞社の招待を受けて、日本を訪れた。読売新聞は従来から日本と中国の書道界の交流に力を入れていた。私も書道愛好者だと知ると、日本の書道界の大家、青山杉雨先生への訪問を私の東京スケジュールに組みいれてくれた。

世田谷区にある青山先生宅は典型的な日本式建築である。庭に草や木が茂り、石を敷いた小道は表玄関から軒下に通じていた。私が着いたとき、七十九歳という高齢の青山先生は玄関前で門人数人とともに出迎えてくれた。先生は背が高く、少し背中が曲がり、白髪混じりのひげと髪の毛、輝く眼差し、穏やかな態度に上品な立ち居振る舞い、いかにも書道の巨匠という風格がうかがえた。先生と向かい合って座ると、お弟子さんは、香りのよいお茶を出してくれた。

一九一二年、青山先生は愛知県に生まれ、生涯書道と深い絆を持ち続けた。その卓越した芸術の業績により、日本芸術院会員や、全日本書道連盟名誉顧問に選ばれ、文化勲章を授与された。席に着くと、青山先生は、私の訪問に対する歓迎の意を述べたあと、書道が好きだと紹介を受けたが、どんな書から始めたのか、どの法帳から入ったのかと尋ねられたので、私はそれに一つ一つ答えた。

一九八七年、人民日報と読売新聞が共催した「中日蘭亭書会」のことに触れると、青山先生は大変嬉しそうに語り始めた。先生は書会日本側書道家代表として出席した。その集まりは、中日の書道家が「群賢畢《ことごと》く至り、少長咸《みな》集ふ」と表現されるような光景だったという。先生は「盛会当年懐九志、暢遊此地得群賢」と条幅〔縦長の紙面に書かれた書〕を書いた。両国の書道家は曲水の宴で、胸中を語り合い、詩を詠み揮毫して、みごとな書道交流の盛会だった、と青山先生は振り返った。

そのような中日書道家の交流を今後も推進していくのがよい、二年に一回、中国と日本が交互に主催したらどうか、と私が提案すると、青山先生はすぐに、いいアイデアだと賛同を示し、日本が主催するときには、読売新聞が主催者の役目を果たすだろう。というのは小林社長（現読売新聞社会長）も書道を愛好しており、蘭亭書会にも参加したからだと述べた。

さらに先生は話を続けた。日本の書道会は流派が多く、書道団体の数も多いものの、それぞればらばらで、普段は横の交流が極めて少ない。中国から書法家が日本に来たときだけは、諸流派のメンバーが一堂に集まるのだ。これは、中国の書道家に対する友情はどの流派も同じであるということを物語っており、書道のふるさとに対する憧れや連帯感も見てとれる。

青山先生に案内されて彼の書斎を見学した。壁には先生自筆の掛け軸がかかっており、テーブルには先生の書の芸術品が置いてあった。本棚には書道に関する書籍が殆どで、中には先生編著の『書の実相――中国書道史話』、『呉昌碩の画と賛』、『書道技法講座・曹全碑』などがあり、中国の書道についての青山先生の研究の熱心さと深さが十分にうかがえる。

別室には大きなテーブルが置いてあった。門人はそこに宣紙を広げ、筆を並べて、墨を擦り始めた。年長者の順からという中国の習慣に従って、私は先生が揮毫するのを尊敬の気持ちで待っていたが、私から先にという先生の手振りで勧められ、断りきれず、先生の健康と長寿を祈るという意をこめて、「鶴寿」と二文字を書き下ろした。

青山先生の瞳は、思いがけず「知音」に出会ったような輝きをみせた。しばらく見つめ、力強くのびやかである、と評価してくれた。そして筆を執り、私の書斎の雅号を聞くと、「青渓書屋」と書き下ろしてくれた。その後続いて五枚書いて、代表団メンバー一人ずつに贈った。全員感謝し大いに喜んだ。先生はまだ興が衰えず、さらに私に贈ると言って、日本流の五言の漢詩も書いた。書き終えると、印鑑箱から印を選びながら、「ここの印鑑の多くは中国の友人からのプレゼントです。印鑑を見ると皆さんを思い出しますよ」、と独り言のように呟いた。

紙に筆を入れる前に、先生は必ず気を静めて神経を集中させ、じっくりと構想を練るようにしていた。また手元にある紙片をめくってみたりもした。その紙は何なのかとお弟子さんに質問すると、青山先生は、書道の大家、西川寧先生の言葉を守って、何事も、気が付いたことがあればすぐに書きとめるようにしている。紙に書いてあるのは、先生が日々書道について切磋琢磨して残したメモだ。用筆、結体、章法〔三つとも書道の技術〕にいたるまで、心得たものは随時書き残して、実際に筆を握るときの参考としている、との説明を受けた。この話を聞いて、私は先生に対する尊敬の念が沸き起こった。八十歳になろうとしている青山先生は、日本の書道会の巨匠でありながら、書芸を絶えず研鑽して休むことを知らない、誠に尊敬するに値する人であった。

別れの挨拶をするとき、私は先生の著書『江南遊——中国文人風土記』を記念にいただいた。私は、万障お繰り合わせの上、また北京に来てください、北京でお目にかかるのを楽しみにしています、と言った。

その後の二年間、私と青山先生は書や絵を介した交流を続けた。私は人に頼んで先生に手紙と私の故郷の新茶を届けてもらった。先生からは、体調が芳しくないので、当分中国行きは難しい、という伝言もあった。また一九九二年、先生はご自分の書が印刷されたカレンダーを人に託して届けてくれたこともあった。その年末、外務省の招待で再び日本を訪れた際、青山先生の病が重くなり入院したと知らされた。病院に見舞いに行こうと思ったのだが、残念なことに、医者に面会を止められていたという。先生の一日も早いご回復を祈っている、という私の気持ちを伝えてもらうよう、外務省職員に頼んだ。

私は、青山先生に北京に来ていただき、さらに翰墨の友情を結びたいと強く望んでいた。先生が健康で長生きして、書芸のために、中日友好のために新たな一ページを綴ることを願っていた。ところがその後、先生が病で逝去したという訃報を受けた。私の祈りはとうとう届かなかった。青山先生の命日に当たり、東京で先生と書道について語り合ったときのことを思い出して、無念さと悲しい気持ちが募るばかり。よって小文を書き記した次第である。

（一九九五年二月二十七日掲載）

歴史の新たな一頁を開く
——園田直先生を偲ぶ

元駐日大使　符浩

一九七七年春、私は駐日大使に任命され、八月、日本に赴任した。天皇陛下に信任状を提出してから、最初に挨拶に伺ったのは外務大臣と内閣官房長官だった。当時の官房長官園田直先生の方から両国の平和友好条約締結に関する話題を切り出したため、締約は我々の会談の主要な話題となった。園田先生は「衆人柴を挙げれば火焔高し（力をあわせると大きな勢力になる）」という諺も引用した。しばらくして、園田先生は外相に就任し、かつて外務次官だった佐藤正二氏が駐中国大使に任命された。一連の任命は締約交渉を考慮に入れたものだったということは後で知った。福田内閣の時、内閣調査員をしていた伊藤昌哉氏の回想によると、一九七七年九月から、福田首相は中国と平和条約の締結問題をなんとかしたいと考え始め、同年十一月、伊藤氏に日中関係に関する報告書の起草を頼んだそうである。「およその事は前もって準備すれば成る」というが、まさにそのとおりであった。

あっという間に一九七八年に入り、日本の外務省は天皇陛下の誕生日を祝うため、四月二十九日の晩、ホテルオークラで招宴を催した。私も招待されて出席し、会場で園田外相と会った。その際、園田外相は端的に締約問題に触れ、翌朝にも福田首相に同行してアメリカ訪問に出発する、ヴァンス国務長官と締約問題について話すつもりだということを明らかにした。また、障害は日本国内にあるとも言ったが、その言葉の裏にはアメリカは妨害しないだろうという意味があった。彼は自信いっぱいに、「自分は丑年《うし》の人間だ。木登りに喩えると、今は登っていく最中だ。左から抵抗が来れば左に突き返す、右から邪魔が来れば右に突き返す」と話した。福田首相一行訪米の際、中日の締約問題について日米間で確かに話を交わしたということを後になって知ったが、それもアメリカ側から話題を出したのだということだった。また、ヴァンス国務長官は園田外相に対し、福田首相がカーター大統領と会見する時、日本側から中日締約の件を大統領に話すべきだ、と言ったという。

幾多の紆余曲折を経て、締約交渉はようやくこの年の七月二十一日に北京で再開された。交渉は比較的順調に進み、七月末頃になると、条約の基本枠組みについて、双方が共通認識を達成するまでに進展した。ただし、反覇権主義の条項に、双方の上層部の決断に委ねなければならない部分が残った。中国側はそのため、七月三十一日の晩、中国共産党中央政治局常務委員会を開き、中国側代表団の練った方案を承認した。

「交渉が始まってから、自分は毎日交渉の進展状況に注目した」と園田先生は回想録で振り返った。交渉について、肝心な時は最高指導者の最終判断が必要だという彼の考えは、中国側と図らずも一致していた。また、彼は自分の北京行きは今がその時期だと考えた。そこで、八月八日の訪中を内定し、北京交渉に出席していた中江要介外務省アジア局長に、状況報告のために帰国するよう指示した。

八月六日の晩、園田外相は中江局長および外務省幹部を連れて、箱根で休養中の福田首相を尋ねた。礼服を身にまとった彼は、まるで出征に臨む壮士のようで、豪傑の雄雄しい気概さえ見せていたという。言うまでもなく、彼の北京行きは中日友好のためであり、日本の根本的利益のためであった。プリンスホテルで福田首相に会った時、福田首相はすでに先を見抜いていたように、北京へいつ出発するか、ここで夕食でもしていこうかと話した。福田首相の言葉を聞いて、体中の力がスーッと抜けて行く感じがしたと、園田先生は回想録に書いた。彼は直ちに各方面に電話を入れ、北京行きが決まったことを知らせた上、すぐ北京に打診するように外務省に命じた。三十分後には北京からの返電があった。北京側でもすでに準備をしていたことは明らかだった。

八月八日、園田外相一行は特別機で北京に到着した。九日午前、中日両国外相の一回目の正式会談が行われた。園田外相はアメリカの態度について、アメリカのカーター大統領やヴァンス国務長官は、日本が積極的に首尾よく条約締結し、それが中国とアメリカの国交樹立にとって有利な条件となることを望んでいる、と述べた。

同日午後も、会談は続いた。両国外相の二回目の会談だった。黄華外相がまず発言し、意見を表明した。園田外相の締約にかける熱意と努力および中日双方の代表団による十四回にのぼる会談の成果は評価すべきだ。交渉を一挙に合意にまで押し上げるために、日本側代表団の八月七日の提案に、中国側は原則的に同意する。即ち、反覇権主義の条項で異議のあった部分を、「この条約は第三国との関係に関する各締約国との立場に影響を及ぼすものではない」と書き直すということであり、中国側としては、このたびの閣下の訪中が無駄にならないよう、また一つの大きな努力をしたのだ、と。

この時の園田先生はこみ上げる感情を抑えきれない様子だった。彼はつぎのようなことを述べた。

過去二十数年間、日中関係について私は一貫して政治的活動を行なってきた。日中議員連盟が結成される以前から、「世界」や「中央公論」などの雑誌に論文を発表して、日本と中国は手を取り合って協力すべきだ、無条件にダレス路線に盲従すると日本はアジアで孤立する、と主張してきた。そのため、党紀委員会の事情聴取を受けたこともあった。今回、政治家として私は政治生命をかけて中国を訪れた。私は中国を愛し、アジアを愛し、自分の国はもっと愛しているから。これは戦争の苦しみを経て、戦争を反省したから生まれた気持ちである。部長閣下の先ほどの発言は、中国が真に日本と中国の未来、そしてアジアおよび世界の平和に着目しているということであり、高く評価すべきである。合意の達成は、中国人民の日本国民に対する友情のあらわれであり、また真にアジアの平和を望んでいるから実現できたものであった。

回想録には次のようにも書いてある。「宿舎に引き上げた時に、佐藤大使、高島外務審議官、中江アジア局長、大森条約局長等全員が私の部屋に集まって来た。皆で手を握り合った。……この日は、北京の迎賓館の一室で、私は気持ちを一つにする仲間の中にいた。誰もが涙を抑えられなかった」。

八月十二日午後、日本政府は園田外相に締約の訓令を出した。当日午後、両国外相は条約書に正式に署名した。十月二十三日、鄧小平副総理と福田首相の共同主催によって、条約批准書交換式が東京で行われ、条約は直ちに効力を発するようになった。

一九八二年の年初め、私は帰国を命じられた。出発前に、別れの挨拶をするため、妻の焦玲とともに園田先生夫妻の東京の住まいを尋ねた。当時、園田先生は引退して悠悠自適の生活を送っていた。興が沸いた時には、木工道具を出して船の模型を作って楽しんでいた。錦秋の季節に一民間人として中国を訪れたいと夫妻は話した。私たちは即座に、「歓迎する、北京で再会するのを楽しみにしている」と言った。ところが残念なことに、その後、園田先生は病魔に犯され、翌年逝去した。

今年は中日平和条約締結二十周年にあたる。春に、私は二十回目の訪日をした。その時、園田夫人、天光光女史と久しぶりに再会し、大変懐かしく感じた。天光光女史も著名な政治家であり、国会議員に当選したこともあり、中日青少年交流に熱心だった。この再会の時、私たちは園田先生の人柄について、政治家として中日友好を主張したことついて、さまざまな思い出を語り合った。園田先生は、中日平和条約の締結に心血を注ぎ、そのために自らの政治生命をかけてやり抜いてきた。誠に得難い政治家であり、肝胆を開いて誠意を見せてくれた友人であった。彼は永遠に人々に語り継がれていくことであろう。

（一九九八年十月二十六日掲載）

岡崎兼吉先生

江東

魯迅先生の小説を読んだ人ならば、彼の描いた、几帳面で真面目な藤野先生が深く心に残るだろう。中国の、北京大学日本語専攻の学生の心には、「藤野先生」にとてもよく似た先生がいる。彼は、そう、九十年の人生の旅を先日歩み終えたばかりの岡崎兼吉先生である。

一九五三年春、岡崎先生は新中国の海外の専門家第一陣として、招かれて北京大学にやって来た。当時、先生は中国の教師と同様、数十元の給料しかもらっていなかったが、毅然として東方言語文化学部の教壇に立った。私は今でもよく覚えている。その年の冬、私たち十数名の学生が冷え切った教室で座っているところに、岡崎先生が青い綿入れを着て教材の束を小脇に抱えて入ってきた。一見、先生は中国の教師と何も変わらない。ただ、背が低くて動きが機敏、眉がくっきり黒くて太かった。先生は教材を演台にきちんと揃え、深々と礼をして、「おはようございます」と言った。そしてすぐに教材を広げ、はつらつとして、授業を始めた。教室の寒さなどまったく意に介さないようだった。

岡崎先生の学問に対する態度は大変謹厳であった。中日間にまだ国交が無かった五、六〇年代、日本語教材は極端に欠乏していた。そこで、先生は夜に日を継いで日本語教材を編集し、しまいには中国地図や日本地図まで自分で描いた。先生は何十冊もの、丁寧に書かれた教材と教学メモを残している。今日、北京大学日本語研究室の若い教師が教学上、論争になった時は岡崎先生の編集した教材をめくり、その中に答えを求めるのである。

岡崎先生の教学態度は非常に真面目であった。厳しい父親のように学生を指導した。授業では、学生に対して誤りを一つ一つ率直に指摘した。終業後、先生は更に、しばしば徹夜をして学生の宿題を添削した。赤鉛筆で、几帳面に一つ一つの誤りに朱を入れた。宿題を返却する時の光景を私は今も覚えている。返ってきたばかりの宿題ノートを開くと、そこにはびっしりと小さな赤い文字が並んでいたので、私の顔はぱっと真っ赤になった。だが、周囲の学生の宿題ノートを見回してみると、やはり赤ペンで直されて「真っ赤」だった。それで私の気持ちが静まってきたので、赤ペンの字をたどってじっくり読んだ。その赤い字は鋭利な刃物のようで、一つ一つ私の語彙・文法の誤りを切り出し、句読点一つも疎かにはしていなかった。再び顔をあげて岡崎先生の顔を見ると、先生の目が疲れて充血しているのがわかった。私たちの十数冊の宿題のために岡崎先生がまた不眠の一夜を過ごしたのだということは、想像に難くなかった。その瞬間、私は感激で胸が一杯になった。

岡崎先生は深く中国を愛していた。先生は生涯の大半を中国で過ごした。「文革」の期間は冷遇され、排斥され、一度はやむを得ず帰国したことがある。しかしそれでもなお中日友好を堅持し、中国の名誉を守った。一九七八年のことだ、日本で研修中、私は先生に会いに行ったことがあった。質朴な家の中で、先生は長い間私の手を握りしめた。まるで久しく離れていた家族にでも会う様だった。先生の目には感激の涙があふれ、「もう一度中国の大地を踏みたい、北京大学のキャンパスに戻りたい、東方言語文化学部の教壇に立ちたいと、どれだけ願ったことだろう！」と言った。私も先生の手をぎゅっと握りしめ、こう言った。「その日が来ると信じています」。

八〇年代初め、岡崎先生は再び日本から北京大学に招請され、今度は若い教師の育成という大きな任務を請け負った。八十歳近くなって教職の第一線から離れざるを得なくなったが、先生は四六時中、北京大学のことや日本語学科の学生のことを気にかけていた。

一九九八年五月四日、北京大学キャンパスには花々が咲き乱れ、たくさんの人が集まった。歴代の卒業生が母校の百周年を祝うために北京大学にやってきたのだ。百名以上の日本語専攻の卒業生が、外国語学部棟前の草地に集まった。彼らは、ある者は教授になっており、ある者は学者に、ある者は翻訳家になっていた。この時、私は、岡崎先生が車椅子に座ってゆっくりと私たちの方に向かってやって来るのに、はっと気が付いた。先生の濃い眉の下には昔のままのやさしい微笑が見えた。ただ、額と目じりのしわが深くなって、風雨に耐えた石像のようだった。私たちはすぐに車椅子の方に押し寄せ、争って岡崎先生と握手した。それから、岡崎先生を真中にお連れして、最後の貴重な写真を残したのである。

一九九九年五月三日は、岡崎先生の九十歳の誕生日だった。四月から、国内外の先生の教え子が連絡を取り合い、誕生祝いの準備を始めた。四月三十日、私は岡崎先生に電話をした。「東方言語文化学部の教師生徒が先生のことを慕って、お祝いしようと考えました。みんなで寿の文字を九十個書き、ケーキを予約しました。周総理が最も好んで食べた、獅子頭〔肉団子の料理〕も食べていただこうと思っています」。電話から岡崎先生の震える声が聞こえてきた。「あ――ありがとう――皆さん。北京大学が世界一流の大学となることを願っているよ」。

しかし、四月三十一日、あろうことか、岡崎先生永眠の訃報が届いた。お祝いの宴は、追悼会になってしまった。岡崎先生が教えた十数名の歴代の卒業生が、誰が言うともなしに輪になって座った。中央に座る人はいなかったけれども、私には岡崎先生の小さくて精悍な姿が見え、厳しく優しく諭す声が聞こえ、濃い眉の下のやさしい微笑みが見えるような気がした。その場にいた者は皆で、岡崎先生の高尚な人柄や倦まずたゆまずの教学精神について話したり、先生が学生たちに残した数々について語ったりした……私は空席をながめ、そっとつぶやいた。「岡崎先生、あなたは北京大学の学生の心の中にずっと生き続けるのです」。

（二〇〇〇年二月十九日掲載）

心香一瓣

竹下登氏を偲ぶ

中日友好二十一世紀委員会中国側首席委員　楊振亜

竹下登元首相は昨年四月「変形性脊椎症」で入院し、今年五月に政界からの引退を宣言した。人々は彼が安静にして、早く回復するようにと望んでいたが、突然の彼の逝去の知らせを受け、驚きかつ彼を惜しんだ。竹下先生は日本の実力ある著名な政治家であるだけでなく、中国人民から深く尊敬される古い友人であり大きな、影響力を持つ中日友好人士であった。竹下先生は首相であったときはもちろん、退任後も中日友好に情熱を注ぎ、両国関係の発展と両国人民の友好促進に貴重な貢献を果たした。

私は仕事の関係で、竹下先生とは四十年以上も友好的なおつきあいをしてきた。一九五七年の春、私は中国青年代表団と共に日本を訪問したが、それは新中国成立後初めて訪日した中国青年の代表団だったので、日本全国各地、各界の青年たちから手厚い歓迎を受け、代表団は一か月間、二つに分かれて日本の国土の大半をまわった。竹下先生は当時、島根県青年団の会長で、その故郷で熱心に私たち代表団を迎えてくれた。彼は私たちと膝を交えて語り合い、日中両国の青年は永遠に友好的でなければならない、二度と再び戦争をしてはならない、とした。竹下先生は胸に政治への大志を抱いて、翌年には三十四歳で衆議院議員に当選し、内閣官房長官、建設大臣、大蔵大臣などの要職を歴任した。一九八八年六月、私が駐日大使として日本に赴任したとき、竹下先生はちょうど首相になった時だった。私が挨拶に伺い、顔をあわせた時はお互いに感無量で、竹下先生は私の手を固く握って言った。「私たちは青年時代からの友人ですが、三十年以上を経た今日、私は日本の首相、貴方は中国大使としてこうして会うことができるなんて、夢にも思わなかったことですよ！」それから彼はこう言った。「古い友人なのですから、仕事の上で何か問題があればいつでも私を訪ねてください。忙しいときは電話でもかまいません」。私は首相の好意に感謝し、青年時代の貴重な友情を大切にしますと言った。

この年の八月、竹下首相は訪中し、我が国の指導者たちと友好的に会談し、一九九〇年から我が国に六年間の優遇的円借款を供与すると宣言した。彼は西安で講演を行なったとき、平和だけが日本の歩むべき道であり、日中共同声明と平和友好条約の精神に従い、二十一世紀の日中友好を実現する努力をしなくてはならないと強調した。翌年四月、竹下首相はリクルート事件に関わったことが原因で困難な情況に陥ったが、やはり予定通り、日本を訪問した李鵬総理を熱心に友好的に接待した。両国総理の相互訪問は、両国の関係を大いに発展させたが、残念なことに、竹下先生はまもなく総理の職を辞任してしまった。

竹下先生は舞台を下りても、自民党最大派閥のトップであり、その後の歴代内閣に依然として軽視できない影響を与え続けた。世論は彼を称して「影の総理」と呼んだ。竹下先生は中日友好にさらに熱心になり、来訪した中国の重要な代表団全てと会見し、親しく会談した。私もしばしば竹下事務所を訪れ、旧友とおしゃべりするように、政界の裏話から中日協力をどのように強化するかまで、打ち解けて楽しく語り合った。彼はこう言った。「日本にとって日米関係は重要ですが、日中は近いのですから、両国関係はさらに重視しなければなりません。晩年の私の最大の願いは、日中友好協力のためにたくさんの事をすることです」。

竹下先生は経済に明るく、中日経済協力を促進するために多くの事をした。中国への借款、投資、その他の重要な経済協力項目などの交渉の際には、彼はいつもこれを成立させるよう尽力した。一九九〇年に成立した中日投資促進機構は、竹下先生の提唱と促進のもとに形成されるに至ったものである。

一九八九年の北京の政治的混乱〔天安門事件〕のあと、アメリカを主とする西側国家は中国に対して制裁を行い、中日関係も困難に直面した。私たちは官民のさまざまなパイプを通じて日本に働きかけ、我が国の内外の政策について説明し、私たちが西側の制裁を打開するにあたって日本が先陣を切ってくれるよう促した。竹下元首相や中日関係に関心を持つ日本側の友好人士の方々は積極的に呼応してくれ、中日関係を穏便に処理することの重要性を強調した。竹下先生は中国を孤立させてはならない、困難な時であればあるほど日中友好に努力すべきだと再三強調し、彼や各方面からのはたらきかけで、日本は率先して中国向けの円借款を再開し、次第に各分野の友好交流も緊張が解けていった。一九九一年八月、海部首相は西側国家の首脳の中で真っ先に訪中を実現し、西側国家に、また、全世界に良い影響を与えた。

特筆すべきは、竹下元首相が台湾との問題について私たちに多大な協力をしてくれたことである。一九九一年七月、日本のマスコミは台湾の李登輝が八月中旬に訪日することを明らかにした。後になって分かったことだが、金丸信氏が六月に台湾を訪れた際、台湾当局の要請に承諾を与えていたのだ。私たち大使館はただちに日本の外務省と交渉した。日本側もこれを重く受けとめ、このことで日中関係を損なうことはできないとした。しかし、金丸氏は自民党の長老で副総理経験者でもあり、独断専行の人で、非常に処理の難しい問題だった。このとき私は竹下先生に会いに行き、利害得失を説明した。竹下先生は私の話を聞いて理解を示し、解決のために最善の努力を尽くしたいと言った。皆この事態に焦って、多方面にわたる働きかけをしていたが、何日か後、竹下先生はついに私に電話をかけてきた。彼は、金丸氏の自宅に行き、一時間以上話し合った末、金丸老人は招待を取り消し、翌日記者発表することに同意したと言った。心配された重大な政治問題は滞りなく解決したのであった！

竹下元首相との交流の中で、中日友好事業を発展させる上で、影響力のある中日友好人士は重要であるということ、また、広範な友人と交流すると同時に、このような古い友人や良い友人たちと深く交流することがとても重要であるということを、切実に感じた。戦後半世紀以上にわたる中日関係の過程を振り返ると、両国が厳しく対立した苦難の時期に、長期的視野を持った友好人士たちが時代の先端に立って奔走し、中日友好を訴え、民を以って官を促し、官民挙げてついに大きな歴史的意義を持つ中日国交正常化を実現させた。その後も、両国の関係が発展する過程で、妨害や複雑な問題にぶつかった時には、常に一群の友好人士たちが、大局的観点から中日共同声明、平和友好条約、共同宣言の原則を守ろうと努力し、両国関係の健全な発展を促してきたのである。

中日関係の発展の歴史はまた、中日友好人士の絶えざる成長と発展の歴史であり、影響力のある友好人士は、中日友好を求める人々の核心を成す、中日友好事業の貴重な財産である。時代の変遷や自然の理《ことわり》によって、少なからぬ著名な友好人士が相継いでこの世を去ったり政界を引退したりした。新しい情勢のもとで、いかにして両国の若い世代に正しい歴史教育をし、両国青年の友好と交流を拡大し、中日友好事業に関わる人材を育成し、より多くの影響力ある中日友好人士の成長を促進するかは、中日両国人民が直面している緊迫した歴史的任務である。未来を展望し、中日友好人士が一群また一群と現れ、原則を守り、妨害を排除し、中日関係の長期的で安定した発展に大きな力を発揮することを期待するのである。

（二〇〇〇年六月二十日掲載）

●付録

●付録 1

中日国交正常化30周年

中日関係年表

1972

7月7日　田中角栄内閣成立。田中角栄総理大臣は、閣議で、日中国交正常化の実現に努力することを表明。

9月25日　田中角栄総理大臣、大平正芳外務大臣が中日国交正常化問題に関する交渉のため訪中。

9月29日　「中華人民共和国政府と日本国政府の共同声明」の調印式が人民大会堂で行われ、両国政府はこの日から大使レベルの外交関係を結ぶことを宣言。

1973

1月11日　駐中国日本大使館開設。

2月1日　駐日本中国大使館開設。

1974

1月3日　大平正芳外務大臣が訪中。

1月5日　中日貿易協定が北京で調印。

4月20日　中日航空協定が北京で調印（5月24日発効）。

9月29日　中日両国間に定期航空便が正式に就航。

11月13日　中日海運協定が東京で調印（1975年6月4日発効）。

1975

8月15日　中日政府間漁業協定が東京で調印（12月22日発効）。

1976

1月8日　周恩来総理逝去。三木武夫総理大臣、前尾繁三郎衆議院議長、河野謙三参議院議長、田中角栄元首相らが周恩来総理の死去に際して弔電を送る。日中友好15団体や個人、合わせて3000人が東京の日比谷公会堂で国民追悼集会を開催。

9月9日　毛沢東主席逝去。18日までに、日本政府及び各界から1万人が駐日中国大使館に訪れ、毛沢東主席の死去に哀悼の意を表した。10月6日、日本各界から3000人が東京で国民追悼会を開催し、三木武夫総理大臣が出席。

1977

3月11日　日本日中平和友好条約推進委員会が東京で成立。

1978

1月21日　福田赳夫総理大臣は施政方針演説の中で、「日中平和友好条約に関し……交渉の機はようやく熟しつつある」と述べた。

2月16日　中日長期貿易取り決めが北京で調印。

8月12日　中日平和友好条約が北京で調印。

10月22日　鄧小平副総理が日本政府の招きで東京へ。23日、中日平和友好条約批准書の交換式が東京で行われた。中日平和友好条約は同日発効。

1979

4月8日　鄧穎超副委員長率いる中国人民代表大会代表団が訪日。16日、京都嵐山で行われた周恩来総理の詩碑の除幕式に出席。

12月5日　大平正芳総理大臣が中国を訪問。6日、両国政府は文化交流協定に調印。日本側は「円借款」供与に合意。

1980

5月27日　華国鋒総理が日本を訪問。訪問期間中、両国政府は東京で科学技術協力協定に調印。

6月12日　大平正芳総理大臣逝去。7月8日　華国鋒総理が東京で大平正芳総理大臣の葬儀に参列。

6月12日　北京にて第一回中日閣僚会議。

1981

7月22日　中国外交部スポークマンは、日本側が釣魚島〔尖閣諸島〕海域の魚場資源調査を行なったことについて談話を発表。中国政府は日本関係当局のこの行動に遺憾の意を表明。

1982

5月31日　趙紫陽総理が日本を訪問（～6月5日）。

7月26日　中国外交部は日本文部省検定の小・中学校用歴史教科書の日本軍国主義の中国侵略史改ざんに対し、外交部の立場を表明し、日本側にその誤りを糾すよう要求。9月6日、鹿取泰衛駐中国日本大使が呉学謙副外交部長に、教科書に存在する問題の是正について措置をとることを表明。

9月26日　鈴木善幸総理大臣が中国を訪問（～10月1日）。

10月6日　廖承志氏が早稲田大学から名誉博士号（法学）を授与される。

10月7日　初の中日民間人会議が東京で開幕。

1983

2月18日　中曽根康弘総理大臣は国会答弁で、過去に日本が中国に対して行なった戦争は侵略戦争であったと、日本首相として初めて認めた。

11月23日　胡耀邦総書記が日本を訪問（～30日）。中日双方は両国関係の三原則を四原則（「平和友好、平等互恵、相互信頼、長期安定」）に拡大することに合意。

1984

3月23日　中曽根康弘総理大臣が中国を訪問（～26日）。双方は「中日友好21世紀委員会」設立に合意。

9月10日　中日友好21世紀委員会の初会議が東京で開催（～12日）。

9月30日　北京各界の若手が、首都体育館で中日青年友好交歓大会を開催。これは胡耀邦総書記の招きによるもので、日本の青年3000名が中国を訪問。

11月26日　人民日報社と日本経済新聞社共済の第一回中日経済シンポジウムが北京で開催。

1985

8月15日　中曽根康弘総理大臣が内閣総理大臣の身分で靖国神社を正式参拝。

1986

1月22日　中日長期貿易協議委員会会議が東京で開催。

11月8日　中曽根氏が訪中。北京で行われた中日青年交流センターの定礎式に出席。

1987

2月26日　中国外交部は、大阪高等裁判所の中国国有財産である京都光華寮問題に対する判決について、日本政府に交渉申し入れ。

11月6日　竹下登氏が新内閣を組閣。7日、竹下登総理大臣は初記者会見で、日中共同声明、平和友好条約及び友好四原則尊重を表明。

1988

1月28日　竹下登総理大臣は、光華寮問題について日本は「一つの中国」の立場を変えることなく、この問題によって日中関係に悪影響があってはならないと述べた。

8月25日　竹下登総理大臣が中国を訪問（～30日）。日本政府の1990年から6年間の対中円借款8100億円供与を発表。

1989

1月7日　裕仁天皇陛下逝去。楊尚昆主席と李鵬総理がそれぞれ弔電を送る。明仁皇太子殿下は日本第125代天皇に即位し、年号を「平成」と改めた。

4月12日　李鵬総理が日本を訪問（～16日）。訪問期間中、投資保護協定発効の通告書の交換式が行われた。

8月11日　海部俊樹総理大臣は記者会見で、日中友好関係をさらに発展させたいと表明。

9月17日　日本友好議員連盟会長伊東正義氏一行が中国を訪問（～19日）。鄧小平氏は伊東氏と会見し、平和共存五原則による国際政治及び経済問題解決を強調。どのようなことが起ころうとも、中日友好を変えることはできない、変わることはありえない、と述べた。

1991

7月1日　日本の中国への五つの無償援助プロジェクト（環境保護、文化財保護、農業水利施設、浄水施設など）に関する文書の調印式が北京で行われた。

8月10日　海部俊樹総理大臣が中国を訪問（～13日）。

1992

4月6日　江沢民総書記が日本を訪問（～10日）。宮沢喜一総理大臣と明仁天皇陛下がそれぞれ江沢民主席と会談。中国が日本に「友好の使者」パンダを贈る。

10月23日　明仁天皇美智子皇后両陛下が中国を訪問（～28日）。天皇の史上初の訪中。楊尚昆主席、江沢民総書記、李鵬総理がそれぞれ両陛下に会見。

11月6日　宮沢喜一総理大臣は、天皇の訪中は大きな成果を上げ、中国が政治経済面で改革開放政策を推し進めることは、日中間の安定した関係を築くために非常に好ましく、日本はこれまで通り、出来うる限り中国に協力すべき、と述べた。

1993

8月24日　日本政府が中国に供与する1387.43億円の借款についての政府文書を北京で調印。

10月4日　中日友好協会成立30周年。

1994

2月23日　朱鎔基総理が日本を訪問。

3月19日　細川護煕総理大臣が中国を訪問。

1995

5月2日　村山富市総理大臣が中国を訪問（～6日）。3日、中国人民抗日戦争記念館を参観した村山氏は「歴史を直視し　日中友好　永久の平和を祈る」と揮毫。

8月15日　村山富市総理大臣は歴史問題について談話を発表し、「わが国の植民地支配と侵略により中国人民に大きな損害と苦痛を与えたことに痛切な反省の意を表し、心からのお詫びの気持ちを表明する」と述べた。

1996

11月24日　江沢民氏はマニラで橋本龍太郎総理大臣と会見。橋本総理は、日本政府は過去における植民地支配と侵略によって、中国やアジア諸国に大きな損害を与えたことを認め、これに対して深い反省と、お詫びの意を表明。

1997

9月4日　橋本龍太郎総理大臣が中国を訪問（～7日）。6日、橋本総理大臣は瀋陽の「九・一八」事変〔満州事変〕記念館を参観。「以和為貴」と揮毫。

11月11日　李鵬総理が日本を訪問（～16日）。李鵬総理は中日関係を導く五原則:「相互尊重と内政不干渉」「小異を残しても大同につき、相違点の適切な解決をする」「対話強化と相互理解の増進」「相互利益に基づく経済協力の発展」「未来に友好関係を引き継ぐ」を提唱。

1998

4月21日　胡錦涛副主席が日本を正式に友好訪問（～28日）。

6月10日　会談を通じて、中国共産党と日本共産党は関係正常化の実現について合意。

11月25日　江沢民国家主席が日本を公式訪問（～30日）。中国国家元首として初めての訪日。江沢民主席は明仁天皇陛下と会見。また小渕恵三総理大臣と会談を行なった。共同宣言を発表し、21世紀に向けた平和と発展のための友好協力パートナーシップの構築を宣言。

1999

7月8日　小渕恵三総理大臣が訪中。両国関係を「平和と発展のための友好協力パートナーシップ」に向けて推進させることを確認。

7月30日　両国政府は北京で日本が中国に遺棄した化学兵器処理に関する覚書に調印。

2000

1月26日　唐家璇中国外交部部長は谷野駐中国日本大使と会見し、日本右翼勢力が大阪で南京大虐殺を否定し、侵略の歴史を翻す反中集会を行なったことについて、中国側の立場を表明。27日、青木幹雄官房長官が、日本軍が当時南京で行なった虐殺、略奪などの行為は否定できない事実であると述べた。

5月20日　中日文化観光交流大会が北京で開催。江沢民氏、胡錦涛氏が出席。森喜朗氏が書面で祝辞を送る。日中文化観光交流使節団5000人以上が出席。江沢民氏は中日関係についての講話の中で、中日友好はつまるところ両国人民の友好に帰すると述べた。

10月12日　朱鎔基総理が日本を訪問。13日、朱鎔基総理は森喜朗総理と会談。政治面では信頼と理解を深め、経済面では相互利益に基づく協力体制の促進と開拓について談話を行なった。

2001

10月8日　小泉純一郎総理大臣が中国を訪問。盧溝橋の「中国人民抗日戦争記念館」を見学し、「忠恕」と揮毫。

11月29日　2002年「日本年」、「中国年」の日本側実行委員会が東京で成立。出井伸之氏が会長に就任。

2002

2月12日　日本と中国の2001年の二国間貿易額は、892億ドルに達し（中国側の統計では877億ドル）、記録を更新した。

2月19日　「日中国交回復30周年を成功、発展させる会」が発足。橋本龍太郎元首相が会長に就任。大会では「発展させる会」が日中文化観光交流活動を積極的に支持すると同時に、民間団体である「2002年日本年中国年実行委員会」の実施する各計画を支持すると決定。

3月28日　両国は東京で人民元と日本円のスワップ〔交換〕協定に調印。

4月2日　李鵬委員長が訪日。中日国交正常化30周年にあたり、両国はそれぞれ、相手国で開催される「日本文化年」と「中国文化年」の記念活動を正式に開始。李鵬委員長と小泉純一郎総理大臣は東京で開催された開幕式に出席。

付録2 本書に登場した日本の方々

（敬称略　五十音順　数字は掲載ページ）

編著者あとがき

孫東民

中日両国民が共に中日国交正常化三十周年を祝うにあたり、私たちは中日友好に尽くした心ある人々への尊敬の念を胸に、この記念文集を捧げます。

あれは二〇〇一年、桜の花が爛漫と咲き乱れる季節のこと、人民日報の代表団が日本を訪問しました。その時人民日報社の社長に、「来年は中日国交正常化三十周年だけれど、君たちは何か計画しているのか？」と聞かれました。

何をしたら国交正常化を記念するにふさわしいだろうか？　私たち記者が持っているのはただ一本のペン。私たちの見るものは中日関係の発展と変化。そして私たちのできることは報道以外の何ものでもない。そこで、突然思いついたのです。人民日報の過去三十年間の日本に関する記事の中から、一部分を選び出し、まとめて出版し、国交正常化三十周年の記念にできないだろうか？　と。

報道に従事する記者にとって、毎回の取材、毎回の編集はすべてが新鮮な体験です。時は流れてゆきます。一瞬一瞬が二度とはない経験です。ニュースは「壊れやすい商品」とか「二十四時間の命」などと言う人もいます。けれど、もっと短い命でも価値があり、もっと瞬間的に新しいニュースでも、その一瞬は、すべて永遠の歴史となるのです。人民日報三十年の日本に関する記事は、中国人の視点から観察し認識された中日関係発展変化のバロメーターであり、中日関係を記録した「編年史」でもあります。

人民日報は一貫して日本に関連する報道を重視してきました。量からいえば、日本に関する記事は、人民日報国際報道のうち、アメリカより少ないとはいえ、ほかの国を大きく引き離して第二位に落ち着いています。たとえば、人民日報のデータベースを検索すると、一九七六年から二〇〇一年の二十六年間に「日本」というこの言葉が五五九六三回出てきます。年平均二一〇〇回以上、毎日平均六回出てきているのです。人民日報が近隣国家日本からの情報を大量に報道し、中国人読者の日本に対する関心を示し、同時に、中国人民の目に映る日本という国家のイメージを客観的に正確に作り上げ、中日両国のコミュニケーションや相互理解を大きく促していることは明らかです。

日本に関する記事が大量だったため、本書を編集するにあたり、困惑する場面にたくさんでくわしました。ページ数の都合上、すべての記事を収録するわけにはいかず、ある程度の基準が必要となりました。我々は、両国人民は中日関係を構築する主人公であるということに思い至り、人物、特に中日友好を主張した日本人を主としよう、と決めました。しかし選出過程でまたジレンマにおちいることになりました。人民日報は人物についての報道も「プラス思考報道」を主としてきたので、中日友好に熱心な日本人についての報道といったら幾千もあります。今度はどうしたら良いだろう？　私たちはできるかぎり時間と空間、点と面をつなげ、同時に、やむを得ず、大量の、本来選ぶべき文章や人物を、割愛させてもらいました。選びいれた文章は、時間的には、一九七二年の九月から二〇〇二年の四月の間に、人民日報に掲載された文章から選んだものです。その中には、記者が取材したものもあれば、各界諸賢が寄稿した名文もあります。報道の対象は、政治・経済・文化を包括し、社会的歴史的人物報道もあります。また、歴史的記録の本来の姿を保つため、私たちは選びいれた文章に対して原則的に改変を行わないこととしました。が、ページ数の都合上、長めの文章には若干の削除を行いました。同一人物に対するいくつかの報道ついては、その内の一篇を取りあげ、一部の記事の後にコメントを付すなどの方法で処理しました。

本書を編集する過程で、私たちは人民日報許中田社長など上層部の方々や同僚たちの心のこもったアドバイスを受けました。また、日本の友人から心温まる支援をいただきました。全国政協副主席で中日友好協会会長の宋健氏や、二〇〇二年「日本文化年」「中日文化年」日本側実行委員会委員長出口伸之氏は、本書出版によせた言葉を書いてくださり、中華全国新聞工作者協会主席で、著名な書家である邵華沢氏は、快く書名を揮毫してくださいました。日本版出版にあたっては、中日友好に力を尽くす石川好氏、日本僑報出版社編集長段躍中氏などの方々が熱心に協力してくださいました。横堀幸絵さん、鄭萍さん、芦澤礼子さん、高橋庸子さんらは日本語訳のために大変苦労してくださいました。著名な日本語専門家である横堀克己氏、林国本氏も翻訳校正に友情参加してくださいました。このほか、関係各位の深い友情に、この場をお借りして感謝の意を表したいと思います。

監訳者あとがき

段躍中

日中国交正常化三十周年に最も相応しい出版物を出したい、ということは、年頭から考えていました。三月に北京に帰ったとき、人民日報本社で本書の編者である孫先生と于先生にお会いしました。日本語訳出版についての打ち合わせでした。三年前、私は孫先生、于先生も執筆し、于先生には企画段階からお世話になった『中国人特派員が書いた日本』を出版したことがあり、恐らくその関係なのか、今回、光栄にも、このような大変意義深い出版の機会を与えてくださったのでした。ただ、我が社の経済力、学識経験などを鑑み、辞退すべきかとも考えましたが、両先生の温かい言葉に励まされて、この日本語出版を引き受けさせていただいたのです。

四月末、まず訳者の一人である横堀さんに相談して、すぐ翻訳に取り組み始めました。しかし、作業していくうちに、分量が大変多く、見た目は易しそうな文章が、訳してみると思いのほか難しい、資料調査などに時間がかかる、ということがわかってきました。そのため、翻訳者の人数を増やすことにしました。優れた翻訳者が続々と参加してくださいました。最終的には、横堀さんが中心的役割を果たしてくれて、鄭さん、芦澤さん、高橋さんらと、共同作業の形で頑張ってきました。

今回、監訳を通して感じたことは、まさに武大偉大使の推薦の言葉の中に書かれているように、人民日報の三十年間の膨大なデータからこの一五〇本を選ぶのは大変だったろうという感慨です。そして、この精選された「一五〇本」という分量こそが、後の翻訳の苦労につながったことはいうまでもありません。訳者どうしの綿密な連絡と相談により、かなりの問題は解決されましたが、確認作業には大変時間がかかりました。さらには、中国語版原書未発行――つまり、原書の草稿を元に訳し始めたということもあり、八月末に、北京から中国語版の原書を入手して、原文と対照しながらチェックしてみると、またいくつかの問題が発生しました。

とにかく、この「確認作業」には手間と時間がかかりました。誤字脱字、文法、文章表現などもさることながら、人名・地名・団体名など固有名詞の訳し方の確認作業は本当に大変でした。同じ人物でも、ホームページで検索すると別々の書き方が出てくることもあります。そこで、八方手を尽くし、出来るだけ本人、あるいは所属先に連絡して、確認しました。

さらに、人名索引作成の段階では、「人名の読み方」という壁にぶつかりました。

万全を期するため、私はメルマガ「日本僑報電子週刊」上で、原稿を査読してくださる方を募集するというメッセージを載せました。すると、すぐ六名の方が応募してくださったのです。これには本当に感激しました。

企画の段階から、本の完成まで、多くの方々にお世話になりました。感謝の気持ちを込めて下記にご芳名を記します。

中華人民共和国駐日本国特命全権大使武大偉先生。三十周年記念関連行事に奔走していらっしゃるところ、わざわざ本書のため、推薦の言葉を書いてくださいまして、本当に心から感謝いたします。

大使館の多くの方々に協力していただきました。邱国洪公使、張立国総領事、黄星原参事官、楊宇書記官にお礼を申し上げます。福岡総領事館斉江総領事にもお世話になりました。

中国大使館のパーティーで、日本国元総理大臣村山富市先生に関連原稿を見せて、アドバイスを頂きました（次ページ

に写真）。また、出版直前に、本のタイトルを揮毫してくださいました。そして、村山先生の娘である中原ゆり氏に大変お世話になり、あわせて心からお礼を申し上げます。

中国全国政治協商会議副主席、中日友好協会会長宋健先生、人民日報社長許中田先生、二〇〇二日本年・中国年実行委員長出井伸之先生は、大変お忙しい中、刊行によせた言葉をいただきました。

石川好先生。二〇〇二日本年・中国年実行委員会副委員長としてお忙しい中、いろいろご協力いただきました。

中国の「国家一級翻訳家」である林国本先生、及び元朝日新聞論説委員である横堀克己先生に一部の原稿をチェックしていただきました。

社団法人日中友好協会事務局長である酒井誠先生。平山郁夫会長の原稿に関して、いろいろご協力いただきました。

慶応義塾大学大学院博士課程董宏女士。遠いところから小社においでいただき、ぶ厚い原稿を持ち帰り、文法、誤植などのチェックをしていただきました。

私の呼びかけに応じて査読をしてくださった読者モニター、竹内由一先生（千葉）、林俊雄先生（福岡）、長島勝雄先生（東京）は、一人二百ページくらいずつ、細かく誤植などをチェックしてくださいました。本当に心から感謝いたします。

千葉商科大学教授趙軍先生、国士舘大学教授邢志強先生、国立国語研究所の米田正人先生、そして、王恵生女士、金子瑞恵女士、陳風華女士、太田直子女士、村嶋由美子女士、王小燕女士、劉偉祺先生、張鳳蘭女士にも感謝いたします。

また、ここにご芳名を挙げきれない本書の出版を支えてくださった方々。

僅か半年間で、六百ページにわたる本書の翻訳出版ができたのは、日中両国の多くの方々の奮闘の成果であり、まさに両国の人民の友好の結晶です。この一冊は、日中友好の歴史、日中文化交流史に永遠に残るものであると固く信じております。日中国交正常化三十周年の節目の年に、記念すべき本書を出版することが出来、大変幸せです。本書が二十一世紀の日中交流に大いに役に立つこと、日本の若い世代の友好交流と教育に役に立つことができましたら、望外の喜びです。

日本僑報社はこれからも日中交流と中国研究のため、良い書物を出していく決意です。皆様の引き続きのご指導ご鞭撻を賜りたく、宜しくお願い申し上げます。

二〇〇二年十月一日　中華人民共和国建国五十三周年を祝して

日本僑報社にて

翻訳者あとがき

今回、経験の浅い私に、光栄にもこのように意義深い本の翻訳の機会を与えてくださった日本僑報社段編集長から、「翻訳の苦労を述べてください」と言われましたので、最初に少し述べたいと思います。

今回の翻訳は、自分自身の翻訳技術の低さを嘆くことはもとより、大量で、入稿まで約五ヶ月という短期間にこなさなくてはならない、大変な作業となりました。文章内容は政治経済のみならず、音楽から医療までとにかくあらゆる分野にわたり、分野が異なるごとに新しい「学習」が必要になりました。また、三十年分の日中友好関係史を掘り起こすだけでも大変ですが、実際には神話の時代からの知識が必要で、「功夫在詩外」とはこのことか、と身をもって知りました（しかしお陰で、「詩外」の知識を随分得ることができました）。そして、事実関係の調査、用語や固有名詞の調査、中国語訳されてしまった日本の著作の原典調査に膨大な時間がかかりました。日本人の書いた記事の中国語訳を日本語にもどさなくてはならないというややこしいものもありました。しかし、それでも調査不足があることは否めません。もっと時間があればと悔やまれます。そしてこの点について、皆様に先にお詫び申し上げなくてはならないと思います。

とはいうものの、今回このような意義深い本に出会えたことを、個人的には本当に嬉しく思います。本書第一篇は一九七二年、国交正常化直後のものです。七二年当時赤ん坊だった私が大きくなって、自分の生まれたころの報道を、感慨深く読みました。希望に満ちた両国関係の未来を信じ、ただただ皆が喜んだその様子を伝える報道を読み、涙があふれました。どうして私たちはあの時代の感激を持ちつづけていられないのでしょう。両国は「一衣帯水」だからこそ、いつも問題が山積みです。けれど、七二年、長野の山村で人々の心が通い合った喜びを、七三年の代表団訪日の高潮を、忘れてしまった人には思い出して欲しい、知らなかった人には知って欲しい、と思います。そうすれば、また、新たな気持ちで、優しい気持ちで、私たちは手をとりあっていけるかもしれません。

国交正常化以後の三十年という月日は、ほとんど私が生きてきた月日そのものです。私が生まれる前に、或はまだほんの子供だったころに様々なことがあって、今、私はあたりまえに中国と交流できる、このことに対する感謝の気持ちを忘れないようにしよう、と翻訳を終えてしみじみ思っています。

横堀幸絵

＊＊＊

日本に長らく生活するうちに、命の恵みを与えてくれるこの土地を、生を授かった私の祖国の中国と同じく心から愛するようになった。それだけに、中日両国の友好を願う気持ちは痛切なものがある。

翻訳をしながら、本書は日本人の中国理解を深める一助になるのではないかと思った。読者は本書を通じて、日本人がどのように中国人に見られているのかをうかがい知ることができるだろう。また、三十年にわたった収録記事から時代の吐息を強く感じると同時に、日本人を描いた文章でありながら、中国人の筆の下に生き生きと現れた中国文化がそこには存在し、その中国文化の中を散策するような気持ちになることだろう。

本書は中日国交正常化三十周年を振り返った歴史の記録である。どのページをめくっても、中日友好のために骨を折った先人や、今なお努力を続けている大勢の人々に出会うことができ、そしてわが身に照らして真の友好について考えさせられる。

このような素晴らしい書の翻訳に携さわることができ、大変光栄に思っている。まず日本僑報社編集長段躍中先生に深い感謝を申し上げたい。私の能力の限界をご存知の上で翻訳チームに参加させていただいたおかげで、意義深い仕事をすることができた。次に、翻訳チームの皆さんに感謝したい。芦澤さんと横堀さんが内容を多く分担された上、とりわけ横堀さんは私の翻訳稿を丁寧に根気よく見てくださり、すっかり助けられ、有難く思っている。日中コミュニケーション研究会の米田正人先生（国立国語研究所）、水野義道先生（京都工芸繊維大学）、西忠雄先生（元国際貿易促進協会）から多くのご教示をいただいた。多数の関係者の方々や「一語一句の師」にも合わせてお礼を申し上げたい。

そして、恩師の宮原修先生（お茶の水女子大学大学院人間文化研究科教授）に感謝申し上げたい。先生は教育学の専門家で、多くの中国人留学生を指導してこられた。博学で謙虚で、研究態度は厳しいが人には優しい。中国に常に関心を寄せ、理解を示してくださっている。十数年変わらず私をご指導くださり、今回の翻訳でも私の原稿のすべてに朱筆を入れ、翻訳の心得まで教えてくださった。

出版を控えた今、力不足により見直す点の多いことは十分に承知している。皆様からのご批正をいただければ幸いに思う。

鄭　萍

＊　＊　＊

今回、縁あって人民日報の中文日訳作業に参加させていただきました。四月半ば過ぎ、友人の紹介で初めて中国人ジャーナリストの段躍中さんにお会いした時、いきなり中国語の記事の束を手渡されて「翻訳の一部をお願いできますか？」と言われたのが事の始まり。いざ手をつけてみると、中国語を勉強してから一年半も中国で日本語教師をしていたのに、辞書と首っ引きで四苦八苦、悲しいほどの語学力のなさに落ち込むばかりでした。

翻訳作業を終えた今、言い様のない感慨にふけっています。日中国交回復実現に身を投げ打って奔走した「井戸掘り人」の人びと、苦難の末に成立した国交回復の後に技術や文化交流に尽くした人びと。翻訳を始めたときはやや大仰な称賛の言葉に戸惑いましたが、読んでいるうちに様々な人生に出会い、引き込まれ、両国の友好が多くの人びとの志によって支えられていることを痛感しました。

三十年にわたる記事を読んで特に印象に残ったのは、一九七〇年代から八〇年代までは中国の発展に無償で寄与する日本人の記事が多いのに比べて、九〇年代に入ると政治、経済、文化の各方面で「イコール・パートナー」としての両国という色彩を帯びた記事が格段に多くなるということでした。

二十一世紀を迎えた今、両国はすでに真のパートナーシップで結ばれていると私は信じますし、この本の出版が両国間の相互理解のために大いに役立つことを願っています。このような意義深い本の出版に関わらせていただいたことに、深く感謝申し上げます。

芦澤礼子

＊＊＊

今回は主に校正、一部翻訳で参加しました。
専門分野を持たない翻訳者にとって、専門家の助言ほど得難く貴重なものはありません。
様々な分野で活躍した方々の記事を翻訳するにあたり、多くの方から教えを戴きました。

例えば歌舞伎や華道、農業に関する文章では、少なからずインターネットのお世話になりました。日本人として恥ずかしいのですが一度も歌舞伎を見たことがなく、人名や訳名などを見て、最初は何かの間違いでは？と思ってしまったほどです。多くのホームページを開いておられる歌舞伎ファンの方々のお陰でとても勉強になりました。

また鉄鋼に関する専門用語は、日中東北開発協会の後藤様、新日鐵株式会社の西浦様がチェックし、修正し、説明を加えて下さいました。この場を借りてお礼を申し上げます。お忙しい中、本当にありがとうございました。

こうして過去三十年間の日中関係が一冊の本にまとめられてみると、現在の中国の大きな変化とそれに伴う日中関係の変化が、くっきりと浮き彫りにされるような気がします。テレビや新聞を見ても日本人の中国に対するイメージがここ数年で大きく変わってきたことを実感します。十年後、二十年後にまたこのような本が出版されたら、きっと新たな内容がたくさん付け加えられることでしょう。

その時の日中両国が今よりももっと良い関係になっているように祈りつつ、自分としても通訳翻訳の分野で良い仕事をして行きたいと思います。

高橋庸子

●編著者紹介

孫東民　人民日報社日本支局長、人民日報高級編集。1945年生れ、山東省出身、北京外国語大学卒業。北京市人民政府を経て、1978年人民日報国際部（局）の編集者になる。1982～1989年人民日報東京特派員、支局長として連続二期日本に滞在。1989年帰国した後主として日本を含めアジア・太平洋地域の報道を担当。1998年日本国際交流基金の招きで来日、日本社会を研究。1999年に人民日報国際部（局）副主任就任。国際報道のほか、中日新聞事業促進会（日本駐在或いは経験ある中国記者からなる団体）の法人代表、中国中日関係史学会副会長，中華日本学会常務理事、中国国際和平友好連絡会の理事など、ジャーナリストとして各方面で活躍している。好きな言葉："大道無為"。

于　青　人民日報社前東京支局長。現在、人民日報国際部主任記者（アジア・太平洋地域の報道を担当）。本籍は浙江省湖筆、1952年北京に生まれる。幼い頃より北方の影響を強く受け、性格は内向的で、心も体も大振りであった。生まれてから、北緯35度から45度の範囲で生活してきたが、その内23年は黒龍江省、18年を北京、5年を東京で過ごした。短期間では二度赤道を越えて、南アメリカとオーストラリアを訪れたことがある。新聞の編集・出版で夜中に仕事をするので、生活のリズムは遅寝遅起。雑食で、食べられないものは記憶にない。体を動かすことが好きで、何にでも手を出す。誠実に人と接することを心がけ、真心を持って友と交わり、執筆には真面目に取り組む。文章から作者の人となりが分かるため、淡白・質朴をいつも心がけている。気に入っている言葉は、「病気をするヒマもない」。

●監訳者紹介

段躍中　1958年中国湖南省生まれ。北京の「中国青年報」記者を経て、91年日本に留学。新潟大学大学院で、日中国交正常化以後の第2次留日ブームを中心にした研究論文『現代中国人の日本留学に関する研究』で学術博士号を取得。1998年、日本で活躍する中国人約1万人、5万件の情報を収めたデータブック「在日中国人大全」を出版。99年10月に、日中関係・華僑華人専門の出版社を設立。2002年度日本学術振興会の研究成果公開促進費を受け、博士論文『現代中国人の日本留学』を出版。編著書に『中国人の日本奮闘記』『中国人の見た日本』など多数。現職の日本僑報社編集長のほか、北京大学客員助教授、横浜国立大学・千葉商科大学非常勤講師など。

●翻訳者紹介

横堀幸絵　横浜国立大学教育学部卒。在学中東洋史ゼミに所属。中国社会経済史の研究方法及び歴史教育学などを学ぶ。中国留学、船会社勤務、ＩＴ関連企業勤務などを経て、現在、日本僑報社段躍中編集長を手伝う。

鄭　　萍　1965年中国生。日中学院非常勤講師。北京首都師範大学日本語学科卒業。お茶の水女子大学大学院人間文化研究科博士課程単位取得退学。教育方法学。「吉田熊次の道徳教育論と国定修身教科書との関係についての一研究」(修士論文・お茶大)、「毛澤東の初期教育思想・政策の特徴についての研究」(『学力問題と教育政策』2001年日本教育政策学会年報)。

芦澤礼子　東京都立大学在学中、中国現代史を専攻。卒業後、情報検索会社に就職。1994年から1995年までインターシップ・プログラムスの派遣で中国四川省成都市の西南交通大学で日本語を教える。帰国後、女性雑誌の編集に約6年間従事。2001年5月に独立、フリーライター・エディターとして第一歩を踏み出す。著書に『我愛成都（わがあいせいと)』がある。

高橋庸子　東京外国語大学中国語学科卒。メーカー、マスコミなどの会社勤務を経て現在フリーの通訳・翻訳者。

中国人特派員が書いた日本

前中国駐日大使陳健氏推薦の本

執筆者一覧とタイトル

呉学文 劉延州:日中友好の基礎を築く−−小平同志初来日と日中和平友好条約の締結を想う
呉学文:東京からの第一報
劉徳有:四度住まいを変える
劉延州:「事務局長」と呼ばれて
劉延州:中島健蔵先生を偲んで
陳泊微:駐日記者生活の思い出
張煥利:徐福上陸地を訪ねて
孫東民:鹿児島紀行
張雲方:桜の季節
張雲方:菊の思い出
王菁文:一年一度の餃子宴
于　青:二つの葬儀
李順然:井上靖と黄河・長江
王大軍:菊池善隆逝去三周年を偲んで
楊国光:川田泰代と中国
徐啓新:日本で知り合った人々
林国本:老記者中俣富三郎
李徳安:風雨同舟50年−−日本貿促会理事長中田慶雄のこと
駱為龍:「トラック野郎」と一緒に
田家農:安井正幸をめぐる幾つかの出来事
張虎生:現実と理念がぶつかる音−−大江健三郎取材録
祝寿臣:「経営の神様」と中国文化−−松下幸之助の取材を振り返る
黄鳳珍:日本の「一村一品運動」−−平松守彦氏を訪ねて
李徳安:両国に黄金の橋をかける『人民日報海外版』日本発行代理人−−秋岡家栄を訪ねる
趙瑞雲 朱栄根:灯かりを掲げて新世代を導く−−筆宝教授と学生の島調査記
張可喜:飾りのない言葉−−山谷の詩人岩崎母郷
駱為竜:美しいハマナスの花
呉学文:沖縄紀行
周瑞金:沖縄三題
趙文斗:「バブル経済」の興盛と崩壊
姜　波:軽井沢の回想
劉文玉:繁栄の陰の犠牲者たち
張進山:東京の地下街
李守貞:ハイテク・デパート訪問記
呉仲国:「ハエの島」は今
孫東民:昭和から平成へ——昭和天皇崩御
蒋道鼎:日本を揺るがした婚約発表
陳志江:阪神淡路大震災現場取材記
兪宜国:神戸被災区のボランティアの活躍
李東光:「ヤマギシ地球村」を訪問
王　健:山菜の味わい
張国成:演歌・温泉・酒
蘇海河:日本のマスコミの印象
孫東民、黄　晴:三田の情景
林小利 劉利利:日本社会との闘い
王泰平:私の日本料理論
黄　晴:日本の歩む道
陳耐軒:「下町人情」
孫文清:白衣の天使の微笑み
王慶英:街角で出会った老婆
馬巧琴:「親子心中」の痛ましさ
王大軍:富士山頂に登る
陳理昂 朱鉄英:対馬の今昔
張雲方:広島の聖火
江　冶:戦争と平和の概念
李仁臣 孫東民 張国成:歴史の示す未来8月15日の意味するもの
関直美:訳者後記

日本僑報社1999年出版2800円

朝日新聞でも紹介された、あの日中ホンネで大討論がついに本になった！翻訳を通じて言語の壁を越え、日中のごく普通の市民による討論を実現するという、壮大なプロジェクトの総結晶！

目　次

推薦のことば
　朝日新聞香港支局長三木一哉

☆歴史をめぐる大討論
　「五つの質問」をめぐって
　「支那」の呼称をめぐって
　毛沢東は今でも英雄か？
　戦犯管理所での人道的待遇をめぐって
　中国残留孤児をめぐって
　歴史問題をめぐって
　孔子は漢族か？
　歴史教科書をめぐって

☆政治・経済をめぐる大討論
　911テロをめぐって
　靖国神社をめぐって
　台湾問題をめぐって
　チベット問題をめぐって
　対中ＯＤＡをめぐって
　瀋陽領事館事件をめぐって
　中国のテレビ番組の海外放送をめぐって
　人民中国の崩壊はあるのか？
　日中間のビジネスをめぐって

☆日中関係をめぐる大討論
　日中間の相互理解をめぐって
　日中相互のイメージをめぐって

☆社会をめぐる大討論
　在日中国人の犯罪をめぐって
　中国人は三無主義か？
　物乞いの人に物をあげてはいけないか？
　中国の個人主義をめぐって
　日本にはまだ革命青年がいる

☆文化をめぐる大討論
　日中の文化の違いをめぐって
　中国のゲームをめぐって
　日中の映画をめぐって
　中国では怪談はタブーか？
　尊敬する人物は？

☆男女関係・教育をめぐる大討論
　日中間の結婚をめぐって
　中国における男女の違いをめぐって
　日本の夫は家事を手伝うか？
　中国の教育をめぐって

漢語迷編　2002年9月発行　1800円

日本侨报促进中日文化交流

本报讯 《日本侨报》社积极推进中日友好和文化交流，2000 年成果喜人。

《日本侨报》系我国旅居日本新华侨创办的民间期刊。2000 年，日本侨报社大力支持《我认识的鬼子兵》日文版的发行。这本书对一般日本国民充分认识那场侵略战争给中国人民带来的灾难起着十分重要的作用。

在中国驻日大使馆的大力支持下，2000 年 9 月 3 日在东京举行出版纪念会，实现了邀请原著者方军赴日访问。经共同社、时事社同时报道以后，在日本社会产生很好效果。为方便在日中国同胞收看中国的电视节目，他们在日本发行了第一本《华语卫星电视接收手册》，被因特网书店评为畅销书排名第二位。

该社还主编出版了《当代中国人看日本》，此书被东方书店和内山书店同时评为最畅销的中文书并排名第一位。此外，日本侨报社还出版了一些介绍在日中国人奋斗足迹的单行本。全国政协副主席、中日友协会长宋健特为该社 2001 年将发行的新刊《华侨华人年鉴》、《日本 21》题词。 （天足）

《人民日报海外版》（2001 年 01 月 19 日第八版）

編著者、監訳者、翻訳者紹介は594～595ページをご参照ください。

本書の出版に当たり、2002「日本年」「中国年」日本側実行委員会から一部助成をいただきました。
——編集者

永遠の隣人——人民日報に見る日本人　ISBN 4-931490-46-8 C0031

2002年10月29日　初版第1刷発行

主　編　孫東民
副主編　于　青
監　訳　段躍中
翻　訳　横堀幸絵、鄭萍、芦澤礼子、高橋庸子
発行者　張景子
発行所　株式会社日本僑報社
住　所　〒333-0866 埼玉県川口市芝5-6-6
電　話　048-432-7332　FAX048-432-7335
E-mail:duan@muj.biglobe.ne.jp
http://cf.net/cpj　書籍e-shop　http://www5b.biglobe.ne.jp/~duan/

定価：本体4600円+税　　Printed in Japan